東洋古典譯註叢書 107

# 譯註 墨子閒詁 6

校注 孫詒讓
책임번역 李相夏
공동번역 邊球鎰

전통문화연구회

**飜譯委員**

企劃編輯　東洋古典飜譯編輯委員會
飜譯硏究管理　南賢熙
責任飜譯　李相夏
共同飜譯　邊球鎰
潤　文　朴勝珠
校　訂　李承俊 李孝宰
出　版　白俊哲
裝　幀　김진디자인

**圖書管理**

事業管理　白漢基
企劃管理　金康潤
弘報管理　李和春
普　及　徐源英
古典情報化　安成守

# 東洋古典譯註叢書를 발간하면서

우리의 古典國譯事業은 민족문화 진흥의 기초사업으로 1960년대부터 政府 支援으로 古文獻 現代化 작업을 추진하여 많은 成果를 거두었다. 당시 이 사업 추진의 先行課題로 東洋古典이라 일컬어지는 중국의 基本古典을 먼저 飜譯하여야 한다는 學界의 주장이 있었음에도 불구하고 우리 고전이 아니라는 일부의 偏狹한 視角과 財政 事情 등으로 인하여 배제되어 왔다.

전통적으로 중국의 기본고전은 우리 歷史와 함께 숨쉬며 각종 교육기관의 教科書로 활용됨은 물론이고 지식인들의 必讀書가 되어 왔으며, 우리 文化의 基底에 자리잡고 거의 모든 방면의 體系와 根幹을 형성하여 왔다. 그래서 학문연구의 기본서 역할을 해 왔을 뿐만 아니라 오늘날에도 우리의 國學徒 및 東洋學 硏究者들에게 같은 역할을 하고 있음은 주지의 사실이다. 그럼에도 불구하고 中國古典은 우리 것이 아니라 하여 專門機關의 飜譯對象에 포함하지 않음으로써, 대부분 原典에서의 직접 번역이 아닌 重譯이나 拔萃譯의 방식이 주를 이루면서 敎養水準으로 出版되어 왔다.

오늘날 東洋 三國 중에서 우리의 東洋學 연구가 가장 부진한 이유는, 東洋基本古典에 대한 폭넓은 이해의 부족과 漢文古典 讀解力의 저하에 기인함을 우리는 솔직히 인정하여야 한다. 따라서 이들 중국고전에 대한 신뢰할 만한 國譯이 이루어지는 것이 한국학 연구를 촉진시키는 시급한 先行課題라 할 수 있다.

이에 韓國學 및 東洋學의 연구와 古典現代化의 基盤構築을 위해서는, 전문기관으로 하여금 동양고전을 단기간에 각 분야의 專門 硏究者와 漢學者가 상호 협동하여 연구번역하여 飜譯의 傳統性과 效率性, 硏究의 專門性을 높일 수 있도록 政策的 配慮가 있어야 한다.

이에 本會에서는 元老 및 中堅 漢學者와 斯界의 專攻者로 하여금 協同硏究飜譯하여 공부하는 사람들이 믿고 引用하거나 깊이 있는 註釋 등을 활용할 수 있게 하고, 知識人들의 敎養을 증진시켜 줄 수 있는 東洋古典의 國譯書 간행을 지속적으로 추진해 왔다. 근래에 다행히 이 사업에 대하여 각계 지도층의 폭넓은 이해와 지원에 힘입어 2001년도부터 國庫補助를 받아 東洋古典譯註叢書를 간행하게 되었다. 이를 계기로 우리 先學의 註釋과 見解를 반영하는 등 국역사업의 內實을 기하게 되었음을 이 자리를 빌어 衷心으로 감사드리며, 아울러 國譯에 參與하신 관계자 여러분의 勞苦에 깊은 謝意를 표한다.

끝으로 우리의 이러한 작업은 오랜 역사 위에 축적된 先賢들의 業績과 現代學問을 이어주는 튼튼한 架橋와 礎石이 되어 진정한 韓國學과 東洋學 발전에 기여할 것을 굳게 믿으며, 21세기를 우리 文化의 世紀로 열어 가는 밑거름이 되도록 우리의 力量을 本 事業에 경주하고자 한다. 江湖諸賢의 부단한 관심과 지원을 기대해 마지않는다.

社團法人 傳統文化硏究會 理事長 李啓晃

# 凡 例

1. 본서는 ≪譯註 墨子閒詁≫의 제6책이다.
2. 본서의 底本은 ≪墨子閒詁≫(孫詒讓, 中華書局, 2001)로 하되, ≪墨子閒詁≫(孫詒讓, 掃葉山房, 1907, 고려대학교 도서관 소장본), ≪墨子閒詁≫(孫詒讓, 1910, 續修四庫全書 수록본), ≪墨子閒詁≫(孫詒讓, 漢文大系 卷14, 富山房, 1913), ≪墨子注≫(畢沅, 經訓堂本, 1835), ≪郡經平議·墨子評議≫(兪樾, 世界書局, 1881), ≪墨子經說解≫(張惠言, 國粹學報館, 1909), ≪墨經校釋≫(梁啓超, 中華書局, 1922), ≪墨子集解≫(張純一, 文史哲出版社, 1932), ≪墨子斠證≫(王叔岷, 中央研究員 歷史語言硏究所, 1959), ≪墨子 上·下≫ (新釋 漢文大系 卷50·51, 明治書院, 1972), ≪墨子雜志≫(王念孫, 墨子集成 卷9, 成文出版社, 1975), ≪墨子注≫(畢沅, 中華書局, 1985), ≪墨子校注≫(吳毓江, 中華書局, 2006) 등을 참고하였다.
3. 본서는 원전의 傳統性과 번역의 現代性을 구현하기 위해 노력하였다.
4. 原文에는 우리나라 전통방식의 懸吐를 하였다.
5. 原文은 저본의 體制에 따라 단락을 구분하고, 각 단락마다 일련번호를 부여하였다.
6. 飜譯은 原義에 충실하게 하되, 이해가 어려운 부분은 意譯 또는 補充譯을 하였다.
7. 飜譯文은 한글과 漢字를 混用하였으며, 맞춤법과 띄어쓰기는 한글 맞춤법과 표준어 규정을 따르는 것을 원칙으로 하였다.
8. 譯註는 校勘, 異說, 인용문의 出典, 故事, 역사적 사건, 전문용어, 難解語, 人物, 制度, 官職 등에 관한 사항을 밝혔다.
9. 校勘은 원문의 誤字, 脫字, 衍字, 倒文 등을 대상으로 하였다.
10. 각 篇마다 간략한 해설을 달아 독자의 이해를 돕고자 하였다.
11. 본서에 사용된 주요 符號는 다음과 같다.

“ ” : 對話, 각종 引用

‘ ’ : “ ” 안에서 再引用, 强調

「 」: ‘ ’ 안에서 再引用, 强調

( ) : 원문에서는 讀音이 다른 글자나 僻字의 音
번역문에서는 간단한 譯註
〔 〕: 번역문의 이해를 돕기 위한 原文의 漢字나 句節 표기
譯註에서 인용한 原文
≪ ≫ : 書名이나 典據
〈 〉: 篇章名, 作品名, 補充譯

12. 본서의 校勘에 사용된 符號는 다음과 같다.
( )〔 〕: (저본의 誤字)〔교감한 正字〕
〔 〕: 저본의 脫字 補充
( ) : 저본의 衍字

# 目 次

# 譯註 墨子閒詁 6

# 제53편 비고림 備高臨

'備高臨'은 적이 높은 土山을 만들어 성 안을 굽어보면서 공격하는 것을 방비하는 방법에 대해 서술하였다. 성 안에 行城을 만들어 마주 대응하는 방법과 성 위에 쇠뇌를 발사할 수 있는 장치를 설치하여 쇠뇌를 집중 발사하는 방법, 주로 이 두 가지에 대해 자세히 설명하였다.

吳鈔本에 作五十五라

吳鈔本에는 〈'五十三'이〉 '五十五'로 되어 있다.

**53-1-1 禽子再拜하다 再拜曰 敢問適人이 積土爲高하여**

禽子가 再拜하였다. 재배하고 말하기를, "감히 묻습니다. 敵人이 흙을 쌓아 높은 토산을 만들어서

畢云 適은 同敵이라하다

畢沅 : '適'은 敵과 같다.

**53-1-2 以臨吾城하고**

우리 성을 굽어보고

周書[1]大明武篇云 高堙(인)臨內하여 日夜不解라하고 又云 城高難上이면 湮之以土라하니 疑皆高臨攻城之法이라 與堙略同也라

≪周書≫ 〈大明武〉에 "土山을 높이 쌓아 성 안을 굽어보고 공격하기를 밤낮으로 게을

1) 周書 : ≪逸周書≫로, 汲冢이란 곳에서 竹簡 형태로 발굴되었다고 하여 ≪汲塚周書≫라고도 한다. 현전하는 ≪일주서≫는 발굴하고 유전하는 과정에서 많은 부분 유실되었다. 현전하는 ≪일주서≫는 총 10권이다. 正文 70편으로 구성되어 있는데, 周 文王 · 周 武王 · 周公 · 成王 · 康王 · 穆王 · 厲王 · 景王의 사적이 실려 있다.

리하지 않는다."라 하였고, 또 "성이 높아 올라가기 어려우면 흙을 쌓아 토산을 만든다."라 하였으니, 아마도 모두 높은 곳에서 성 안을 굽어보면서 공격하는 방법일 것이다. 〈'湮'은〉 '堙'과 대략 비슷하다.

### 53-1-3 薪土俱上하여 以爲羊黔하고

땔나무와 흙을 함께 높이 쌓아 羊黔을 만들고

**畢云 雜守에 作羊坅하니 未詳其器라하다 王云 雜守에 作羊坽이요 非作羊坅也라 坽은 與上下兩城字爲韻이니 則作坽者是라 集韻**[2]**에 坽은 郎丁切이니 峻岸也라하다**

畢沅 : 〈雜守〉에는 '羊坅'으로 되어 있는데, 무슨 기물인지 알 수 없다.

王念孫 : 〈잡수〉에 '羊坽'으로 되어 있고 '羊坅'으로 되어 있지 않다. '坽'은 그 글 위아래 두 '城'자와 韻이 되니, '坽'으로 되어 있는 것이 맞다. ≪集韻≫에 "坽은 郎과 丁의 반절이니, 높은 언덕이다."라 하였다.

### 53-1-4 蒙櫓俱前하여

큰 방패로 몸을 가린 채 함께 전진하여

**櫓는 大盾이니 詳備城門篇이라 謂敵蒙大盾하여 以蔽矢石하여 而俱前攻城也라**

'櫓'는 큰 방패이니, 〈備城門〉에 자세히 보인다. 적이 큰 방패로 몸을 가려 화살과 돌을 막으면서 함께 전진하여 우리 성을 공격한다는 말이다.

### 53-1-5 遂屬(촉)之城하여

마침내 성 밖에 모여서

**國語晉語韋注云 屬은 會也라하니 猶雜守篇云城會라**

≪國語≫ 〈晉語〉의 韋昭[3] 注에 "'屬'은 모인다는 뜻이다."라 하였으니, 〈雜守〉에서 말한

---

2) 集韻 : 중국의 韻書이다. 전 10권. 北宋 寶元 2년(1039)에 丁度 등이 왕명을 받들어 撰하였다. 수록된 글자는 5만여 자로, ≪廣韻≫의 약 2배이다. 異體字와 異讀을 광범위하게 수록하였다.

3) 韋昭 : 204~273. 三國시대 吳나라의 학자로, 字는 弘嗣이고 吳郡 雲陽 사람이다. 258년 孫休가 즉위하여 五經博士와 國學을 설립하자 博士祭酒가 되어 서적 편찬과 侍講을 맡았

'城會(성 밖에 모임)'와 같다.

## 53-1-6 兵弩俱上하면 爲之柰何오

병기와 쇠뇌를 들고 다 함께 올라오면 어떻게 해야 합니까?"

## 53-2-1 子墨子曰 子問羊黚之守邪아 羊黚者는 將之拙者也니

자묵자가 말하였다. "그대는 羊黚에 대한 수비책을 묻는가? 양검이란 것은 장수의 서툰 방법이니,

舊本에 脫之守邪羊黚五字러니 畢注議補羊黚二字하다 王云 當作子問羊黚之守邪羊黚者將之拙者也니 備梯篇에 曰 問雲梯之守邪아 雲梯者重器也니 亓動移甚難라하고 備蛾傅篇에 曰 子問蛾傅之守邪아 蛾傅者는 將之(忽)〔忿〕者也라하고 雜守篇에 曰 子問羊坽之守邪아 羊坽者는 攻之拙者也라하니 皆與此文同一例라 今本에 脫之守邪羊黚五字하니 則文義不明이라하다 案 王說이 是也니 今據補하노라

舊本에는 '之守邪 羊黚' 5자가 빠져 있었는데, 필원의 注에서 '羊黚' 2자를 보충해 넣어야 한다고 주장하였다.

王念孫 : 〈舊本의 '子問羊黚者 將之拙者也'는〉 응당 '子問羊黚之守邪 羊黚者將之拙者也'가 되어야 하니, 〈備梯〉에는 "雲梯에 대한 수비책을 묻는가? 운제란 무거운 기물이니, 옮기기가 몹시 어렵다."라 하였고, 〈備蛾傅〉에는 "그대는 蛾傅(적이 개미처럼 성벽에 달라붙어 올라오는 것)에 대한 수비책을 묻는가? 아부란 것은 장수가 분노해 쓰는 방법이다."라 하였고, 〈雜守〉에는 "그대는 羊坽에 대한 수비책을 묻는가? 양령이란 것은 공격의 서툰 방법이다."라 하였으니, 모두 이 글과 동일한 文例이다. 今本에는 '之守邪 羊黚' 5자가 빠져 있으니, 글 뜻이 분명하지 않다.

案 : 왕염손의 설이 옳다. 이제 이에 의거하여 〈'子問羊黚' 뒤에 '之守邪 羊黚'을 〉 보충하였다.

## 53-2-2 足以勞卒이요

다. 저서로 ≪漢書音義≫, ≪國語注≫, ≪官職訓≫, ≪三吳郡國志≫ 등이 있다.

병졸을 피로하게만 할 뿐이고

卒은 舊訛本이러니 王云 本은 當爲卒이라하니 是也라 今從之라 說詳備城門篇이라

'卒'은 舊本에는 '本'으로 잘못되어 있었는데, 왕염손이 "'本'은 응당 卒이 되어야 한다."라 하였으니, 옳다. 이제 그 설을 따른다. 설명이 〈備城門〉에 상세히 보인다.

**53-2-3** 不足以害城이니라 守爲臺城하여 以臨羊黔하되 左右出巨가 各二十尺이요

성을 해칠 수는 없네. 수비할 때 臺城을 만들어 羊黔을 굽어보고 대응하되 좌우로 성첩을 벗어난 것이 각각 20척이요,

臺城은 卽行城也라 下備梯篇에 說行城에도 亦云 左右出巨 各二十尺이라하니 與此制同이라 巨는 當爲距之假字라 說文[4]足部에 云 距는 鷄距也라하고 儀禮少牢饋食禮俎(조)拒의 鄭注에 云 拒는 讀爲介距之距니 俎距는 脛中當橫節也라하다 此는 行城編連大木하여 橫出兩旁이라 故亦謂之距니 蓋與俎距로 義略同이라

臺城은 곧 行城이다. 뒤의 〈備梯〉에 行城을 설명한 대목에서도 "좌우로 성첩을 벗어난 것이 각각 20척이다."라 하였으니, 이것과 제도가 같다. '巨'는 응당 距의 가차자일 것이다. ≪說文解字≫ 足部에 "距는 닭의 며느리발톱(새 수컷의 다리 뒤쪽에 있는 돌기)이다."라 하였다. ≪儀禮≫ 〈少牢饋食禮〉의 '俎拒(俎의 가로턱)'에 대한 鄭玄의 注에 "'拒'는 '介距'의 距로 읽으니, 俎距는 정강이에 옆으로 삐어져 나온 마디이다."라 하였다. 이는 行城에 큰 나무를 엮어서 연결하여 양 옆쪽 부분이 옆으로 삐어져 나오기 때문에 역시 距라 한 것이니, '俎距'와 뜻이 대략 같다.

**53-2-4** 行城은 三十尺이요 强弩〔射〕之하고 技機藉之하고

行城은 30척 높이이고 강한 쇠뇌로 화살을 발사하고 校機로 압박하고

此有脫誤하니 當作强弩射之校機藉之라 備蛾傅篇에 云 守爲行臨射之하고 校機藉

4) 說文 : ≪說文解字≫를 가리킨다. 後漢의 許愼(58?~148?)이 20여 년에 걸쳐 완성한 것으로, 漢字의 形·義·音을 체계적이고 종합적으로 설명하였다. 중국 最古의 字書로, 원본은 전하지 않는다. 남아 있는 것은 宋나라 徐鉉이 펴낸 교정본으로 본문 14권과 敍目 1권으로 이루어져 있다. 淸나라 段玉裁의 ≪說文解字注≫가 ≪설문해자≫의 주석서로 가장 널리 알려져 있다.

之라하니 是其證이라 校는 此作技하고 備梯篇에 又作披하니 竝形之誤라 校機는 疑卽備穴篇之鐵校라 然其形制未詳이라 藉는 當讀爲笮(착)이니 聲近假借라 說文矛部에 矠(착)은 讀若笮라하니 卽其例也라 說文竹部에 云 笮은 迫也라하니 謂發機厭笮殺敵也라

이 대목에는 오탈이 있으니, 〈'强弩之 技機藉之'는〉 응당 '强弩射之 校機藉之'가 되어야 한다. 〈備蛾傳〉에 "守爲行臨射之 校機藉之(수비할 때 행성을 만들어 굽어보면서 화살을 쏘고 校機로 압박한다."라 하였으니, 이것이 그 증거이다. 〈비의부〉의 '校'가 여기서는 '技'로 되어 있고 〈備梯〉에는 또 '披'로 되어 있으니, 모두 字形의 착오이다. '校機'는 아마도 〈備穴〉의 '鐵校'일 듯하다. 그러나 그 형상과 제도는 알 수 없다. '藉'는 의당 笮으로 읽어야 하니, 소리가 비슷하여 假借한 것이다. ≪說文解字≫ 矛部에 "矠은 笮과 같이 읽는다."라 하였으니, 곧 이러한 例이다. ≪설문해자≫ 竹部에 "笮은 압박이다."라 하였으니, 기계를 발동하여 압박해서 적을 죽인다는 말이다.

### 53-2-5 奇器□□[5)]之니

奇器(특수한 무기)로 공격해야 하니,

畢以奇屬上讀하고 云 疑卽藉車라하니 非也라

필원은 '奇'자를 위 구와 연결하여 읽고 "아마도 藉車일 것이다."라 하였는데, 맞지 않다.

### 53-2-6 然則羊黔之攻敗矣리라

이렇게 하면 적이 양검으로 공격하는 것은 실패할 것이다.

### 53-3-1 備臨以連弩[6)]之車하니

높은 곳에서 굽어보며 공격하는 적은 連弩를 장착한 수레로 방비하는데

備下에 舊本有矣字라 畢讀備矣句하고 云 備는 同俻(비)라한대 王引之云 畢說非也라 備矣之矣는 卽因上敗矣而衍이라 備臨以連弩之車는 當作一句讀이니 備臨은 卽備高臨也라 備蛾傳篇에 然則蛾傳之攻敗矣라하고 下云 備蛾傳爲縣脾라하니 猶此云 備臨以

5) □□ : 두 글자가 누락되었음을 표시한 것이다. ≪四庫全書≫에는 두 글자가 없다.
6) 連弩 : 발사장치가 달려 있어서 여러 개의 화살을 연달아 쏠 수 있는 쇠뇌이다.

連弩之車也라 若以備矣爲句하면 則下句臨以連弩之車는 文不成義矣라하다 案 王說是也라 今據删하노라 吳越春秋[7]句踐陰謀外傳에 陳音說弩射云 夫射之道는 從分望敵하고 合以參連[8]이라하고 六韜軍用篇에 有絞車連弩[9]하고 又有大黃參連弩大扶胥三十六乘[10]하고 淮南子氾論訓에 云 連弩以射하고 銷車以鬪라한대 高注에 云 連車弩[11]通一弦하여 以牛挽之하되 以刀著(착)左右하고 爲機關發之를 曰銷車라하고 文選閒居賦의 李注에 引漢書音義의 張晏云 連弩三十絭(권)共一臂하다

'備' 아래에 舊本에는 '矣'자가 있었다. 필원은 '備矣'로 구두를 떼어 읽고 "'備'는 憊와 같다."라 했는데, 王引之는 "필원의 설은 맞지 않다. '備矣'의 矣는 곧 윗글의 '敗矣'로 인하여 잘못 들어간 글자이다. '備臨以連弩之車'는 응당 한 句로 읽어야 하니, '備臨'은 곧 備高臨이다. 〈備蛾傅〉에 '然則蛾傅之攻敗矣(그렇게 되면 개미처럼 달라붙어 오르는 공격은 실패할 것이다.)'라 하고, 그 아래에 '備蛾傅爲縣脾(개미처럼 달라붙어 오르는 공격에 대비하기 위해 縣脾를 만든다.)'라 하였으니,

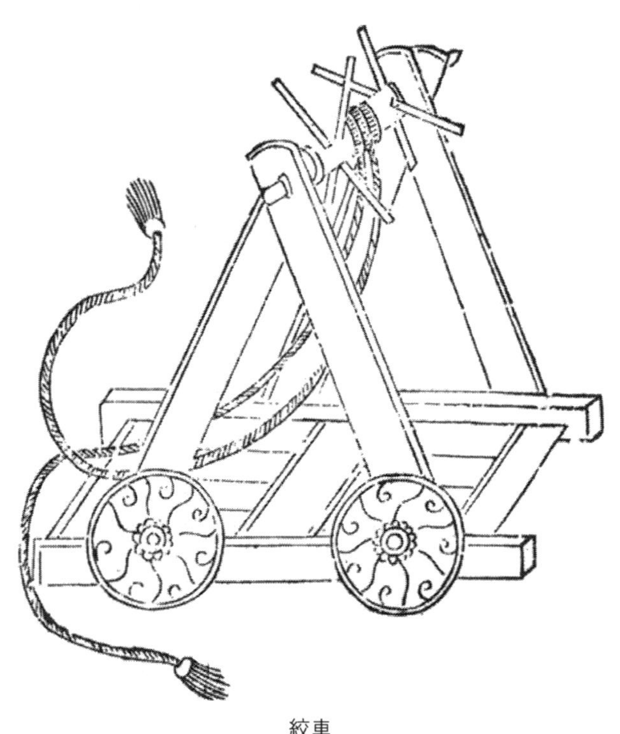

絞車

7) 吳越春秋 : 春秋時代 양자강 하류 지역의 吳나라와 越나라가 패권을 다투는 과정을 기술한 책이다. 현전하는 판본은 총 10권이다. 사료를 바탕으로 하되 문학적인 요소를 가미하여 編年體로 기술하였다. 이 때문에 정통적인 사서에서 배제되어 ≪隋書≫ 〈經籍志〉에는 雜史類, ≪新唐書≫ 〈藝文志〉에서는 小說家類로 분류하였다.

8) 參連 : 五射의 하나로, 화살 한 대를 먼저 쏜 다음 이어서 화살 세 대를 연속해서 쏘는 것이다.(≪周禮注疏≫ 〈地官 司徒〉)

9) 絞車連弩 : 絞車는 무거운 것을 드는 기구이고, 連弩는 화살을 연이어 발사할 수 있는 쇠뇌이다. 즉 교거에 장착한 쇠뇌이다.

10) 大黃參連弩大扶胥三十六乘 : 세 대의 화살을 연속하여 발사할 수 있는 大黃이라는 쇠뇌를 장착한 大扶胥가 있는 大戰車 36대라는 말이다.

11) 車弩 : 고대에 戰車 위에 설치한 쇠뇌를 가리킨다.

여기의 '備臨以連弩之車也'와 같다. 만약 '備矣'로 한 句를 삼으면 아래 구인 '臨以連弩之車'는 글 뜻이 성립되지 않는다.

案 : 왕인지의 설이 옳다. 이제 이에 의거하여 刪削한다. ≪吳越春秋≫ 〈句踐陰謀外傳〉에 陳音이 쇠뇌로 화살을 발사하는 방법을 설명하여 "무릇 화살을 발사하는 방법은 병사를 나누어 적의 동태를 살피고 합하여 參連한다."라 하였고, ≪六韜≫ 〈軍用〉에는 '絞車連弩'가 있고, 또 '大黃參連弩大扶胥三十六乘'이 있다. ≪淮南子≫ 〈氾論訓〉에는 "連弩로써 화살을 발사하고 銷車로써 전투한다."라 하였는데, 高誘의 注에 "車弩를 연결하여 모두를 하나의 활줄로 이은 다음 소로 활줄을 끌어서 당기되 칼을 좌우에 부착하고 機關을 만들어 발사하니, 이를 銷車라 한다."라 하였다. ≪文選≫ 〈閒居賦〉의 李善 注에 인용된 ≪漢書音義≫에 "張晏이 '쇠뇌 30대를 연결하여 모두 하나의 弩臂에 장착한다.'라고 하였다."라고 하였다.

## 53-3-2 材大(方一)方一尺이요

재목의 크기는 사방 1척이고

舊本에 材作杖이라 兪云 杖는 當作材라하다 案 兪校是也라 今據正하노라 下文에 云 以材大圍五寸이라하다 蘇云 方一은 誤重이라

구본에는 '材'가 '杖'으로 되어 있다.

兪樾 : '杖'은 응당 材가 되어야 한다.

案 : 유월의 교감이 맞다. 이제 이에 의거하여 바로잡는다. 아래 글에 '以材大圍五寸'이라 하였다.

蘇時學 : '方一'은 잘못 중복된 것이다.

## 53-3-3 長稱城之薄厚요 兩軸(三)〔四〕輪이니

길이는 성벽의 두께에 맞추며, 굴대는 두 개이고 수레바퀴는 네 개이니,

兪云 旣爲兩軸인댄 不得三輪이니 三은 當爲四라 古三四字皆積畫일새 因而致誤라하다

兪樾 : 이미 굴대가 둘이라면 수레바퀴가 세 개일 수 없으니, '三'은 응당 四가 되어야 한다. 古字에 '三'자와 '四'자는 모두 畫을 포개어 쓰기 때문에 그로 인하여 오류가 생긴 것이다.

**53-3-4 輪居筐中**하니

수레바퀴는 筐(수레의 몸체) 안에 있는데

筐은 疑謂車闌이니 亦卽車箱이라 詩小雅鹿鳴의 毛傳에 云 筐은 篚屬이라하니 車闌을 謂之筐은 猶車笭을 謂之篚與인저

'筐'은 아마도 車闌(수레 몸체의 앞쪽과 좌우 가장자리에 두른 난간)을 말하는 듯하니, 또한 車箱(수레 몸체)이다. ≪詩經≫ 〈小雅 鹿鳴〉의 毛傳에 "筐은 篚屬(물건을 담는 대광주리 등속)의 일종이다."라 하였으니, 車闌을 筐이라 한 것은 車笭(대로 엮어 만든 수레의 난간)을 篚라 한 것과 같은 例일 것이다.

**53-3-5 重下上筐**이요 **左右旁二植**(치)며

아래와 위의 筐이 겹쳐져 있고 좌우 옆쪽에 두 기둥이 세워져 있으며,

旁二植니 則左右通爲四植니 猶備城門篇云 樓四植라

옆쪽에 두 기둥을 세웠고 보면, 좌우 통틀어 네 기둥이 되니, 〈備城門〉에 "樓四植(누각에는 네 개의 기둥을 세운다.)"라 한 것과 같다.

**53-3-6 左右有衡**(횡)**植**라

좌우에 橫木(가로로 댄 나무)이 있다.

衡은 吳鈔本에 作橫하니 下同이라

'衡'은 吳鈔本에 '橫'으로 되어 있다. 아래도 같다.

**53-3-7 衡植左右**는 **皆圜內**(예)니

횡목의 좌우에는 다 둥근 빗장이 끼워져 있는데

內는 枘(예)同이라

'內'는 枘와 같다.

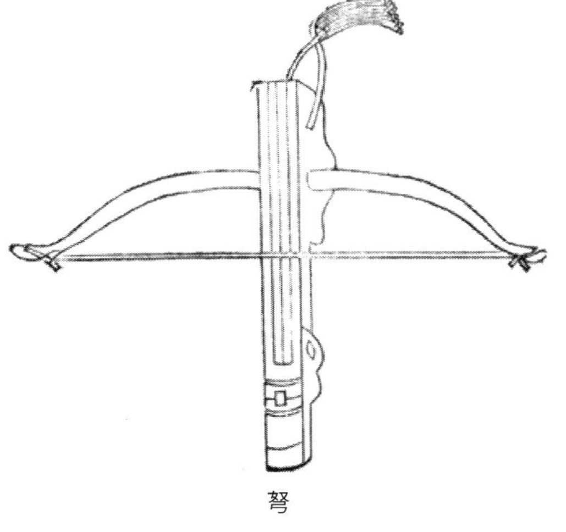
弩

53-3-8 內徑四寸이요 左右(縛)〔縳〕弩皆於植하여

둥근 빗장은 지름이 4寸이고 좌우에 세워놓은 기둥에 다 쇠뇌를 묶어 두고서

縛은 當爲縳이라

'縛'은 응당 縳이 되어야 한다.

53-3-9 以(弦)〔距〕鉤弦하여

距로 활줄을 걸어 당겨

此義難通하니 上弦字는 疑當作距니 卽下文之鉤距라 公輸篇에 距誤作强하니 與此相類라 距는 卽弩牙니 釋名[12]釋兵에 云 弩鉤弦者曰牙하니 似齒牙也라하다

이 대목은 뜻이 통하기 어렵다. 위 '弦'자는 아마도 '距'자가 되어야 할 듯하니, 곧 아래 글의 '鉤距'이다. 〈公輸〉에는 '距'가 '强'으로 잘못되어 있으니, 이 대목과 서로 유사하다. 距는 곧 弩牙(쇠뇌의 발사 장치)니, ≪釋名≫ 〈釋兵〉에 "쇠뇌에서 활줄을 당기는 장치 牙라 하니, 齒牙와 비슷하게 생겼기 때문이다."라 하였다.

53-3-10 至於大弦이라 弩臂前後與筐齊하니

큰 활줄에 이르게 한다. 弩(쇠뇌)의 臂(손잡이)는 앞뒤로 筐과 가지런하게 하는데

卽下文之橫臂也라 說文弓部에 云 弩는 弓有臂者也라하고 釋名釋兵에 云 弩는 其柄曰臂니 似人臂也라하다 吳越春秋에 云 琴氏乃橫弓著(착)臂하고 施機設樞[13]라하고 又云 臂爲道路니 通所使也라하다

곧 아래 글에 나오는 '橫臂'이다. ≪說文解字≫ 弓部에 "弩는 弓에 臂가 있는 것이다."라

12) 釋名 : 漢나라 劉熙가 편찬한 訓詁字書이다.

13) 琴氏乃橫弓著(착)臂 施機設樞 : 이 대목은 漢나라 趙煜이 찬술한 ≪吳越春秋≫ 5권에 보인다. 그 注에 "≪釋名≫에 弩의 자루를 臂라 하고 활줄을 걸어 당기는 것을 牙라 하고 牙 바깥을 郭이라 하니, 郭에는 칼을 매단다. 이를 합하여 이름하여 機라 하니, 機巧라는 말이고, 또한 대문과 지게문에 樞(지도리)와 機가 있어 열고 닫는 데 절도가 있는 것과 같다."라 하였다.

하였다. ≪釋名≫ 〈釋兵〉에 "弩는 그 손잡이를 臂라 하니, 사람의 팔과 같기 때문이다." 라 하였다. ≪吳越春秋≫에 "琴氏는 이에 활을 가로로 눕혀 臂에 장착하고 機를 설치하고 樞를 설치하였다."라 하였고, 또 "臂는 도로인 셈이니, 보내는 사람을 통하게 하는 것과 같다."라 하였다.

**53-3-11 筐高八尺**이요

筐은 높이가 8척이고,

爲上下筐之高度니 上下分之면 各四尺也라 後雜守篇說軺車板箱도 亦高四尺이라

위와 아래 筐의 전체 높이이니, 위와 아래로 나누면 각각 4척이다. 뒤에 나오는 〈雜守〉에서 설명한 軺車의 板箱도 역시 높이가 4척이다.

**53-3-12 弩軸去下筐三尺五寸**이라 **連弩機郭(同)〔用〕銅**이요

쇠뇌의 軸은 아래쪽 筐과 거리가 3척 5촌이다. 連弩의 機와 郭은 모두 구리로 만들며,

同은 當爲用이라 釋名釋兵에 云 牙外曰郭이니 爲牙之規郭也라 含括之口曰機이 言如機之巧也요 亦言爲門戶之樞機가 開闔有節也라하다 吳越春秋에 云 郭爲方城 守臣子也라하다

'同'은 응당 用이 되어야 한다. ≪釋名≫ 〈釋兵〉에 "牙의 바깥을 郭이라 하니, 牙의 規郭(테두리)이다. 오늬의 입 부분을 머금고 있는 것을 '機'라 하니, 機의 工巧함과 같다는 말이고, 또한 대문과 지게문의 樞機(지도리)처럼 開闔에 절도가 있다는 말이다. ≪吳越春秋≫에 '쇠뇌의 郭은 네모난 성의 지키는 신하이다.'라 하였다."라 하였다.

**53-3-13 一石三十鈞**이라

무게는 1石 30鈞(150근)이다.

說苑辨物篇에 云 三十斤爲鈞이요 四鈞爲石이라하니 然則弩機用銅이 凡五鈞이니 爲斤百五十也라

≪說苑≫ 〈辨物〉에 "30斤이 鈞이고 4균이 石이다."라 하였다. 그렇다면 弩機를 만드는 데 들어가는 구리가 모두 5균이니, 150근이다.

**53-3-14 引弦**은 **鹿(長奴)〔盧收〕**라

활줄을 당길 때는 鹿盧(도르레)로 조인다.

**吳鈔本**에 **無長字**라 **畢云 奴**는 **同弩**이라하다 **案 畢說未塙**이라 **此疑當作鹿盧收**니 **下云以磿鹿卷收**라하다

吳鈔本에는 '長'자가 없다.

畢沅 : '奴'는 弩와 같다.

案 : 필원의 설은 확실하지 않다. 이 대목의 '鹿長奴'는 아마도 '鹿盧收'가 되어야 할 듯하니, 아래 글에 "磿鹿卷收(鹿盧로 거두어 들인다.)"라 하였다.

**53-3-15 筐大三圍半**이요

筐을 만드는 재목은 굵기가 3圍[14] 반이고,

**謂筐材圓圍之度**라

筐을 만드는 재목의 둘레 척도이다.

**53-3-16 左右有鉤距**하니 **方三寸**이라 **輪厚尺二寸**이라 **鉤距臂博尺四寸**이며 **厚七寸**이며 **長六尺**이라

좌우에 鉤距(連弩를 장착한 兵車에 쇠뇌의 틀을 연결하는 부품)가 있으니, 크기가 사방 3촌이다. 수레바퀴의 두께는 1척 2촌이다. 鉤距의 臂(자루)는 너비가 1척 4촌이고 두께가 7촌이고 길이가 6척이다.

**鉤**는 **舊本**에 **作銅**이라 **王云 銅距**은 **當爲鉤距**니 **字之誤也**라 **鉤距**는 **見上文及備穴篇**이라하다 **案 王校是也**라 **蘇說同**하니 **今據正**하노라

'鉤'는 舊本에는 '銅'으로 되어 있다.

---

14) 圍 : 굵기를 재는 단위로 1위는 9촌이다.

王念孫 : '銅距'는 응당 鉤距가 되어야 하니, 字形 상의 착오이다. 鉤距는 윗글과 〈備穴〉에 보인다.

案 : 왕염손의 교감이 옳다. 蘇時學의 설도 같으니, 이제 이에 의거하여 바로잡는다.

### 53-3-17 橫臂齊筐外하고 蚤尺五寸에

〈連弩의〉 橫臂는 筐의 바깥 부분과 가지런하며, 蚤(창날)의 1척 5촌 되는 곳에

**蚤**는 **爪同**하니 **謂臂端剡細者**라 **詳備城門篇**이라

'蚤'는 爪와 같으니, 臂의 끝부분이 예리한 것이다. 〈備城門〉에 자세히 보인다.

### 53-3-18 有距하니

距가 있는데

**亦謂橫出旁枝**가 **如鷄距也**라 **見上**이라

이 역시 옆으로 갈래가 삐어져 나온 것이 마치 닭의 며느리발톱과 같은 모양임을 말한 것이다. 윗글에 보인다.

### 53-3-19 博六寸이며 厚三寸이며 長如筐이요 有儀하며

너비는 6촌이고 두께는 3촌이고 길이는 筐과 같고 表(가늠좌)가 있으며

**管子**[15]**禁藏篇**의 **尹注**에 **云 儀**는 **猶表也**라하니 **謂爲表以發弩**라

≪管子≫ 〈禁藏〉의 尹知章 注에 "儀는 表와 같다."라 하였으니, 表(가늠좌)를 만들어서 쇠뇌를 발사하는 것을 말한다.

### 53-3-20 有詘勝하여

屈勝(길이를 조절하는 접이식 사다리)이 있어

15) 管子 : 春秋時代 齊나라의 유명한 정치가였던 管仲(B.C. 723~B.C. 645)의 이름을 딴 저작으로, 管仲의 영향을 받은 후대 稷下學派에 의해 작성된 것으로 알려져 있다. 四庫全書의 子部 法家類에 속해 있으며, 당대 법가사상을 대표하는 저작으로 평가받는다.

畢云 卽通典屈勝梯라하다 詒讓案 亦見太白陰經守城具篇이라 漢書王莽傳의 服虔注에 云 蓋杠皆有屈勝하여 可上下屈伸也라하니 屈은 詘字通이요 勝伸은 亦一聲之轉이라 通志氏族略申屠氏가 音轉作勝屠氏하니 是其例也라 今俗本陰經通典漢書注에 勝이 或作滕은 竝非라

畢沅 : 곧 ≪通典≫에 나오는 屈勝梯이다.

詒讓案 : ≪太白陰經≫ 〈守城具〉에도 보인다. ≪漢書≫ 〈王莽傳〉의 服虔 注에 "수레 일산을 받치는 기둥은 다 屈勝(접는 사다리)이 있어 올렸다 내렸다 접었다 폈다 할 수 있다."라 하였다. '屈'은 '詘'자와 통용되고, 勝과 伸은 또한 한 성음이 전이한 것이다. ≪通志≫ 〈氏族略〉의 '申屠氏'가 聲音이 전이하여 '勝屠氏'로 되었으니, 이것이 그 例이다. 지금 俗本 ≪태백음경≫·≪通典≫·≪漢書≫ 注에는 '勝'이 혹 '滕'로 되어 있으니, 다 잘못된 것이다.

**53-3-21** 可上下하고 爲(武)〔趺〕重一石이요

올렸다 내렸다 할 수 있고, 받침대가 있는데 무게가 1石(120근)이다.

武는 疑趺之聲誤라

'武'는 아마도 趺와 음이 같아서 착오가 생긴 듯하다.

**53-3-22** (以材大圍五寸)〔以材大五圍〕라

굵기 5圍의 목재를 써서 만든다.

圍五寸은 以圓周로 求徑率算之면 止徑一寸五分有奇니 材太小니 似非也라 上文에 云 筐大三圍半이라하고 備城門篇에 云 積摶大二圍以上이라하니 此疑亦當云 以材大五圍니 寸字衍이라

'圍五寸(둘레 5촌)'은 원주율로 지름을 계산해 보면 지름이 1촌 5푼 남짓에 그치니, 재목이 너무 가늘어서 맞지 않는 듯하다. 윗글에서 "筐을 만드는 재목은 굵기가 3圍 반이다."라 하였고, 〈備城門〉에서는 "나뭇단을 쌓아두는데, 나무의 굵기는 2圍 이상이다."라 하였으니, 여기의 '以材大圍五寸'도 아마 '以材大五圍'라 해야 할 듯하니, '寸'자는 잘못 들어간 것이다.

**53-3-23 矢長十尺**이니 **以繩□□矢端**을 **如(如)(戈)〔弋〕射**하고

화살은 길이가 10척인데 줄을 화살 끝에 주살처럼 매어서 쏘고

如는 不當重이니 疑衍이라 戈은 當爲弋이니 形近而誤라 說文隹(추)部에 隿(익)者는 繳(작)射飛鳥也라하고 詩鄭風女曰鷄鳴의 孔疏에 云 以繩繫矢而射鳥를 謂之繳射라하고 周禮司弓矢에 云 矰矢茀矢는 用諸弋射라한대 鄭注에 謂茀矢는 弩所用이라하니 此矢는 蓋卽茀矢之屬이라 漢書司馬相如傳의 顔注에 云 以繳係矰하여 仰射高鳥를 謂之弋射라하다

'如'는 중복되어서는 안 되니, 잘못 들어간 듯하다. '戈'는 응당 弋이 되어야 하니, 글자 모양이 비슷하여 착오가 생긴 것이다. ≪說文解字≫ 隹部에 "隿이란 주살로 나는 새를 쏘는 것이다."라 하였다. ≪詩經≫ 〈鄭風 女曰鷄鳴〉의 孔穎達 疏에 "줄을 화살에 묶어서 새를 쏘는 것을 '繳射'라 한다."라 하였다. ≪周禮≫ 〈夏官 司弓矢〉에 "矰矢와 茀矢는 새를 잡는 데 쓰는 화살이다."라 하였는데, 鄭玄 注에 "茀矢는 쇠뇌에 사용하는 것이다."라 하였으니, 여기의 화살은 아마도 茀矢의 일종일 것이다. ≪漢書≫ 〈司馬相如傳〉의 顔師古 注에 "주살의 줄로 화살을 묶어서 높이 나는 새를 우러러 쏘는 것을 '弋射'라 한다."라 하였다.

**53-3-24 以磨鹿卷收**라

磨鹿(도르레)으로 줄을 말아서 거둔다.

磨鹿은 吳鈔本에 作磨鹿하니 不成字라 道藏本磨는 字同이라 畢云 磨는 疑厤요 鹿는 麤字之訛요 收는 舊作牧이러니 以意改라하다 王引之云 畢說非也라 磨鹿은 當爲磿鹿이니 上文에 云 備臨以連弩之車라하니 則此謂車上之磿鹿이니 轉之以收繩者也라 故曰 以磿鹿卷收라하니 磿鹿은 猶鹿盧니 語之轉耳라 方言[16]에 曰 維(쇄)車는 趙魏之閒에 謂之轣轆(역록)이라하고 廣雅[17]에 曰 維車를 謂之厤鹿이라하니 竝字異而義同이라하다 案 王說是

16) 方言 : 중국 각 지방의 言語, 物名의 同異를 수록한 책으로 모두 13권이다. 漢나라 揚雄의 저술이라 한다. 그러나 ≪漢書≫ 〈揚雄傳〉에 양웅의 저술을 언급한 데도 보이지 않고, 許愼의 ≪說文解字≫에 양웅의 말을 인용한 것이 ≪방언≫에 보이지 않는다는 사실로 보아 양웅의 저술이라 할 근거가 희박하다.

17) 廣雅 : ≪博雅≫라고도 한다. 北魏 太和(227~232) 연간에 魏나라 학자 張揖이 ≪三蒼≫과 ≪說文解字≫ 등을 참고하여 ≪爾雅≫를 증보한 것이다. 총 10권이다. 古書의 字句를 해석하였으며 經書를 고증하고 주석을 달았다. 淸나라 王念孫(1744~1832)이 이를 증보하여 ≪廣雅疏證≫과 ≪釋大≫를 지었다.

也라 六韜軍用篇에 有轉關轆轤하니 此卷收는 即冢上矢端著(착)繩而言이라 古弋射에 蓋亦用此라 國策楚策에 云 弋者가 修其莽盧하고 治其矰繳이라하니 盧亦即鹿盧也라

'磨𢈊'은 吳鈔本에는 '唐𢈊'으로 되어 있으니, 글자가 이루어지지 않는다. 道藏本의 '唐'는 글자가 같은 것이다.

畢沅 : '磨'는 아마도 '麻'일 듯하며, '𢈊'는 鹿의 訛字일 듯하며, '收'는 舊本에는 '牧'으로 되어 있는데 글 뜻으로 판단해 고쳤다.

王引之 : 필원의 설은 맞지 않다. '磨鹿'은 응당 '磿鹿'이 되어야 하니, 윗글에 '높은 곳에서 내려 보며 공격하는 적은 連弩를 장착한 수레로 방비한다.'라 했고 보면, 이는 수레 위의 磿鹿(도르레)를 이르니, 이것을 돌려서 줄을 거두어들이는 것이다. 그러므로 "磿鹿으로 말아서 줄을 거둔다."라 한 것이다. 磿鹿은 鹿盧와 같으니, 말이 바뀌어 달라졌을 뿐이다. ≪方言≫에 "維車를 趙나라・魏나라 지역에서는 轣轆이라 한다."라 하였고, ≪廣雅≫에 "維車를 厤鹿이라 한다."라 하였으니, 다 글자만 다르고 뜻은 같다.

案 : 왕인지의 설이 옳다. ≪六韜≫ 〈軍用〉에 '轉關轆轤'라는 것이 있으니, 여기서 '말아서 거둔다'고 한 것은 곧 위에서 화살 끝에 줄을 묶는다는 대목을 이어서 말한 것이다. 고대에는 弋射에 아마도 이것을 썼던 듯하다. ≪戰國策≫ 〈楚策〉에 "주살로 새를 잡는 자는 莽盧를 손질하고 矰繳을 손질한다."라 하였으니, '盧'도 곧 鹿盧이다.

轆轤

**53-3-25 矢高弩臂三尺이라 用弩無數하되 (出)〔矢〕人六十枚요**

화살은 쇠뇌의 臂보다 3척 더 높게 장착한다. 쇠뇌를 쓰는 것은 일정한 회수가 없지만 큰 화살은 한 사람당 60매씩 지급하고

出은 疑當作矢니 此謂大矢也라

'出'은 아마도 '矢'가 되어야 할 듯한데, 여기서는 큰 화살을 말한 것이다.

**53-3-26 用小矢無(留)〔數〕라**

작은 화살을 쓰는 것은 수량을 제한하지 않는다.

疑數之誤라

〈'留'는〉 아마도 '數'의 오자일 듯하다.

**53-3-27 十人主此車라가 遂(具)〔見〕寇어든**

열 사람이 이 수레(連弩를 장착한 수레)를 맡고 있다가 드디어 적이 보이면

具는 當作見이라 雜守篇에 云 望見寇어든 擧一烽이라하다

'具'는 '見'이 되어야 한다. 〈雜守〉에 "망을 보다가 적이 보이면 烽火 하나를 올린다."라 하였다.

**53-3-28 爲高樓以射(道)〔適〕하고**

높은 누각을 만들어 〈그 위에서〉 적에게 화살을 쏘고

疑當作適이라

〈'道'는〉 아마도 '適'이 되어야 할 듯하다.

**53-3-39 城上以荅[18]하여**

성 위에서는 荅(차단막)을 이용하여

畢云 荅은 卽幨也니 音之緩急이라 說文無幨字하니 疑古用荅爲之라하다 案 荅與幨不同하니 詳備城門篇이라 畢說失之라

18) 荅 : ≪墨子今注今譯≫에서는 대나무와 풀 등을 짜 엮어 길게 드리울 수 있게 만든 차단막이라 하였다.

畢沅 : '荅'은 곧 幨(휘장)이니, 성음에 완급의 차이가 있을 뿐이다. ≪說文解字≫에는 '幨'자가 없으니, 아마도 고대에는 荅을 썼던 듯하다.

案 : '荅'은 幨과 같지 않으니, 〈備城門〉에 상세히 보인다. 필원의 설은 잘못 본 것이다.

### 53-3-30 (羅)〔絫〕

돌과

**疑當作絫**라 **絫羅**는 **一聲之轉**이니 **絫卽礧**(뢰)라 **詳備城門篇**이라

〈'羅'는〉 아마도 絫가 되어야 할 듯하다. 絫와 羅는 한 성음이 바뀐 것이니, 絫는 곧 礧이다. 〈비성문〉에 상세히 보인다.

### 53-3-31 矢하니라

화살을 막는다."

**下有脫簡**이라 **畢云 通典**[19] **守拒法**에 **云 弩臺高下與城等**하고 **去城百步**니 **每臺相去亦如之**라 **下闊四丈**이요 **高五丈**이며 **上闊二丈**이요 **下建女牆**이라 **臺內通闇道**하고 **安屈勝梯**하여 **人上**에 **便卷收**라 **中設氈**(전)**幕**하여 **置弩手五人**하고 **備乾糧水火**라하다 **詒讓案 通典**은 **本太白陰經守城具篇**이라

'矢'자 아래 脫簡이 있다.

畢沅 : ≪通典≫ 〈守拒法〉에 "弩臺(쇠뇌 발사대)는 높이를 성과 같게 하고 성과 100보 거리를 두며 매 臺마다 거리도 이와 같이 한다. 노대의 하부는 너비가 4장이고 높이가 5장이며, 상부는 너비가 2장이고 하부에는 女牆을 세운다. 노대의 안에는 비밀 통로를 뚫고 屈勝梯(접이식 사다리)를 설치해 두었다가 사람이 타고 올라가면 곧바로 접어서 거둔다. 노대의 안에는 모피 천막을 설치하여 弩手 5인을 배치하고 乾糧과 물·불을 비치해 둔다."라 하였다.

詒讓案 : ≪通典≫의 이 대목은 본래 ≪太白陰經≫ 〈守城具〉에서 인용한 것이다.

19) 典 : 저본의 傍注에 "'典'자는 원래 중첩되어 있는데 바로 삭제하였다.〔典字原重 徑刪〕"라고 하였다.

## 제54편 비구 備鉤(결락)

## 제55편 비충 備衝(결락)

# 제56편 비제 備梯

'備梯'는 적이 해자를 메우고 성벽 아래까지 다가와서 雲梯(높은 사다리)를 이용해 성벽에 올라오면서 공격하는 것을 방비하는 방법에 대해 설명하였다.

**56-1-1 禽滑釐子事子墨子三年에 手足胼胝(변지)하고**

금골리자가 자묵자를 섬긴 지 3년만에 손발에 굳은살이 생기고

畢云 骿의 省(생)文이니 從月이라하다

畢沅 : 〈'胼'은〉 '骿'의 省文이니, 月(肉) 부수이다.

**56-1-2 面目黧黑하여**

얼굴이 시커멓게 되도록

畢云 黎字俗寫에 從黑이라하다

畢沅 : '黎'를 속자로 쓸 때 黑 부수로 쓴다.

**56-1-3 役身給使하여 不敢問欲이어늘 子墨子(其)〔甚〕哀之하여**

몸을 노역하여 시중을 들 뿐 감히 자기가 바라는 바를 묻지 못하거늘 자묵자께서 몹시 불쌍히 여기셔서

畢云 其는 甚字라하다

畢沅 : '其'는 '甚'자이다.

**56-1-4 乃(管酒塊脯)〔澄酒餽脯〕하여**

이에 술을 거르고 포를 가지고서

塊는 道藏本과 吳鈔本에 竝作槐라 畢云 乃는 舊作及이러니 以意改라 塊는 當爲餽니 饋字假音이라하다 詒讓案 此疑當作澄酒摶脯니 澄은 省(생)作登이니 與管形近而誤라 摶與槐塊가 形亦相似하니 春秋繁露[1]求雨篇에 云 淸酒膊脯라하니 澄은 卽淸이요 摶은 卽膊也라 釋名釋飮食에 云 膊은 迫也니 薄椓肉迫著物使燥也라하다 說文肉部에 云 膊은 薄脯니 膊之屋上也라하다

'塊'는 道藏本와 吳鈔本에 다 '槐'로 되어 있다.

畢沅 : '乃'는 舊本에 '及'으로 되어 있는데, 글 뜻으로 판단하여 고쳤다. '塊'는 응당 '餽'가 되어야 하니, '饋'의 假音字이다.

詒讓案 : 이 대목은 아마도 응당 '澄酒摶脯'가 되어야 할 듯하다. '澄'이 자획이 생략되어 '登'자가 되었으니, '管'자와 모양이 비슷하여 착오가 생긴 것이다. 摶은 '槐'자, '塊'자와 모양이 서로 비슷하다. ≪春秋繁露≫ 〈求雨〉에 "淸酒膊脯(맑은 술과 말린 포)"라 하였으니, 澄은 곧 淸이고 摶은 곧 膊이다. ≪釋名≫ 〈釋飮食〉에 "膊은 迫(압박)이니, 고기를 얇게 다지고 음식물을 압박하여 건조시키는 것이다."라 하였다. ≪說文解字≫ 肉部에 "膊은 얇게 저민 포이니, 얇게 저민 고기를 지붕 위에 널어 말리는 것이다."라 하였다.

### 56-1-5 寄于大(태)山하여

태산으로 가서

非攻中篇에 大山卽泰山이니 此疑亦同이라 時墨子或在齊魯也라

〈非攻 中〉에서 '大山'은 곧 泰山이었으니, 여기서도 같을 듯하다. 이 때 묵자는 혹 齊나라・魯나라 지역에 있었을 것이다.

### 56-1-6 昧茅坐之하여

띠풀을 베어내고 앉아서

畢云 當爲茅蒸이니 昧音同茅라하다 案 畢說非也라 昧茅는 當讀爲滅茅니 晏子春秋諫

1) 春秋繁露 : ≪春秋≫의 주석서로, 公羊學의 대가로 알려진 前漢 董仲舒의 저술이다. 南宋代에 4종의 ≪춘추번로≫ 底本이 있었고, 淸나라 乾隆 50년(1785)에 盧文弨 등 13인의 학자들이 이 저본들을 모두 모아 교정하여 총 17권 82편을 완성하였다.

下篇에 云 景公[2]獵休하여 坐地而食이러니 晏子後至하여 滅葭而席이어늘 公不說(열)하여 曰 寡人不席而坐地하고 二三子莫席이어늘 而子獨搴(건)草而坐之는 何也오라하니 味茅는 猶言滅葭니 亦卽搴茅而坐之也라 味는 當作眛니 與滅로 古音相近이라 左氏隱元年經의 公及邾儀父盟于蔑의 蔑이 公羊作眛하니 卽其比例라 說文手部에 云 摵은 批(자)也니 批는 捽(졸)也라하니 滅은 亦卽摵之借字라 若然이면 味茅는 卽是薙(체)摵茅草라 古書矛字가 或掍作柔라 宋本淮南子氾論訓에 云 槽柔無擊이라하고 說苑說叢篇에 云 言人之惡이 痛於柔戟이라하니 竝以柔爲矛라 故此茅字亦作萊矣라

畢沅 : 〈'味萊'는〉 응당 茅蒸이 되어야 하니, '味'는 성음이 茅와 같다.

案 : 필원의 설은 맞지 않다. '味萊'는 응당 '滅茅'로 읽어야 한다. ≪晏子春秋≫ 〈諫下〉에 "景公이 사냥을 하다가 쉬면서 맨 땅에 앉아서 식사하는데, 晏子가 뒤늦게 와서 갈대를 제거하고〔滅葭〕 자리를 깔고 앉았다. 경공이 언짢아하며 말하기를 '과인은 자리를 깔지 않고 맨 땅에 앉았고 다른 사람들도 자리를 깔지 않았거늘 그대는 혼자서 풀을 제거하고 앉은 것은 무슨 까닭인가?'라 하였다."라 하였다. 따라서 '味茅'는 '滅葭'와 같으니, 또한 띠풀을 제거하고 앉은 것이다. '味'는 응당 眛가 되어야 하니, 滅과 고대에 성음이 서로 비슷하였다. ≪春秋左氏傳≫ 隱公 원년 經文의 '公及邾儀父盟于蔑(公과 邾儀父가 蔑 땅에서 맹약하였다.)'의 '蔑'이 ≪春秋公羊傳≫에는 '眛'로 되어 있으니, 곧 그 비슷한 例이다. ≪說文解字≫ 手部에 "摵은 批이다."라 하고, "批는 捽(잡아 뽑다)이다."라 하였으니, 滅은 곧 摵의 가차자이다. 만약 그렇다면 '味茅'는 곧 띠풀을 제거하는 것이다. 古書에 '矛'자가 혹 혼동하여 '柔'자로 되어 있으니, 宋本 ≪淮南子≫ 〈氾論訓〉에는 '槽柔無擊(나무 矛는 창날이 없다.)'이라 하였고, ≪說苑≫ 〈說叢〉에는 "言人之惡 痛於柔戟(남의 악을 말하는 것이 矛戟으로 찌르는 것보다 아프다.)"이라 하였으니, 둘 다 柔로 矛를 삼은 것이다. 그러므로 이 대목의 '茅'자도 萊로 된 것이다.

**56-1-7 以樵禽子**한대

금자에게 술을 권하였는데,

畢云 當云以譙禽子라하다 王引之云 方言에 自關而西 秦晉之間에 凡言相責讓曰譙

---

2) 景公 : 저본의 傍注에 "'景公'은 원래 '晏公'으로 잘못되어 있는데, ≪晏子春秋≫에 의거하여 고쳤다.〔景公原誤晏公 據晏子春秋改〕"라고 하였다.

讓이라하다 上文에 子墨子甚哀之하여 乃管酒槐脯云云하니 殊無譙讓之意라 樵는 蓋醮之借字也니 士冠禮注에 曰 酌而無酬酢曰醮라 故上文言酒脯라

畢沅 : 〈'以樵禽子'는〉 응당 "以譙禽子(금자를 꾸짖었다.)'라 해야 한다.

王引之 : 《方言》에 "함곡관 서쪽, 秦·晉 땅 일대에는 무릇 서로 질책하는 것을 '譙讓'이라 한다."라 하였다. 윗글에 "자묵자께서 몹시 불쌍히 여기셔서 이에 술을 거르고 포를 가지고서"라고 운운하였으니, 전혀 질책하는 뜻이 없다. '樵'는 아마도 醮의 가차자일 것이다. 《儀禮》 〈士冠禮〉의 注에 "술을 따르기만 하고 술잔을 주고받음이 없는 것을 醮라 하다."라 하였다. 그러므로 윗글에서 술과 포를 말한 것이다.

**56-1-8 禽子再拜而嘆이라**

금자가 재배하고 탄식하였다.

吳鈔本에 作歎이라

〈'嘆'이〉 吳鈔本에는 '歎'으로 되어 있다.

**56-2-1 子墨子曰 亦何欲乎아**

자묵자께서 말씀하셨다. "또한 무엇을 바라느냐?"

畢云 亦은 當爲亣字之誤라하다 案 亦字自通하니 不必改亣라

畢沅 : '亦'은 응당 亣의 오자일 것이다.

案 : '亦'자도 뜻이 통하니, 굳이 亣로 고칠 필요가 없다.

**56-2-2 禽子再拜하다 再拜曰 敢問守道하노이라 子墨子曰 姑亡(무)姑亡하라**

금자가 再拜하였다. 재배하고 말하였다. "감히 수비하는 방도를 묻습니다." 자묵자가 말하였다. "아직 묻지 말라. 아직 묻지 말라.

姑亡는 言姑無問守道也니 亦見公輸篇이라

'姑亡'는 아직 수비하는 방도를 묻지 말라는 말이니, 〈公輸〉에도 보인다.

**56-2-3 古有亓**(기)**術者**러니 **內不親民**하며 **外不約治**하고

옛날에 그 방법을 아는 자가 있었는데 안으로는 백성을 친애하지 못하며 밖으로는 다스림에 힘쓰지 못하고

呂氏春秋[3)]本味篇의 高注에 云 約은 飾也라하다

≪呂氏春秋≫ 〈本味〉의 高誘 注에 "約은 飾(힘쓰다)이다."라고 하였다.

**56-2-4 以少閒**(한)**衆**하며 **以弱輕强**하여 **身死國亡**하여 **爲天下笑**하니 **子亓愼之**하라 **恐爲身薑**이로라

소수로서 다수를 업신여기고 약자로서 강자를 경시하여 몸은 죽고 나라는 망하여 천하의 웃음거리가 되고 말았으니, 그대는 신중하라. 몸이 죽게 될까 걱정된다."

畢云 同僵이라 亡强薑爲韻이라하다

畢沅 : 〈'薑'은〉 僵과 같다. '亡', '强', '薑'은 韻字이다.

**56-3-1 禽子再拜頓首**하여 **願遂問守道**하여 **曰 敢問客衆而勇**하여 **煙**(인)**資吾池**하고

금자가 재배하고 머리를 조아리고는 마침내 수비하는 방도를 묻기를 원한다고 하고 말하였다. "감히 묻습니다. 적이 무리가 많고 용감하여 우리의 해자를 메우고

王云 煙은 當爲堙(인)이니 堙은 塞(색)也라 備穴篇救闉(인)池者의 闉이 與堙同이라하다 蘇說同이라 王引之云 資는 疑當爲填이니 堙填은 皆塞也라 堙煙填資는 亦皆字之誤라하다 兪云 王氏讀煙爲堙은 是也로되 惟資字는 尙未得其義라 資는 當讀爲茨니 淮南子泰族篇에 茨其所決而高之의 高注에 曰 茨는 積土塡滿之也라하니 是茨與堙同義라 古茨字或作薋하니 爾雅釋草篇茨蒺蔾의 釋文[4)]에 茨本作薋가 是也라 墨子書作資者는 卽薋字而省(생)艸耳라 說文土部에 垐(자)는 以土增大道上이라하니 茨與垐通이라하다 案 兪說是也라

---

3) 呂氏春秋 : 秦나라의 呂不韋(?~B.C. 235)가 食客에게 저술을 위촉하여 편찬했다는 책으로, 총 26권이다. 儒家를 중심으로 道家·墨家·法家·農家·陰陽家 등 선진시대의 諸說과 說話를 채택하여 수록하였다. 선진시대 사상사를 연구하는 데 주요한 자료로 꼽힌다. 後漢의 高誘가 注를 달았다.

4) 釋文 : 唐 高祖 때 陸德明(550~630)이 저술한 ≪經典釋文≫을 가리킨다.

**梯臨之攻**은 **蓋皆兼用堙法**이라

王念孫 : '煙'은 응당 堙이 되어야 하니, 堙은 메운다는 뜻이다. 〈備穴〉의 '救闉池者(해자를 메우고 적이 공격해 오는 상황을 구원하는 경우)'의 闉이 堙과 같다.

蘇時學의 설도 같다.

王引之 : '資'는 아마도 응당 塡이 되어야 할 듯하니, 堙과 塡은 다 메운다는 뜻이다. '堙'과 '煙', '塡'과 '資'는 다 글자의 착오이다.

兪樾 : 王氏가 '煙'을 堙으로 읽은 것은 옳다. 그렇지만 '資'자는 여전히 그 뜻을 얻지 못하였다. '資'는 응당 茨로 읽어야 한다. ≪淮南子≫ 〈泰族〉의 '茨其所決而高之(둑이 터진 곳을 흙으로 메워서 돋운다.)'에 대한 高誘의 注에 "茨는 흙을 쌓아 메우는 것이다."라 하였으니, 이 '茨'는 堙과 뜻이 같다. 古書에는 '茨'자가 혹 薋로 되어 있으니, ≪爾雅≫ 〈釋草〉의 '茨蒺藜(茨는 蒺藜이다.)'에 대해 ≪經典釋文≫에 "茨는 어떤 本에는 薋로 되어 있다."라 한 것이 이러한 例이다. ≪墨子≫에 '資'로 되어 있는 것은 곧 '薋'자인데 艸를 생략한 것일 뿐이다. ≪說文解字≫ 〈土部〉에 "垐는 흙을 길에 쌓아 돋우는 것이다."라 하였으니, '茨'는 '垐'와 뜻이 통한다.

案 : 유월의 설이 옳다. 雲梯와 臨車로 공격할 경우에는 대개 모두 해자를 메우는 방법을 사용한다.

### 56-3-2 **軍卒竝進**하여 **雲梯旣施**하고

군졸이 함께 진격하여 雲梯가 이미 설치되고

**通典兵門**에 **云 以大木爲床**하여 **下置六輪**하고 **上立雙牙**[5)]하니 **牙有檢**[6)]이라 **梯節長丈二尺**이요 **有四桄**하니 **桄相去有三尺**이라 **勢微曲**하여 **遞互相檢**하니 **飛於雲間**하여 **以窺城中**이라 **有上城梯**하니 **首冠雙轆轤**하여 **枕城而上**을 **謂之飛雲梯**라하니 **蓋其遺法**이라 **太白陰經攻城具篇同**하다

≪通典≫ 〈兵門〉에 "큰 목재로 牀板을 만들고 아래에 여섯 개의 바퀴를 설치하고 위에는 두 개의 牙를 세우니 牙에는 檢이 있다. 사다리의 길이는 1丈 2尺인데 네 개의 桄(횡목)이 있으니, 桄의 간격은 3尺이다. 형세가 약간 굽어서 번갈아 서로 檢束할 수 있다. 이것을 타고 구름 속을 날아서 성 안을 엿본다. 성을 오르는 사다리가 있으니, 맨 윗부

5) 牙 : 雲梯의 두 기둥을 말하는 듯하다.
6) 檢 : 雲梯의 두 車箱을 가리키는 듯하다.

분에 한 쌍의 轆轤를 장착해두고 성에 기대어 놓고 타고 올라가니, 이를 '飛雲梯'라 한다."라 하였으니, 이것이 아마도 고대 雲梯의 遺法일 것이다. ≪太白陰經≫ 〈攻城具〉에도 같다.

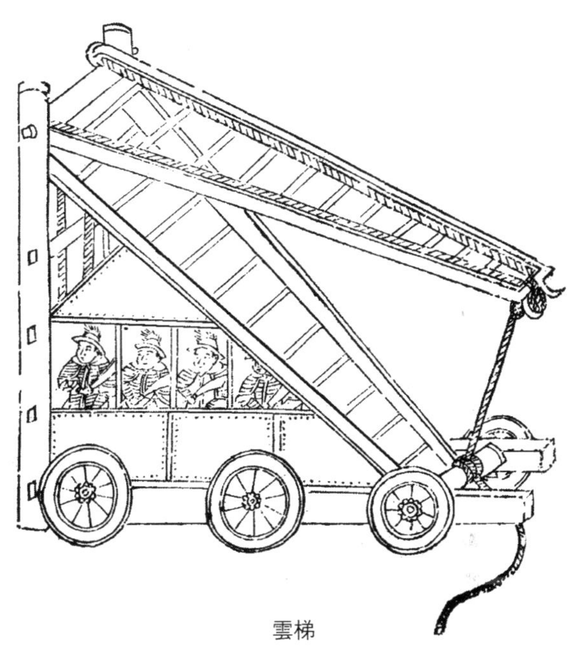
雲梯

**56-3-3 攻備已具요 武士又多하여 爭上吾城이면**

공격 장비가 이미 갖추어졌으며, 게다가 무사가 많아 다투어 우리 성에 올라오면

畢云 上은 舊作土러니 據太平御覽改라

畢沅 : '上'은 舊本에는 '土'로 되어 있는데, ≪太平御覽≫에 의거하여 고쳤다.

**56-3-4 爲之柰何잇고**

어떻게 해야 합니까?"

畢云 池施多何爲韻이라하다

畢沅 : '池'·'施'·'多'·'何'는 韻字이다.

**56-4-1 子墨子曰 問雲梯之守邪아**

자묵자가 말하였다. "雲梯를 이용한 공격에 대한 수비를 묻는가?

守는 舊本에 闕이라 王云 此當作問雲梯之守邪라 上文에 曰 敢問守道라하고 又曰 願遂問守道라하고 備城門篇에 曰 問穴土之守邪라하고 備蛾傅篇에 曰 子問蛾傅之守邪라하고 雜守篇에 曰 子問羊坽之守邪아라하니 皆其證이라 今脫守字하니 則文不成義라하다 案 王校是也라 蘇說同하니 今據補하노라

守는 舊本에 누락되었다.

王念孫 : 여기의 〈'問雲梯之邪'는〉 응당 '問雲梯之守邪'가 되어야 한다. 윗글에 '敢問守道(감히 수비하는 방도를 묻습니다.)'라 하였고, 또 '願遂問守道(마침내 수비하는 방도를 묻기를 원한다고 하고)'라 하였고, 〈備城門〉에 '問穴土之守邪(땅굴을 수비하는 법을 묻는 것인가?)'라 하였고, 〈備蛾傅〉에 '子問蛾傅之守邪(그대는 蛾傅에 대한 수비를 묻는가?〉)'라 하였고, 〈雜守〉에 '子問羊坽之守邪(그대는 양령으로 공격하는 것에 대한 수비를 묻는가?)'라 하였으니, 다 그 증거이다. 지금 여기에는 '守'자가 빠졌으니, 글 뜻이 성립되지 않는다.

案 : 왕염손의 교감이 옳다. 蘇時學의 설도 같으니, 이제 이에 의거하여 보충한다.

**56-4-2 雲梯者**는 **重器也**니 **亓動移甚難**이라 **守爲行城**하되 **雜樓相見**하여 **以環亓中**하여

雲梯란 것은 무거운 기물이니, 이동하기가 매우 어렵다. 수비하는 쪽에서는 行城을 만들되 雜樓(잡다한 누각)들을 일정한 간격을 두고 지어 중앙을 둘러싸서

兪云 相見은 卽相閒也니 備城門篇에 見一寸이라한대 畢云 見은 疑閒字라하니 是其例也라하다

兪樾 : '相見'은 곧 '相閒'이니, 〈備城門〉에 "見一寸(간격은 1촌이다)"이라 했는데, 畢沅이 "'見'은 아마도 '閒'자일 듯하다."라 하였으니, 이것이 그 例이다.

**56-4-3 以適廣陜爲度**하여 **環中藉幕**하여

넓고 좁은 간격을 적절히 맞추어 藉幕[7]으로 중앙을 둘러싸서

畢云 舊作慕러니 以意改라

畢沅 : 舊本에는 〈'幕'이〉 '慕'로 되어 있는데, 글 뜻으로 판단하여 고쳤다.

**56-4-4 毋廣亓處**라

그 장소를 많이 떨어지지 않게 한다.

畢云 度幕處爲韻이라하다

畢沅 : '度'·'幕'·'處'는 운자이다.

---

7) 藉幕 : 고대에 성 안에서 防衛할 때 날아오는 화살, 돌 등을 막는 베로 된 차단막이다.

**56-5-1 行城之法은 高城二十尺이요**

行城을 만드는 방법은 성보다 20척 더 높게 하며,

謂高出於城上이라 備高臨篇에 云 行城三十尺이라한대 此云 高城二十尺이라하니 疑必有一誤라

성 위로 높이 솟아나온다는 말이다. 〈備高臨〉에 "行城은 30척 높이이다."라 했는데, "여기서는 성보다 20척 더 높게 한다."고 했으니, 필시 한 곳은 착오가 있을 듯하다.

**56-5-2 上加堞하되 廣十尺이요 左右出巨가 各二十尺이요**

그 위에 城堞을 더 설치하되 너비는 10척이고 좌우로 성첩을 벗어난 것이 각각 20척이요,

巨는 讀爲距니 見備高臨篇하다

'巨'는 距로 읽어야 하니, 〈備高臨〉에 보인다.

**56-5-3 〔雜樓〕高廣如行城之法이라**

잡루의 높이와 너비는 行城의 제도가 같게 한다.

兪云 上文皆言行城이어늘 而此卽云 高廣如行城之法이라하니 義不可通이라 疑高廣上脫雜樓兩字라 上文에 云 守爲行城하되 雜樓相見하여 以環其中하여 以適廣陜爲度라하니 然則行城也와 雜樓也는 本有二事라 故로 云相見이라 相見은 卽相間也라 上文에 旣言行城之法하고 此繼言雜樓라 故로 省(생)其文曰 雜樓高廣如行城之法이라하니라

兪樾 : 윗글에서는 모두 行城에 대해 말했는데 여기서는 곧 "높이와 너비는 行城의 제도가 같게 한다."라 하였으니, 뜻이 통하지 않는다. 아마도 '高廣' 위에 '雜樓' 두 글자가 빠진 듯하다. 윗글에 "수비하는 쪽에서는 行城을 만들되 雜樓(잡다한 누각)들을 일정한 간격을 두고 지어 중앙을 둘러싸서 넓고 좁은 간격을 적절히 맞춘다."라 하였으니, 그렇다면 行城과 雜樓는 본래 다른 두 가지이기 때문에 "相見(일정한 간격을 두고 짓는다.)"이라고 한 것이다. '相見'은 곧 '相間'이다. 윗글에 이미 行城을 만드는 방법을 말하였고, 여기서는 이어서 雜樓에 대해 말하였다. 그러므로 글을 생략하여 "雜樓高廣如行城之法"이라 한 것이다.

**56-5-4 爲爵穴煇傴하고**

爵穴과 煇傴를 만들고

爵은 吳鈔本에 作雀하니 同이라 爵穴은 制見備城門篇하다 煇은 當讀爲熏이라 史記呂后紀에 戚夫人去眼煇耳라하니 亦以煇爲熏이라 爵穴・煇傴는 蓋亦城閒空穴之名이니 明其小僅容爵鼠也라 傴는 畢本[8]에 改鼠하여 云 舊作傴러니 以意改라하다 案 傴는 卽鼠之變體니 不必改라 詩豳(빈)風七月에 穹窒熏鼠라하니 此與彼義同이라 蓋以火煙熏穴하여 以去鼠라 因之하여 小空穴을 亦謂之熏鼠矣라 備穴篇에 有傴穴하니 亦卽此라

'爵'은 吳鈔本에 '雀'으로 되어 있으니, ('爵'과 '雀'은) 같다. '爵穴'은 그 제도가 〈備城門〉에 상세히 보인다. '煇'은 응당 熏으로 읽어야 한다. ≪史記≫ 〈呂后紀〉에 "戚夫人去眼煇耳(척부인의 눈알을 뽑고 귀를 지졌다.)"라 하였으니, 역시 '煇'을 '熏'으로 보았다. '爵穴'과 '煇傴'는 아마도 성의 벽에 난 구멍의 이름으로 구멍이 작아서 겨우 참새나 쥐가 들어갈 정도임을 밝힌 것이다. '傴'는 畢本에 '鼠'로 고치고 "舊本에는 '傴'로 되어 있는데 글 뜻으로 판단하여 고쳤다."라 하였다.

案 : '傴'는 '鼠'자의 變體이니 굳이 고칠 필요가 없다. ≪詩經≫ 〈豳風 七月〉에 "穹窒熏鼠(구멍을 막고 쥐구멍에 불을 놓아 연기를 피운다.)"라 하였으니, 이곳의 '煇傴'가 저 ≪시경≫의 '熏鼠'와 뜻이 같다. 대개 불을 피워 연기를 구멍에 쐬어 쥐를 제거하였으므로 이로 인하여 작은 구멍도 '熏鼠'라 한 것이다. 〈備穴〉에 '傴穴'이 있으니 또한 이것이다.

**56-5-5 施荅亓外라**

그 바깥은 차단막으로 가린다.

畢云 言施幨(첨)蓋之라하다 案 荅與幨異하니 畢說非也라 詳後하다

畢沅 : 장막을 쳐서 가린다는 말이다.

案 : '荅'은 장막과는 다르니, 필원의 설은 맞지 않다. 뒤에 상세히 보인다.

**56-5-6 機와 衝과 (錢)〔棧〕과 城은**

機牙・衝車・行棧・行城은

8) 畢本 : 畢沅이 교감한 ≪묵자≫를 말한다.

王引之云 錢은 字義不可通하니 當是棧字之誤라 衝은 見雜守篇하다 備城門篇說城上之備에 有行棧하니 卽此所謂棧也라 城은 卽行城이니 見上文하다 詒讓案 六韜發啓篇에 云 無衝機[9]而攻이라하니 蓋攻守通用此라

王引之 : '錢'은 字義가 통하지 않으니, 응당 棧의 오자일 것이다. '衝'은 〈雜守〉에 보인다. 〈備城門〉에서 성 위의 武備를 설명한 데 '行棧'이 있으니, 곧 여기서 말하는 '棧'이다. '城'은 行城이니, 윗글에 보인다.

詒讓案 : ≪六韜≫ 〈發啓〉에 "衝·機 없이 공격한다."라 하였으니, 대개 공격과 수비에 다 이 무기를 사용했던 것이다.

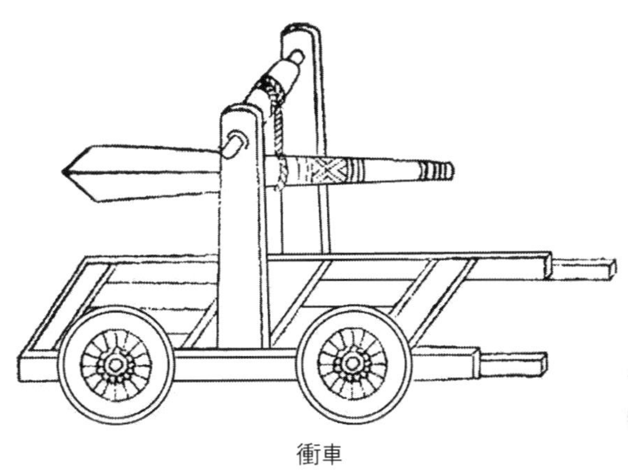
衝車

56-5-7 廣與隊等하되 雜亓閒以鐫(전)(劍)〔斲(착)〕이라

간격을 적의 대오와 같게 하되 그 사이에 끌과 자귀를 섞어 놓아둔다.

說文金部에 云 鐫은 (破)〔穿〕[10]木鐫也라하고 釋名釋用器에 云 鐫은 鐏(준)也니 有所鐏入也라하고 廣雅釋言에 云 鐫은 鑿也라하니 劍與鐫은 異用이어늘 竝擧는 殊不倫이라 疑當爲斲이니 斲은 備穴篇亦訛劍하니 可證이라 斲鐫은 皆所以斫破敵之梯者라

≪說文解字≫ 金部에 "鐫은 나무를 파는 끌이다."라 하였고, ≪釋名≫ 〈釋用器〉에 "鐫은 鐏(창고달)이니 창 자루가 들어가는 곳이 있다."라 하였고, ≪廣雅≫ 〈釋言〉에 "鐫은 鑿(끌)이다."라 하였으니, '劍'과 '鐫'은 쓰임새가 다른 것인데 나란히 들어 말한 것은 전혀 어울리지 않는다. 〈'劍'은〉 아마도 斲(자귀)이 되어야 할 듯하다. 斲은 〈備穴〉에도 '劍'으로 잘못되어 있으니, 증거로 삼을 만하다. 斲과 鐫은 다 적의 사다리를 찍어서 부수는 것이다.

9) 衝機 : 성을 공격하는 衝車와 雲梯 등의 기구를 말한다.
10) (破)〔穿〕: 저본에는 '破'로 되어 있으나, ≪說文解字≫에 의거하여 '穿'으로 바로잡았다.

### 56-5-8 持衝十人과

衝車를 가지고 다루는 자는 10인과

此城內之衝이니 以距攻城之梯者라 使十人持之라

이는 성 안의 충거이니, 성을 공격하는 적의 雲梯를 막는 것이다. 10인으로 하여금 충거를 다루게 한다.

### 56-5-9 執(劍)〔斪〕五人은

자귀를 잡는 자는 5인은

劍은 亦疑當爲斪이라

'劍'은 역시 斪이 되어야 할 듯하다.

### 56-5-10 皆以有力者하고 令案目者視適이라가

모두 힘이 있는 사람을 쓰고, 案目을 가진 자로 하여금 적을 관찰하게 하다가

案은 按同이라 爾雅釋詁에 云 按은 止也라하니 謂止目注視니 欲其審也라 淮南子泰族訓에 云 欲知遠近而不能에 教之以金目이면 則射快라한대 許注에 云 金目은 深目[11]이니 所以望遠近射準也라하니 此案目은 疑與金目義同이라 畢云 適은 同敵이라하다

'案'은 按과 같다. ≪爾雅≫ 〈釋詁〉에 "按은 멈춘다는 뜻이다."라 하였다. 시선을 고정하고 注視하는 것을 말하니, 자세히 보고자 하는 것이다. ≪淮南子≫ 〈泰族訓〉에 "원근을 알고자 하는데 알 수 없을 때 金目으로 보는 방법을 가르쳐 주면 화살을 과녁에 시원스럽게 맞출 수 있다."라 했는데, 許愼의 注에 "金目은 深目이니, 원근을 바라보아 과녁에 화살을 맞추는 것이다."라 하였다. 여기의 '案目'은 아마도 金目과 뜻이 같을 듯하다.

畢沅 : '適'은 敵과 같다.

### 56-5-11 以鼓發之하야 夾而射之하며 重而射〔之〕하고

북을 쳐서 출동시켜 적을 협공하여 화살을 쏘며 대오를 중첩하여 화살을 쏘고,

11) 深目 : 오늘날의 안경 또는 망원경과 같은 것이다.

疑脫之字라

아마도 '之'자가 빠진 듯하다.

56-5-12 (披)〔校〕機(藉)〔窄〕之하고

校機로 압박하고

披機는 當從備蛾傅篇作校機라

'披機'는 응당 〈備蛾傅〉를 따라 '校機'가 되어야 한다.

56-5-13 城上에 (繁)〔多〕下矢石沙(炭)〔灰(회)〕以雨之하고

성 위에서 화살, 돌, 모래, 재 등을 비오듯 많이 떨어뜨리고

畢云 太平御覽에 引繁作多라하다 王引之云 炭은 當爲灰라 俗書灰字作灰하니 灰與炭相似而誤라 灰는 見備城門篇이라 沙灰는 皆細碎之物이니 炭則非其類矣라 雜守篇에 亦誤作炭이라 太平御覽兵部(五十五)〔六十七〕[12]에 引此正作灰라

畢沅 : ≪太平御覽≫에 이 대목을 인용한 곳에 '繁'이 '多'로 되어 있다.

王引之 : '炭'은 응당 '灰'가 되어야 한다. 〈'灰'는〉 속자로 灰로 쓰니, 灰와 炭은 모양이 서로 비슷하여 착오가 생긴 것이다. '灰'는 〈備城門〉에 보인다. 모래와 재는 다 가루처럼 작은 물건이니, 숯은 같은 부류가 아니다. 〈雜守〉에도 '灰'가 '炭'으로 잘못되어 있다. ≪태평어람≫ 〈兵部 67〉에 이 대목을 인용한 곳에는 바로 '灰'로 되어 있다.

56-5-14 薪火水湯以濟之하고 審賞行罰이라 以靜爲故라가 從之以急하여 毋使生慮라

불붙은 땔나무와 끓는 물을 더 떨어뜨린다. 이렇게 하고 신중히 살펴서 상을 주고 벌을 내린다. 평소에는 침착하게 있다가 일이 발생하면 신속하게 대처하여 염려할 일이 생기지 않도록 한다.

畢云 故慮爲韻이라하다 蘇云 言兵貴神速하니 久則變矣라하다

---

12) (五十五)〔六十七〕 : 저본에는 '五十五'로 되어 있으나, ≪太平御覽≫에 의거하여 '六十七'로 바로잡았다.

畢沅 : '故'와 '慮'는 운자이다.

蘇時學 : 用兵은 신속함이 중요한 법이니 오래 지연하면 상황이 변해 버린다는 말이다.

**56-5-15 若此**면 **則雲梯之攻敗矣**리라

이와 같이 하면 雲梯를 이용한 공격이 실패할 것이다.

**56-6-1 守爲行堞**하니 **堞高六尺而一等**이요

수비하는 쪽에서는 行堞을 만드니, 행첩의 높이는 6척에 계단 하나가 있고

畢云 等은 級이라하다

畢沅 : '等'은 계단이다.

**56-6-2 施(劍)〔斲〕亓面**하여

겉면에 자귀를 설치하여

劍은 亦疑當爲斲이라

'劍'은 역시 '斲'이 되어야 할 듯하다.

**56-6-3 以機發之**하되 **衝至則去之**하고 **不至則施之**라

機(機牙)로 발사하되 충거가 오면 〈자귀를〉 철거하고 충거가 오지 않으면 설치한다.

行堞施斲은 蓋可以破梯요 而不能當衝이라

行堞에 설치해 둔 자귀로는 雲梯는 격파할 수 있고 충거는 대적할 수 없다.

**56-6-4 爵穴三尺而一**이요

爵穴은 3척마다 하나씩 파두고

備城門篇說同이라

〈비성문〉의 설명도 같다.

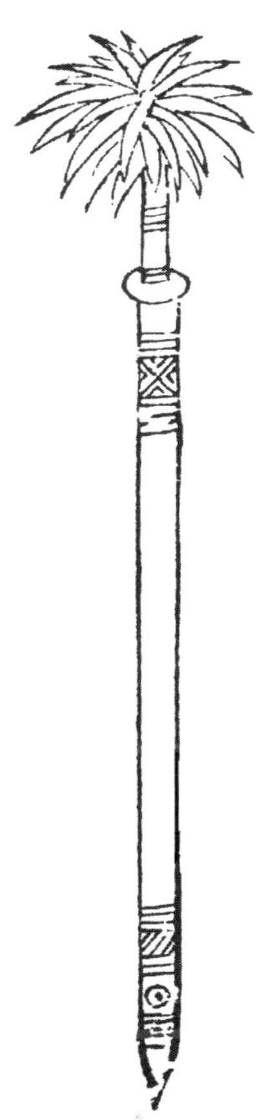
蒺蔾

56-6-5 (蒺蔾)〔疾犁〕投어든

질려를 던질 경우에는

畢云 據備城門컨대 當爲疾犁라하다

畢沅 : 〈비성문〉에 의거해 보건대 응당 '疾犁'가 되어야 한다.

56-6-6 必(遂)〔當隊〕而立하되

반드시 적의 대열이 오는 길에 질리를 세우되

疑當作必當隊而立라

'必當隊而立'이 되어야 할 듯하다.

56-6-7 以車推引之라

수레를 사용하여 밀고 당기면서 설치한다.

56-7-1 (裾城外)〔置楛城外〕하되

楛(방어용 울타리)를 성 밖에 설치하되

裾上에 當有置字라 畢云 裾城은 未詳이라 文與備蛾傳同하되 彼裾城外가 作置薄城外四字하고 下裾字는 俱作薄이라하다 詒讓案 裾는 當爲楛之訛니 詳備城門篇이라 下竝同이라 蓋於城外에 別植木爲薄하여 以爲藩椸也라

'裾' 앞에 응당 '置'자가 있어야 한다.

畢沅 : '裾城'은 未詳이다. 글은 〈備蛾傳〉와 같은데, 〈비의부〉에는 '裾城外'가 '置薄城外' 4자로 되어 있고, 그 아래도 '裾'자가 다 '薄'으로 되어 있다.

詒讓案 : '裾'는 응당 '楛'의 訛字일 것이니, 〈備城門〉에 상세히 보인다. 이 아래도 다 같다. 대개 성 밖에 따로 나무를 꽂아 세워 숲을 만들어서 울타리를 삼는 것일 터이다.

56-7-2 去城十尺이요 (裾)〔楛〕厚十尺이라 伐(裾)〔楛〕에

성과 거리는 10척이고 楛의 두께는 10척이다. 楛로 쓸 나무를 벨 때는

畢云 備蛾傳此下有之法二字라하다

畢沅 : 〈備蛾傳〉에는 이 아래에 '之法' 두 글자가 있다.

56-7-3 小大盡(本)〔木〕斷之하되

작은 나무건 큰 나무건 나무 전체를 다 자르되

畢云 本은 備蛾傳作木이라하다

畢沅 : '本'은 〈備蛾傳〉에는 '木'으로 되어 있다.

56-7-4 以十尺爲(傳)〔剸(단)〕하고

10척 길이로 베고

畢云 備蛾傳에 作斷하니 此傳字는 當爲剸之訛也라 說文에 云 剸은 古文斷이라하고 叀(전)은 古文專字라하다

畢沅 : 〈'傳'은〉 〈비의부〉에 '斷'으로 되어 있으니, 여기의 '傳'자는 응당 剸의 訛字일 것이다. ≪說文解字≫에 "剸은 斷의 古字이다."라 하고, "叀은 專의 古字이다."라 하였다.

56-7-5 雜而深埋之하고 堅築하여

섞어서 깊이 땅에 묻은 다음 흙을 단단히 다져서

畢云 備蛾傳에 作堅築之하고 雜은 作離라하다

畢沅 : 〈비의부〉에 〈'堅築'은〉 '堅築之'로 되어 있고, '雜'은 '離'로 되어 있다.

56-7-6 毋使可拔이라 二十步一殺이니

뽑을 수 없도록 한다. 〈성 위에는〉 20보마다 殺[13)]을 하나씩 만드니,

殺은 蓋擁(裾)〔椐〕左右에 橫出爲之라 置(裾)〔椐〕如城之廣袤(무)하되 二十步則爲之殺하니 如備穴篇置穴十步하니 則擁穴左右爲殺也이라

13) 殺 : 미상이다. ≪墨子今註今譯≫에 의하면 적을 살상하는 곳이라 한다.

'殺'은 둘러친 梮 왼쪽과 오른쪽에 옆으로 삐어져 나오게 만든다. 성의 면적만큼 梮를 설치하되 20보마다 殺을 만든다. 이는 〈備穴〉에 "10보마다 땅굴을 파둔다."는 것과 같으니, 땅굴로 둘러싼 곳 좌우에 殺을 만드는 것이다.

## 56-7-7 殺有一鬲하고

殺에는 鬲을 하나씩 두고,

鬲은 備蛾傅篇에 作壙라 案 當與隔通이라 號令篇에 有隔部署隔하니 蓋擁(裾)〔梮〕爲殺하고 於殺中爲隔하여 以藏守圉之人及器具하고 又爲門하여 以備出擊敵也라

'鬲'은 〈備蛾傅〉편에 '壙'로 되어 있다.

案 : 〈'鬲'은〉 응당 隔과 뜻이 통한다. 〈號令〉에 '隔部(部署의 구역)'·'署隔(부서의 구역 칸막이)'이 있으니, 대개 梮로 둘러쳐서 殺을 만들고 殺 안에 隔을 만들어 守禦하는 사람 및 장비를 보관하고, 또 문을 만들어 나가서 적을 공격할 것에 대비하는 것이다.

## 56-7-8 鬲厚十尺이라

鬲은 두께가 10척이다.

與(裾)〔梮〕厚同이라

梮와 두께가 같다.

## 56-7-9 殺有兩門하니

殺에는 두 문이 있으니,

蓋內外兩重門이라

대개 안팎의 두 겹 문일 것이다.

## 56-7-10 門廣五尺이요 (裾)〔梮〕門一이니 施淺埋하고 弗築하여 令易拔이라

문의 너비는 5척이고, 梮의 문은 하나이니, 설치할 때 땅에 얕게 묻고 땅을 다지지 않아서 쉽게 뽑을 수 있도록 한다.

施下에 疑有脫字라

'施' 뒤에 아마도 빠진 글자가 있는 듯하다.

56-7-11 城〔上〕希(裾)〔椐〕門而直桀이라

성에서 椐의 문이 바라보이는 곳에 푯말을 설치한다.

畢云 備蛾傳에 作置搗라하다 王引之云 城下當有上字라 希는 與睎同하고 直은 與置同하고 桀은 與楬同하니 言城上之人이 望椐門而置楬也라 備蛾傳篇作城上希薄門而置楬이 是其證이라 今本脫上字하니 則文不成義라하다 案 王說是也라 望(裾)〔椐〕門而置楬者는 所以爲識別하여 以便出擊敵也라

畢沅 : 〈備蛾傳〉에는 〈'直桀'이〉 '置搗'로 되어 있다.

王引之 : '城' 뒤에 응당 '上'자가 있어야 한다. '希'는 '睎'와 같고, '直'은 '置'와 같고, '桀'은 '楬'과 같으니, 성 위의 사람이 椐의 문이 바라보이는 곳에 푯말을 설치한다는 말이다. 〈비의부〉에서 '城上希薄門而置楬(성 위에 薄의 문이 바라보이는 곳에 푯말을 설치한다.)'이라 한 것이 그 증거이다. 今本에는 '上'자가 빠졌으니, 글 뜻이 성립되지 않는다.

案 : 왕인지의 설이 옳다. 椐의 문이 바라보이는 곳에 푯말을 설치하는 것은 식별할 수 있는 표지를 만들어서 출동하여 적을 공격하기에 편하도록 한 것이다.

56-8-1 縣火하되 四尺一鉤樴이요

횃불을 매달아 놓되 4척마다 하나씩 〈횃불을 매달〉 鉤樴을 두고

說文木部에 云 樴은 弋也라하니 鉤樴은 蓋以弋著鉤而縣火라

≪說文解字≫ 木部에 "樴은 말뚝이다."라 하였으니, '鉤樴'은 대개 말뚝에 갈고리를 부착해 횃불을 매다는 것이다.

56-8-2 五步一竈로되 竈門有鑪炭하여

5보마다 아궁이를 하나씩 설치하되 아궁이 문에는 화로의 숯을 두어서

畢云 舊脫一竈字이러니 據備蛾傳增이라하다 案 畢本脫門字이러니 今據吳鈔本道藏本補라 備蛾傳篇에 亦有門字라

畢沅 : 舊本에는 '竈' 한 글자가 빠졌는데 〈備蛾傳〉에 의거하여 增補하였다.

案 : 畢本에는 '門'자가 빠졌는데, 이제 吳鈔本・道藏本에 의거하여 보충한다. 〈備蛾傳〉에도 '門'자가 있다.

**56-8-3 令適人盡入**하여 **煇**(훈)**火燒門**하고

적군이 다 들어오게 해놓고 불을 질러 문을 태우고

**畢云 煇**은 **備蛾傳作車**라하다 **詒讓案 煇**은 **亦讀爲熏**이니 **說文屮**(철)**部**에 **云 熏**은 **火煙上出也**라하다 **車**는 **疑亦熏之訛**라

畢沅 : '煇'은 〈備蛾傳〉에는 '車'로 되어 있다.

詒讓案 : '煇'은 역시 '熏'으로 읽어야 하니, ≪說文解字≫ 屮部에 "熏은 불과 연기가 위로 솟아나오는 것이다."라 하였다. 〈비의부〉의 '車' 역시 '熏'의 訛字일 듯하다.

**56-8-4 縣火次之**하고 **出載而立**하되

매달아 놓은 횃불로 이어서 공격하고 戰車를 출동시켜 세워 놓되,

**說文車部**에 **云 載**는 **乘也**라하니 **似謂戰車**라

≪설문해자≫ 車部에 "載는 乘(戰車)이다."라 하였으니, 戰車를 말하는 듯하다.

**56-8-5 亓廣終隊**요 **兩載之閒一火**하여

그 너비는 〈공격해 오는 적의〉 대열 끝까지 이르게 하고, 두 戰車 사이에는 불을 하나씩 두어

**畢云 閒下**에 **舊有載之門三字**러니 **據備蛾傳去之**라 **當是上三字重文之訛**라하다

畢沅 : '閒' 뒤에 舊本에는 '載之門' 3자가 있는데, 〈備蛾傳〉에 의거하여 刪去하였다. 응당 앞의 '載之閒' 3자가 중복되어 생긴 오류일 것이다.

**56-8-6 皆立而待鼓而然火**하여

모두 다 서서 북소리가 울리기를 기다렸다가 불을 지르고,

**舊本**에 **待**는 **訛持**요 **然**은 **作撚**이라 **畢云 備蛾傳**에 **云 待鼓音而燃**이라하다 **待持燃撚**은 **字相似**라 **然此義較長**하니 **不必改從彼**라 **說文**에 **云 撚 執也**라하다 **王云 此當依備蛾傳篇作皆立而待鼓而然火**니 **謂燒門之人**이 **皆待鼓音而然火也**라 **畢謂持撚二字不必改**라하고 **又訓撚爲執**하니 **皆非也**라 **旣執火**면 **則不能又持鼓矣**라하다 **案 王說是也**라 **今據正**이라

舊本에는 '待'가 '持'로 잘못되어 있고, '然'은 '撚'으로 되어 있다.

畢沅 : 〈備蛾傳〉에 "待鼓音而燃(북소리가 울리기를 기다렸다가 불을 지른다.)"라 하였다. '待'와 '持', '燃'과 '撚'은 글자가 서로 비슷하다. 그러나 〈'持鼓而撚火(북을 쥐고 불을 잡는다.)'로 되어 있는 구본의〉 이 대목의 뜻이 비교적 더 나으니, 굳이 고쳐서 〈비의부〉를 따를 필요는 없다. ≪說文解字≫에 "撚은 잡는다는 뜻이다."라 하였다.

王念孫 : 이 대목은 응당 〈備蛾傳〉에 따라 '皆立而待鼓而然火'가 되어야 하니, 문을 불태울 사람들이 다들 북소리를 기다렸다가 불을 지른다는 말이다. 필원은 '持'와 '撚' 두 글자를 고칠 필요가 없다고 하였고, 또 '撚'의 字訓을 執이라 하였으니, 다 맞지 않다. 이미 불을 손에 잡았고 보면 또 북을 손에 잡을 수는 없다.

案 : 왕염손의 설이 옳다. 이제 이에 의거하여 바로잡는다.

### 56-8-7 卽具發之라

즉시 다 함께 발사한다.

**具**는 **與俱通**이라 **備蛾傳篇作俱**라

'具'는 俱와 뜻이 통한다. 〈備蛾傳〉에는 '俱'로 되어 있다.

### 56-9-1 適人除火而復攻이어든

적군이 불을 끄고 다시 공격해 오면

**王引之云 除字**는 **義不可通**하니 **除**는 **當爲辟(피)**니 **辟**는 **與避同**이라 **言我然火以燒敵人**이어늘 **敵人避火而復攻城也**라 **隸書辟字或作辟**하니 **見漢益州太守高眹脩周公禮殿記及益州太守高頤碑**하니 **與除相似而誤**라 **備蛾傳篇正作敵人辟火而復攻**이라하다 **案 除火**는 **謂敵屛除城上所下之火**니 **左昭十八年傳**에 **云 振除火災**라하니 **備蛾傳篇作辟(벽)**이 **義同**이라 **王說未塙**이라

王引之：'除'자는 뜻이 통하지 않으니, '除'는 응당 '辟'이 되어야 한다. '辟'은 避와 같다. 아군이 불을 질러 적군을 불태워 죽이려 하는데 적군이 불을 피하여 다시 성을 공격한다는 말이다. 隸書로 '辟'자가 혹 辟로 되어 있으니, 〈漢益州太守高朕脩周公禮殿記〉와 〈益州太守高頤碑〉에 보인다. 〈이 글자가〉 '除'와 모양이 서로 비슷하여 생긴 오류이다. 〈備蛾傳〉에는 바로 '敵人辟火而復攻(적군이 불을 피하여 다시 공격해 오면)'으로 되어 있다.

案：'除火'는 적이 성 위에서 던진 불을 끈다는 말이다. ≪春秋左氏傳≫ 昭公 18년에 "振除火災(화재를 제거하였다.)"라 하였으니, 〈備蛾傳〉에 '辟'으로 되어 있는 것은 이와 뜻이 같다. 왕인지의 설은 확실하지 않다.

**56-9-2 縣火復下**라 **適人甚病**일새 **故引兵而去**어든 **則令我死士**로

매달아 놓은 횃불을 다시 던진다. 〈이렇게 하면〉 적군이 몹시 지치기 때문에 군졸들을 이끌고 물러갈 것이니, 적군이 물러가면 아군의 결사대로 하여금

**畢云 舊脫士字**러니 **據備蛾傳增**이라하다

畢沅：舊本에는 '士'자가 빠졌는데 〈備蛾傳〉에 의거하여 증보하였다.

**56-9-3 左右出穴門擊(遺)〔遁〕師**하고

좌우로 穴門을 나와 도망하는 적의 군사를 공격하게 하고,

**畢云：猶言餘師**라하다 **蘇云 遺**는 **蓋潰之誤**니 **備蛾傳篇同**이라하다 **詒讓案 遺**는 **疑當爲遁之誤**라

畢沅：'遺師'는 남은 군사라는 말과 같다.
蘇時學：'遺'는 아마도 '潰'의 오자일 것이니, 〈備蛾傳〉에도 같다.
詒讓案：'遺'는 응당 '遁'의 오자일 듯하다.

**56-9-4 令賁士主將**으로 **皆聽城鼓之音而出**하고

賁士(용사)와 主將으로 하여금 모두 성에서 울리는 북소리를 듣고 출격하게 하고,

**王引之云 賁**은 **字義不可通**이라 **賁**은 **當爲者**니 **字之誤也**라 **隸書**에 **者賁二字相似**하니 **說見天志篇**이라 **者與諸同**하니 **秦詛楚文**의 **者侯**는 **卽諸侯**요 **泰山刻石**의 **者產得宜**(의)는

即諸産得宜라 大戴記衛將軍文子篇의 道者孝悌와 鹽鐵論散不足篇의 者生無易由言과 漢書武五子傳의 其者寡人之不及與는 竝以者爲諸라 上文已令死士出擊矣라 故諸士及主將皆聽城鼓之音而出이면 即可勝敵也라 號令篇에 有諸人士하고 又云 諸吏卒民이라하다 案 賁字不誤라 賁은 與虎賁義同하니 宋書百官志에 云 虎賁은 舊作虎奔하니 言如虎之奔走라하고 風俗通義正失篇에 云 言猛怒如虎之奔赴也라하니 是其義也라

王引之 : '賁'은 字義가 통하지 않는다. '賁'은 응당 '者'가 되어야 하니, 글자가 잘못된 것이다. 隸書로 쓸 때 '者'와 '賁' 두 글자가 서로 비슷하니, 설명이 〈天志〉에 보인다. '者'는 '諸'와 같으니, 〈秦詛楚文〉의 '者侯'는 곧 諸侯이고, 〈泰山刻石〉의 '者産得宜'는 곧 '諸産得宜'이다. ≪大戴禮記≫ 〈衛將軍文子〉의 '道者孝悌'와 ≪鹽鐵論≫ 〈散不足〉의 '者生無易由言'과 ≪漢書≫ 〈武五子傳〉의 '其者寡人之不及與'는 모두 다 '者'로 '諸'를 삼았다. 윗글에 이미 결사대로 하여금 출격하게 하였다. 그러므로 諸士(군사들)와 主將들이 모두 성에서 울리는 북소리를 듣고 출격하면 적을 이길 수 있는 것이다. 〈號令〉에 '諸人士'란 구절이 있고, 또 '諸吏卒民'이라 하였다.

案 : '賁'은 오자가 아니다. '賁'은 '虎賁'과 뜻이 같으니, ≪宋書≫ 〈百官志〉에 "虎賁은 옛날에는 虎奔으로 되어 있었으니, 범이 달려가는 것과 같다는 말이다."라 하였고, ≪風俗通義≫ 〈正失〉에 "맹렬히 노한 것은 범이 달려가는 것과 같다는 말이다."라 하였으니, 이것이 바로 그 뜻이다.

### 56-9-5 又聽城鼓之音而入하고 因素出兵施伏이라가

또 성에서 울리는 북소리를 듣고 도로 들어오게 한다. 이어서 舊例에 비추어 보아 군사를 출동하여 매복했다가

畢校改素爲數하고 云 舊數作素하고 伏作休러니 據備蛾傅改라하다 王云 鄭注喪服曰 素는 猶故也라하니 因素出兵은 猶言照舊出兵耳라 畢改素爲數하니 則義不可通이라 備蛾傅篇에 正作素요 不作數也라하다

필원의 교감에 '素'를 '數'로 고치고 "舊本에는 '數'가 '素'로 되어 있고 '伏'이 '休'로 되어 있는데, 〈備蛾傅〉에 의거하여 고쳤다."라 하였다.

王念孫 : ≪儀禮≫ 〈喪服〉에 대한 鄭玄 注에서 "素는 故와 같다."라 하였으니, '因素出兵'은 舊例에 비추어 보아 출병한다는 말과 같다. 필원은 '素'를 '數'로 고쳤으니, 뜻이 통하지 않는다. 〈備蛾傅〉에는 바로 '素'로 되어 있지 '數'로 되어 있지 않다.

**56-9-6 夜半城上四面鼓噪**하면

한밤중에 성 위 사면에서 북을 치고 고함을 지르면

畢云 說文에 云 譟는 擾也라하니 此省文이라하다

畢沅 : ≪설문해자≫에 "譟는 擾이다."라 하였으니, 이 글자는 省文이다.

**56-9-7 適人必或**이라

적군이 반드시 의혹하게 된다.

畢云 同惑이라

畢沅 : 〈'或'은〉 惑과 같다.

**56-9-8 有此**면 **必破軍殺將**이니 **以白衣爲服**하고 **以號相得**이라

이런 상황이 있으면 반드시 적군을 격파하고 장수를 죽일 수 있으니, 〈아군을 식별할 수 있도록〉 흰옷을 입고 軍號로 서로 연락한다.

謂口爲號也라 號令篇에 云 夕有號라하고 六韜金鼓篇에 云 以號相命하여 勿令乏音이라하다

입으로 군호를 부름을 말한다. 〈號令〉에 "저녁에 군호가 있다."라 하였고, ≪六韜≫ 〈金鼓〉에 "군호로 서로 명하여 〈군호〉 소리가 끊이지 않게 한다."라 하였다.

**56-9-9 若此**면

이와 같이 하면

畢云 舊作也러니 以意改라하다

畢沅 : 〈'此'는〉 舊本에 '也'로 되어 있는데, 글 뜻으로 판단하여 고쳤다.

**56-9-10 則雲梯之攻敗矣**리라

雲梯를 이용한 공격이 실패할 것이다.

## 제57편 비인 備堙(결락)

## 제58편 비수 備水

'備水'는 적이 물을 이용해 공격하는 것을 방비하는 방법에 대해 서술하였다. 배수할 수 있는 수로를 파놓고 제방을 터서 방류하는 방법 등이다.

**58-1-1 城內塹外周道**하되

성 안의 참호 밖에 빙 둘러 길을 내되

**詳備城門篇**이라

〈備城門〉에 상세히 보인다.

**58-1-2 廣八步**라 **備水**는 **謹度**(탁)**四旁高下**니 (城地中遍下)〔**城中地偏下**〕어든

길의 너비는 8보이다. 적의 水攻에 대비하는 방법은 사방 땅의 높낮이를 신중히 헤아려야 하니, 성 안에 땅이 낮은 곳은

**此當作城中地偏下**라

여기의 〈'城地中遍下'는〉 응당 '城中地偏下'가 되어야 한다.

**58-1-3 令**(耳)〔**巨**〕**亓內**하어

그 안에 도랑을 내어

**畢云 耳**는 **疑瓦字**라하다 **蘇云 令**은 **與瓴通**이라 **六書故**[1]에 **曰 瓴**은 **牝瓦仰蓋者**니 **仰瓦受覆瓦之流**니 **所謂瓦溝**라하다 **詒讓案 耳**는 **疑當爲巨**라 **篆文相近**하니 **卽渠之省**이라 **此與備城門篇令耳異**라

1) 六書故 : 宋나라 戴侗이 편찬한 책으로, 내용은 六書로써 글자의 뜻을 밝히고, 數·天文·地理·人·동물·식물·工事·雜·疑 등의 9部로 분류하였다. 총 33권이다.

畢沅 : '耳'는 아마 '瓦'자일 듯하다.

蘇時學 : '令'은 '瓴'과 통한다. ≪六書故≫에 "瓴은 암키와로 젖혀서 덮는 것이니, 위에 덮는 覆瓦를 아래서 받는 仰瓦이다. 이것이 이른바 瓦溝(수키와와 수키와 사이에 골이 진 부분)이다.

詒讓案 : '耳'는 응당 '巨'가 되어야 할 듯하다. 篆書로 〈'耳'와 '巨' 두 글자가〉 서로 비슷하니, 〈'巨'는〉 '渠'의 省文이다. 이는 〈備城門〉의 '令耳'와 다르다.

## 58-1-4 及下地하여 地深穿之하여 令漏泉이라

더욱 낮은 땅에 이르러서 땅을 깊이 뚫어 물줄기가 흘러나가게 한다.

畢云 通典守拒法에 云 如有洩(설)水之處어든 卽十步爲一井하고 井之內潛通引洩漏라하니 卽其遺法이라

畢沅 : ≪通典≫ 〈守拒法〉에 "만약 땅에 물이 새어나가는 곳이 있으면 곧 10보마다 우물을 하나씩 만들고 우물 안에 깊이 수로를 내어 물길을 끌어서 밖으로 흘러나가게 한다."라 하였으니, 곧 ≪묵자≫ 이 대목의 遺法이다.

## 58-1-5 置(則)〔測〕[2]瓦井中하여

測瓦(수심을 계측하는 기와로 만든 기구)를 우물 안에 두어

畢云 則同(側)〔測〕이라하다

畢沅 : '則'은 '測'과 같다.

## 58-1-6 視外水深丈以上이어든 鑿城內水(耳)〔巨〕라

관찰하여 성 밖의 수심이 1丈 이상이면 성 안에 수로를 판다.

耳는 亦當爲巨니 卽水渠字라 畢云 疑瓦字는 失之라

'耳'는 역시 '巨'가 되어야 하니, 곧 '水渠'의 '渠'자이다. 필원이 "'瓦'자일 듯하다."고 한 것은 잘못 본 것이다.

---

2) (側)〔測〕: 저본에는 '側'으로 되어 있으나, ≪墨子今註今譯≫에 의거하여 '測'으로 바로잡았다.

**58-2-1 竝船以爲十臨**하니

배를 두 척씩 나란히 배열하여 열 개의 臨(臨車)을 만드니

畢云 言方舟以爲臨高之具라하다

畢沅 : 배를 나란히 배열하여 높은 곳에서 아래를 공격하는 기구를 만든다는 말이다.

**58-2-2 臨三十人**이요

臨에는 30인씩 타고

戰國策楚策에 云 舫船載卒하되 一舫載五十人이라하니 此一船止三十人하니 與彼異라

≪戰國策≫ 〈楚策〉에 "舫船에 군졸을 태우되 한 척의 방선에 50인씩 태운다."라 하였다. 이 대목에서는 한 척의 배에 30인만 태우니, ≪전국책≫의 기록과는 다르다.

**58-2-3 人擅弩**하되 (計)〔什〕四(有方)〔酋矛〕라

사람들은 쇠뇌를 잡되 10분의 4는 酋矛[3]를 잡는다

方은 畢本作弓하고 云 舊作方이러니 以意改라하다 王云 擅은 與撣同하니 謂提持也라 說見備城門篇이라하다 詒讓案 備蛾傅篇에 云 令一人操二丈四矛의 矛가 誤作方하니 則此方亦矛之誤라 有는 疑當爲酋니 音近而誤라 韓非子八說篇에 云 搢笏干戚 不適[4]有方鐵銛의 有方도 亦酋矛之誤니 與此正同이라 此文은 疑當云 人擅弩什四酋矛어나 或作什六人擅弩四酋矛니 什計는 艸書相近而誤라 號令篇에 云 諸男(女)〔子〕[5]有守於城上者는 什六弩四兵이라하니 蓋守法은 通率十人之中에 六人執弩主發하고 四人執兵

酋矛

---

3) 酋矛 : 고대의 병기로 자루가 짧은 일종의 短槍이다.

4) 適 : 저본의 傍注에 "'適'은 원래 '逮'로 되어 있는데, ≪韓非子≫에 의거하여 '適'으로 고쳤다. 顧廣圻는 '「適」은 「敵」으로 읽어야 한다.'라 하였다.〔適原作逮 據韓非子改 顧廣圻云 適讀爲敵〕" 라고 하였다.

5) (女)〔子〕 : 저본에는 '女'로 되어 있으나, 〈號令〉의 原註에 의거하여 '子'로 바로잡았다.

主擊刺라 此云 什四酋矛는 卽四兵也라 然則臨三十人은 蓋擅弩者十八人이요 擅矛者十二人與인저

'方'은 畢沅本에는 '弓'으로 되어 있고, "舊本에는 '方'으로 되어 있는데, 글 뜻으로 판단하여 고쳤다."라 하였다.

王念孫 : '擅'은 '撣'과 같으니, 손으로 잡는 것을 말한다. 설명이 〈備城門〉에 보인다.

詒讓案 : 〈備蛾傅〉에 "令一人操二丈四矛(한 사람으로 하여금 2장 4척짜리 창을 잡게 한다.)"라 한 대목의 '矛'가 '方'으로 잘못되어 있었으니, 이곳의 '方'도 '矛'의 오자이다. '有'는 아마도 '酋'일 듯하니, 성음이 비슷하여 잘못된 것이다. ≪韓非子≫ 〈八說〉에 "搢笏干戚 不適有方鐵銛(笏을 잡고 조정에서 논의하는 것과 방패와 도끼를 들고 춤을 추는 것은 예리한 병기와 네모난 방패와는 맞지 않다.)"라 한 대목의 '有方'도 '酋矛'의 착오이니, 이 대목과 꼭 같다. 이 글은 이마도 '人擅弩 什四酋矛'나 '什六人擅弩 四酋矛(1분의 6인은 쇠뇌를 잡고 10분의 4는 병기를 잡는다.)'라 해야 할 것이니, '什'과 '計'는 초서로 모양이 서로 비슷하여 잘못된 것이다. 〈號令〉에 "諸男子有守於城上者 什六弩四兵(성 위에서 지키는 남자들 가운데 10분의 6은 쇠뇌를 잡고, 10분의 4는 兵器를 잡는다.)"라 하였으니, 대개 수비하는 방법은 10인을 통솔하면 그 중에 6인은 쇠뇌를 잡고 發射를 맡으며, 4인은 병기를 잡고 擊殺을 맡는다. 여기서 '什四酋矛'는 곧 '10분의 4는 병기를 잡는다'는 것이다. 그렇다면 臨에 탄 30인은 아마도 쇠뇌를 잡은 자가 18인이고 矛를 잡은 자가 12인일 것이다.

### 58-2-4 必善

반드시 잘

畢云 善은 同繕하니 言勁也라하다

畢沅 : '善'은 '繕'과 같으니, 튼튼함을 말한다.

### 58-2-5 以船爲轒轀(분운)하되

배로 轒轀(兵車의 일종)을 만들되

疑當讀必善以船爲轒轀七字句니 畢讀恐非라 此與陸戰以車爲轒轀同하니 詳備城門篇하다

아마도 '必善以船爲轒轀' 7자로 구두를 떼어 읽어야 하니, 필원이 '必善'에서 구두를 떼어 읽은 것은 아마도 맞지 않는 듯하다. 이는 陸戰에서 수레로 轒轀을 만드는 것과 같으니, 〈備城門〉에 상세히 보인다.

**58-2-6** 二十船爲一隊요 選材士有力者三十人共船하니 亓(二十)〔十二〕人은 人擅(有方)〔酋矛〕하고

20척의 배가 한 대열이 된다. 재주와 힘이 있는 군사 30인을 뽑아서 함께 배를 타게 하니, 그 중 〈10분의 4인〉 12인은 사람마다 酋矛를 잡는다.

方은 畢本亦改弓이라 王云 有字는 疑衍이라하다 案 疑亦當作亓十二人人擅酋矛니 與上文什四酋矛文數正合이라 今本十二兩字誤到하고 酋矛는 亦誤作有方하여 遂不可通이라 畢王兩校竝未塙이라

'方'은 畢本에 역시 '弓'으로 고쳤다.

王念孫 : '有'자는 잘못 들어간 듯하다.

案 : 〈'亓二十人 人擅有方'은〉 아마도 '亓十二人 人擅酋矛'가 되어야 할 듯하니, 이렇게 되어야 윗글의 '10분의 4는 酋矛를 잡는다.'는 대목과 사람의 수가 꼭 맞는다. 今本에는 '十二' 두 글자가 '二十'으로 잘못 도치되었고, '酋矛'도 '有方'으로 잘못되어 있어 뜻이 통하지 않게 되고 말았다. 필원과 왕염손의 교감은 다 확실하지 않다.

**58-2-7** 劍甲鞮瞀(제무)하고

검을 잡고 갑옷을 입고 투구를 쓰며

畢云 說文에 云 鞮는 革履也라하다 瞀는 鍪(무)字假音이니 說文에 云 鍑屬이라하다 王引之云 畢分鞮鍪爲二物은 非也라 鞮鍪는 即兜(두)鍪也니 兜鍪는 冑也라 故與甲連文이라 韓策曰 甲盾鞮鍪라하고 漢書揚雄傳에 鞮鍪生蟣蝨(기슬)하고 介冑被霑汗이라한대 師古曰 鞮鍪即兜鍪也라하다 字亦作鞮鞪하니 漢書韓延壽傳에 被甲鞮鞪라하니 皆其證이라

畢沅 : ≪說文解字≫에 "鞮는 가죽신이다."라 하였다. '瞀'는 '鍪'의 가차자이니, ≪설문해자≫에 "鍑(쇠솥)의 일종이다."라 하였다.

王引之 : 필원은 '鞮'와 '鍪'를 나누어 두 가지 물건으로 보았으니, 맞지 않다. '鞮鍪'는

곧 兜鍪이니, 兜鍪는 胄(투구)이다. 그러므로 '甲(갑옷)'과 글자를 연결한 것이다. ≪戰國策≫ 〈韓策〉에 "甲盾鞮鍪(갑옷과 방패와 투구)"라 하였고, ≪漢書≫ 〈揚雄傳〉에 "鞮鍪에는 이와 서캐가 생기고 介胄는 땀에 젖는다."라 했는데, 顔師古가 "鞮鍪는 곧 兜鍪(투구)이다."라 하였다. 글자가 '鞮鞪'로 되어 있기도 하니, ≪漢書≫ 〈韓延壽傳〉에 "被甲鞮鞪(갑옷을 입고 투구를 쓴다.)"라 하였다. 이상이 다 그 증거이다.

**58-2-8 十〔八〕人**이 **人擅(苗)〔矛〕**라

18인은 사람마다 矛를 잡는다.

**下人字**는 **舊本脫**이러니 **今據王校補**라 **案 疑當作十八人人擅弩**라 **畢云 苗**는 **同矛**하니 **猶苗山卽茅山**이라하니 **未塙**이라

뒤의 '人'자는 舊本에는 빠져 있는데, 지금 왕염손의 교감에 의거하여 보충한다.

案 : 〈'十人 人擅苗'는〉 아마도 응당 '十八人人擅弩'가 되어야 할 듯하다. 필원은 "'苗'는 '矛'와 같으니, 苗山이 곧 茅山인 경우와 같다."라 하였는데 확실하지 않다.

**58-2-9 先養材士**인댄 **爲異舍**하고 **食亓父母妻子以爲質**(지)라 **視水可決**이어든 **以臨轒轀**으로 **決外隄**하고 **城上爲射(㩻)〔機〕**하여

먼저 재능이 있는 군사를 양성하기 위해서는 별도의 숙소를 만들고 그 부모와 처자식에게 식량을 공급함으로써 볼모를 삼는다. 그리고 살펴보아서 물을 터뜨릴 때가 되면 臨車와 轒轀으로 밖의 제방을 터뜨리고 성 위에 射機를 설치하여

**畢本**에 **改檥**하고 **云 說文**에 **云 檥**는 **榦也**라하니 **言矢榦**이라 **舊從手**는 **非**니 **今改**라하다 **案 檥**는 **卽表儀之正字**니 **爾雅釋詁**에 **云 儀 榦也**라하니 **與說文義同**이라 **然此下**에 **云 疾佐之**라하니 **則不得立表檥以射**라 **竊疑當爲射機**니 **備城門篇**에 **有作射機之法**이라 **彼下文**에 **又云 二十步一**이니 **令善射者佐之**라하니 **與此文亦可互證**이라 **畢校未塙**이라

畢本에 〈'㩻'를〉 '檥'로 고치고 "≪說文解字≫에 '檥는 榦(산뽕나무 줄기)이다.'라 했으니, 矢榦(화살대)이다. 舊本에 手를 부수로 쓴 것은 맞지 않으니, 이제 고친다."라 하였다.

案 : '檥'는 곧 '表儀'의 儀의 정자이니, ≪爾雅≫〈釋詁〉에 "儀는 榦이다."라 하였으니, ≪설문해자≫와 字義가 같다. 그러나 이 대목 아래에 "신속하게 돕는다."라 했으니, 表檥

를 세워서 활을 쏠 수는 없다. 아마도 '射機'일 듯하니, 〈備城門〉에 射機를 만드는 방법이 나온다. 그 대목의 아래에 또 "20보마다 한 대씩 두고 화살을 잘 쏘는 자로 하여금 돕게 한다."라 하였으니, 이 대목의 글과 서로 증명할 수 있다. 필원의 교감은 확실하지 않다.

**58-2-10 疾佐之**라

신속하게 돕는다."

畢云 通典守拒法에 云 城中速造船一二十隻하고 簡募解舟楫者하여 載以弓弩鍬钁(초곽)하고 每船載三十人하여 自暗門銜枚而出하여 潛往斫營하고 決隄堰이라가 覺卽急走어든 城上鼓噪하며 急出兵助之라하니 卽其遺法이라하다

畢沅 : ≪通典≫ 〈守拒法〉에 "성 안에서 신속하게 배 1, 2십 척을 만들고 배를 다룰 줄 아는 자를 뽑아 활・쇠뇌・괭이・곡괭이를 싣고 배 한 척마다 30인을 태워서 暗門(비밀문)을 통하여 枚(하무)를 입에 물고 나가 몰래 가서 적의 營寨를 부수고 제방을 터뜨리되 발각되면 즉시 급히 도주한다. 성 위에서 북을 치고 고함을 지르며 급히 병력을 출동시켜 돕는다."라 하였으니, 곧 ≪묵자≫ 이 대목의 遺法이다.

## 제59편 비화 備火(결락)

## 제60편 비공동 備空洞(결락)

# 제61편 비돌 備突

'備突'은 적이 突門을 이용해 습격해 오는 것을 방비하는 방법에 대해 서술하였다. 글이 대부분 逸失되어 내용을 파악하기 어렵다.

此篇前後疑有脫文

이 편은 전후에 빠진 글이 있는 듯하다.

**61-1-1 城은 百步에**

성은 100보마다

畢云 : 後漢書 注引有爲字하고 一引無라

畢沅 : ≪後漢書≫ 注에 이 대목을 인용한 곳에 '爲'자가 있고, 이 대목을 인용한 다른 한 곳에는 없다.

**61-1-2 一突門하고**

突門(정식 城門 이외의 비밀 출입구)을 하나씩 두고

此城內所爲以備敵者라 六韜突戰篇에 云 百步一突門이요 門有行馬[1]라하다

이는 성 안에 만들어 적을 방비하는 것이다. ≪六韜≫ 〈突戰〉에 "100보마다 突門을 하나씩 두고 문에는 行馬를 둔다."라 하였다.

**61-1-3 突門에 各爲窯竈(요조)하니**

---

1) 行馬 : ≪六韜直解≫ 3권 〈龍韜 農器〉에 "쟁기자루와 보습이 行馬와 蒺藜가 된다."라 했는데, 注에 "行馬는 나무를 가지고 螳螂과 劍刃과 扶胥(큰 방패로 구축하는 울타리)를 만든 것이다. 蒺藜는 木蒺藜이다. 이 두 가지는 모두 적을 막는 무기이다."라 하였다.

돌문마다 각각 아궁이(연기를 이용하여 적을 막는 시설)를 만드는데

窯竈는 詳後備穴篇하다

'窯竈'는 뒤의 〈備穴〉에 상세히 보인다.

61-1-4 竇入門四五尺이요 爲亓門上瓦屋하여

아궁이 입구는 문을 4,5척 크기로 만들어 놓고, 그 문 위에는 기와를 씌워서

亓字는 吳鈔本無라

'亓'자는 吳鈔本에는 없다.

61-1-5 毋令水潦能入門中이라 吏主塞(색)突門하여 用車兩輪하여 以木束之하고 塗亓[2)]上하여

빗물이 문 안에 들어가지 않도록 한다. 관리가 突門을 막는 일을 맡아 수레의 두 바퀴를 가지고 나무로 단단히 묶어 연결하고 그 위에 흙을 바른 다음

亓는 舊本作其하고 吳鈔本作亦이러니 今據校改亓라

'亓'는 舊本에는 '其'로 되어 있고, 吳鈔本에는 '亦'으로 되어 있는데, 이제 교감에 의거하여 '亓'로 고친다.

61-1-6 維置突門內하되

밧줄로 묶어 돌문 안에 매달아두되

此卽備城門篇之轀也라 凡轀은 皆以車輪爲之하고 而維以繩이라 故備蛾傳篇에 云 斬維而下之라하다 蘇云 維는 繫也라하다

이는 곧 〈備城門〉에 있는 '轀'이다. 무릇 轀은 다 수레바퀴로 만들고 밧줄로 묶는다. 그러므로 〈備蛾傳〉에 "斬維而下之(밧줄을 잘라 내린다.)"라 한 것이다.

蘇時學 : '維'는 매단다는 뜻이다.

---

2) 亓 : 저본의 傍注에 "'亓'는 원래 '其'로 되어 있는데, 活字本에 의거하여 고쳐서 注의 내용과 일치시켰다.〔亓原作其 據活字本改 與注文一致〕"라고 하였다.

61-1-7 使度(탁)門廣(狹)〔陜〕하여

돌문의 너비를 헤아려

狹은 俗字라 它篇竝作陜하니 此疑亦當同이라

'狹'은 속자이다. 이 책의 다른 편에는 모두 '陜'으로 되어 있으니, 이 글자도 같아야 할 듯하다.

61-1-8 令(之)〔人〕入門中四五尺하고

사람을 시켜 突門에서 4, 5척 되는 곳에 들여놓게 해놓고

畢云 之는 後漢書注에 引作人이라

畢沅 : '之'는 ≪後漢書≫ 注에 이 대목을 인용한 곳에는 '人'으로 되어 있다.

61-1-9 置窯竈하되

아궁이를 설치하되

畢云 窯는 後漢書注에 引作窒하니 非라

畢沅 : '窯'는 ≪後漢書≫ 注에 이 대목을 인용한 곳에 '窒'로 되어 있으니, 맞지 않다.

61-1-10 門旁爲槖(탁)하고

아궁이 문 곁에 풀무를 설치해 두고

畢云 舊作橐하니 下同이라 據後漢書注改하노라 又韓非子에 云 干城拒衝이 不若堙穴伏櫜(고)라하니 櫜는 當爲槖이라

畢沅 : 舊本에는 '橐'로 되어 있으니 아래도 같은데, ≪後漢書≫ 注에 의거하여 고친다. 또 ≪韓非子≫에 "干城拒衝 不若堙穴伏櫜(큰 성과 큰 戰車가 구멍을 메우고 풀무질하여 불을 피우는 것만 못하다.)"라 하였으니, '櫜'는 응당 '槖'이 되어야 한다.

61-1-11 充竈伏柴艾하여

땔나무와 쑥을 아궁이에 채워 놓고

畢云 舊伏作狀하니 以意改라 後漢書注에 作又置艾라하다 詒讓案 袁譚傳李注에 引伏亦作狀하니 則唐本已誤라

畢沅 : 舊本에는 '伏'이 '狀'으로 되어 있는데, 글 뜻으로 판단하여 고쳤다. ≪後漢書≫ 注에는 '又置艾'로 되어 있다.

詒讓案 : ≪後漢書≫ 〈袁譚傳〉 李賢 注에 이 대목을 인용한 곳에는 '伏'이 역시 '狀'으로 되어 있으니, 唐나라 때 나온 책에도 이미 잘못되어 있다.

### 61-1-12 寇卽入하고 下輪而塞(색)之하고

적이 쳐들어오면 즉시 〈땔감을 아궁이에〉 넣고 수레바퀴를 내려서 막은 다음

舊本에 輪誤輔라 畢云 後漢書注에 引作輪이라하다 王云 輪字是也라 上文曰 吏主塞突門하여 用車兩輪이라하니 是其證이라하다 案 王校是也라 蘇說同하니 今據正하노라

舊本에는 '輪'이 '輔'로 잘못되어 있다.

畢沅 : ≪後漢書≫ 注에 이 대목을 인용한 곳에는 '輪'으로 되어 있다.

王念孫 : '輪'자가 맞다. 윗글에 "吏主塞突門 用車兩輪(관리가 돌문을 막는 일을 맡아 수레의 두 바퀴를 가지고)"라 했으니, 이것이 그 증거이다.

案 : 왕염손의 교감이 옳다. 蘇時學의 설도 같으니, 이제 이에 의거하여 바로잡는다.

### 61-1-13 鼓橐而熏之라

풀무질을 하여 불을 피운다.

# 제62편 비혈 備穴

이 편은 땅굴을 통한 공격을 방어하는 법을 서술한 것이다. 그 방어법은, 우선 성 안에 높은 樓閣을 세워 적의 동향을 감시하는 것이 첫째이고, 이상 동향이 감지되면 성 안에 일정 간격으로 우물을 파서 적의 땅굴과 만날 수 있도록 대비하는 것이 둘째이다. 셋째로는 항아리를 가지고 소리를 통해 적이 굴착하는 위치를 탐지하고, 넷째로는 탐지를 통해 적의 땅굴에 접속한 뒤 풀무질을 하여 적에게 연기를 쐬게 한다. 이 편은 이러한 대강의 방어법 외에 땅굴의 규모와 공간, 사용되는 무기에 대한 설명이 자세하여 古代의 攻城戰에서 땅굴을 통한 전투의 양상을 살필 수 있는 귀중한 자료이다.

備城門篇說攻具十二에 穴在突前이어늘 此次與彼不同[1)]하니 疑亦傳寫移易이요 非其舊也라

〈備城門〉에 12가지 攻具(攻城 기구)를 설명할 때 '穴'이 '突' 앞에 있는데, 이곳의 차례는 그곳과 같지 않으니 아마도 역시 베껴 쓰는 과정에서 바뀐 것이지 그 옛 모습은 아닌 듯하다.

**62-1-1 禽子再拜再拜하고 曰 敢問古人有善攻者가**

禽子가 두 번 절하고 말하였다. "감히 묻습니다. 옛사람 가운데 공격을 잘하는 자가

古는 王校改適하고 云 舊本適作古하니 古乃適之壞字라 今改正이라하다 案 備梯篇說守道云 古有其術者라하니 則古字似非誤라

'古'는 王念孫의 校勘에 '適'으로 고치고 "舊本에 '適'은 '古'로 되어 있는데 '古'는 바로 '適'

---

1) 備城門篇說攻具十二……此次與彼不同 : 〈備城門〉에는 臨, 鉤, 衝, 梯, 堙, 水, 穴, 突, 空洞, 蟻傅, 轒轀, 軒車 등 모두 12가지를 순서대로 들었는데, ≪묵자≫의 차례는 〈備突〉이 앞에 있고 〈備穴〉이 뒤에 있어 순서가 뒤집혀 있다.

의 자획이 탈락된 글자이므로 지금 바로잡는다."라고 하였다.

案：〈備梯〉에서 守道를 설명하면서 '古有其術者(옛날 그 방법을 알고 있던 자)'라고 하였으니 '古'자는 誤字가 아닌 듯하다.

**62-1-2 穴土而入**하여 **縛柱施火**하여

땅굴을 파고 들어와 기둥에 섶을 묶고 불을 질러

**縛**은 **舊本作縳**하니 **依王校改**라

'縛'은 舊本에 '縳'으로 되어 있는데, 王念孫의 校勘에 의거하여 고친다.

**62-1-3 以壞吾城**하여

우리 성을 파괴하여

**商子**[2]**境內篇**에 **云 穴**[3]**通則積薪**하고 **積薪則燔柱**라하다 **通典兵門說距闉**(인)[4]하여 **謂鑿地爲道**하여 **行於城下**하여 **〔用〕**[5]**攻〔其〕**[6]**城**이라 **〔往往〕**[7]**建柱**하여 **積薪於其柱**하고 **圜而燒之**하면 **柱折城摧**라하니 **卽古穴攻法也**라

≪商子≫ 〈境內〉에 "땅굴이 〈성 아래까지〉 통하면 땔나무를 쌓고 땔나무를 쌓았으면 〈성 아래 세운〉 기둥을 불사른다.〔穴通則積薪 積薪則燔柱〕"라고 하고, ≪通典≫ 〈兵門〉에 '距闉'을 설명하면서 "땅을 파서 길을 만들어 성 아래까지 가서 성을 공격한다. 곳곳에 기둥을 세우고 그 기둥 곁에 땔나무를 쌓아 둔 다음 주위를 빙 둘러 불을 지르면 기둥이 부러지면서 성이 무너진다.〔鑿地爲道 行於城下 用攻其城 往往建柱 積薪於其柱 圜而燒之 柱折城摧〕"라고 하였는데 바로 옛날의 穴攻法(땅굴로 공격하는 법)이다.

---

2) 商子：戰國時代 商鞅이 저술했다고 하는 책이다. 상앙은 秦 孝公을 도와 井田法을 없애고 賦稅의 제도를 고쳐서 富國强兵을 이루었다. 衛鞅·公孫鞅·商君으로도 불린다.

3) 穴：≪商子≫에는 '內'로 되어 있다. 孫詒讓은 '穴'로 고치면서 '內'와 '穴'이 篆文이 비슷하여 잘못된 것으로 보았다.

4) 距闉(인)：공격하려는 성벽 가까이 쌓은 흙 언덕으로, ≪孫子≫ 〈謀攻〉에 나오는 말이다. ≪通典≫에서는 城 밖에 흙을 쌓아올려 산을 만들고 이를 이용해 성을 타고 올라가는 것을 옛날에는 土山이라 하고 지금은 壘道라 한다고 하였다.

5) 〔用〕：저본에는 '用'이 없으나, ≪通典≫ 권160 〈兵13 攻城戰具附〉에 의거하여 보충하였다.

6) 〔其〕：저본에는 '其'가 없으나, ≪通典≫ 권160 〈兵13 攻城戰具附〉에 의거하여 보충하였다.

7) 〔往往〕：저본에는 '往往'이 없으나, ≪通典≫ 권160 〈兵13 攻城戰具附〉에 의거하여 보충하였다.

**62-1-4** 城壞면 (或)〔城〕[8]中人은

성이 파괴되면 성 안에 있는 사람들은

此下舊本有大鋌前長尺云云七百餘字하니 今依顧校移前備城門篇이라

이 아래에 舊本에는 '大鋌前長尺' 운운한 700여 자가 있는데, 지금 顧廣圻의 校勘에 의거하여 앞의 〈備城門〉으로 옮겼다.

**62-1-5** 爲之柰何오한대 子墨子曰 問穴土之守邪아 備穴者는 城內爲高樓하여 以謹

어떻게 해야 합니까?" 子墨子께서 말씀하셨다. "땅굴 공격을 수비하는 법을 묻는 것인가? 땅굴 공격을 수비할 때는 성 안에 높은 樓臺를 만들고서

王引之云 自爲之柰何至以謹히 凡二十四字는 舊本誤入備城門篇이러니 今移置於此라하다 案 王校是也라 蘇說同하니 今據正이라 以謹은 屬下候望適人爲句라

王引之 : '爲之柰何'부터 '以謹'까지 모두 24자는 舊本에 〈備城門〉에 잘못 들어가 있었는데 지금 여기로 옮겨놓았다.

案 : 王引之의 校勘이 맞다. 蘇時學의 說도 같으니, 지금 이에 의거하여 바로잡는다. '以謹'은 아래의 '候望適人'에 붙여 구두를 뗀다.

**62-1-6** 候望適人이라 適人爲變하여 築垣聚土非常者와

적의 동정을 신중하게 살펴야 한다. 적의 動靜이 변하여 담장을 쌓거나 흙을 모으는 이상한 일을 하거나

畢云 言以所穴之土築垣이라하다

畢沅 : 땅굴을 파낸 흙으로 담장을 쌓는다는 말이다.

**62-1-7** 若彭(방)有水濁非常者하면

주변에 물이 혼탁해지는 이상한 현상이 있으면

畢云 水濁者는 穴土之驗이라하다 王云 若은 猶與也요 彭與旁通이라하다

---

8) (或)〔城〕 : 저본에는 '或'으로 되어 있으나, 岑仲勉의 校勘에 의거하여 '城'으로 바로잡았다.

畢沅 : 물이 혼탁한 것은 땅굴을 팠다는 證驗이다.

王念孫 : '若'은 '與'와 같고 '彭'은 '旁'과 통한다.

**62-1-8 此穴土也**니 **急壍城內**하고

이것은 땅굴을 파는 것이니 급히 성 안에 참호를 파고

畢云 玉篇[9]에 云 壍同塹이라하다

畢沅 : ≪玉篇≫에 "'壍'은 '塹'과 같다."라고 하였다.

**62-1-9 穴亓**(기)**土直之**라

〈적이 땅굴을 파는 쪽의〉 땅을 파서 적과 상대한다.

畢云 亓는 舊作內하니 亦以意改라 直은 當也라 說文에 云 直은 正見也라하다

畢沅 : '亓'는 舊本에 '內'로 되어 있는데 역시 글 뜻으로 판단하여 고쳤다. '直'은 當(상대하다)이다. ≪說文解字≫에 "'直'은 똑바로 보는 것이다."라고 하였다.

**62-1-10 穿井城內**하여 **五步一井**하되 **傅城足**하고

성 안에 5보마다 우물 하나씩을 파되 성벽 밑까지 이르게 하고

畢云 傅는 舊作傳하니 以意改라하다

畢沅 : '傅'는 舊本에 '傳'으로 되어 있는데, 글 뜻으로 판단하여 고쳤다.

**62-1-11 高地**는 **丈五尺**이요

地勢가 높은 곳은 1장 5척 깊이로 파며

畢云 言視城足之高於地丈五尺者하여 穿之라하다 案 此言高地則以深丈五尺爲度니 畢說失之라

9) 玉篇 : 六朝時代 梁나라 顧野王(519~581)의 저술이다. ≪說文解字≫ 계통의 字書이다. 총 30권이며, 문자마다 反切音을 달았다. 經傳史子의 訓注와 音義를 취하여 類書 형식의 상세한 解說을 한 것이 특징이다.

畢沅 : 성벽 밑이 땅에서 1장 5척 높이인 것을 보고서 뚫는다는 말이다.

案 : 이 대목은 지세가 높은 곳은 깊이 1장 5척을 기준으로 삼는다는 말이다. 畢沅의 說은 잘못 본 것이다.

### 62-1-12 下地는 得泉三尺而止라

지세가 낮은 곳은 泉(지하수)이 나올 수 있는 3척에서 그친다.

舊本無下字라 王引之云 當作下地得泉三尺而止라 下地與高地對文이니 今本脫下字라하다 案 王校是也니 今據補라

舊本에는 '下'자가 없다.

王引之 : '下地得泉三尺而止'가 되어야 한다. 下地와 高地는 對가 되는 글이니, 今本에 '下'자가 빠졌다.

案 : 王引之의 校勘이 맞으니 지금 이에 의거하여 下를 보충한다.

### 62-1-13 令陶者爲罌하되 容四十斗以上하고 固(順)〔幎(멱)〕之以薄鞜(락)革하여

陶公으로 하여금 항아리를 만들게 하되 용량은 40斗 이상이 들어갈 수 있도록 하고 얇은 생가죽으로 단단히 덮어서

固順義難通하니 順當作幎이라 冥頁과 巾川은 隸書相近而誤라 說文巾部에 云 幎은 幔也라하고 亦作冪하니 廣雅釋詁에 云 冪은 覆也라하다 固幎之以薄鞜革은 謂以革堅覆罌口也요 文選馬汧督誄李注에 引作幕罌하니 幕卽冪之誤라 李所擧雖非元文이나 然可推校得其沿誤之由也라 畢云 卽通典所云以新罌用薄皮裹口如鼓也[10]라하다 蘇云 唐韻[11]에 鞜은 盧各切이요 音洛이라하다 說文에 云 生革可以爲縷束也라하다 詒讓案 薄鞜革幎罌은 蓋與冒鼓相似라 呂氏春秋古樂篇에 云 帝堯命質爲樂하고 乃以麋鞜置缶而鼓之[12]라한대 彼置當作冥이니 卽冪之假字니 可證通典如鼓之說이라

10) 通典所云以新罌用薄皮裹口如鼓也 : ≪通典≫ 권152 〈兵5 守拒法附〉에 보인다.

11) 唐韻 : 唐 玄宗 天寶 15년(751) 孫愐이 隋나라 陸法言, 劉臻, 顏之推 등이 206韻으로 분류한 ≪切韻≫ 5권을 刊定한 韻書인데, 逸失되었다.

12) 呂氏春秋古樂篇……乃以麋鞜置缶而鼓之 : ≪呂氏春秋≫ 〈古樂〉에는 '帝堯立 乃命質爲樂 質乃效山林谿谷之音以歌 乃以麋鞜置缶而鼓之(제요가 즉위하고 비로소 질에게 명하여 음악을 만들도록 명하니 질이 이에 산림과 계곡의 음을 본떠서 노래하면서 이에 사슴 가죽으로 항아리를 덮고 두

'固順'은 뜻이 통하지 않으니, '順'은 '幎'이 되어야 한다. '冥', '頁'과 '巾', '川'은 隷書에 서로 비슷하여 잘못된 것이다. ≪說文解字≫ 巾部에 "'幎'은 천막〔幔〕이다."라고 하고, 또 한 '幂'으로 되어 있으니, ≪廣雅≫ 〈釋詁〉에 "'幂'은 덮음〔覆〕이다."라고 하였다. '固幎之以薄輅革'은 가죽으로 항아리 입구를 단단히 덮는다는 말이다. ≪文選≫ 〈馬汧督誄〉의 李善의 注에 이 대목을 인용한 곳에는 '幕罌'으로 되어 있으니 '幕'은 바로 '幂'의 誤字이다. 李善이 들고 있는 것이 비록 원문은 아니지만 잘못을 답습한 연유를 미루어 비교할 수 있다.

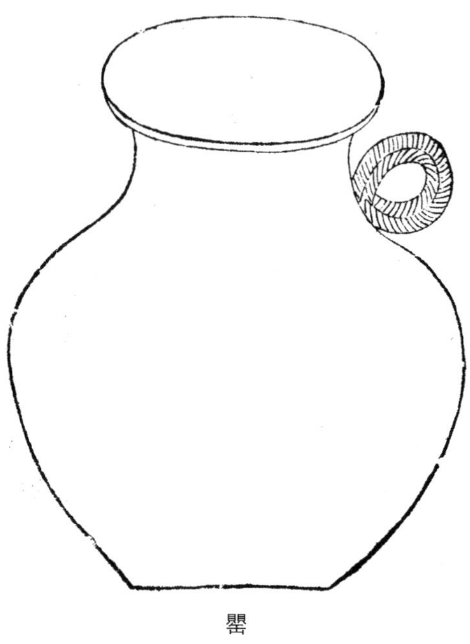
罌

畢沅 : 바로 ≪通典≫에 이른바 '以新罌用薄皮裹口如鼓(새로 만든 항아리에 얇은 가죽을 써서 북에 가죽을 메우는 것처럼 항아리의 입구를 막는다)'라는 것이다.

蘇時學 : ≪唐韻≫에 "'輅'은 '盧'와 '各'의 反切이고 音은 洛이다."라고 하였다. ≪說文解字≫에 "생가죽이니 동여맬 수 있다.〔生革可以爲縷束也〕"라고 하였다.

詒讓案 : '薄輅革幎罌'은 대체로 북에 가죽을 메우는 것과 서로 비슷한 듯하다. ≪呂氏春秋≫ 〈古樂〉에 "제요가 질에게 음악을 만들도록 명하니 〈질이〉 사슴 가죽으로 질장군을 덮고 두드렸다.〔帝堯命質爲樂 乃以麋輅置缶而鼓之〕"라고 하였는데 그곳에서 '置'는 '冥'이 되어야 하니 冥은 바로 '幂'의 假借字로, ≪通典≫의 '북에 가죽을 메우는 같다〔如鼓〕'고 한 說을 증명할 수 있다.

**62-1-14 置井中**하고 **使聽耳者伏罌而聽之**하여 **審知穴之所在**하고 **鑿穴迎之**라

우물 안에 두고 귀가 밝은 자로 하여금 항아리에 엎드려 듣고서 땅굴이 있는 곳을 探知하게 한 뒤 땅굴을 파서 맞선다.

舊本鑿穴之穴訛作內하니 王校改穴하고 云 篆文穴字作内하여 因訛而爲內라하다 案 王校是也니 今據正이라 畢云 文選注引云 若城外穿地來攻者어든 宜於城內掘井以

---

드렸다.)'로 되어 있는데, 高誘는 '質'을 堯임금 때 음악을 담당한 '夔'로 보았다.

薄城하고 幕罌內井하고 使聽耳者伏罌而聽하여 審知穴處하고 鑿內迎之[13)]라하고 太平御覽引云 若城外穿地來攻者는 宜城中掘井하여 以薄甕內井中하고 使聽聰者伏甕聽之하여 審知穴處하고 鑿內而迎之[14)]라하여 與此微異라 通典守拒法에 云[15)] 地聽은 於城內八方穿井호되 各深二丈이요 以新罌用薄皮裹口如鼓하여 使聽耳者於井中託罌而聽하면 則去城五百步內悉知之니 審知穴處하고 助鑿迎之云云[16)]하니 卽其法也라하다

舊本에 '鑿穴'의 '穴'은 '內'로 잘못되어 있는데, 王念孫의 校勘에 '穴'로 고치고 "篆文에 '穴'자가 '内'로 되어 있으니 이로 인해 잘못하여 '內'가 되었다."라고 하였다.

案 : 王念孫의 校勘이 맞으니, 지금 이에 의거하여 바로잡는다.

畢沅 : ≪文選注≫에서 이 대목을 인용한 곳에는 "만약 성 밖에서 땅을 뚫고 와서 공격하는 경우라면 의당 성 안에 우물을 파 성에 이르도록 한 다음 항아리를 덮고서 우물에 넣고 귀가 밝은 자로 하여금 항아리에 엎드려 듣고서 땅굴이 있는 곳을 探知하게 한 뒤 안을 뚫어 맞선다.〔若城外穿地來攻者 宜於城內掘井以薄城 幕罌內井 使聽耳者伏罌而聽 審知穴處 鑿內迎之〕"라고 하고, ≪太平御覽≫에서 이 대목을 인용한 곳에는 "만약 성 밖에서 땅을 뚫고 와서 공격하는 경우라면 의당 성 안에 우물을 파 얇은 항아리를 우물 안에 넣고 밝게 듣는 자로 하여금 항아리에 엎드려 듣고서 땅굴이 있는 곳을 探知하게 한 뒤 성 안에 땅굴을 파서 맞선다.〔若城外穿地來攻者 宜城中掘井 以薄甕內井中 使聽聰者伏甕聽之 審知穴處 鑿內而迎之〕"라고 하여, 이 대목과 조금 다르다. ≪通典≫ 〈守拒法〉에 "땅에서 나는 소리를 들을 때 성 안의 여덟 방위에 각각 깊이 2丈의 우물을 파고 새로 만든 항아리에 얇은 가죽을 써서 북에 가죽을 메우는 것처럼 항아리의 입구를 막고서 귀가 밝은 자로 하여금 우물 안에서 항아리에 의지해 듣게 하면 성에서 5백 보 거리 안의 소리를 다 알 수 있으니 땅굴이 있는 곳을 탐지하고서 힘을 모아 땅굴을 파서 맞선다.〔地聽 於城內八方穿井 各深二丈 以新罌用薄皮裹口如鼓 使聽耳者於井中託罌而聽 則去城五百步內悉知之 審知穴處 助鑿迎之〕" 운운하였으니, 바로 그 방법이다.

---

13) 文選注引云……鑿內迎之 : ≪文選注≫ 권57 〈馬汧督誄〉에 보인다.
14) 太平御覽引云……鑿內而迎之 : ≪太平御覽≫ 권320 〈兵部51 拒守〉에 보인다.
15) 云 : 저본의 傍注에 "'云'자는 원래 아래 글 '穿井'의 아래에 잘못 놓여 있었는데 畢沅의 刻本에 의거하여 글자의 순서를 바꾸어 바로잡았다.〔云字原誤置下文穿井下 據畢沅刻本乙正〕"라고 하였다.
16) 通典守拒法……助鑿迎之云云 : ≪通典≫ 권152 〈兵5 守拒法附〉에 보인다.

**62-2-1** 令陶者爲(月明)〔瓦罌〕하되

도공으로 하여금 옹기 항아리를 만들게 하되

王引之云 月明은 當爲瓦罌이라 備城門篇에 瓦木罌容十升以上이라하니 是其證이라 隷書瓦字作瓜하니 與月相似而誤라 明者는 罌之壞字耳라하다 案 王校是也니 蘇校月字同이라

王引之 : '月明'은 '瓦罌'이 되어야 한다. 〈備城門〉에 '瓦木罌 容十升以上(옹기나 나무로 만든 항아리로 용량이 10승 이상)"이라고 하였으니 바로 그 증거이다. 隷書에 '瓦'자는 '瓜'로 되어 있으니 '月'과 서로 비슷하여 잘못된 것이다. '明'은 '罌'의 자획이 탈락된 글자일 뿐이다.

案 : 王引之의 校勘이 맞으니, 蘇時學이 '月'자에 대해 교감한 것도 같다.

**62-2-2** 長二尺五寸이요 六圍요

항아리의 키는 2척 5촌, 〈둘레는〉 6圍가 되도록 하며

王引之云 六圍上當有大字니 備城門篇木大二圍라하니 卽其證이라하다

王引之 : '六圍' 앞에 '大'자가 있어야 하니 〈備城門〉에 '木大二圍(나무는 굵기가 2圍이다.)'라고 하였으니 바로 그 증거이다.

**62-2-3** 中判之하여 合而施之穴中하되

〈항아리의 밑바닥을 제거한 뒤〉 항아리를 절반으로 쪼개어 땅굴 안에 합쳐서 설치하되

穴은 舊本訛內하니 今據王校正이라

'穴'은 舊本에 '內'로 잘못되어 있는데, 지금 王念孫의 校勘에 의거하여 바로잡는다.

**62-2-4** 偃一이요

한 쪽은 위를 향해 젖혀 놓고

畢云 偃은 仰이라하다

畢沅 : 偃은 우러러봄이다.

62-2-5 **覆一**이라

나머지 한 쪽은 아래를 향해 엎어 놓아서 〈둘이 합쳐 원통형이 되게 한다.〉

**下疑當接後下迫地句**라

아래에 아마도 뒤의 '下迫地'를 붙여 句가 되어야 할 듯하다.

62-2-6 **杜之外**엔 **善周塗**니 **亓傳杜者**가 **勿燒**면

기둥의 밖에는 전체적으로 진흙을 잘 발라야 하니, 그 기둥을 지지하는 부분이 타지 않으면

畢云 亓傳는 **舊作亦傳**하니 **以意改**라하다

畢沅 : '亓傳'는 舊本에 '亦傳'으로 되어 있는데, 글 뜻으로 판단하여 고쳤다.

62-2-7 **杜者勿燒**라

기둥도 타지 않는다.

畢云 四字衍이라하다

畢沅 : 4字는 잘못 들어간 것이다.

62-2-8 **杜善塗亓竇際**하여

기둥은 그 접합면에 진흙을 잘 발라서

畢云 **縫也**라하다

畢沅 : 〈'際'는〉 縫(접합면)이다.

62-2-9 **勿令泄**이라

〈공기가〉 새지 않게 한다.

即下文云 無令氣出也라

바로 아래 글(62-5-13)에서 '無令氣出也(연기가 새지 않게 한다.)'라고 한 것이다.

62-2-10 兩旁皆如此하여 與穴俱前[17]이라

땅굴의 안쪽에서 모두 이와 같이 하면서 땅굴과 함께 나아간다.

畢云 穴舊作內하니 以意改라하다 詒讓案 言爲穴柱與鑿穴俱前은 猶下云 令穴者與版俱前也라 自柱之外至此三十四字는 竝說穴柱하여 與上下文不相(冢)〔冡〕[18]하니 疑當在後文無柱與柱交者下라 然首尾文義亦不甚相接일새 未敢輒移하고 附識(지)於此라

畢沅 : '穴'은 舊本에 '內'로 되어 있는데, 글 뜻으로 판단하여 고쳤다.

詒讓案 : '爲穴柱'와 '鑿穴俱前'이라 한 말은 아래에 '令穴者與版俱前(땅굴을 파는 자로 하여금 판자와 함께 나아가게 하다.)'이라 한 것과 같다. '柱之外'부터 여기까지 34자는 모두 땅굴의 기둥을 설명하여 위아래 글과 서로 이어지지 않으니 아마도 뒷글 '無柱與柱交者' 뒤에 있어야 할 듯하다. 그렇지만 首尾의 文義도 그다지 서로 연결되지 않기 때문에 감히 바로 옮기지 않고 여기에 붙여 기록해 둔다.

62-2-11 下迫地라

아래로 땅바닥에 바짝 붙인다.

此文不屬하니 疑當接上偃一覆一句라 蓋謂施罌穴中하되 其下迫地也라

이 글은 이어지지 않으니 아마도 위의 '偃一覆一'에 붙여 句가 되어야 할 듯하다. 아마도 땅굴 안에 항아리를 두되 그 아래로 땅바닥에 바짝 붙인다는 말인 듯하다.

62-2-12 置康若灰亓中하되

항아리 속에 겨와 재를 두되

17) 與穴俱前 : 손이양은 62-2-6부터 여기까지를 62-9-8 뒤에 붙여 땅굴 속에 세우는 기둥에 대해 설명한 것으로 보았지만 그렇게 해도 글 뜻이 매끄럽게 이어지지는 않는다고 하였다. 다만 ≪墨子今注今譯≫에서는 '柱'를 모두 빼고 땅굴에서 적을 공격하기 위한 煙氣를 통하게 하는 '瓦罌'을 설명한 것으로 보았다.

18) (冢)〔冡〕 : 저본에는 '冢'으로 되어 있으나, 문맥에 의거하여 '冡'으로 바로잡았다.

畢本灰作矢하고 云 康卽穅字니 見(현)說文이라 矢舊作疾하니 以意改라 下同이라하다 王引之云 畢改非也니 疾乃灰之誤요 非矢之誤라 備城門篇에 爨(찬)灰康秕라하니 卽其證이라 康灰皆細碎之物이라 故同置於穴中이요 矢則非其類矣라 灰俗作灰하고 疾本作疾한대 二形相似하고 又涉下文疾鼓橐(탁)而誤耳라하다 案 王校是也니 今據正이라

畢沅本에는 '灰'가 '矢'로 되어 있고 "'康'은 바로 '穅'자이니 ≪說文解字≫에 보인다. '矢'는 舊本에 '疾'로 되어 있는데, 글 뜻으로 판단하여 고쳤다. 아래도 같다."라고 하였다.

王引之 : 畢沅이 고친 것은 잘못 본 것이니, '疾'은 바로 '灰'의 誤字이지 '矢'의 誤字가 아니다. 〈備城門〉에 '爨灰康秕(화덕, 재, 겨, 쭉정이)'라고 하였으니 바로 그 증거이다. 康(겨)과 灰(재)는 모두 가루로 된 물건이므로 땅굴 속에 함께 둔 것이고, 矢(화살)는 그러한 부류가 아니다. '灰'는 俗字로 '灰'로 되어 있고 '疾'은 본래 '疾'로 되어 있는데 둘의 字形이 서로 비슷한 데다 아래 글(62-2-20)의 '疾鼓橐(빠르게 풀무질을 하다)'에 혼동되어 잘못된 것일 뿐이다.

案 : 王引之의 校勘이 맞으니, 지금 이에 의거하여 바로잡는다.

### 62-2-13 勿滿이라

가득 채우지는 않는다.

句라

여기에서 句를 뗀다.

### 62-2-14 灰康長(五)〔亘(긍)〕竇하되

재와 겨는 導管 끝까지 채우되

五는 疑亘之誤라 說文木部에 云 柦(긍)[19]은 竟也라하다 古文作亘이라 此言竟滿其竇하니 猶下云 戶內有兩蒺藜하니 皆長極其戶라

'五'는 아마도 '亘'의 誤字인 듯하다. ≪說文解字≫ 木部에 "'柦'은 竟(다함)이다."라고 하였다. 古文에는 '亘'으로 되어 있다. 이 대목은 導管을 끝까지 채웠다는 말이니, 아래 '戶內有兩蒺藜 皆長極其戶(문 안에 두 개의 蒺藜를 두되 모두 문의 높이만큼 길게 하다.)'라고 한

19) 柦(긍) : 저본의 傍注에 "'柦'은 원래 '亘'으로 잘못되어 있는데 ≪說文解字≫에 의거하여 고친다.〔柦 原誤亘 據說文改〕"라고 하였다.

것과 같다.

**62-2-15 左右俱雜相如也**라

좌우 모두 고르게 섞이도록 한다.

**襍**[20]은 **猶帀**(잡)**也**니 **詳經上篇**[21]이라

'襍'은 '帀(두르다)'과 같으니 〈經 上〉에 자세히 설명하였다.

**62-2-16 穴內口爲竈**(조)하되 **令如窯**(요)하고

땅굴 안쪽 입구에는 아궁이를 만들되 가마 모양이 되게 하고

**畢云 說文**에 **云 窯**는 **燒瓦竈也**라하니 **卽今窰字正文**이라

畢沅 : ≪說文解字≫에 "'窯'는 기와를 굽는 가마이다."라고 하였으니, 바로 지금의 '窰' 자의 正字이다.

**62-2-17 令容七八員艾**하고

용량은 7, 8丸의 쑥이 들어갈 수 있도록 하고

**員**은 **卽丸也**니 **論衡**[22]**順鼓篇**에 **云 一丸之艾**라하다

'員'은 바로 丸이니 ≪論衡≫ 〈順鼓〉에 "1환의 쑥〔一丸之艾〕"이라 하였다.

**62-2-18 左右竇皆如此**요 **竈用四橐**이라

좌우의 導管을 모두 이처럼 하고 아궁이에는 4개의 풀무를 쓸 수 있도록 한다.

**淮南子本經訓**에 **云 鼓橐吹埵**[23]라한대 **高注**에 **云 橐**은 **冶鑪排橐也**라하다

---

20) 襍 : '雜'의 本字이다.

21) 詳經上篇 : 본서 3책 40-20-2에 보인다.

22) 論衡 : 後漢의 王充(27~97)이 지은 책으로, 현재 85篇(〈招致〉는 篇目만 전함)이 전한다. '論衡'은 '저울에 대해 논한다'는 의미로, '實'을 근거로 세속의 의혹을 해석하여 시비를 가리는 것을 목적으로 삼았다. 현대 중국에서는 고대의 唯物主義 철학서로 평가받기도 한다.

23) 淮南子本經訓……鼓橐吹埵 : ≪淮南子≫ 〈本經訓〉에 "큰 나무를 태워 풀무질을 하고 통풍관을 불어 동철을 녹인다.〔燒燎大木 鼓橐吹埵 以銷銅鐵〕"라고 하였는데, 橐은 풀무이고, 埵는

≪淮南子≫ 〈本經訓〉에 "풀무질을 하여 통풍관에 바람을 보낸다.〔鼓橐吹埵〕"라고 하였는데, 高誘의 注에 "'橐'은 冶鑪에 배치한 풀무이다."라고 하였다.

**62-2-19 穴且遇**어든

〈적과 나의〉 땅굴이 만나게 되면

**畢云 舊作愚**하니 **據下改**라하다

畢沅 : 〈'遇'는〉 舊本에 '愚'로 되어 있는데, 아래 글(62-6-9)에 의거하여 고쳤다.

**62-2-20 以頡皐衝之**하고 **疾鼓橐熏之**하되 **必令明習橐事者**로

頡皐로 내리쳐 깨뜨리고 빠르게 풀무질을 하여 연기를 피워 적에게 보내되, 반드시 풀무질에 익숙한 자로 하여금

**畢云 習**은 **舊作翟**하니 **以意改**라하다

畢沅 : '習'은 舊本에 '翟'으로 되어 있는데, 글 뜻으로 판단하여 고쳤다.

頡皐

**62-2-21 勿令離竈口**라

아궁이 앞을 떠나지 못하게 한다.

**畢云 通典守拒法**에 **云 審知穴處**하고 **助鑿迎之**니 **與外相遇**어든 **卽就以乾艾一石**하여 **燒令煙出**하여 **以板於外**하되 **密覆穴口**하여 **勿令煙洩**하고 **仍用鞴**(배)**袋鼓之**라하니 **卽其**

풀무와 火爐를 서로 연결하여 바람을 통하게 하는 管이다.

遺法이라 所云以板於外하여 密覆穴口하고 勿令煙洩이 卽下連版法也라하다

畢沅 : ≪通典≫ 〈守拒法〉에 "〈적의〉 땅굴이 있는 곳을 탐지하고서 힘을 모아 뚫어 맞서는데 밖에서 만나게 되면 바로 마른 쑥 한 섬을 가지고서 태워 연기가 나오게 하여 밖에 판자를 막되 땅굴 입구를 치밀하게 막아 연기가 새지 못하도록 하고 그대로 풀무질을 한다.〔審知穴處, 助鑿迎之 與外相遇 卽就以乾艾一石 燒令煙出 以板於外 密覆穴口 勿令煙洩 仍用鞴袋鼓之〕"라고 하였으니, 바로 그 遺法이다. ≪通典≫에서 말한 '以板於外 密覆穴口 勿令煙洩'라고 한 것이 바로 아래 나오는 連版法이다.

### 62-2-22 連版以穴高下廣陜爲度하여

땅굴의 높이와 너비를 척도로 삼아 판자를 이어 엮어

陜은 吳鈔本作狹이라 蘇云 陜與狹同이라하다 案 陜正狹俗이니 詳備城門篇이라

'陜'은 吳鈔本에 '狹'으로 되어 있다.

蘇時學 : '陜'은 '狹'과 같다.

案 : '陜'은 正字이고 '狹'은 俗字이니, 〈備城門〉에 자세히 설명하였다.

### 62-2-23 令穴者與版俱前이니 鑿亓版하여 令容矛하되

땅굴을 파는 자로 하여금 판자와 함께 나아가게 하는데, 판자에 구멍을 뚫어 창이 들어갈 수 있게 하되

畢云 舊作予하니 以意改라하다

畢沅 : 矛는 舊本에 '予'로 되어 있는데, 글 뜻으로 판단하여 고쳤다.

### 62-2-24 參分亓疏數(촉)하여

그 밀도를 참작하여

此言版上鑿空之數라 蘇云 參與三同이요 數讀爲促이라하다

이 대목은 판자에 구멍을 뚫는 수를 말한 것이다.

蘇時學 : '參'은 '三'과 같고, '數'은 '促'으로 읽는다.

**62-2-25 令可以救竇라 穴則遇에**

導管을 보호할 수 있도록 한다. 〈적과 나의〉 땅굴이 만나면

蘇云 則猶卽也라하다

蘇時學 : '則'은 '卽'과 같다.

**62-2-26 以版當之하고**

판자로 막고

畢云 版은 舊作攸하니 以意改라하다

畢沅 : '版'은 舊本에 '攸'로 되어 있는데, 글 뜻으로 판단하여 고쳤다.

**62-2-27 以矛救竇하여 勿令塞(색)竇라 竇則塞이어든 引版而郤하여**

창으로 導管을 보호하여 〈적이〉 導管을 막지 못하도록 한다. 〈導管이〉 막히면 판자를 당기면서 퇴각하여

畢云 引은 舊作弓하니 以意改라 郤은 卻字俗寫라하다 案 王改卻이라 廣雅釋言에 云 卻은 退也라하다

畢沅 : '引'은 舊本에 '弓'으로 되어 있는데, 글 뜻으로 판단하여 고쳤다. '郤'은 '卻'자이니, 俗字로 이렇게 쓴다.

案 : 王念孫은 '卻'으로 고쳤다. ≪廣雅≫ 〈釋言〉에 "'卻'은 退(물러남)이다."라고 하였다.

**62-2-28 過一竇而塞之[24)]하고**

導管 하나를 지나 적을 막고서

過는 王校作遇라

'過'는 王念孫의 校勘에 '遇'로 되어 있다.

---

24) 過一竇而塞之 : Ian Johnston의 *The Mozi*(2010)에서는 '過'를 '遇'로 보고 "만약 하나의 막힌 導管을 만나게 되면"이라고 번역하였는데, 여기서는 ≪墨子今注今譯≫을 따라 번역하였다.

**62-2-29 鑿亓竇**하여 **通亓煙**하고 **煙通**하면 **疾鼓橐以熏之**라 **從穴內聽穴之左右**하면

그 導管을 뚫어 〈그곳으로〉 연기를 통하게 하고 연기가 통하면 빠르게 풀무질을 해서 적에게 연기를 피운다. 땅굴 안에 있을 때 땅굴 좌우에서 소리를 들으면

從은 舊本作徒하니 畢以意改徙라 王引之云 畢改非也라 敵人穴土而來어든 我於城內鑿穴而迎之니 此本無他穴可徙라 不得言徙穴也라 徒當爲從이니 謂從穴內聽之也라 隸書從字作従하니 與徒相似而誤라 漢書王莽傳에 司恭司從司明司聽[25]이라한대 今本從訛作徒라 案 王校是也니 今據正이라 穴下舊本脫之字하니 今據道藏本吳鈔本補라

'從'은 舊本에 '徒'로 되어 있는데, 畢沅은 글 뜻으로 판단하여 '徙'로 고쳤다.

王引之 : 畢沅이 고친 것은 잘못 본 것이다. 적군이 땅굴을 파서 오면 나는 성 안에서 땅굴을 파서 맞서니 이는 본래 옮길 만한 다른 땅굴이 없는 것인지라 '徙穴'이라 말할 수 없다. '徒'는 '從'이 되어야 하니 '땅굴 안에서 듣는다[從穴內聽之]'는 말이다. 隸書에 '從'자가 '従'으로 되어 있으니 '徒'와 서로 비슷하여 잘못된 것이다. ≪漢書≫ 〈王莽傳〉에 '司恭, 司從, 司明, 司聽'이라 하였는데, 今本에 '從'이 '徒'로 잘못되어 있다.

案 : 王引之의 校勘이 맞으니, 지금 이에 의거하여 바로잡는다. '穴' 뒤에 舊本에 '之'자가 빠졌는데, 지금 道藏本, 吳鈔本에 의거하여 보충한다.

**62-2-30 急絶亓前**하여 **勿令得行**이라 **若集客穴**이어든 **塞之以柴塗**하여 **令無可燒版也**라 **然則穴土之攻敗矣**라

급히 적의 전진하는 길을 끊어 적이 나아가지 못하게 한다. 만약 적의 땅굴에 모이게 되면 섶과 진흙으로 적을 막아서 판자를 태우지 못하게 한다. 이렇게 하면 땅굴을 파는 적의 공격은 실패할 것이다.

畢云 穴土는 舊作內土하니 以意改라하다 王引之云 自候望適人至穴土之攻敗矣히 凡三百四十五字는 舊本亦誤入備城門篇이어늘 今移置於此라 以謹候望適人六字는 文義緊相承接일새 不可分屬他篇이라 且上文曰 備穴者城內爲高樓라하고 下文曰 然則穴土之攻敗矣라하니 則爲備穴篇之文甚明이라하다 案 王校是也라 蘇說同하니 今據移正이라

25) 漢書王莽傳 司恭司從司明司聽 : ≪漢書≫에는 "또 사공, 사도, 사명, 사총, 사중대부를 둔다.[又置司恭司徒司明司聽司中大夫]"라고 하였는데, 그 注에서 劉攽이 '徒'는 '從'으로 고친다고 하였다.

畢沅 : '穴土'는 舊本에 '內土'로 되어 있는데, 글 뜻으로 판단하여 고쳤다.

王引之 : '候望適人'부터 '穴土之攻敗矣'까지 모두 345자는 舊本에 DURTL 〈備城門〉에 잘못 들어가 있는데 지금 여기에 옮겨 놓는다. '以謹候望適人' 6자는 文義가 긴밀하게 서로 이어지므로 다른 篇에 나누어 소속시켜서는 안 된다. 게다가 위 글(62-1-5)에 '備穴者城內爲高樓'라고 하고 아래 글에 '然則穴土之攻敗矣'라고 하였으니, 〈備穴〉의 글임이 매우 분명하다.

案 : 王引之의 校勘이 맞다. 蘇時學의 說도 같으니, 지금 이에 의거하여 옮겨 바로잡는다.

**62-3-1 寇至吾城**이어든 **急非常也**니 **謹備穴**이라 **穴疑有應寇**어든

적이 우리 城에 이르게 되면 非常하게 긴급한 때이니, 적의 땅굴을 신중하게 방비해야 한다. 땅굴이 있다고 생각되어 적에게 대응하게 되면

句라

여기에서 句를 뗀다.

**62-3-2 急穴**이요

급하게 땅굴을 파고,

句라

여기에서 句를 뗀다.

**62-3-3 穴未得**이어든 **愼毋追**라

땅굴을 아직 알아내지 못하였으면 신중을 기하여 적을 추격하지 않는다.

似言未得敵穴所在하면 則勿出城追敵이라 畢云 言已不[26]謹其備어든 且勿追寇라하다

적의 땅굴이 있는 곳을 아직 알아내지 못했으면 성을 나가 적을 추격하지 말라는 말인

---

26) 不 : 저본의 傍注에 "살펴보건대, '不'은 아마도 '必'이 되어야 할 듯하다.〔按 不疑當作必〕"라고 하였다. 이에 따르면, 畢沅의 주석은 "TMTMFH 반드시 그 방비를 신중하게 하고, 또 적을 추격하지 말라는 말이다."라고 번역할 수 있다.

듯하다.

畢沅 : 자신이 그 방비를 신중하게 하지 못하였으면 일단 적을 추격하지 말라는 말이다.

62-4-1 凡殺以穴攻者는 二十步一置穴하되 穴高十尺이요 鑿十尺이라

무릇 땅굴로 공격하는 적을 깨뜨릴 때는 20보마다 땅굴 1개를 파되 땅굴의 높이는 10척이고 너비도 10척이다.

言穴廣與高等이라

땅굴의 너비와 높이가 같다는 말이다.

62-4-2 鑿如前에

〈땅굴을〉 파면서 앞을 향해 갈 때

如讀爲而니 言穴向前鑿也라

'如'는 '而'로 읽으니 땅굴을 앞을 향해 판다는 말이다.

62-4-3 步下三尺이요

1步마다 3척을 내려가고

謂每步則下三尺이나 然所下太多하니 疑步上有脫字라

1步마다 3척을 내려간다는 말이다. 그렇지만 내려가는 것이 너무 많으니 아마도 '步' 앞에 빠진 글자가 있는 듯하다.

62-4-4 十步擁穴左右橫行(항)하되 高廣各十尺이니 〔爲〕殺이라

10步마다 좌우에 가로로 擁穴을 파되 높이와 너비는 각각 10척이니, 殺(적을 죽일 공간)이다.

舊本重高字라 畢謂兩高字疑當爲鬲이라하다 蘇云 高字疑誤重이라하다 案 道藏本吳鈔本竝無下高字하니 是也라 今據刪이라 殺上疑當有爲字라 此言凡穴直前十步에 則左右橫行으로 別爲方十尺之穴하니 謂之殺이니 以備旁出也라 備梯篇에 說置裾城外하되 亦

云二十步一殺이라하다

舊本에는 '高'자를 중복해서 썼다. 畢沅은 두 '高'자는 아마도 '鬲'이 되어야 할 듯하다고 하였다.

蘇時學 : '高'자는 아마도 잘못 중복된 듯하다.

案 : 道藏本, 吳鈔本에 모두 뒤의 '高'자가 없으니 맞다. 지금 이에 의거하여 刪削한다. '殺' 앞에 아마도 '爲'자가 있어야 할 듯하다. 이 대목은 모든 땅굴 바로 앞 10보마다 左右에 가로로 따로 사방 10척의 땅굴을 만드는데 이를 殺이라 하니 이로써 옆으로 나오는 〈땅굴을〉 방비한다는 말이다. 〈備梯〉에 '置裾城外(성 밖에 울타리를 설치한다.)'라고 말하면서 역시 "20보마다 殺 하나를 둔다."라고 하였다.

### 62-5-1 俚兩罌하되 深平城하고

두 개의 항아리를 묻되 깊이는 〈항아리 입구가〉 성의 지면과 평평하게 하고

畢云 俚同埋라하다 詒讓案 備城門篇作貍[27]하고 此作俚하니 竝薶之假字라

畢沅 : '俚'는 '埋'와 같다.

詒讓案 : 〈備城門〉에 '貍'로 되어 있고 이 대목에는 '俚'로 되어 있는데, 모두 '薶'의 假借字이다.

### 62-5-2 置板亓上하고 (刪)〔聯〕板以(井)聽이라

그 위에 판자를 설치하고 이어 엮은 판자를 통해 〈적의 땅굴 파는〉 소리를 듣는다.

畢云 删未詳이라하다 案 删疑聯之誤라 聯版은 卽上文之連版也라

畢沅 : '删'은 알 수 없다.

案 : '删'는 아마도 '聯'의 誤字인 듯하다. '聯版'은 바로 위 글(62-2-22)의 '連版'이다.

### 62-5-3 〔井〕五步一密이라

우물은 5보마다 하나씩 둔다.

---

27) 備城門篇作貍 : 본서 5책 52-12-8에 보인다.

卽上文所謂穿井城內 五步一井也라 蘇云 井聽疑誤倒하니 當作爲井五步一이라하다

바로 위 글(62-1-10)에서 이른바 '穿井城內 五步一井也(성 안에 우물을 파서 5보마다 우물을 하나씩 둔다.)'는 것이다.

蘇時學 : '井聽'은 아마도 글자 순서가 잘못 뒤바뀐 듯하니 '井五步一'이 되어야 한다.

## 62-5-4 用揣若松爲穴戶하고

가래나무나 소나무를 써서 땅굴의 문을 만들고

揣는 未詳이니 疑當爲枱(이)라 鐘鼎古文從台者어나 或兼從司省하니 今所見彝(이)器款識(지)公姒敨(사돈)에 始字作㚸하니 是其例也라 此揣字亦當從木이라 說文木部에 枱는 耒耑(뇌단)也라하다 此疑假爲梓字라 說文에 梓는 楸也니 從木宰聲이라하여 與枱古音同部하니 得相通借라 墨書多古文하니 此亦其一也라 蘇云 揣或桐字之訛라한대 非是라

'揣'는 알 수 없으니 아마도 '枱'가 되어야 할 듯하다. 鐘鼎의 古文에 '台'로 이루어지거나 혹은 '司'와 '省'이 겸하여 이루어져 있는데 지금 볼 수 있는 彝器款識의 〈公姒敨〉에는 '始'자가 '㚸'로 되어 있으니, 바로 그 例이다. 이 '揣'자 역시 '木' 부수로 써야 한다. ≪說文解字≫ 木部에 "'枱'는 쟁기의 아래쪽 끝에 댄 나무〔耒耑〕이다."라고 하였다. 여기서는 아마도 假借하여 '梓'자가 된 듯하다. ≪說文解字≫에 "'梓'는 楸(가래나무)이니 부수는 '木'이고 聲音은 '宰'이다."라고 하여 '枱'와 古音이 같은 部에 있으니 서로 통용해 빌려쓸 수 있다. ≪墨子≫에 古字가 많은데 이것 역시 그중 하나이다. 蘇時學은 "'揣'는 어쩌면 '桐'자의 誤字일 것이다."라고 하였는데 맞지 않다.

## 62-5-5 戶(穴)〔內〕有兩蒺䔧하되

문 안에 두 개의 蒺藜를 두되

戶穴當作戶內라 蒺藜藜作䔧하여 與六韜軍用篇同하니 詳備城門篇[28]이라 吳鈔本作藜라

'戶穴'은 '戶內'가 되어야 한다. '蒺藜'의 '藜'가 '䔧'로 되어 있어 ≪六韜≫ 〈軍用〉과 같으니 〈備城門〉에 자세히 설명하였다. 吳鈔本에는 '藜'로 되어 있다.

28) 詳備城門篇 : 본서 5책 52-12-27에 보인다.

**62-5-6 皆長極亓戶**하고 **戶爲環**이라

모두 문의 높이만큼 길게 하고 문에는 고리를 단다.

蓋著(착)環以便開閉라

대개 고리를 달아 여닫는 데 편리하게 한 듯하다.

**62-5-7 壘石外(垺)〔埻〕**하되

〈땅굴 밖에〉 돌을 쌓아 담장을 만들되

吳鈔本作厚라 畢云 垺卽厚字라 說文에 云 垕古文厚니 從后土라하니 此又俗加라하다 案外厚義難通이라 垺疑埻字之誤라 玉篇土部及集韻[29]十九鐸에 字竝作墎하니 蓋卽郭之異文이요 與墎字別이라 漢書尹賞傳에 云 致令辟爲郭이라한대 顔注에 云 郭謂四周之內也라하다 此云 壘石外埻이 亦謂壘石爲穴外周郭이니 卽下文云 先壘窯壁也라

〈'垺'는〉 吳鈔本에 '厚'로 되어 있다.

畢沅 : '垺'는 바로 '厚'자이다. ≪說文解字≫에 "'垕'는 '厚'의 古字이니 '后'와 '土'로 이루어져 있다."라고 하였는데, 여기서는 다시 俗字에 〈土를〉 더한 것이다.

案 : '外厚'는 뜻이 통하지 않는다. '垺'는 아마도 '埻'자의 誤字인 듯하다. ≪玉篇≫ 土部 및 ≪集韻≫ 19 鐸韻에 글자가 모두 '墎'으로 되어 있으니 아마도 바로 '郭'의 異體字인 듯하고 '墎'자와 구별된다. ≪漢書≫ 〈尹賞傳〉에 "벽돌을 쌓아 郭을 만든다.〔致令辟爲郭〕"라고 하였는데, 顔師古의 注에 "郭은 사방으로 둘러싼 안을 말한다."라고 하였다. 이 대목에서 '壘石外埻'이라 한 것 역시 돌을 쌓아 땅굴 밖에 둘러싼 郭을 삼았다는 말이니 바로 아래 글(62-6-2)에서 '先壘窯壁(먼저 가마의 벽을 쌓다.)'이라 한 것이다.

**62-5-8 高七尺**이요 **加堞亓上**이라 **勿爲陛與石**하고 **以縣陛上下出入**이라

높이는 7척이고 그 위에 성가퀴를 더한다. 계단과 돌을 쌓지 않고 늘어뜨리는 줄사다리로 위아래로 출입한다.

---

29) 集韻 : 중국의 韻書로, 모두 10권이다. 1039년(北宋 寶元2)에 丁度 등이 왕명을 받들어 撰하였다. 수록된 글자는 5만 여 자로, ≪廣韻≫의 약 2배이다. 異體字와 異讀을 광범위하게 수록하였다.

此皆備敵人之集吾穴也라 蘇云 言穴中勿爲陛階하고 出入者縋(추)而上下也라

이 대목은 모두 敵人이 우리 땅굴에 모였을 때를 대비하는 것이다.

蘇時學 : 땅굴 속에 계단을 만들지 않고 출입하는 자는 줄을 잡고 오르내린다는 말이다.

**62-5-9 具鑪橐하되**

가마와 풀무를 마련하되

畢云 舊俱作槖라하다

畢沅 : 〈'橐'은〉 舊本에 모두 '槖'로 되어 있다.

**62-5-10 橐以牛皮하고 鑪有兩甀하고 以橋鼓之(百十)〔重百斤〕이요**

풀무는 소가죽으로 만들고 가마에는 두 개의 질장군을 두고 桔皐로 풀무질을 하는데 무게는 100근으로 하고

畢云 橋는 桔皐也라하다 詒讓案 百十[30]은 似言橋之重이니 百上疑脫重字요 十當爲斤이니 斤訛作什하고 又脫其偏旁耳니 下文可證이라

畢沅 : '橋'는 桔皐이다.

詒讓案 : '百十'은 橋의 무게를 말한 듯하니 '百' 앞에 아마도 '重'자가 빠진 듯하고, '十'은 '斤'이 되어야 하니 '斤'이 '什'으로 잘못되고 다시 그 偏旁이 빠진 것일 뿐인데, 아래 글을 증거로 삼을 수 있다.

**62-5-11 (每亦熏四十什)〔毋下重四十斤〕[31]이라**

무게가 40근을 내려가지는 않도록 한다.

亦은 畢本作亣라 道藏本吳鈔本作亦이라 以文義審之컨대 此當作毋下重四十斤이니 毋

30) 百十 : 저본의 傍注에 "'百十'은 원래 '百千'으로 잘못되어 있는데 正文에 의거하여 고쳤다. 〔百十 原誤百千 據正文改〕"라고 하였다.

31) (百十)〔重百斤〕 (每亦熏四十什)〔毋下重四十斤〕 : ≪墨子今注今譯≫에서는 吳毓江의 說에 의거하여 '百十每亦熏'을 '置煤其重'으로 보고, "煤炭을 두는데 그 무게는 40근이다."라고 하였다.

每下亦重熏斤什은 竝形近而誤라

'亦'은 畢沅本에 '丌'로 되어 있다. 道藏本, 吳鈔本에는 '亦'으로 되어 있다. 글 뜻으로 살펴보면 이 대목은 '毋下重四十斤'이 되어야 하니 '毋'와 '每', '下'와 '亦', '重'과 '熏', '斤'과 '什'은 모두 字形이 비슷하여 잘못된 것이다.

62-5-12 然炭杜之[32]하고

숯에 불을 붙여 〈가마를〉 채우고

畢云 然卽燃正文이라하다

畢沅 : '然'은 바로 '燃'의 正字이다.

62-5-13 滿鑪而蓋之하여 毋令氣出이라 適人疾近(五百)〔吾〕穴에

가마에 〈숯이〉 가득 차면 뚜껑을 덮어 연기가 새지 않게 한다. 적이 빠르게 우리 땅굴에 접근할 때

蘇云 吾百二字乃吾字之訛니 下言吾穴是也라하다

蘇時學 : '吾百' 2자는 바로 '吾'자의 誤字이니 아래에 '吾穴'이라 한 것이 이것이다.

62-5-14 穴高若下하여 不至吾穴하면

적의 땅굴이 높거나 낮아 우리 땅굴에 맞닿지 않으면

言客穴與內穴不正相直(치)也라

적의 땅굴과 성 안의 땅굴이 정확히 서로 만나지는 않는다는 말이다.

62-5-15 卽以(伯)〔倚〕鑿而求通之라

바로 비스듬하게 뚫어서 소통시킨다.

伯은 吳鈔本作百하니 疑當作倚라 倚는 邪也니 詳備城門篇[33]이라 言穴不正相直하면 則

32) 然炭杜之 : ≪墨子今注今譯≫에서는 吳毓江의 說에 의거하여 '杜'를 '佐'로 교감하고, "木炭을 써서 燃燒를 돕는다."라고 하였다.

必邪鑿之乃可通也라 後文云 內去竇尺에 邪鑿之라하다

'伯'은 吳鈔本에 '百'으로 되어 있으니 아마도 '倚'가 되어야 할 듯하다. '倚'는 邪(기울다)의 뜻이니 〈備城門〉에 자세히 설명하였다. 땅굴이 정확히 서로 만나지 않는다면 반드시 비스듬하게 뚫어야 통할 수 있다는 말이다. 뒷글(62-10-14~15)에 '內去竇尺 邪鑿之(땅굴 구멍에서 1척 거리 되는 데서 비스듬하게 판다.)'라고 하였다.

### 62-5-16 穴中與適人遇어든 則皆圉而毋逐하고

땅굴 안에서 적을 만나면 그때마다 다 방어만 하고 뒤쫓지 않으며,

蘇云 圉與禦同하니 言與敵相持하고 勿逐去之라하다

蘇時學 : '圉'는 '禦'와 같으니 적과 서로 대치하고 뒤쫓아가지 말라는 말이다.

### 62-5-17 (且戰)〔戰且〕(배)하여

싸우다가 달아나는 척하여

疑當作戰且北니 言戰而詳北以誘敵하여 使深入穴中也라

〈'且戰北'는〉 아마도 '戰且北'가 되어야 할 듯하니, 싸우다가 거짓으로 달아나는 척하여 적을 유인하여 땅굴 안으로 깊이 들어오게 한다는 말이다.

### 62-5-18 以須鑪火之然也라가 卽去而入壅穴殺이라

가마의 불이 타오르기를 기다렸다가 바로 가서 擁穴인 殺로 들어간다.

壅은 卽擁之俗이니 壅穴殺은 卽上文所謂十步擁穴左右橫行高廣各十尺者也라

'壅'은 바로 '擁'의 俗字이니, '壅穴殺'은 바로 위 글(62-4-4)에 이른바 '十步擁穴左右橫行 高廣各十尺(10步마다 좌우에 가로로 擁穴을 두되 높이와 너비는 각각 10척이다.)'이라 한 것이다.

### 62-5-19 有(偃隱)〔鼠竄〕[34]하고

33) 詳備城門篇 : 본서 5책 52-11-9에 보인다.

쥐구멍을 두고

畢云 俱鼠字之誤라하다 案 疑卽後鼠穴[35)]이라 然鼠字不當重하니 畢說未塙(각)이라 下一字疑卽竄之異文이니 變穴形爲皁耳라 說文穴部에 云 竄은 匿也니 從鼠在穴中이라하다 鼠竄猶云鼠穴矣라

畢沅 : 〈'俱'와 '隴'은〉 모두 '鼠'자의 誤字이다.

案 : 아마도 곧 뒤에 나오는 '鼠穴'인 듯하다. 그렇지만 '鼠'자는 중복해 쓰면 안 되니 畢沅의 說은 확실하지 않다. 뒤의 한 字는 아마도 바로 '竄'의 異體字인 듯하니, 穴의 모양을 皁로 바꾼 것일 뿐이다. ≪說文解字≫ 穴部에 "'竄'은 匿(숨음)이니, 鼠(쥐)가 구멍 속에 숨어 있는 모양이다."라고 하였다. '鼠竄'은 '鼠穴'이라는 말과 같다.

### 62-5-20 爲之戶及關籥(약)(獨順)〔繩幎〕[36)]하여

문 및 자물쇠와 열쇠, 밧줄과 가림막을 만들어

此亦謂殺也라 關籥當讀爲管鑰이라 管卽鎖요 鑰卽匙也니 與備城門篇門植關異하니 說詳彼[37)]라 獨順은 義不可通이라 鑿[38)]疑當爲繩幎二字요 屬關籥爲句라 繩從黽이요 獨從蜀이니 偏旁相似라 史記倉公傳에 肝氣濁而靜이라한대 集解에 徐廣云 濁一作黽이라하니 此繩訛作獨이 與彼相類라 幎順二字는 此書亦多互訛라 前幎罌幎字가 今本亦作順하니 是其證也라 關籥繩幎은 以爲門戶啓閉繫蔽之用하니 備城門篇에 云 諸門戶皆令鑿而冪孔孔之하고 各爲二冪하고 一鑿而繫繩하니 長四尺이라하고 亦見(현)雜守篇이라 是繫繩冪鑿은 乃守門戶之恒制也라 或讀獨順屬下句한대 失之라

이 또한 '殺'을 말한다. '關籥'은 '管鑰'으로 읽어야 한다. '管'은 바로 鎖(자물쇠)이고 '鑰'은 바로 匙(열쇠)로 〈備城門〉의 '문의 植과 關〔門植關〕'과는 다르니 그곳에 자세히 설명하

---

34) 有(俱隴)〔鼠竄〕 : ≪墨子今注今譯≫에서는 앞의 '殺'을 이 句에 붙이고 '俱隴'은 '鼠鼠'로 보아 '鼠' 1자를 떼어 뒷구로 붙이고, "적을 죽인 곳에 洞穴을 둔다."라고 하였다.

35) 疑卽後鼠穴 : 본 편 62-9-1에 보인다.

36) 爲之戶及關籥(獨順)〔繩幎〕 : ≪墨子今注今譯≫에서는 '獨順'을 '犬須'로 보고 뒷구에 붙여 "洞穴에 문 및 자물쇠와 열쇠를 만들고 개를 그 가운데로 왕래하여 다니도록 한다."라고 하였다.

37) 與備城門篇門植關異 說詳彼 : 본서 5책 52-14-1에 보인다. 그곳에서 "'植'은 문을 버티는 세로목이고 '關'은 문을 버티는 가로목이다."라고 하였다.

38) 鑿 : 저본의 傍注에 "'鑿'자는 아마도 衍字인 듯하다.〔鑿字疑衍〕"라고 하였다.

였다. '獨順'은 뜻이 통하지 않는다. 아마도 '繩幎' 2자가 되고 '關籥'에 붙어 句가 되어야 할 듯하다. '繩'은 '黽'으로 구성되어 있고, '獨'은 '蜀'으로 구성되어 있으니, 遍旁이 서로 비슷하다. ≪史記≫ 〈倉公傳〉에 "간의 기는 탁하면서 고요하다.〔肝氣濁而靜〕"라고 하였는데, ≪史記集解≫에 "徐廣이 이르기를, '「濁」은 어떤 곳에 「黽」으로 되어 있다.'라고 하였다."라고 하였으니, 이 대목의 '繩'이 '獨'으로 잘못된 것이 그곳과 서로 비슷하다. '幎'과 '順' 2자는 이 책(≪墨子≫)에 또한 상호 잘못된 곳이 많다. 앞에 '幎罌'의 '幎'자가 今本에 역시 '順'으로 되어 있으니 바로 그 증거이다. '關籥繩幎'은 門戶를 啓閉하며 묶고 가리는 용도로 삼으니 〈備城門〉에서 "문호들에는 다 구멍을 뚫고 가림막으로 구멍을 가려 놓고 각각 두 개의 가림막을 만들고 한 구멍에는 밧줄을 매다는데 길이는 4척이다.〔諸門戶皆令鑿而冪孔孔之 各爲二冪 一鑿而繫繩 長四尺〕"라고 하였고, 〈雜守〉에도 보인다. 이 밧줄을 매달고 뚫린 구멍을 가리는 것〔繫繩冪鑿〕이 바로 門戶를 지킬 때의 常法이다. 어떤 이는 '獨順'을 아래 句에 붙여 읽기도 하는데 잘못 본 것이다.

**62-5-21 得往來行亓中**이라 **穴壘之中各一狗**니 **狗吠**(폐)**卽有人也**라

그 가운데로 왕래하여 다닐 수 있게 한다. 땅굴 안 곳곳에 개를 한 마리씩 두니 개가 짖으면 바로 사람이 있는 것이다.

**62-6-1 斬艾與柴**하되 **長尺**이요

쑥과 땔감을 자르되 길이는 1척으로 하고 나서

**畢云 柴舊作此**하니 **以意改**라하다 **詒讓案 此疑卽柴之省**(생)이라 **此書多用省借字**하니 **如以也爲他**하고 **以之爲志**가 **皆其例也**라 **備突篇**에 **亦云 充竈伏柴艾**라하다 **自斬艾與柴長尺至男女相半**히 **凡三百九十四字**는 **舊本錯入備城門篇**한대 **畢本同**이라 **王云 以下多言鑿穴之事**하니 **當移置於備穴篇**이라 **然未知截至何句爲止**라 **案 王校甚是**로되 **而未及移正**이라 **蘇謂此錯文當截至諸作穴者五十人男女相半爲止**한대 **是也**라 **本篇下文五十人三字**는 **前後文義不相屬**하니 **卽錯簡之蹤跡未盡泯者也**라 **今據移著**(착)**於此**라

畢沅 : '柴'는 舊本에 '此'로 되어 있는데, 글 뜻으로 판단하여 고쳤다.

詒讓案 : '此'는 아마도 바로 '柴'의 略字인 듯하다. 이 책(≪墨子≫)은 생략한 假借字를 많이 사용하니 이를테면 '也'로 '他'를 대신하고 '之'로 '志'를 대신하는 것이 모두 그 例이

다. 〈備突〉에도 "充竈伏柴艾(아궁이에 섶과 쑥을 채운다.)"라고 하였다. '斬艾與柴長尺'부터 '男女相半'까지 모두 394자는 舊本에 〈備城門〉에 잘못 들어가 있는데 畢沅本도 같다.

王念孫 : 이하에 땅굴을 파는 일에 대해 많이 말하였으니 응당 〈備穴〉에 옮겨 놓아야 한다. 그렇지만 어느 句까지 자르고 그쳐야 할지는 모르겠다.

案 : 王念孫의 校勘이 매우 옳지만 미처 옮겨 바로잡지는 못했다. 蘇時學은 "이 錯簡은 응당 '諸作穴者五十人 男女相半'까지 자르고 그쳐야 한다."라고 하였는데 맞다. 本篇의 아래 글(62-11-7)에 '五十人' 3자는 앞뒤 文義가 서로 이어지지 않으니 바로 錯簡의 從跡이 아직 다 사라지지 않은 것이다. 지금 이에 의거하여 이 대목에 옮겨 붙인다.

**62-6-2 乃置窯竈中**하고 **先壘窯壁**하고 **迎穴爲連〔版〕**[39)]이라

가마 아궁이 안에 놓고 먼저 가마의 벽을 쌓고 나서 연판으로 적의 땅굴 공격에 맞선다.

王引之云 連下當有版字어늘 而今本脫之라 上文曰 連版以穴高下廣陜爲度라하니 是其證이라하다

王引之 : '連' 아래 '版'자가 있어야 하는데 今本에 빠졌다. 위 글(62-2-22)에 '連版以穴高下廣陜爲度(땅굴의 높이와 너비를 척도로 삼아 판자를 이어 엮다.)'라고 하였으니, 바로 그 증거이다.

**62-6-3 鑿井傅城足**하되 **三丈一**이니

성벽 밑에 가깝게 우물을 파되 3장마다 하나를 두니

上云 五步一井이라하니 六尺爲步라 五步卽三丈也라

위(62-1-10)에서 '五步一井(5보마다 우물 하나를 둔다.)'이라 하였는데, 6尺이 1步이니 5步는 바로 3丈(30척)이다.

**62-6-4 視外之廣陜而爲鑿井**하여 **愼勿失**이라

성 밖의 넓고 좁음을 살펴 우물을 파서 실수하지 않도록 주의한다.

---

39) 先壘窯壁迎穴爲連〔版〕: '斬艾與柴'부터 여기까지를 ≪墨子今注今譯≫에서는 62-7-1 앞으로 옮겼다.

句라

여기에서 句를 뗀다.

62-6-5 城卑穴高從穴難이라

성은 낮은데 땅굴이 높으면 적의 땅굴을 만나기 어렵다.

畢云 二個穴字는 舊俱作內하니 以意改라하다 蘇云 言高下不相値也라하다

畢沅 : 두 개의 '穴'자는 舊本에 모두 '內'로 되어 있는데, 글 뜻으로 판단하여 고쳤다.
蘇時學 : 高下가 서로 만나지 않는다는 말이다.

62-6-6 鑿井城(上)〔下〕하되

성 아래 우물을 파되

兪云 城上無鑿井之理하니 城上當作城內니 卽上文穿井城內之事라하다 詒讓案 疑當作城下라

兪樾 : 성 위에서 우물을 팔 이유가 없으니 '城上'은 응당 '城內'가 되어야 한다. 바로 위 글(62-1-10)에 나오는 성 안에 우물을 파는 일이다.
詒讓案 : 아마도 '城下'가 되어야 할 듯하다.

62-6-7 爲三四井하고 內(납)新(斴)〔甀〕井中하고

서너 개로 만들고 우물 안에 새 항아리를 넣고

斴는 當爲甀之誤라 畢云 當爲新䍃(수)이라하다

'斴'는 '甀'의 誤字일 것이다.
畢沅 : '新䍃'가 되어야 한다.

62-6-8 伏而聽之하여 審(之)知穴之所在하고

〈항아리에〉 엎드려 듣고서 땅굴이 있는 곳을 探知한 뒤

以上文校之컨대 審下之字疑衍이라

위 글(62-1-14)로 校勘하면 '審' 뒤 '之'자는 아마도 잘못 들어간 듯하다.

62-6-9 穴而迎之라 穴且遇어든 爲頡皐하되 必以堅材爲夫하고

땅굴을 파서 맞선다. 〈적과 나의〉 땅굴이 만나게 되면 桔槔를 만들되 반드시 견고한 나무로 받침대를 만들고

畢云 同趺니 如足兩分也라하다 舊本材作杖이라 兪云 扙乃材字之誤니 言必以材之堅者爲頡皐之趺也라하다 案 兪校是也니 今據正이라

畢沅 : 〈'夫'는〉 '趺'와 같으니 마치 다리가 둘로 나뉜 것과 같다.

舊本에 '材'는 '杖'으로 되어 있다.

兪樾 : '扙'은 바로 '材'자의 誤字이니 반드시 재목 가운데 견고한 것으로 桔皐의 받침대〔趺〕를 만든다는 말이다.

案 : 兪樾의 校勘이 맞으니, 지금 이에 의거하여 바로잡는다.

62-6-10 以利斧施之하고 命有力者三人用頡皐衝之하고 灌以不潔十餘石이라

예리한 도끼를 장착하고 힘이 센 사람 3인에게 명하여 桔皐로 때려 땅굴을 부수고 10여 석의 汚物을 부어 넣는다.

畢云 若穅矢之類라하다

畢沅 : 겨와 똥 따위와 같은 것이다.

62-7-1 趣(촉)伏(此)〔柴〕井中하고

서둘러 우물 안에 땔감을 엎어 놓고

畢云 伏舊作狀하니 以意改라 趣同促이라 詒讓案 此當爲柴니 上文斬艾與柴오늘 柴亦作此라 備突篇亦以柴艾竝擧라 故此下文에 云 置艾其上이라하니 皆可證이라

畢沅 : '伏'은 舊本에 '狀'으로 되어 있는데, 글 뜻으로 판단하여 고쳤다. '趣'은 '促'과 같다.

詒讓案 : '此'는 '柴'가 되어야 하니, 위 글(62-6-1)에 '斬艾與柴'라고 하였는데 〈舊本에〉

'柴'가 역시 '此'로 되어 있다. 〈備突〉에도 '柴艾'를 함께 들었으므로 이 아래 글에 '置艾其上'이라 하였으니, 모두 증거로 삼을 수 있다.

**62-7-2 置艾亓上**하되 (七分)〔七八員〕이요

그 위에 일고여덟 丸의 쑥을 놓고

七分은 義不可解니 疑當作七八員三字라 上文에 云 穴內口爲竈 令如窯 令容七八員艾라하니 是其證이라

'七分'은 뜻을 알 수 없으니 아마도 '七八員' 3자가 되어야 할 듯하다. 위 글(62-2-16~17)에 '穴內口爲竈 令如窯 令容七八員艾(땅굴 안쪽 입구에는 아궁이를 만들되 가마 모양이 되게 하고 용량은 7, 8丸의 쑥이 들어갈 수 있도록 하다.)'라 하였으니, 바로 그 증거이다.

**62-7-3 盆蓋井口**하여 **毋令煙上泄**하고 **旁亓橐口**하여 **疾鼓之**라

동이로 우물 입구를 덮어 연기가 위로 새지 않게 하고 그 풀무 구멍 옆에서 빠르게 풀무질을 한다.

**62-8-1 以車輪〔爲〕轀**하되

수레바퀴로 輐(눌러 막는 방어기구)을 만들되

轀與輼同이요 上當有爲字니 以車輪爲輼은 猶備城門篇에 云 兩材合而爲之輼이라하고 下文云 以車兩走爲薀也니 轀卽輼之別體文이요 省(생)作薀하고 正字當作輐(온)하니 詳備城門篇[40]이라 畢云 下文作薀하니 卽藴省(생)文이니 說文에 云 藴은 積也라한대 失之라

'轀'은 '輼'과 같고 앞에 '爲'자가 있어야 하니, 車輪으로 輼을 삼는 것은 〈備城門〉에서 "두 목재를 합하여 輐을 만든다.〔兩材合而爲之輼〕"라 하고, 아래 글(62-10-4~5)에 "以車兩走爲薀"이라 한 것이니, '轀'은 바로 '輼'의 異體字이고 略字는 '薀'이 되고 正字는 '輐'이 되어야 하니, 〈備城門〉에 자세히 설명하였다. 畢沅은 "아래 글에 '薀'으로 되어 있으니 바로 '藴'의 略字이다. ≪說文解字≫에 '「藴」은 積(쌓음)이다.'라고 하였다."라고 하였으니,

---

40) 詳備城門篇 : 본서 5책 52-12-9~10에 보인다.

잘못 본 것이다.

### 62-8-2 一束樵를 染麻索塗中以束之[41]라

한 묶음의 땔나무를 진흙에 담근 삼베 줄로 수레바퀴에 묶는다.

染은 舊本作梁이라 畢云 疑梁字라하다 蘇云 梁爲染之誤니 染麻索以塗者는 所以避燒라하다 案 蘇說是也니 備蛾傅篇에 云 染其索塗中이라하다 今據正이라

'染'은 舊本에 '梁'으로 되어 있다.

畢沅 : 아마도 '粱'자인 듯하다.

蘇時學 : '梁'은 '染'의 誤字이니 진흙에 삼베 줄을 담그는 것은 화재를 피하기 위해서이다.

案 : 蘇時學의 說이 맞으니, 〈備蛾傅〉에 "진흙에 그 줄을 담근다.〔染其索塗中〕"라 하였다. 지금 이에 의거하여 바로잡는다.

### 62-8-3 鐵鎖를

쇠사슬을

六韜軍用篇에 鐵械鎖參連이 百二十具라하고 又有環利鐵鎖는 長二丈以上이 千二百枚라하니 此鐵鎖端亦有環하여 與彼制合이라 漢書王莽傳에 云 以鐵鎖琅當其頸이라하다 畢云 當爲瑣니 說文無鎖字어늘 據備蛾傳作鎖라하다

≪六韜≫ 〈軍用〉에 "쇠사슬 셋을 연결한 것 120개를 사용해야 한다.〔鐵械鎖參連 百二十具〕"라고 하고 또 "고리를 연결한 쇠사슬은 길이가 2丈 이상인 것이 1,200개이다.〔環利鐵鎖 長二丈以上 千二百枚〕"라는 말이 있는데 이 대목의 鐵鎖 끝에도 環(고리)이 있어 저 ≪六韜≫의 제도와 부합한다. ≪漢書≫ 〈王莽傳〉에서는 "쇠사슬로 그 목을 감는다.〔以鐵鎖琅當其頸〕"라고 하였다.

畢沅 : 〈'鎖'는〉 '瑣'가 되어야 하니, ≪說文解字≫에는 '鎖'자가 없는데 〈備蛾傅〉에 의거하여 '鎖'로 쓴 것이다.

---

41) 一束樵 染麻索塗中以束之 : ≪墨子今注今譯≫에서는 '樵'를 '蘸(담글/잠)'으로 보고 뒷구에 붙여 "(수레바퀴로 鎭壓하는 기구를 만드는데,) 〈수레바퀴〉 한 묶음을 물에 담가 진흙을 바른 삼베 줄로 묶는다."라고 하였다.

**62-8-4 縣正當寇穴口**하되

적의 땅굴 입구 바로 앞에 걸어 두되

畢云 穴舊作內하니 以意改라하다

畢沅 : '穴'은 舊本에 '內'로 되어 있는데, 글 뜻으로 판단하여 고쳤다.

**62-8-5 鐵鎖長三丈**이요

쇠사슬의 길이는 3장이며

畢云 通典守拒法에 云 先爲桔槔하고 縣鐵鎖하되 長三丈以上이요 束柴葦焦草而燃之하되 隊(추)[42]於城外所穴之孔以煙燻之하면 敵立死라하다 已上罌聽連版伏艾縣鎖는 備穴土之法이라하다

畢沅 : ≪通典≫ 〈守拒法〉에 "먼저 桔槔를 만들고 쇠사슬을 걸어 두되 길이는 3장 이상으로 하고, 땔나무와 갈대, 마른 풀을 묶고 불사르되 성 밖의 땅굴을 판 구멍에 떨어뜨려서 연기를 쐬게 하면 적이 그 자리에서 죽는다.〔先爲桔槔 縣鐵鎖 長三丈以上 束柴葦焦草而燃之 隊於城外所穴之孔以煙燻之 敵立死〕"라고 하였다. 이상 罌聽, 連版, 伏艾, 縣鎖는 땅굴을 파 침입하는 것을 수비하는 법이다.

**62-8-6 端環**이요 **一端鉤**라

한쪽 끝은 고리 모양, 다른 한쪽 끝은 갈고리 모양으로 한다.

言鐵鎖有兩端하니 一端爲環이요 一端爲鉤라 據通典說鐵鎖컨대 蓋以環繫於桔槔하고 而鉤則以束柴葦焦草而燃之者也라 後文又有鐵鉤라

쇠사슬에 兩端이 있는데 한쪽 끝은 고리 모양이고 다른 한쪽 끝은 갈고리 모양이라는 말이다. ≪通典≫에서 쇠사슬을 설명한 것에 근거하면 대체로 고리로 桔槔를 묶고, 갈고리는 땔나무와 갈대, 마른 풀을 묶어 불사르는 것이다. 뒷글(62-12-1)에 또 鐵鉤가 있다.

---

42) 隊(추) : ≪通典≫ 권152 〈兵5 守拒法附〉에는 '墜'로 되어 있다.

### 62-9-1 鼠穴高七尺이요

쥐구멍의 높이는 7척이고

鼠는 畢本改鼠하고 云 舊作鼠하니 以意改라하다 案 前及備梯篇竝作鼠하니 宜從舊本이라 鼠穴猶爵穴이니 亦卽備梯篇之熏鼠也라

'鼠'는 畢沅本에 '鼠'로 고치고, "舊本에 '鼠'로 되어 있는데, 글 뜻으로 판단하여 고쳤다."라고 하였다.

案 : 앞 글 및 〈備梯〉에 모두 '鼠'로 되어 있으니 의당 舊本을 따라야 한다. '鼠穴'은 '爵穴'과 같으니 역시 바로 〈備梯〉의 '熏鼠(쥐구멍)'이다.

### 62-9-2 五寸廣이요 柱間(也)〔七〕尺[43]이요

폭은 5촌이고 〈땅굴의 양쪽 벽에 기둥을 세우되〉 기둥과 기둥 사이는 7척이며

也는 疑亦七之誤니 謂穴牆兩旁各爲柱하되 其間七尺이라

'也' 역시 '七'의 誤字인 듯하니, 땅굴의 양쪽 벽에 각각 기둥을 세우되 기둥과 기둥 사이가 7척이라는 말이다.

### 62-9-3 二尺一柱요

〈한쪽 벽에〉 2척마다 한 개의 기둥을 세우고

此謂穴牆一邊二尺則一柱也라

이 대목은 땅굴의 한쪽 벽에 2척마다 기둥이 하나라는 말이다.

### 62-9-4 柱下傅舃(석)이요

기둥 아래에는 주춧돌을 괴고

一切經音義[44]引許叔重[45]하여 云 楚人謂柱碣(석)曰礎라하다 畢云 張衡[46]西京賦[47]에

43) 五寸廣 柱間(也)〔七〕尺 : ≪墨子今注今譯≫에서는 '五寸'을 앞에 붙여 쥐구멍의 높이로 보고 '廣'은 '柱'에 붙여 기둥 사이의 너비로 보아, "〈높이는 7척〉 5촌이고 기둥 사이 너비는 7척이다."라고 하였다.

44) 一切經音義 : 동일한 書名으로 3種이 있다. 첫째, 649년 玄應이 449부의 불교 전적에서

云 雕楹玉碣이라한대 李善注에 云 廣雅云 碣은 礩也라하니 碣古字作舃이라하다

≪一切經音義≫에서 許叔重을 인용하여 "楚나라 사람은 주춧돌〔柱碣〕을 礎라고 한다."라고 하였다.

畢沅 : 張衡의 〈西京賦〉에 "아로새긴 기둥과 옥 주춧돌〔雕楹玉碣〕"이라고 하였는데, 李善의 注에 "≪廣雅≫에 '「碣」은 礩(주춧돌)이다.'라고 하니, '碣'의 古字는 '舃'으로 되어 있다."라고 하였다.

62-9-5 二柱共一(員十一)〔負土〕라

두 개의 기둥은 부토 하나를 공유한다.

員十一은 義不可通이라 下文兩言員土하니 疑十一卽土字어늘 傳寫誤分之라 然員土亦無義하니 蓋當爲負土라 周禮冢人賈疏에 云 隧道上有負土라하니 此爲穴亦爲隧道라 故有負土라 蓋以板橫載而兩柱直楮(지)之라 故云 二柱共一負土라하니 下竝同이라

'員十一'은 뜻이 통하지 않는다. 아래 글에 '員土'를 두 번 말하였으니 아마도 '十一'은 바로 '土'자인 듯한데 베껴 쓰는 과정에서 잘못 나눈 듯하다. 그렇지만 '員土' 역시 뜻이 없으니 아마도 '負土'가 되어야 할 듯하다. ≪周禮≫ 〈冢人〉의 賈公彦 疏에 "隧道(墓道) 위에 負土가 있다.〔隧道上有負土〕"라고 하였으니, 이 대목에서 땅굴을 파는 것 역시 隧道를 만드는 것이므로 負土가 있는 것이다. 이는 판자를 가지고 가로로 받치고 두 기둥은 수

---

뽑은 字句에 주석한 것으로 ≪玄應音義≫라고도 한다. 인용된 자료가 매우 풍부하여 훈고학자들에게 매우 중시되는 자료이며, 反切 注音法을 이용하여 중국어의 中古音을 연구하는 자료가 되기도 한다. 둘째, 807년 慧琳이 三藏 즉, 經・律・論 1300부에서 가려 뽑은 자구에 주석한 것으로, 이를 ≪慧琳音義≫라고도 한다. 현응의 ≪一切經音義≫와 慧苑의 ≪華嚴音義≫를 함께 수록하였기 때문에 현응이 지은 것에 비하면 더욱 상세하다. 佛經音義의 집대성으로 일컬어진다. 셋째, 希麟이 지은 ≪續一切經音義≫이다. 대개 ≪衆經音義≫ 혹은 ≪一切經音義≫라 하면 혜림의 것을 지칭한다.

45) 許叔重 : ≪說文解字≫를 지은 後漢의 許愼(30~124)을 이른다. '叔重'은 許愼의 字이다. 賈逵에게서 古文學을 배웠으며, 孝廉에 천거되어 洨長에 제수되었다.

46) 張衡 : 78~139. 後漢의 문학가이자 과학자이다. 南陽의 명문가 출신으로 어려서 太學에 들어와 五經과 六藝에 정통하였다. 특히 天文, 陰陽, 曆算에 뛰어나 수력으로 작동하는 天球儀인 渾天儀를 제작하여 渾天說의 우주론을 확립하였고, 지진계인 候風地動儀를 만들었으며, 월식의 원인을 발견하였고, 2,500개의 星體를 담은 星圖를 제작하였다. 〈二京賦〉, 〈歸田賦〉 등의 문학작품을 남겼으며, 천문 관련 저술로 ≪靈憲≫, ≪算罔論≫, ≪渾天儀≫ 등을 지었다.

47) 西京賦 : 後漢 때 張衡이 班固의 〈二京賦〉를 본떠 지은 것으로, 서경은 長安을 가리킨다.

직으로 버티는 것이다. 그러므로 '二柱共一負土'라고 한 것이니 아래에도 모두 같다.

**62-9-6 兩柱同質**하고

두 개의 기둥은 같은 주춧돌로 받치고

**畢云 磌은 古字如此**라하다 **詒讓案 此與備城門篇樓四植**이니 **植皆爲通舄**으로 **制蓋略同**이라

畢沅 : '磌'은 古字가 이와 같다.

詒讓案 : 이 대목은 〈備城門〉에 '樓四植 植皆爲通舄(누각에는 네 개의 기둥이 있는데 기둥은 다 같은 주춧돌로 받친다.)'이라 한 것과 제도가 대략 비슷한 듯하다.

**62-9-7 橫**(員土)〔**負土**〕라

부토를 가로로 얹는다.

**謂負土之版橫者**라

負土의 판자를 가로로 댄 것을 말한다.

**62-9-8 柱大二圍半**이니 **必固亓**(員土)〔**負土**〕하여 **無柱與柱交者**라

기둥의 굵기는 2圍 반인데 반드시 그 위에 부토를 견고하게 얹어 기둥과 기둥이 교차하지 않도록 한다.

**似謂柱橫直相交**라 **然無字必誤**라 **上文錯入備城門篇者**에 **有柱之外善周塗其附柱者云云三十四字**[48]한대 **疑此下之錯簡**이니 **詳前**이라

기둥이 가로세로로 서로 교차한다는 말인 듯하다. 그렇지만 '無'자는 반드시 誤字이다. 위 글에서 〈備城門〉에 잘못 들어간 부분 중에 '柱之外 善周塗 其附柱者'라고 云云한 34자가 있는데 아마도 이 대목 아래의 錯簡인 듯하니, 앞에 자세히 설명하였다.

**62-10-1 穴二窯**니 (皆爲穴月屋)〔**皆爲穴門上瓦屋**〕하고

땅굴에는 두 개의 가마를 두는데 모두 땅굴 입구 위에 기와지붕을 만들고

48) 上文錯入備城門篇者 有柱之外善周塗其附柱者云云三十四字 : 본 편 62-2-6~10을 가리킨다.

王引之云 皆爲穴月屋當作皆爲穴門上瓦屋이니 謂於穴門上爲瓦屋也라 備突篇에 曰 突門各爲窯(竇)〔竈〕[49]하고 竇入門四五尺하여 爲亓門上瓦屋이라하니 是其證이라 隷書瓦字作凡하니 與月相似而誤요 又脫門上二字하면 則義不可通이라하다 案 王校是也요 蘇說同이라

王引之 : '皆爲穴月屋'은 '皆爲穴門上瓦屋'이 되어야 하니 땅굴 입구 위에 기와지붕을 만든다는 말이다. 〈備突〉에 "突門에는 각기 가마 아궁이를 만드는데 아궁이 입구는 4, 5척이고 돌문 위에 기와지붕을 만든다.〔突門各爲窯竈 竇入門四五尺 爲亓門上瓦屋〕"라고 하였으니, 바로 그 증거이다. 隷書에 '瓦'자가 '凡'로 되어 있으니 '月'과 서로 비슷하여 잘못된 것이고, 또 '門上' 2자가 빠지면 뜻이 통하지 않는다.

案 : 王引之의 校勘이 맞고, 蘇時學의 說도 같다.

**62-10-2 爲置吏舍人各一人하고**

吏와 舍人을 각각 1인씩 두고

漢書高帝紀顔注에 云 舍人은 親近左右之通稱也라하다 文穎[50]云 舍人은 主廐內小吏[51]니 官名也라하다

≪漢書≫ 〈高帝紀〉의 顔師古 注에 "'舍人'은 左右에서 가까이 모시는 사람에 대한 通稱이다."라고 하였다. 文穎이 "'舍人'은 主廐 안의 小吏이니 官職 명칭이다."라고 하였다.

**62-10-3 必置水라**

반드시 물을 비치한다.

蓋以備飮이라

아마도 마실 물을 비치한 듯하다.

---

49) (竇)〔竈〕: 저본에는 '竇'로 되어 있으나, 〈備突〉에 의거하여 '竈'로 바로잡았다.

50) 文穎 : ?~?. 字가 叔長이다. 後漢 말 南陽 사람으로, 建安 연간(196~219)에 甘陵府丞을 지냈다.

51) 吏 : 저본의 傍注에 "'吏'는 원래 '史'로 잘못되어 있는데 ≪漢書≫에 의거하여 고친다.〔吏原誤史 據漢書改〕"라고 하였다.

**62-10-4 塞(색)穴門以車兩走하여**

〈적의〉 땅굴 입구를 막을 때에는 수레의 두 바퀴로

畢云 卽車輪이라하다 詒讓案 備突篇作車兩輪이요 備蛾傳篇亦云 車兩走라 然車輪不當云走니 義未詳이라

畢沅 :〈'車兩走'는〉 바로 車輪이다.

詒讓案 :〈備突〉에는 '車兩輪'으로 되어 있고 〈備蛾傳〉에도 '車兩走'라 하였다. 그렇지만 車輪을 '走'라고 해서는 안 되니, 뜻은 알 수 없다.

**62-10-5 爲菖하되**

轀(눌러 막는 방어기구)을 만들되

菖亦卽轀字니 畢云 薀省文이라한대 失之라

'菖' 역시 바로 '轀'자이다. 畢沅이 "'薀'의 略字이다."라고 한 것은 잘못 본 것이다.

**62-10-6 塗亓上하고 以穴高下廣陜爲度하여 令入穴中四五尺하여 維置之라**

그 위에 진흙을 바르고 땅굴의 높이와 너비를 척도로 삼아 땅굴에서 4, 5척 들어가게 한 곳에 줄로 묶어 둔다.

入舊本作人이라 蘇云 人當作入이요 維는 繫也니 此亦見備突篇이라하다 案 蘇校是也니 今據正이라

'入'은 舊本에 '人'으로 되어 있다.

蘇時學 : '人'은 '入'이 되어야 하고, '維'는 繫(묶음)이다. 이 대목 역시 〈備突〉에 보인다.

案 : 蘇時學의 校勘이 맞으니, 지금 이에 의거하여 바로잡는다.

**62-10-7 當穴者客爭伏(門)〔鬥〕어든**

땅굴을 담당한 자는 적이 싸움을 걸어 우리가 매복해 있는 쪽으로 오면

畢云 舊穴作內하고 客作容하니 以意改라하다 案 道藏本客字不誤요 門疑鬥之誤라

畢沅 : 舊本에 '穴'은 '內'로 되어 있고 '客'은 '容'으로 되어 있는데, 글 뜻으로 판단하여

고쳤다.

案 : 道藏本에는 '客'자가 잘못되지 않았고, '門'은 아마도 '鬥'의 誤字인 듯하다.

**62-10-8 轉而塞之**라 **爲窯容三員艾者**하여

〈桔槔를〉 돌려 〈輓으로 적을〉 막는다. 3丸의 쑥이 들어갈 수 있는 용량의 가마를 만들고서

**畢云 容舊作客**이러니 **以意改**라하다

畢沅 : '容'은 舊本에 '客'으로 되어 있는데, 글 뜻으로 판단하여 고쳤다.

**62-10-9 令亓突入(伏)〔密〕尺**하고

적이 가까이까지 쳐들어오게 하고

**畢云 亓突入**은 **舊作亦突人**하니 **以意改**라 **一本無伏尺二字**라하다 **詒讓案 伏疑卽上文之密**이니 **二字音近**이 **如宓(복)羲宓或作伏**이라 **顔之推**[52]**家訓**[53]**書證篇**에 **謂俗作密**이라하니 **是其例**라

畢沅 : '亓突入'은 舊本에 '亦突人'으로 되어 있는데, 글 뜻으로 판단하여 고쳤다. 어떤 本에는 '伏尺' 2자가 없다.

詒讓案 : '伏'은 아마도 바로 위 글의 '密'인 듯하니, 두 글자의 聲音이 비슷한 것이 마치 宓羲의 '宓'이 '伏'으로 되어 있기도 한 것과 같다. 顔之推의 ≪家訓≫ 〈書證〉에 "〈'伏'은〉 俗字로 '密'로 쓴다."라고 하였으니, 그 사례이다.

**62-10-10 伏傅突一旁**하여

〈우리는〉 적이 쳐들어오는 방향 가까운 한쪽에 매복하여

**畢云 傅**는 **舊作付**하니 **以意改**라하다

52) 顔之推 : 531~591. 南北朝時代 北齊의 학자이자 문신으로, 黃門侍郎을 지냈다. 字는 介이고 顔眞卿의 5대조이다. 穩健하고 中正한 사상의 소유자로 학식과 문장에 두루 뛰어났다. 특히 가족과 가정도덕의 확립을 중시하여 ≪顔氏家訓≫을 지었다.

53) 家訓 : 顔之推가 지은 ≪顔氏家訓≫으로, 모두 7권 20편인데 敎子, 兄弟, 后娶, 治家, 勉學, 音辭 등의 내용으로 구성되어 있다.

畢沅 : '傅'는 舊本에 '付'로 되어 있는데, 글 뜻으로 판단하여 고쳤다.

**62-10-11 以二橐守之**하고 **勿離**라 **穴矛**는

두 개의 풀무로 지키되 이탈하지 못하게 한다. 땅굴을 파는 창은

畢云 舊作內予하니 以意改라하다

畢沅 : 〈'穴矛'는〉 舊本에 '內予'로 되어 있는데, 글 뜻으로 판단하여 고쳤다.

**62-10-12 以鐵**하니 **長四尺半**이요

쇠로 만드는데 길이는 4척 반이고

此疑卽後文所謂短矛라

이 대목은 아마도 바로 뒷글(62-12-4)에 이른바 '短矛'인 듯하다.

**62-10-13 大如鐵服說**[54]이니 **卽刃之二矛**라

크기는 斧鉞과 같으니 바로 날이 있는 두 가지 창이다.

未詳이라 畢云 舊凡矛字作予하니 俱以意改라하다

알 수 없다.

畢沅 : 舊本에 모든 '矛'자는 '予'로 되어 있는데, 모두 글 뜻으로 판단하여 고쳤다.

**62-10-14 (內)〔穴〕去竇尺**에

땅굴 입구에서 1척 떨어진 곳에

內亦當爲穴이라

'內'는 역시 '穴'이 되어야 한다.

---

54) 鐵服說 : ≪墨子今注今譯≫에서는 쇠로 된 斧鉞로 보고, Ian Johnston의 *The Mozi*(2010)에서는 '服說'을 '銀鉞'로 보아 전투용 도끼라고 하였다.

**62-10-15 邪鑿之**하여 **上穴當心**[55)]하니 **亓矛長七尺**이라

비스듬하게 파면서 땅굴 아래 땅속으로 향하는데 그 창의 길이는 7척이다.

謂穴高則用長矛라

땅굴이 높으면 긴 창을 쓴다는 말이다.

**62-10-16 穴中爲環利率**[56)]하되 **穴二**이라

땅굴 안에 〈오르내리기 위해〉 왕복하는 줄을 만들되 굴마다 2개씩 만든다.

六韜軍用篇亦有環利鐵鎖라 然其義未詳라

≪六韜≫ 〈軍用〉에도 '環利鐵鎖(고리를 연결한 쇠사슬)'가 있다. 그렇지만 그 뜻은 알 수 없다.

**62-11-1 鑿井城(上)〔下〕**하되

성 아래에 우물을 파되

疑亦當爲下니 詳前이라

아마도 역시 '下'가 되어야 할 듯하니, 앞에 자세히 설명하였다.

**62-11-2 俟亓(身)〔穿〕井且通**하고

그 우물을 뚫어 장차 솟아나기를 기다리고

王云 身者는 穿之壞字也라 隷書身字或作耳하니 見漢處士嚴發殘碑니 與穿字下半相似而誤라하다

王念孫 : '身'은 '穿'의 자획이 탈락된 글자이다. 隷書에 '身'자는 '耳'로 되어 있기도 하니, 漢나라 處士 嚴發의 殘碑(깨져서 일부분이 떨어져 나간 비석)에 보이는데, '穿'자의 아래 반쪽과 서로 비슷하여 잘못된 것이다.

---

55) 上穴當心 : Ian Johnston의 *The Mozi*(2010)에서는 '上'은 '下'로 보고, '當心'은 '地心'으로 보았는데, 이를 따라 번역하였다.

56) 環利率 : Ian Johnston의 *The Mozi*(2010)에서는 '環利通索'으로 보고, 줄여서 '環索'이라 하면서 近世의 쇠줄을 단 纜車와 유사하다고 하였다.

62-11-3 居版上하여

판자 위에서

畢云 居同倨라하다 案 疑當如字[57]니 畢說未塙이라

畢沅 : '居'는 '倨'와 같다.

案 : 아마도 如字인 듯하니, 畢沅의 說은 확실하지 않다.

62-11-4 而鑿亓一徧하고

그 한쪽을 파고

偏之借字어늘 畢以意改偏하니 非라 下同이라

〈徧은〉 '偏'의 假借字인데 畢沅은 글 뜻으로 판단하여 고쳤으니 잘못 본 것이다. 아래도 같다.

62-11-5 已而移版하여 鑿一徧이라 頡皐爲兩夫하고

이윽고 다 파면 판자를 옮겨서 다른 한쪽을 판다. 桔槹는 받침대를 두 개 만들고

亦同趺라

〈'夫'는〉 역시 '趺'와 같다.

62-11-6 而㫄貍(매)亓植하고 而(數)〔敷〕鉤亓兩端이라

곁에 기둥을 埋立하고 그 양끝에 갈고리를 부착한다.

數鉤義難通이라 吳鈔本數作敷하니 疑當讀爲傅니 謂傅著(착)鉤於頡皐之兩端也라 亓는 舊本作其하고 吳本作亦하니 蓋當爲亓라 今校正이라

'數鉤'는 뜻이 통하지 않는다. 吳鈔本에는 '數'가 '敷'로 되어 있는데 아마도 '傅'로 읽어야 할 듯하니 桔槹의 양끝에 갈고리를 傅著한다는 말이다. '亓'는 舊本에는 '其'로 되어 있

57) 如字 : 한 글자에 두 가지 이상의 뜻이나 음이 있을 경우 기본 뜻이나 음대로 읽는 것을 말한다. 如字는 통상 제시하는 것이 아니고 같은 문장에 두 자 이상 음이 다르게 쓰일 경우나 또는 뜻이 특이한 경우에 제시한다.

고 吳本에는 '亦'으로 되어 있는데, '亓'가 되어야 할 듯하므로 교감하여 바로잡았다.

**62-11-7 諸作穴者五十人**이니 **男女相半**이라

땅굴을 파는 사람은 모두 50명인데 男女 반반이다.

自斬艾與柴長尺至此히 三百九十四字는 竝從備城門篇移此라

'斬艾與柴長尺'부터 여기까지 394자는 모두 〈備城門〉에서 여기로 옮겼다.

**62-11-8 (五十人)**

此三字上下文義不屬하니 蓋卽上文作穴者五十人之賸字라 今本上文錯入備城門篇하되 惟此三字尚未删去耳라

이 3자는 위아래 글 뜻이 이어지지 않으니 바로 위 글 '作穴者五十人'의 군더더기 글자인 듯하다. 今本에 위 글이 〈備城門〉에 잘못 끼어들어갔는데 이 3자만 여전히 삭제하지 않았을 뿐이다.

**62-11-9 攻(內)〔穴〕爲(傳士)〔持土〕之口**하여 **受六(參)〔絫(루)〕**니

땅굴을 팔 때 흙을 나르는 도구를 만들고서 6개의 삼태기로 받는데

蘇云 士當作土라 口字誤라 蓋言器之盛土者라하다 詒讓案 內亦當爲穴之誤요 傳疑當爲傳니 備城門篇에 云 比傳薪土라하다 又或當作持니 此書凡言容儲物에 多云持라 備城門篇에 云 持水持沙라하고 此下文에 云 持罌持醯(해)라하니 皆是也라 備城門文舊本錯入此篇者에 持水字又訛作傳火하니 竊疑此傳士亦當爲持土之訛라 參疑當爲絫니 形近而誤라 備城門篇에 參石卽礧石이니 可證이라 彼篇又云 五步一壘(루)라하고 備蛾傳篇에 云 土五步一이니 毋下二十畾(루)라하다 絫畾壘藟(류)竝卽虆(라)之假字라 虆는 盛土籠이니 亦詳備城門篇[58]이라

蘇時學 : '士'는 '土'가 되어야 한다. '口'자는 誤字이다. 아마도 흙을 담는 도구를 말하는 듯하다.

58) 亦詳備城門篇 : 본서 5책 52-8-3에 보인다.

詒讓案 : '內'는 역시 응당 '穴'의 誤字일 것이고 '傳'은 아마도 '傅'가 되어야 할 듯하니 〈備城門〉에 "땔나무와 흙을 덧붙여 입히다.〔比傅薪土〕"라고 하였다. 또 혹은 '持'가 되어야 하니 이 책에서 무릇 容儲物을 말할 경우 '持'라고 한 경우가 많다. 〈비성문〉에 '持水(물을 긷다)', '持沙(모래를 손에 쥐다)'라고 하고 이 대목 아래 글에 '持罌(항아리를 준비해 두다)' '持醯(식초를 준비하다)"라고 하였으니 모두 그 예이다. 〈비성문〉의 글이 舊本에서 이 篇에 잘못 들어간 것에 '持水'자가 다시 잘못되어 '傳火'로 되어 있으니 내 생각에 아마도 이 '傳士' 역시 '持土'의 誤字가 되어야 할 듯하다. '參'은 아마도 '紊'의 誤字일 듯하니 字形이 비슷하여 잘못된 것이다. 〈비성문〉에 '參石'이 바로 '礨石'이니, 증거로 삼을 수 있다. 그 篇에 또 "5보마다 삼태기 하나를 둔다.〔五步一壘〕"라고 하였고 〈備蛾傅〉에 "흙은 5步마다 하나씩 두는데 20삼태기 이하로 하지 않는다.〔土五步一 毋下二十畾〕"라고 하였다. '紊', '畾', '壘', '藟'는 모두 바로 '虆'의 假借字이다. 虆는 흙을 담는 삼태기이니, 역시 〈비성문〉에 자세히 설명하였다.

**62-11-10 約枲繩以(牛)〔絆〕亓下**하면 **可提而(與)〔擧〕投**라

삼베 줄을 꼬아 그 〈삼태기〉 아랫부분을 묶으면 올리고 들어서 던질 수 있다.

**蘇云 枲繩**은 **麻繩也**라 **牛義未詳**하니 **疑絆字之誤**라 **與當作擧**라하다

蘇時學 : '枲繩'은 삼베 줄이다. '牛'는 뜻을 알 수 없으니 아마도 '絆'자의 誤字인 듯하다. '與'는 '擧'가 되어야 한다.

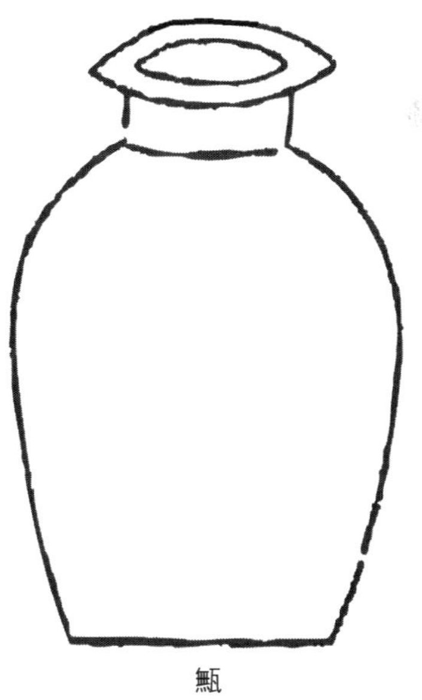
甀

**62-11-11 已則穴七人守退壘之中**하고 **爲大廡一**[59]하여 **藏穴具亓中**이라

〈파는 일이〉 끝나면 땅굴마다 뒤에 있는 보루에서 7명이 지키고, 큰 항아리 하나를 만들어 땅굴 파는 도구를 그 안에 보관한다.

59) 爲大廡一 : '廡'에 대해 ≪墨子今注今譯≫에서는 집으로 보고, Ian Johnston의 *The Mozi*(2010)에서는 방으로 보았다.

蘇云 甈는 古文甂니 見(현)儀禮注라 方言에 云 罌은 周魏之閒謂之甂라하다

蘇時學 : '甈'는 '甂(술 항아리)'의 古字이니, ≪儀禮≫의 注에 보인다. ≪方言≫에 "'罌'은 周魏 지방에서 甂라 한다."라고 하였다.

**62-11-12** (難)〔䵘(작)〕穴엔

땅굴 파고 오는 적을 저지할 때에는

難當爲䵘이니 二字形近하여 古書多互訛라 詳耕柱及經下篇[60]하니 下竝同이라

'難'은 '䵘'이 되어야 하니 두 글자가 字形이 비슷하여 古書에 잘못되는 경우가 많다. 〈耕柱〉 및 〈經 下〉에 자세히 설명하였으니, 아래도 모두 같다.

**62-11-13** 取城外池脣木(月)〔瓦〕散之(什)〔外〕하고

성 밖 해자 주변의 나무와 기와를 가져다 〈땅굴〉 밖에 뿌리고

疑當作取城外池脣木瓦散之外라 瓦月外什은 形近而誤라

〈'取城外池脣木月散之什'은〉 아마도 '取城外池脣木瓦散之外'가 되어야 할 듯하다. '瓦'와 '月', '外'와 '什'은 字形이 비슷하여 잘못된 것이다.

**62-11-14** (斬亓穴)〔塹亓內〕하되

성 안에 참호를 파되

當作塹亓內라 上文云 急塹城內가 是也라 斬은 卽塹之省(생)이라 內穴亦形之誤라

〈'斬亓穴'은〉 '塹亓內'가 되어야 한다. 위 글(62-1-8)에 '急塹城內(급히 성 안에 참호를 파다)'라고 한 것이 그것이다. '斬'은 바로 '塹'의 略字이다. '內'와 '穴' 역시 字形이 〈비슷하여〉 잘못된 것이다.

**62-11-15** 深到泉이라

60) 詳耕柱及經下篇 : 본서 4책 41-42-1과 5책 46-2-7에 보인다. 참고로 본서 4책 〈經說 上〉 42-71-2에도 보인다.

泉(지하수)에 도달할 정도의 깊이까지 판다.

泉은 舊本誤作界라 王引之云 界字文義不明하니 界當爲泉이라 備城門篇에 下地得泉三尺而止라하니 是其證이라 隸書泉字或作㬱하니 見漢郃陽令曹全碑요 界字作畍하니 見衛尉卿衡方碑라 二形相似而誤라하다 案 王說是也니 今據正이라

'泉'은 舊本에 '界'로 잘못되어 있다.

王引之 : '界'자는 글 뜻이 분명하지 않으니 '界'는 '泉'이 되어야 한다. 〈備城門〉에 '下地得泉三尺而止(지세가 낮은 곳은 泉이 나올 수 있는 3척에서 그친다.)'라 하였으니, 바로 그 증거이다. 隸書에 '泉'자는 더러 '㬱'으로 되어 있으니 〈漢郃陽令曹全碑〉에 보이고, '界'자는 '畍'로 되어 있으니 〈衛尉卿衡方碑〉에 보인다. 두 글자의 字形이 비슷하여 잘못된 것이다.

案 : 王引之의 說이 맞으니, 지금 이에 의거하여 바로잡는다.

**62-11-16** (難)〔斱〕近穴엔 爲鐵鈇하되

땅굴에 가까운 적을 저지할 때에는 쇠도끼를 만들되

說文金部에 云 鈇는 莝斫刀也라하다

≪說文解字≫ 金部에 "'鈇'는 여물 써는 작두이다."라고 하였다.

**62-11-17** 金與(扶林)〔鈇枋〕長四尺이니

도끼와 자루의 길이가 총 4척이니

扶林은 疑當作鈇枋이라 枋柄通이라 周禮太宰八柄은 (外)〔內〕[61]史作枋이라

'扶林'은 아마도 '鈇枋'이 되어야 할 듯하다. '枋'과 '柄'은 통용한다. ≪周禮≫ 〈天官 太宰〉에 나오는 '八柄'의 '柄'이 〈春官 內史〉에는 '枋'으로 되어 있다.

**62-11-18** 財自足이라

〈쓰기에〉 알맞다.

---

61) (外)〔內〕: 저본에는 '外'로 되어 있으나, ≪周禮≫ 〈春官 內史〉의 '內史掌王之八枋之法'에 의거하여 '內'로 바로잡았다.

財는 舊本誤則하니 據道藏本吳鈔本正이라 史記孝文紀에 見(현)馬遺財足이라한대 索隱에 云 財字與纔同이라하다 漢書揚雄傳에 財足以奉郊廟라한대 顔注에 云 財讀爲纔同이라하다 管子度地篇에 云 率部校長官佐〔各〕[62]財足[63]이라하다 財自足은 數適足不過多也라

'財'는 舊本에 '則'으로 잘못되어 있는데, 道藏本, 吳鈔本에 의거하여 바로잡는다. ≪史記≫ 〈孝文紀〉에 '見馬遺財足(현재 있는 말을 남겨 두면 겨우 충분할 뿐이다.)'이라 하였는데, ≪史記索隱≫에 "'財'자는 '纔'와 같다."라고 하였다. ≪漢書≫ 〈揚雄傳〉에 '財足以奉郊廟(겨우 교묘를 받기에 족할 정도였다.)'라 하였는데, 顔師古의 注에 "'財'는 '纔'와 같이 읽는다."라고 하였다. ≪管子≫ 〈度地〉에 "部의 校長, 官佐를 통솔하여 각각 徒隷를 둔다.〔率部校長官佐財足〕"라고 하였다. '財自足'은 수량이 딱 알맞고 과다하지 않은 것이다.

### 62-11-19 客卽穴이어든

적이 만약 땅굴을 파서 공격하면

漢書西南夷傳顔注에 云 卽은 若也라하다 畢云 卽은 就也라한대 非라

≪漢書≫ 〈西南夷傳〉의 顔師古의 注에 "'卽'은 若이다."라고 하였다. 畢沅은 "'卽'은 就이다."라고 하였는데, 잘못 본 것이다.

### 62-11-20 亦穴而應之라

〈우리〉 또한 땅굴을 파서 대응한다.

### 62-12-1 爲鐵鉤鉅[64]長四尺者하되 財自足하고

길이 4척 되는 쇠갈고리를 만들되 〈쓰기에〉 딱 알맞게 한다.

鉅與距通이라 荀子[65]議兵篇所謂宛鉅라

---

62) 〔各〕: 저본에는 '各'이 없으나, ≪管子≫ 〈度地〉에 의거하여 보충하였다.

63) 財足 : 唐나라 房玄齡은 '財'를 '祿廩'의 뜻으로 보아 '녹봉을 넉넉하게 해 주다'로 본 반면, 淸나라 郭沫若은 '財'를 '才'나 '材'의 뜻으로 보아 발이 튼튼하거나 빠른 사람으로 보아 이른바 '徒' 즉 服役하는 자의 뜻으로 보았는데, 여기서는 곽말약의 설을 따라 번역하였다.

64) 鉤鉅 : 본서 5책 52-1-4에 보인다.

65) 荀子 : 荀子(B.C. 313~B.C. 238, 이름은 況, 字는 卿)의 저서이다. 〈勸學〉, 〈修身〉, 〈性惡〉

'鉅'는 '距'와 통용한다. ≪荀子≫ 〈議兵〉에 이른바 '宛鉅(宛 땅의 강철로 만든 창)'이다.

62-12-2 穴徹이어든

우리 굴이 〈적의〉 땅굴과 통하면

蘇云 徹은 通也라하다 案 蘇說是也라 畢讀穴上屬하고 云 纔與穴等也라한대 非라

蘇時學 : '徹'은 통한다〔通〕는 뜻이다.

案 : 蘇時學의 說이 맞다. 畢沅은 '穴'을 위에 붙여 읽고, "딱 땅굴과 같을 정도로 한다."라고 하였는데, 잘못 본 것이다.

62-12-3 以鉤客穴者라

갈고리로 적의 땅굴에 있는 자를 낚아챈다.

蘇云 此言鐵鉤之用이라하다

蘇時學 : 이 대목은 쇠갈고리의 용도를 말하였다.

62-12-4 爲短矛

짧은 창,

短은 道藏本作距한대 誤라

'短'은 道藏本에 '距'로 되어 있는데, 잘못이다.

62-12-5 短戟短弩宜(맹)矢하되

짧은 미늘창, 짧은 쇠뇌, 짧은 화살을 만들되

宜矢蓋亦短矢也라 方言에 云 箭其三鐮[66]長尺六者를 謂之飛宜이라한대 郭注에 云 此謂今射箭也라하다 文選閒居賦에 激矢宜飛라한대 李注引東觀漢記[67]光武作飛宜箭以攻赤

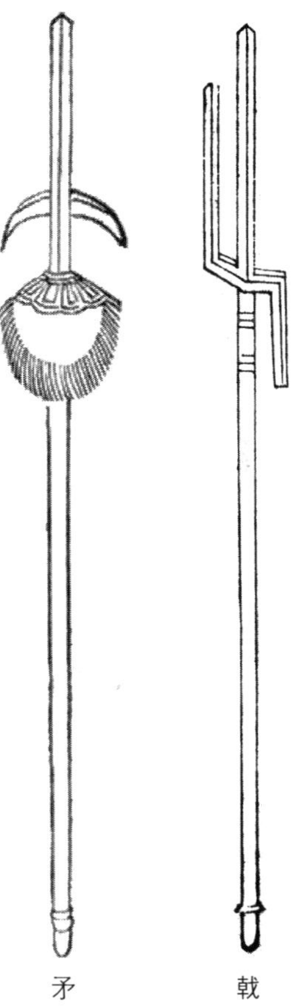


등 총 32편으로 구성되어 있다.

66) 三鐮 : '鐮'은 화살촉의 모서리로, 三鐮인 것을 羊頭라고 하고 四鐮인 것을 鉤腸이라 한다.

眉라하다 廣雅釋器에 云 飛㺿은 箭也라하다 此寅矢는 疑亦卽飛寅也라

'寅矢' 역시 짧은 화살인 듯하다. ≪方言≫에 "화살이 三鐮에 길이가 1척 6촌인 것을 飛寅이라 한다.〔箭其三鐮長尺六者 謂之飛寅〕"라고 하였는데, 郭璞의 注에 "이는 지금의 射箭을 말한다."라고 하였다. ≪文選≫ 〈閒居賦〉에 "빠른 화살이 등에처럼 날아간다.〔激矢寅飛〕"라고 하였는데, 李善의 注에 ≪東觀漢記≫의 "광무제가 비맹전을 만들어서 적미를 공격하였다.〔光武作飛寅箭以攻赤眉〕"라고 한 말을 인용하였다. ≪廣雅≫ 〈釋器〉에 "飛㺿은 箭이다."라고 하였다. 이 대목의 '寅矢' 역시 바로 '飛寅'인 듯하다.

**62-12-6 財自足**하고 **穴徹以鬥**라

〈쓰기에〉 딱 알맞게 하고, 우리 굴이 〈적의〉 땅굴과 통하면 이것으로 적과 싸운다.

蘇云 矛戟弩矢는 所以鬥라하다

蘇時學 : 矛(창), 戟(미늘창), 弩(쇠뇌), 矢(화살)는 싸울 때 쓰는 수단이다.

**62-12-7** (以金劍爲難)〔**斲**(착)**以金爲䥫**〕하되

斲(무기)은 銅으로 날을 만들되

此義難通하니 疑當作斲以金爲䥫이라 斲俗書或作斵하니 前魯問篇又訛作劉라 說文刃部에 劒籀(주)文[68]作劍하니 二形相近이라 䥫訛難하니 與前同이라 說文斤部에 云 斲은 斫也라하니 斫은 擊也라 爾雅釋器에 云 斫은 謂之鐯이라하다 䥫卽鐯之俗이니 詳經下篇[69]이라 鐯斫音義同하니 此云 斲以金爲䥫은 卽謂以銅爲斫也라 斲은 其器之名이요 䥫은 卽斫이니 指其刃之首라 故以金爲之라 後云 斧金爲斫이라하니 與此文例同이요 惟脫以字耳라 凡斧斤之刃은 以擊伐爲用이라 故通謂之斫矣라

67) 東觀漢記 : 光武帝부터 靈帝까지의 역사를 기록한 後漢의 史書인데, 失傳되었다. 劉珍(?~126) 등이 後漢 安帝의 명에 따라 편찬한 紀・表・名臣傳・節士傳・儒林傳・外戚傳을, 그 이전에 班固 등이 明帝의 명에 따라 편찬한 ≪世祖本紀≫, 뒤에 伏無忌 등이 편찬한 표・지・전, 桓帝 때 邊韶 등이 편찬한 표・전, 영제 때 蔡邕 등이 편찬한 기・전・지와 합편한 것이다.

68) 籀文 : 春秋戰國시대 秦나라에서 통행되던 書體의 하나로 篆文과 유사하다. 石鼓文이 가장 대표적이다.

69) 詳經下篇 : 본서 4책 41-42-1에 보인다.

이 대목의 뜻은 통하지 않으니 〈'以金劍爲難'은〉 아마도 '斲以金爲新'이 되어야 할 듯하다. '斲'은 俗字로 혹 '斸'으로 되어 있기도 하니 앞의 〈魯問〉에서는 또 '劉'로 잘못되어 있다. ≪說文解字≫ 刀部에 '劒'이 籒文에 '劍'으로 되어 있으니 두 글자의 자형이 서로 비슷하다. '新'은 '難'으로 잘못되어 있으니 앞(62-11-12)과 같다. ≪說文解字≫ 斤部에 "'斲'은 斫(자름)이다."라고 하였으니 '斫'은 擊(침)이다. ≪爾雅≫ 〈釋器〉에 "'斫'은 鐯을 말한다."라고 하였다. '新'은 바로 '鐯'의 俗字이니 〈經 下〉에 자세히 설명하였다. '鐯'과 '斫'은 발음과 뜻이 같으니 이 대목에서 '斲以金爲新'이라 한 것은 바로 銅으로 斫을 만들었다는 말이다. '斲'은 그 器具의 명칭이고 '新'은 바로 斫이니 그 날의 끝을 가리킨다. 그러므로 金으로 만든다. 뒤(62-15-1)에 '斧金爲斫(도끼는 銅으로 날을 만들다.)'이라 하였으니 이 대목과 文例가 같고 단지 '以'자가 빠졌을 뿐이다. 무릇 斧斤의 날은 擊伐하는 데 사용하기 때문에 통틀어 '斫'이라 한 것이다.

### 62-12-8 長五尺이요

길이가 5척이고

蓋幷刃及柅(치)之度라 後斧長三尺은 亦幷柅計之니 是其例라

아마도 날과 자루의 치수를 합친 것인 듯하다. 뒤(62-15-2)에 도끼의 길이가 3척인 경우 역시 자루를 합쳐 계산한 것이니, 바로 그 사례이다.

### 62-12-9 爲銎(공)

〈자루를 끼우기 위한〉 구멍과

畢云 說文에 云 銎은 斤斧穿也라하다 案 經典文에 凡以穿爲孔者는 此字假音이라하다

畢沅 : ≪說文解字≫에 "'銎'은 도끼 자루를 박는 구멍이다."라고 하였다. 살펴보건대, 經典의 글에 '穿'을 孔(구멍)의 뜻으로 삼은 경우는 이 글자(銎)의 假借音이다.

### 62-12-10 木柅(치)하고

나무 자루를 만들고

廣雅釋詁에 云 柅는 柄也라하다 畢云 說文에 云 柅는 籆(확)木柄也[70]라하다 玉篇에 丑利

切이라하다

≪廣雅≫ 〈釋詁〉에 "'杘'는 자루[柄]이다."라고 하였다.

畢沅 : ≪說文解字≫에 "'杘'는 〈실을 감는 데 쓰는〉 얼레의 자루[篗木柄]이다."라고 하였다. ≪玉篇≫에 "〈'杘'는〉 '丑'과 '利'의 反切이다."라고 하였다.

**62-12-11 杘有(慮)[鑢]枚하여**

나무 자루에 줄을 달아서

**慮**는 **疑鑢**[71]**之省**(생)이라 **說文金部**에 **云 鑢**[72]는 **錯銅鐵也**라하다 **謂於木柄爲齒**가 **若鑢錯**이라 **枚**는 **未詳**이니 **又疑慮枚當作鹿盧收**니 **見備高臨篇**이라

'慮'는 아마도 '鑢'의 略字인 듯하다. ≪說文解字≫ 金部에 "'鑢'는 구리나 철을 가는 것이다."라고 하였다. 나무 자루에 이[齒]를 만든 것이 마치 줄로 간 듯하다는 말이다. '枚'는 알 수 없으나 아마 '慮枚'는 '鹿盧收'가 되어야 할 듯도 하니, 〈備高臨〉에 보인다.

**62-12-12 以左客穴**[73]**이라**

적의 땅굴 공격을 挫折시킨다.

**左佐古今字**라 **左下疑脫一字**라

'左'는 古字이고 '佐'는 지금의 글자이다. '左' 뒤에 아마도 한 글자가 빠진 듯하다.

**62-13-1 戒持罌하되 容三十斗以上이요**

항아리를 준비해 두도록 하되 용량은 30斗 이상이 들어갈 수 있도록 하고

**畢云 容**은 **舊作客**이러니 **以意改**라하다 **詒讓案 上文錯入備城門篇者**에 **云 令陶者爲罌**하되

---

70) 篗木柄也 : 段玉裁의 ≪說文解字注≫에서 郭沫若은 '篗'이 衍字인 듯하다고 하였다.

71) 鑢 : 저본의 傍注에 "'鑢'는 원래 '鏞'로 잘못되어 있는데 글 뜻에 의거하여 고쳤다.[鑢 原誤鏞 據文義改]"라고 하였다.

72) 鑢 : 저본의 傍注에 "'鑢'는 원래 '鏞'로 잘못되어 있는데 ≪說文解字≫ 및 글 뜻에 의거하여 고쳤다. 아래도 같다.[鑢 原誤鏞 據說文及文義改 下同]"라고 하였다.

73) 以左客穴 : ≪墨子今注今譯≫에서는 岑仲勉의 說에 의거하여 '左'를 '挫'로 교감하였는데, 이를 따라 번역하였다.

容四十斗以上이라하다 斗舊本訛斤이라 王云 斤當爲斗어늘 隸書斗字或作斤하니 因訛而爲斤이라하다 案 王校是也니 今據正이라

畢沅 : '容'은 舊本에 '客'으로 되어 있는데, 글 뜻으로 판단하여 고쳤다.

詒讓案 : 위 글에 〈備城門〉에 잘못 끼어 들어간 부분에 "陶公으로 하여금 항아리를 만들게 하되 용량은 40斗 이상이 들어갈 수 있도록 한다.〔令陶者爲罌 容四十斗以上〕"라고 하였는데 '斗'가 舊本에 '斤'으로 잘못되어 있다.

王念孫 : '斤'은 '斗'가 되어야 하는데 隸書에 '斗'자가 더러 '斤'로 되어 있기도 하니, 이 때문에 잘못하여 '斤'이 된 것이다.

案 : 王念孫의 校勘이 맞으니, 지금 이에 의거하여 바로잡는다.

### 62-13-2 貍穴中[74]하니

〈항아리를〉 땅굴 속에 묻는데

畢云 貍는 舊作狸러니 以意改라하다

畢沅 : '貍'는 舊本에 '狸'로 되어 있는데, 글 뜻으로 판단하여 고쳤다.

### 62-13-3 〔三〕丈一하여

3장마다 하나씩 묻어

上文說爲罌置井中하고 井五步一하고 又云三丈一이라하니 三丈卽五步也라 此云丈一은 與彼不合하니 疑丈上當有三字어늘 而傳寫脫之라

위 글(62-1-13~14, 62-5-3, 62-6-3)에서 항아리를 만들어 우물 안에 두고, 우물은 5步마다 하나씩 판다고 설명하였고 또 '三丈一(3장마다 하나씩 둔다.)'이라 하였으니, 3장이 바로 5보이다. 여기서 '丈一'이라 한 것은 위 글에서 '三丈一'이라 한 것과 합치하지 않으니 아마도 '丈' 앞에 '三'자가 있어야 하는데 베껴 쓰는 과정에 빠진 듯하다.

### 62-13-4 以聽穴者聲이라

적의 땅굴에서 나는 소리를 듣는다.

---

74) 貍穴中 : '貍'의 뜻은 본서 5책 52-12-8에 보인다.

**62-14-1 爲穴**하되 **高八尺**이요 **廣**[75]이니

땅굴을 파되 높이는 8척이고 너비는 〈8척인데〉

**廣下疑脫尺數**라

'廣' 뒤에 尺數가 빠진 듯하다.

**62-14-2 善爲傅**(置)〔**埴**〕[76]이라

〈기둥에〉 진흙을 잘 바른다.

**疑當作善爲傅埴**이니 **卽上文云 善周塗其傅柱者之義**라

〈'善爲傅置'는〉 아마도 '善爲傅埴'이 되어야 할 듯하니 바로 위 글(62-2-6)에 "전체적으로 진흙을 잘 발라야 하니 그 기둥을 지지하는 부분〔善周塗 其傅柱者〕"이라 한 뜻이다.

**62-14-3** (具全牛交槀)〔**具鑪牛皮橐**〕와

가마와 소가죽 풀무,

**畢云 疑茭藁**라하다 **案 畢校非也**라 **具全牛交槀**는 **疑當作具鑪牛皮橐**이라 **上云 具鑪橐**하되 **橐以牛皮**라한대 **橐亦竝誤作槀**라 **此全卽鑪字偏旁金形之誤**라 **皮與交形亦相近**이라

畢沅 : 〈'交槁'는〉 아마도 '茭藁'가 되어야 할 듯하다.

案 : 畢沅의 校勘은 잘못되었다. '具全牛交槀'는 아마도 '具鑪牛皮橐'이 되어야 할 듯하다. 위(62-5-9~10)에 '具鑪橐 橐以牛皮(가마와 풀무를 마련하되 풀무는 소가죽으로 만든다.)'라고 하였는데, '橐'이 역시 모두 '槀'로 잘못되어 있다. 여기의 '全'은 바로 '鑪'자의 偏旁인 '金' 모양의 오자이다. '皮'와 '交'도 字形이 서로 비슷하다.

**62-14-4** (皮及坛)〔**及瓦缶**〕하고

및 질장군을 구비하고

75) 廣 : ≪墨子今注今譯≫에서는 岑仲勉의 說에 의거하여 '廣' 뒤에 '八尺'을 보충하였는데, 이를 따라 번역하였다.

76) 善爲傅(置)〔埴〕 : ≪墨子今注今譯≫에서는 岑仲勉의 說에 의거하여 '傅置'를 '薄植'으로 교감하고, "기둥을 잘 세운다."라고 하였다.

疑當作及瓦缶니 缶去形近하여 俗書或增盆偏旁作缶去하고 又訛作抾하여 遂不可通이라 上文云鑪有兩瓻이라하다

〈'皮及抾'는〉 아마도 '及瓦缶'가 되어야 할 듯하니, '缶'와 '去'는 字形이 비슷하여 俗字에 더러 偏旁을 덧붙여 '缶去'가 되고 다시 '抾'로 잘못되어 마침내 뜻이 통하지 않게 된 것이다. 위 글(62-5-10)에 '鑪有兩瓻(가마에는 두 개의 질장군을 둔다.)'라고 하였다.

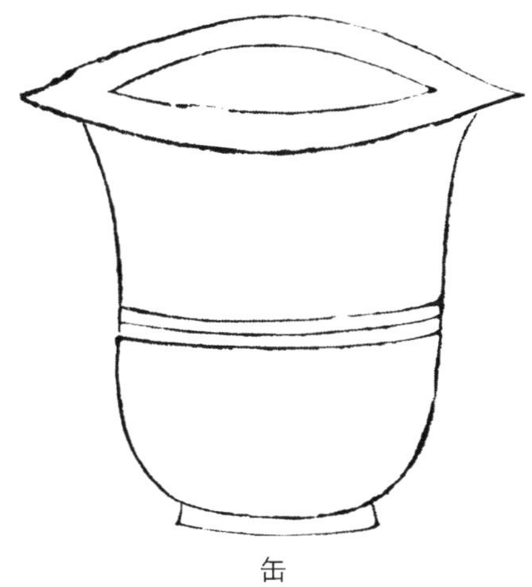
缶

62-14-5 衛穴二니 (蓋)〔盆〕陳霍(확)及艾하여

땅굴마다 2개씩 두는데 항아리에 콩잎 및 쑥을 많이 구비하여

畢云 鄭君[77]注公食(사)大夫禮에 云 藿(곽)은 豆葉也라하다 說文에 云 藿(곽)은 尗(숙)之少也라하니 少言始生之葉이라 霍省(생)文이라하다 詒讓案 蓋當爲盆이니 此書盆字多訛爲蓋하니 詳非命篇[78]이라 盆陳霍及艾는 言多具此二物也라 蘇云 蓋는 當如上文戒持罌之戒니 令也라한대 失之라

畢沅 : 鄭玄은 ≪儀禮≫ 〈公食大夫禮〉에 注를 내어 "'藿'은 콩잎〔豆葉〕이다."라고 하였다. ≪說文解字≫에 "'藿'은 어린〔少〕 콩이다."라고 하였으니, 少는 갓 나온 잎이라는 말이다. '霍'의 略字이다.

詒讓案 : '蓋'는 '盆'이 되어야 하니 이 책에서 '盆'자가 '蓋'로 잘못된 경우가 많은데, 〈非命〉에 자세히 설명하였다. '盆陳霍及艾'는 이 두 가지를 많이 갖춘다는 말이다. 蘇時學은 "'蓋'는 위 글의 '戒持罌(항아리를 준비해 두도록 한다.)'의 '戒'와 같아야 하니 令(명령)이라는 뜻이다."라고 하였는데, 잘못 본 것이다.

62-14-6 穴徹(熏之以)〔以熏之〕라

우리 굴이 〈적의〉 땅굴과 통하면 이를 태운다.

77) 鄭君 : 經學者들이 鄭玄을 일컫는 호칭이다.
78) 詳非命篇 : 본서 3책 35-3-2에 보인다.

吳鈔本無以字라 案 此當作以熏之니 今本誤移以字著(착)熏之下어늘 校者遂疑爲衍文而刪之耳라 上文說鐵鉤鉅하여 云 穴徹이어든 以鉤客穴者라하고 又說短矛等하여 云 穴徹以鬥라하니 竝與此文例同이라 可以互證이라

吳鈔本에는 '以'자가 없다.

案 : 이 대목은 <'熏之以'가> 응당 '以熏之'가 되어야 하니, 今本에 '以'자를 잘못 옮겨 '熏'의 뒤에 붙였는데 校勘하는 자가 결국 衍文이라고 의심하여 삭제한 것일 뿐이다. 위 글(62-12-1~6)에서 鐵鉤鉅를 설명하면서 '穴徹 以鉤客穴者(<적과 나의> 땅굴이 통하면 갈고리로 적의 땅굴에 있는 자를 낚아챈다.)'라고 하고, 또 短矛(짧은 창) 등을 설명하면서 '穴徹以鬥(<적과 나의> 땅굴이 통하면 이것으로 싸운다.)'라고 하였으니 모두 이 대목과 文例가 같다. 상호 증거로 삼을 수 있다.

## 62-15-1 斧〔以〕金爲斫하되

도끼는 銅으로 날을 만들되

斧下에 疑當有以字라 斫亦卽斧刃이라

'斧' 뒤에 아마도 '以'자가 있어야 할 듯하다. '斫'도 바로 도끼날〔斧刃〕이다.

## 62-15-2 夫長三尺이요

자루의 길이는 3척이고

考工記[79)]에 車人爲車에 柯長三尺이요 博三寸이요 厚一寸有半이니 五分其長하여 以其一爲之首라한대 鄭注에 云 謂今剛關頭斧요 柯其柄也라하다 案 此夫卽柯요 斫卽首也라 夫長三尺이니 與彼制同이라 六韜軍用篇亦云 伐木大斧는 重八斤이요 柄長三尺以上이라하다

≪周禮≫ <考工記>에 "車人이 수레를 만들 때 <도끼> 자루는 길이 3척, 너비 3촌, 두께 1촌 반인데, 그 길이를 다섯 등분하여 그중 하나를 머리로 삼는다.〔車人爲車 柯長三尺 博

79) 考工記 : 百工의 일에 관한 내용을 기록한 책으로 본래 별도의 저서였으나, 漢 武帝 때 河間獻王이 ≪周禮≫를 얻고 나서 冬官篇을 빼내고 대신 이 책으로 보충함으로써 經과 記가 합하여 한 책이 된 것이다. 先秦時代 각종 手工業의 생산 기술과 이론을 기록한 과학 기술서이다. 匠人의 분류를 그가 다루는 대상에 따라 攻木, 攻金, 攻皮, 設色, 琓摩(玉工), 搏埴(陶公)의 6종으로 나누어 기술하였다.

三寸 厚一寸有半 五分其長 以其一爲之首〕"라고 하였는데, 鄭玄의 注에 "지금 剛鐵로 긴 도끼 머리이고, 柯는 그 손잡이를 말한다.〔謂今剛關頭斧 柯其柄也〕"라고 하였다.

案：이 '杘'는 바로 柯이고 '斫'은 바로 머리이다. 杘는 길이가 3척이니 ≪주례≫의 제도와 같다. ≪六韜≫ 〈軍用〉에도 "나무 베는 큰 도끼는 무게가 8근이고 자루의 길이가 3척 이상이다.〔伐木大斧 重八斤 柄長三尺以上〕"라고 하였다.

### 62-15-3 衛穴四라 爲(壘)〔虆〕하되

땅굴마다 4개씩 둔다. 삼태기를 만들되

疑當爲虆니 見(현)備城門篇[80]이라

〈壘는〉 아마도 '虆'가 되어야 할 듯하니 〈備城門〉에 보인다.

### 62-15-4 衛穴四十이요 屬(촉)四라

땅굴마다 40개를 두고 호미는 4개를 둔다.

屬은 斸(촉)之省(생)이니 即備城門篇之居屬[81]이라

'屬'은 '斸'의 略字이니 바로 〈備城門〉에 나오는 '居屬'이다.

### 62-15-5 爲斤斧鋸鑿鑺(구)하되

여러 도끼, 톱, 끌, 큰 호미를 만들되

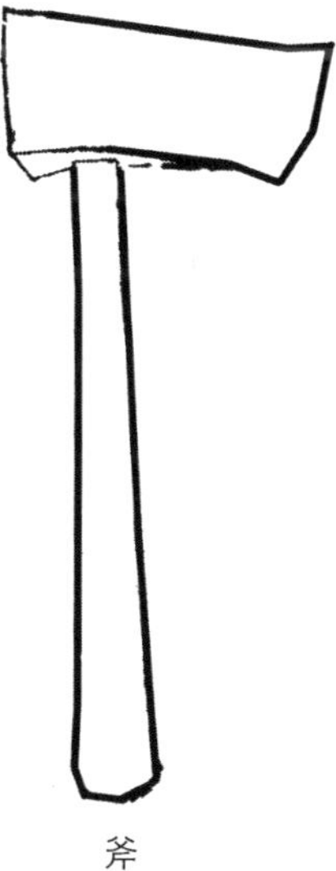
斧

吳鈔本作钁(곽)이라 畢云 說文에 云 钁은 大鉏(서)也라하다 玉篇에 云 居縛切이라 鋤(서)钁이라하다 案 六韜軍用篇에 云 棨钁刃廣六寸이요 柄長五尺以上이 三百枚라하다 但鑺似與钁不同하니 畢說未塙이라 玉篇金部에 云 鑺[82]局虞切이니 軍器也라하다 說文新附[83]亦有此字라 鈕樹玉[84]謂書顧命에 一人冕執瞿라한대 孔

80) 見備城門篇：본서 5책 52-8-3에 보인다.

81) 備城門篇之居屬：본서 5책 52-8-2에 보인다.

82) 鑺：저본의 傍注에 "'鑺'는 원래 '钁'으로 잘못되어 있는데 ≪玉篇≫과 ≪說文新附≫에 의거하여 고친다.〔鑺 原誤钁 據玉篇及說文新附改〕"라고 하였다.

83) 說文新附：徐鉉이 그 당시 여러 典籍에서 일반적으로 사용되는 글자인데도 ≪說文解字≫

**傳**[85]에 **瞿**는 **戟屬**이라하니 **瞿卽钁**라하다 **但此钁與鑿類擧**요 **似非顧命之瞿**이니 **疑卽韓詩之銶**[86]라 **钁銶一聲之轉**이라 **詩豳風破斧毛詩傳**에 **云 鑿屬曰錡**요 **木屬曰銶**라하고 **釋文引韓詩**하여 **云 銶**는 **鑿屬也**라하다

吳鈔本에 〈'钁'가〉 '钁'으로 되어 있다.

畢沅 : 《說文解字》에 "'钁'은 큰 괭이〔大鉏〕이다."라고 하였다. 《玉篇》에 "'居'와 '縛'의 反切이다. 鋤钁이다."라고 하였다.

案 : 《六韜》 〈軍用〉에 "棨钁(큰 괭이)은 날의 너비가 6촌이고 자루의 길이가 5척 이상인 것이 300개이다.〔棨钁刃廣六寸 柄長五尺以上 三百枚〕"라고 하였다. 다만 '钁'는 钁과 같지 않은 듯하니, 畢沅의 說은 확실하지 않다. 《玉篇》 金部에 "'钁'는 '局'과 '虞'의 反切이니 軍器이다."라고 하였다. 《說文新附》에도 이 글자가 있다. 鈕樹玉은 "《尙書》 〈顧命〉에 '一人冕執瞿(한 사람은 冕을 쓰고 瞿를 잡는다.)'라 하였는데, 孔安國의 傳에 '瞿는 창의 종류〔戟屬〕이다.'라고 하니 瞿는 바로 钁이다."라고 하였다. 다만 이 대목의 钁는 鑿과 같은 부류로 든 것이

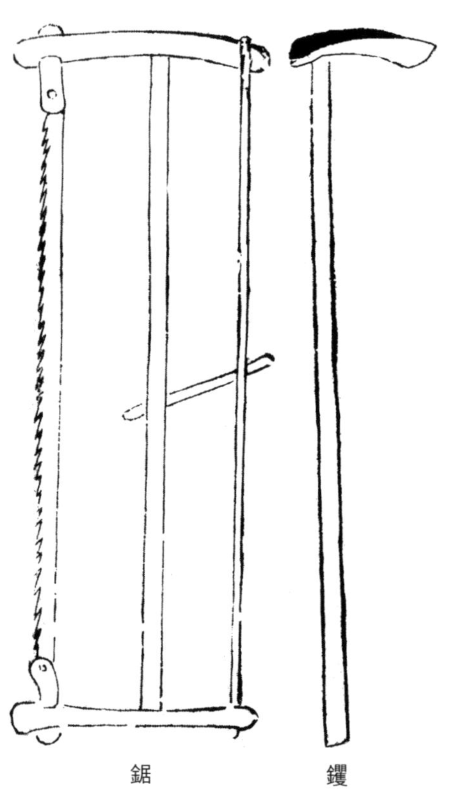
鋸 钁

---

에 수록되지 않은 것들을 모아 각 部 아래 추가하고 《說文解字》의 방식에 따라 설명하였는데, 이를 '新附字'라 한다.

84) 鈕樹玉 : 1760~1827. 字는 藍田, 號는 匪石山人, 淸나라 江蘇 吳縣 사람이다. 사람들은 非石先生이라 불렀다. 文字學과 聲韻學에 밝았고 《說文解字》를 연구하였다. 저서로 《群經古義》, 《說文解字考異》, 《說文新附考》, 《段氏說文注訂》, 《匪石居吟稿》, 《匪石先生文集》, 《說文解字校錄》등이 있다.

85) 孔傳 : 漢代 孔安國이 詔命을 받들어 《古文尙書傳》을 만들었는데 巫蠱의 일이 일어나서 미처 들이지 못하고 죽었다. 이후 晉代 梅賾(혹은 梅頤)이 晉 元帝에게 이 책이라고 하면서 바쳤는데 後儒들은 이를 위조라고 의심하여 《僞古文尙書》라고 한다. 孔穎達의 疏는 이 本에 근거한 것이다. 약칭으로 '僞孔', '僞傳'이라 불리기도 한다.

86) 但此钁與鑿類擧……疑卽韓詩之銶 : 丁若鏞의 《詩經講義》 권2 〈國風 豳〉에서 "'銶'의 뜻은 《毛傳》에서는 나무 종류라 하고 《韓詩》에서는 끌 종류라 하고 《經典釋文》에서는 날이 하나인 도끼라 하였는데 신은 이것들 모두 잘못 풀이한 것이 아니고 기실은 하나라고 생각합니다.〔銶之訓 毛傳曰木屬 韓詩曰鑿屬 釋文曰獨頭斧 臣謂都非誤解 其實一也〕"라고 하였다.

지 〈顧命〉의 瞿는 아닌 듯하니, 아마도 바로 ≪韓詩≫의 銶인 듯하다. '钁'와 '銶'는 같은 聲音에서 바뀐 것이다. ≪詩經≫ 〈豳風 破斧〉의 ≪毛詩傳≫에 "끌 종류는 錡라 하고 나무 종류는 銶라 한다."라고 하고, ≪經典釋文≫에 ≪韓詩≫를 인용하여 "銶는 끌 종류이다." 라고 하였다.

**62-15-6 財自足**이라 **爲鐵校**하되 **衛穴四**라

〈쓰기에〉 딱 알맞게 한다. 철교를 만들되 땅굴마다 4개를 둔다.

**說文木部**에 **云 校**는 **木囚也**라하다 **周易集解**[87]**引虞翻**[88]하여 **云 校者**는 **以木絞校者也**라하다 **鐵校**는 **蓋鑄鐵爲闌校以禦敵**이니 **備蛾傳篇有校機**[89]하니 **疑卽此**라

≪說文解字≫ 木部에 "'校'는 木囚(사람을 가두는 데 쓰는 나무로 만든 울타리)이다."라고 하였다. ≪周易集解≫에 虞翻을 인용하여 "'校'라는 것은 나무를 가지고 차꼬에 묶는 것이다.〔校者 以木絞校者也〕"라고 하였다. '鐵校'는 대체로 鐵을 주조하여 울타리를 만들어 적을 방어하는 것인 듯한데, 〈備蛾傳〉에 '校機'가 있으니 아마도 바로 이것인 듯하다.

**62-16-1 爲中櫓**하되 **高十(丈)〔尺〕半**이요 **廣四尺**이라

중형 방패를 만들되 높이는 10척 반이고 너비는 4척이다.

**十丈半於度太高**하니 **疑丈當作爲尺**이라 **備城門篇**에 **云 百步爲櫓**하되 **櫓廣四尺**이요 **高八尺**이라하여 **廣與此同**하고 **而高差二尺半**하니 **彼蓋小櫓與**인저

'十丈半'은 度量으로 헤아릴 때 너무 높으니 아마도 '丈'은 '尺'이 되어야 할 듯하다. 〈備城門〉에 "100보마다 櫓를 만들되 櫓는 너비는 4척이고 높이는 8척이다.〔百步爲櫓 櫓廣四尺 高八尺〕"라고 하여, 너비는 이 대목과 같고 높이는 2척 반 차이가 나니, 거기서는 아마도 소형 방패〔小櫓〕인 듯하다.

---

87) 周易集解 : 唐代 李鼎祚가 편찬한 것으로 모두 17권이다. 漢·魏·晉·唐의 馬融, 荀爽, 虞翻, 王肅, 蜀才, 崔憬 등 35家의 易說을 두루 채택하여 漢代 象數學 및 諸家의 易說을 보존한 책이다.

88) 虞翻 : 164~233. 字는 仲翔이고 會稽 余姚(지금의 浙江省 余姚) 사람이다. 三國時代 吳나라의 학자로 ≪周易≫에 조예가 깊었다고 알려졌다.

89) 備蛾傳篇有校機 : 63-1-8에 보인다.

**62-16-2 爲橫穴(八)〔大〕櫓하고**

땅굴을 가로질러 〈적의 진격을 막는〉 대형 방패를 만들고

疑當作大櫓니 六韜軍用篇有大櫓小櫓라 下疑有脫文이라

〈'八櫓'는〉 아마도 '大櫓'가 되어야 할 듯하니 ≪六韜≫ 〈軍用〉에 大櫓, 小櫓가 있다. 뒤에 아마도 빠진 글이 있는 듯하다.

**62-16-3 (蓋)〔益〕具稾枲하여 財自足하고 以燭穴中이라**

볏짚이나 삼대를 많이 구비하여 〈쓰기에〉 알맞게 하고 이것으로 땅굴 안을 밝힌다.

蓋는 當亦益之誤라 道藏本作莶하니 則疑葚之訛요 屬上櫓葚爲句도 亦通이라 蘇云 稾枲可然以爲燭이라하다

여기의 '蓋' 역시 '益'의 誤字일 것이다. 道藏本에는 '莶'으로 되어 있으니 아마도 '葚'의 誤字인 듯하고, 위에 이어 붙여 '櫓葚'으로 句를 떼도 역시 뜻이 통한다.

蘇時學 : 볏짚이나 삼대는 태워서 불을 밝힐 수 있다.

**62-17-1 (蓋持醯)〔益持醯(혜)〕하여**

식초를 많이 준비하여

蘇云 據文義當作戒持醯하니 醯或醯字之訛라하다 兪云 醯疑醯之壞字라하다 詒讓案 此亦當作益持醯어늘 蘇改蓋爲戒하니 非라 廣韻[90]十二齊에 云 醯는 俗作醯라하다 此醯卽醯之誤니 下竝同이라 醯蓋可以禦煙이니 春秋繁露郊語篇에 云 人之言醯去煙이라하다 今本繁露醯作醯하니 亦字之誤라

蘇時學 : 글 뜻에 의거하면 〈'蓋持醯'는〉 응당 '戒持醯'가 되어야 하니 '醯'는 어쩌면 '醯'자의 誤字인 듯하다.

兪樾 : '醯'는 아마도 '醯'의 자획이 탈락된 글자인 듯하다.

詒讓案 : 이 대목 역시 〈'蓋持醯'는〉 '益持醯'가 되어야 하는데 蘇時學이 '蓋'를 '戒'로 고

---

90) 廣韻 : 원래 이름은 ≪大宋重修廣韻≫이며, 北宋時代의 韻書로, 1008년 陳彭年, 丘雍이 前代의 ≪切韻≫, ≪唐韻≫ 등의 韻書를 수정 보완하여 編修한 것이다.

쳤으니 잘못이다. ≪廣韻≫ 〈十二齊〉에 "'醯'는 俗字로 '醓'이다."라고 하였다. 이 대목의 '醞'는 바로 '醓'의 誤字이니 아래도 모두 같다. '醓'는 대체로 연기를 막을 수 있으니 ≪春秋繁露≫ 〈郊語〉에 "사람들은 식초가 연기를 제거한다고 한다.〔人之言醯去煙〕"라고 하였다. 今本 ≪春秋繁露≫에는 '醯'가 '醞'으로 되어 있으니 역시 誤字이다.

62-17-2 客卽熏이어든 以救目이라 救目分方(鼙)〔鑿〕穴하여

적들이 연기를 피워 공격하면 〈식초로〉 눈을 보호한다. 눈을 보호하기 위해 방향을 나누어 땅굴을 뚫고서

畢云 鼙卽鼓라하다 蘇云 疑鑿字之訛라하다

畢沅 : '鼙'는 바로 '鼓'이다.

蘇時學 : 아마도 '鑿'자의 誤字인 듯하다.

62-17-3 (以益盛醞)〔以盆盛醯〕하여 置穴中하되

동이에 식초를 담아 땅굴 안에 두되

蘇云 益은 疑盆字之訛라하다

蘇時學 : '益'은 아마도 '盆'자의 誤字인 듯하다.

62-17-4 (文)〔大〕盆毋少四斗라

동이의 크기는 4두보다 적게 하지 않는다.

文은 道藏本吳鈔本作丈하니 今案當作大라

'文'은 道藏本, 吳鈔本에 '丈'으로 되어 있으니, 지금 살펴보건대 '大'가 되어야 한다.

62-17-5 卽熏이어든 (以自臨醞)〔以目臨醯〕上하고

연기를 쐬면 식초를 담은 동이 위로 눈을 가까이 대고

自當爲目이라

'自'는 '目'이 되어야 한다.

**62-17-6 及以(泗)〔洒(세)〕目이라하다**

눈을 씻는다."

畢云 玉篇에 云 泗은 大水也라한대 未詳이라하다 兪云 泗疑油之壞字라하다 詒讓案 泗當爲洒라 說文水部에 云 洒는 滌也라하고 西部에 籒文西作㢴라 故訛作田形이라 洒目卽以救目也라

畢沅 : ≪玉篇≫에 "'泗'은 큰물〔大水〕이다."라고 하였는데, 알 수 없다.

兪樾 : '泗'은 아마도 '油'의 자획이 탈락된 글자인 듯하다.

詒讓案 : '泗'은 '洒'가 되어야 한다. ≪說文解字≫ 水部에 "'洒'는 '씻음'이다."라고 하고, 西部에 籒文으로 '西'는 '㢴'로 되어 있다. 그러므로 잘못하여 '田'의 형태가 된 것이다. '洒目'은 바로 그것으로 눈을 낫게 하는 것이다.

# 제63편 비의부 備蛾傳

이 편은 적이 개미처럼 성벽에 달라붙어 기어오르는 공격을 방어하는 법을 서술한 것이다. 높은 곳에서 성에 달라붙은 적을 내려다 보면서 끓는 물이나 불 붙인 천막, 모래와 돌 등을 투척하는 것이 기본적인 방어법이다. 또 桔槔(도르래)를 만들어 성벽 위아래로 물건과 사람을 오르내리면서 적들을 공격하거나 부서진 곳들을 보수하는 법을 설명하고 있다. 이 밖에 다양한 장비와 무기의 제작 및 사용법을 서술하여 고대의 성벽 공방전을 엿볼 수 있다.

**前備城門篇蛾作蟻**하니 **俗螘**(의)**字**라 **孫子**[1]**謀攻篇作蟻附**한대 **曹注**에 **云 使士卒緣城而上**을 **如蟻之緣牆**이라하다 **周書大明武篇**에 **云 俄傳器櫓**라하니 **俄亦蛾之誤**라 **畢云 蛾同螘**라 **說文**에 **云 螘**는 **蚍蜉也**라하고 **蛾**는 **羅也**라하다 **又云 蝨**는 **蠶化飛蟲也**라하다 **經典多借爲螘者**는 **音相近耳**라 **傳亦附字假音**이라

앞의 〈備城門〉에 '蛾'가 '蟻'로 되어 있으니, 螘의 俗字이다. ≪孫子≫ 〈謀攻〉에는 '蟻附'로 되어 있는데 曹操의 注에 "士卒들로 하여금 마치 개미가 담장을 기어 오르듯이 城을 타고 올라가게 한다.〔使士卒緣城而上 如蟻之緣牆〕"라고 하였다. ≪逸周書≫ 〈大明武〉에 "兵器와 방패를 지닌 병사가 개미처럼 성벽에 달라붙어 기어오른다.〔俄傳器櫓〕"라고 하였는데, '俄'는 역시 '蛾'의 誤字이다.

畢沅 : '蛾'는 '螘'와 같다. ≪說文解字≫에 "'螘'는 蚍蜉(개미)이다."라고 하고, "'蛾'는 羅(나방)이다."라고 하였다. 또 "'蝨'는 누에가 나는 벌레로 변화한 것이다.〔蠶化飛蟲也〕"라고 하였다. 經典에 '螘'로 假借해 쓴 경우가 많은 것은 音이 서로 비슷해서일 뿐이다. '傳' 또한 '附'자의 假借音이다.

**63-1-1 禽子再拜再拜曰 敢問適人强弱**[2]하여 **遂以傳城**하여 **後上先斷**으로

1) 孫子 : 春秋時代 孫武가 지은 병법서로, ≪孫子兵法≫, ≪孫武兵法≫, ≪吳孫子兵法≫, ≪孫武兵書≫ 등으로 불리기도 한다.

2) 强弱 : ≪墨子今注今譯≫에서는 '强弱'을 '强梁'으로 보았는데, 이를 따라 번역하였다.

禽子가 두 번 절하고 말하였다. “감히 묻습니다. 적군이 사나운 기세로 마침내 개미처럼 성벽에 달라붙어 기어오를 때 〈남보다〉 뒤에 오르는 자를 먼저 참수하는 것으로

王云 斷은 斬也라 號令篇에 曰 不從令者斷이라 擅出令者斷[3]이라 失令者斷이라하다

王念孫 : ‘斷’은 벤다〔斬〕는 뜻이다. 〈號令〉에 “명령을 따르지 않는 자는 참수한다. 독단으로 명령을 내리는 자는 참수한다. 명령을 遺失한 자는 참수한다.〔不從令者斷 擅出令者斷 失令者斷〕”라고 하였다.

### 63-1-2 以爲(灋)〔法〕程하고

법도를 삼고

畢云 城程爲韻이라하다 王云 灋者法之誤라 言敵人蛾附登城에 後上者則斷之하니 以此爲法程也라 呂氏春秋愼行篇에 曰 後世以爲法程이라하고 說苑至公篇에 曰 犯國法程이라하다 漢書賈誼傳에 曰 後可以爲萬世法程이라하다 篆書去字作𠙴하고 缶字作𡙁하니 二形相似라 隷書去字作去하고 缶字作缶하니 亦相似라 故從去從缶之字가 傳寫多誤라하다 案 王說是也라 灋卽俗法字라 隋鄧州舍利塔銘에 法作㳒하여 與灋略同이라 呂覽高注에 云 程은 度也라하다

畢沅 : ‘城’과 ‘程’이 韻이 된다.

王念孫 : ‘灋’은 ‘法’의 誤字이다. 적군이 개미처럼 달라붙어 성벽에 기어오를 때 뒤에 오르는 자를 참수하니 이것으로 법도를 삼는다는 말이다. ≪呂氏春秋≫ 〈愼行〉에 “후세에 이로써 법도를 삼는다.〔後世以爲法程〕”라고 하고, ≪說苑≫ 〈至公〉에 “나라의 법도를 범한다.〔犯國法程〕”라고 하였다. ≪漢書≫ 〈賈誼傳〉에 “뒤에 만세의 법도를 삼을 만하다.〔後可以爲萬世法程〕”라고 하였다. 篆書에 ‘去’자는 ‘𠙴’로 되어 있고 ‘缶’자는 ‘𡙁’로 되어 있으니 두 글자의 字形이 서로 비슷하다. 隷書에 ‘去’자는 ‘去’로 되어 있고 ‘缶’자는 ‘缶’로 되어 있으니, 역시 서로 비슷하다. 그래서 ‘去’과 ‘缶’로 이루어진 글자는 옮겨 베끼는 과정에서 오류가 많다.

案 : 王念孫의 說이 맞다. ‘灋’은 바로 ‘法’의 俗字이다. 隋나라 〈鄧州舍利塔銘〉에 ‘法’이 ‘㳒’로 되어 있어 ‘灋’과 대략 비슷하다. ≪呂氏春秋≫의 高誘의 注에 “‘程’은 법도〔度〕이

3) 擅出令者斷 : 〈號令〉에는 ‘擅’자 앞에 ‘非’자가 있는데, 蘇時學은 ‘擅非’가 되어야 한다고 하였다.

다."라고 하였다.

**63-1-3 斬城爲基**하고

성 밑에 참호를 파 土山을 만들고

斬은 塹之省(생)이라 或云塹之省이라하다 說文金部에 云 塹은 小鑿也라하다

'斬'은 '塹'의 略字이다. 어떤 이는 "'塹'의 略字이다."라고 하였다. ≪說文解字≫ 金部에 "'塹'은 小鑿(작은 끌, 작게 파다)이다."라고 하였다.

**63-1-4 掘下爲室**하여 **前上不止**하고

성벽 아래에 땅굴을 파 은신처를 만들고서 앞에서는 쉬지 않고 기어오르고

畢云 上舊作止하니 以意改라하다

畢沅 : '上'은 舊本에 '止'로 되어 있는데, 글 뜻으로 판단하여 고쳤다.

**63-1-5 後射旣疾**하면

뒤에서는 정신없이 빠르게 화살을 쏘아 대면

畢云 室疾爲韻이라하다

畢沅 : '室'과 '疾'이 韻이 된다.

**63-1-6 爲之奈何**오한대 **子墨子曰 子問蛾傳之守邪**(야)아 **蛾傳者**는 **將之忿者也**라

어떻게 해야 합니까?" 子墨子께서 말씀하셨다. "그대는 적들이 개미처럼 달라붙어 성벽에 기어오를 때 수비하는 법을 묻는 것인가? 병사들이 개미처럼 달라붙어 성벽에 기어오르는 것은 將帥가 분노해서이다.

忿은 舊本作忽이라 洪云 孫子謀攻篇에 將不勝其忿하여 而蟻附之라하니 蛾傳卽蟻附라 禮記에 蛾子時術之라한대 釋文에 本或作蟻라하니 古字通用이라 忽卽忿字之訛라하다 案 洪校是也니 今據正이라

'忿'은 舊本에 '忽'로 되어 있다.

洪頤煊 : ≪孫子≫ 〈謀攻〉에 "장수가 자기 분을 이기지 못하여 〈攻城 장비가 구비되기를 기다리지 않고 병사들을 독려해서〉 개미처럼 달라붙어 성벽에 기어오르게 한다.〔將不勝其忿 而蟻附之〕"라고 하였으니, '蛾傅'는 바로 '蟻附'이다. ≪禮記≫ 〈學記〉에 '蛾子時術之(개미는 수시로 흙을 물어 나르는 일을 익힌다.)'라고 하였는데, ≪經典釋文≫에 "蛾가 어떤 本에 더러 '蟻'로 되어 있다."라고 하였으니 古字에 通用되었다. '忽'은 바로 '忿'자의 誤字이다.

案 : 洪頤煊의 校勘이 맞으니, 지금 이에 의거하여 바로잡는다.

### 63-1-7 守爲行臨射之하고

수비할 때엔 假設한 높은 樓臺에서 화살을 쏘고

**卽高臨**이니 **詳前**이라

바로 高臨이니, 앞에 자세히 설명하였다.

### 63-1-8 校機藉之하여

校機로 압박하여

**備穴篇有鐵校**요 **亦詳備高臨篇**4)이라

〈備穴〉에 鐵校가 있고, 또한 〈備高臨〉에 자세히 설명하였다.

### 63-1-9 擢之요

〈적군이 성벽에 달라붙어 기어오르는〉 기계를 제거하고

**舊本擢作擢**(국)하니 **今據道藏本吳鈔本正**이라 **說文手部**에 **云 擢**은 **引也**라하고 **擢**은 **爪持也**라하다 **審校文義**컨대 **當以作擢爲正**이라

舊本에 '擢'은 '擢'으로 되어 있는데, 지금 道藏本, 吳鈔本에 의거하여 바로잡았다. ≪說文解字≫ 手部에 "'擢'은 '끌어당김〔引〕'이다."라고 하고, "'擢'은 '발톱으로 움켜쥠〔爪持〕'이다."라고 하였다. 글 뜻을 살펴 교감하면 응당 '擢'으로 되어 있는 것이 맞다고 봐야 한다.

---

4) 備穴篇有鐵校 亦詳備高臨篇 : 앞의 62-15-6, 53-2-4에 보인다.

**63-1-10 (太氾)〔火湯〕迫之하고**

불과 끓는 물을 〈적에게〉 들이붓고

太氾은 當爲火湯이라 備梯篇에 云 薪火水湯以濟之라하다

'太氾'은 '火湯'이 되어야 한다. 〈備梯〉에 "불붙은 나무와 끓는 물을 함께 던진다.〔薪火水湯以濟之〕"라고 하였다.

**63-1-11 燒荅[5]覆之하며 沙石雨之하면 然則蛾傳之攻敗矣리라**

荅(차단막)에 불을 붙여 〈적에게〉 덮어씌우고 모래와 자갈을 빗발치듯 던지면 개미처럼 달라붙어 성에 오르는 적의 공격은 실패할 것이다.

**63-2-1 備蛾傳爲縣脾하되**

개미처럼 달라붙어 성벽에 기어오르는 공격에 대비하기 위해 縣脾를 만들되

畢云 疑陴字라하다

畢沅 : 〈'脾'는〉 아마도 '陴'자인 듯하다.

**63-2-2 以木板厚二寸요 前後三尺이요 旁廣五尺이요 高五尺이어늘 而折爲下(磨)〔磿(력)〕車하니**

나무 판의 두께는 2촌이고, 앞뒤의 너비는 3척이고, 양옆의 너비는 5척이고, 높이는 5척인데 이것을 下磿車에 걸어 놓으니

磨는 當爲磿이라 周禮遂師鄭衆[6]注에 云 抱磿은 磿下車也[7]라하니 當卽此下磿車요 亦

---

5) 荅 : ≪墨子今注今譯≫에서는 대나무와 풀 등을 짜 엮어 길게 드리울 수 있게 만든 차단막이라 하였다.

6) 鄭衆 : ?~83? 字가 仲師이며, 後漢의 경학자이다. 후대에는 鄭玄과 구별하기 위해 '先鄭'이라 불렸고, 또한 환관이었던 鄭衆과 구별하기 위하여 鄭司農이라 불렸다. 저서로 ≪春秋難記條例≫가 있다.

7) 抱磿 磿下車也 : 鄭衆은 抱磿을 도르래를 달아 무거운 물건을 옮기는 장치로 보았는데, 鄭玄은 이를 따르지 않고 '磿'을 葬禮를 돕는 인부들의 성명을 적은 나무판으로 보아, 下棺이 끝났을 때 이 나무판을 들고 다니며 인부들을 확인하는 것이라고 하였다.

卽備高臨篇之磨鹿이라 蓋縣重物爲機하여 以利其上下에 皆用此車라 故周禮王葬以下棺하니 此下縣陴亦用之라 下云 爲之機라하니 亦卽此也라

'磨'는 '曆'이 되어야 한다. ≪周禮≫ 〈地官 遂師〉의 鄭衆 注에 "抱曆은 曆下車이다."라고 하니 바로 이 대목의 '下曆車'이고 또한 바로 〈備高臨〉의 '曆鹿(녹로)'이다. 대개 무거운 물건을 매다는 기계를 만들어 오르내리는 데 편리하게 할 때 모두 이 車를 사용한다. 그러므로 ≪周禮≫에 왕의 장례에 이를 가지고 下棺하였는데 이 대목에서 縣陴를 내릴 때도 사용한다. 아래(63-2-7)에 '爲之機'라고 한 것 역시 바로 이것이다.

**63-2-3** (轉)〔輪〕徑尺六寸이라

〈下曆車〉 바퀴의 직경은 1척 6촌이다.

蘇云 轉當作輪라하다 詒讓案 圜徑尺六寸이면 則其周四尺八寸强이라

蘇時學 : '轉'은 '輪'이 되어야 한다.

詒讓案 : 원의 직경이 1척 6촌이면 그 둘레는 4척 8촌 남짓이다.

**63-2-4** 令一人操二丈四(方)〔矛〕하여

한 사람으로 하여금 2장 4척의 창을 잡고서

畢云 疑矛字라하다 案 畢校是也라 考工記廬人에 云 夷矛三尋이라한대 鄭注에 云 八尺曰尋이라하니 此卽夷矛也라

畢沅 : 〈'方'은〉 아마도 '矛'자인 듯하다.

案 : 畢沅의 校勘이 맞다. ≪周禮≫ 〈考工記 廬人〉에 "夷矛는 3심이다.〔夷矛三尋〕"라고 하였는데, 鄭玄의 注에 "8척이 1심이다.〔八尺曰尋〕"라고 하였으니 여기서 말한 것이 바로 夷矛이다.

夷矛

**63-2-5** 刃其兩端하여 居縣脾中하고 以鐵瑣로

그 양끝의 날을 벼려서 縣脾 가운데 두고, 쇠사슬로

吳鈔本作璅라 鐵瑣見前이라 畢云 說文無鎖字하니 此瑣與璅는 皆無鎖鑰(약)之義라 古字少라 故借音用之라하다

〈'璅'는〉 吳鈔本에 '瑣'로 되어 있다. '鐵璅'는 앞에 보인다.

畢沅 : ≪說文解字≫에는 '鎖'자가 없으니 이 대목의 '璅'와 '瑣'는 모두 鎖鑰(자물쇠와 열쇠)의 뜻이 없다. 古字는 수가 적으므로 音을 假借하여 쓴 것이다.

### 63-2-6 敷縣(二)脾上衡(횡)하여

縣脾 위쪽의 가로대에 묶어서

敷傅通이라 謂鐵璅傅著(착)縣하여 繫縣脾之上衡也라 二는 疑當爲縣之重文이라 蘇云二字誤衍이니 未塙이라

'敷'와 '傅'는 통용한다. 쇠사슬을 부착하고 매달아서 縣脾 위쪽의 가로대에 묶는다는 말이다. '二'는 아마도 '縣'의 重文(중복해 쓴 글자)이 되어야 할 듯하다.

蘇時學 : '二'자는 잘못 들어간 듯한데, 확실하지 않다.

### 63-2-7 爲之機하여 令有力四人下上之하되 勿[8]離라

〈下磨車를 조정하는〉 기계로 삼고서 힘 센 사람 4인으로 하여금 이것을 올리고 내리게 하되 자리를 이탈하지 못하게 한다.

離는 舊本作難이라 兪云 難乃離字之誤라 備城門篇에 突一旁에 以二橐守之하되 勿[9]離[10]라하고 備穴篇에 令一善射之者佐하여 一人皆勿[11]離[12]라하니 竝其證이라하다 案 兪校是也니 今據正이라

'離'는 舊本에 '難'으로 되어 있다.

---

8) 勿 : 저본의 傍注에 "'勿'은 원래 '弗'로 되어 있는데 畢沅本에 의거하여 고친다. 살펴보건대, ≪墨子≫ 舊本에는 모두 '勿'로 되어 있고 '弗'로 되어 있는 것은 없으니 이는 孫詒讓 刻本의 오류이다.〔勿 原作弗 據畢沅本改 按墨子舊本均作勿 無作弗者 此孫刻之誤〕"라고 하였다.

9) 勿 : 저본의 傍注에 "'勿'은 원래 '弗'로 되어 있는데 ≪諸子平議≫ 권11에 의거하여 고치니 本書와 부합한다.〔勿 原作弗 據諸子平議卷十一改 與本書合〕"라고 하였다.

10) 備城門篇……勿離 : 이 내용은 〈備城門〉이 아니라 〈備穴〉 62-10-10~11에 보인다.

11) 勿 : 저본의 傍注에 "'勿'은 원래 '弗'로 되어 있는데 ≪諸子平議≫ 권11에 의거하여 고치니 本書와 부합한다.〔勿 原作弗 據諸子平議卷十一改 與本書合〕"라고 하였다.

12) 備穴篇……皆勿離 : 인용 내용은 〈備穴〉이 아니라 〈備城門〉 52-12-13~14에 보인다. 그곳에서 孫詒讓은 '一'을 앞구로 옮기고 '之'자는 '佐' 뒤로 옮기고 '一人'은 뒷구에 붙였는데, 이를 따라 번역하였다.

兪樾 : '難'은 바로 '離'자의 誤字이다. 〈備城門〉에 "쳐들어오는 방향 가까운 한쪽에 두 개의 풀무로 지키되 이탈하지 못하게 한다.〔突一旁以二橐守之 勿離〕"라고 하고, 〈備穴〉에 "화살을 잘 쏘는 자로 하여금 돕게 하되 모든 곳에서 한 사람은 자리를 이탈하지 못하게 한다.〔令善射者佐之 一人皆弗離〕"라고 하였으니 모두 그 증거이다.

案 : 兪樾의 校勘이 맞으니, 지금 이에 의거하여 바로잡는다.

**63-2-8 施縣脾**에 **大數二十步一**하되 **攻隊所在六步一**이라

縣脾를 설치할 때 대략 20步마다 1대씩 설치하되, 적군이 공격하는 곳에는 6步마다 1대씩 설치한다.

**蘇云 此言設縣脾多寡之數**하니 **蓋疏數**(삭)**視敵爲之**라하다

蘇時學 : 이 대목은 縣脾를 설치하는 숫자의 多寡를 말하였으니, 대체로 설치하는 밀도는 敵을 보고 맞춰 설치한다.

**63-3-1 爲(纍)〔壘〕**에

堡壘를 만들 때

**畢云 當爲壘**라하다

畢沅 : 〈'纍'는〉 '壘'가 되어야 한다.

**63-3-2 荅**[13]**廣從(丈各)〔各丈〕二尺**이요

荅(차단막)의 너비와 길이는 각각 1장 2척으로 하고

**王引之云 從**은 **音縱橫之縱**이라 **廣從丈各二尺**은 **義不可通**하니 **丈各當爲各丈**이라 **言荅之廣從各丈二尺也**라하다 **蘇說同**이라 **案 王校是也**니 **下文云 荅廣丈二尺**이라하다

王引之 : '從'은 音이 '縱橫'의 '縱'이다. '廣從丈各二尺'은 뜻이 통하지 않으니 '丈各'은 '各丈'이 되어야 한다. 荅의 너비와 길이가 각각 1장 2척이라는 말이다.

蘇時學의 說은 같다.

13) 爲(纍)〔壘〕 荅 : ≪墨子今注今譯≫에서는 '爲壘'와 '荅'을 한 구로 보아 '보루의 荅을 만들 때'라고 하였다.

案 : 王引之의 校勘이 맞으니, 아래 글(63-4-9)에 "荅은 너비가 1장 2척이다.〔荅廣丈二尺〕"라고 하였다.

**63-3-3 以木爲上衡**(횡)하고 (以麻索大徧之)〔**以大麻索編之**〕하되

나무로 위쪽의 가로대를 만들고 삼베 줄로 엮되

疑當作以大麻索編之라

〈'以麻索大徧之'는〉 아마도 '以大麻索編之'가 되어야 할 듯하다.

**63-3-4 染其索塗中**하고 **爲鐵鎖**하여

진흙에다 삼베 줄을 담그고, 쇠사슬을 만들어

畢云 據上文當爲璅니 玉篇에 云 鎖俗이라하다

畢沅 : 〈'鎖'는〉 위 글에 의거하건대 '璅'가 되어야 하니, ≪玉篇≫에는 "'鎖'의 俗字이다."라고 하였다.

**63-3-5 鉤其兩端之縣**이라

그 양끝의 고리에 걸어 둔다.

六韜軍用篇에 云 環利鐵鎖는 長二丈以上이 千二百枚라 環利大通索(삭)은 大四寸이요 長四寸以上이 六百枚라하다

≪六韜≫ 〈軍用〉에 "고리를 연결한 쇠사슬은 길이가 2丈 이상인 것이 1,200개이다. 고리를 연결한 큰 쇠사슬은 굵기가 4寸이고 길이가 4촌 이상인 것이 600개이다."라고 하였다.

**63-3-6 客則蛾傅城**이어든 **燒荅以覆之**하고 **連筵**[14)]

적이 개미처럼 달라붙어 성을 기어오르면 荅에 불을 붙여 덮어씌우고, 연결시킨

14) 筵 : ≪墨子今注今譯≫에서는 岑仲勉의 說에 의거하여 '筵'를 '梃'으로 교감하였는데, 이를 따라 번역하였다.

도리깨,

畢云 義未詳이라하다

畢沅 : 뜻은 알 수 없다.

63-3-7 (抄大)〔沙火〕皆救之라

모래와 재를 다 던져 적을 막는다.

抄大는 當作沙火라

'抄大'는 '沙火'가 되어야 한다.

63-3-8 以車兩走하되

수레의 두 바퀴를 사용하되

卽備城門篇之轀也[15)]라 車兩走卽兩輪이니 此及前備穴篇竝以車兩輪爲兩走라 備突篇에 云 吏主塞突門하여 用車兩輪하되 以木束之하고 塗其上이라하다

바로 〈備城門〉의 '轀'이다. '車兩走'는 바로 兩輪(두 바퀴)이니 이 대목 및 앞의 〈備穴〉에 모두 수레의 兩輪을 '兩走'라고 하였다. 〈備突〉에 "軍吏는 突門을 막는 일을 주관하여 수레의 두 바퀴를 쓰되 나무로 묶고 그 위에 진흙을 바른다.〔吏主塞突門 用車兩輪 以木束之 塗其上〕"라고 하였다.

63-3-9 軸閒廣大以(圉)〔圍〕하여

굴대 사이를 넓게 하여 에워싸서

疑當作圍라

〈'圉'는〉 아마도 '圍'가 되어야 할 듯하다.

63-3-10 犯之[16)]라

15) 卽備城門篇之轀也 : 본서 5책 52-12-9에 보인다.
16) 軸閒廣大以(圉)〔圍〕 犯之 : ≪墨子今注今譯≫에서는 '軸閒廣大' '以圉犯之'로 구를 떼고 '犯'은

적을 막는다.

有誤脫이라

잘못되고 빠진 것이 있다.

63-3-11 (觓)〔矠(동)〕其兩端하여

양 끝을 뾰족하게 한

畢云 觓은 未詳이라 廣雅有𥝩字하고 云 大也라하니 疑此卽矜異文이라하다 案 畢說非也라 觓疑當爲矠之變體니 廣雅釋詁에 云 矠는 刺也라하다 玉篇矛部에 云 矠은 刺矛也라하다 經典從矛字或變從卤라 爾雅釋詁에 矜은 苦也라한대 釋文에 矜作矝하니 是其例也라 觓其兩端은 猶上云 二丈四矛 刃其兩端矣라

畢沅 : '觓'은 알 수 없다. ≪廣雅≫에 '𥝩'자가 있고, "큼〔大〕이다."라고 하였으니 아마도 이는 바로 '矜'의 異體字인 듯하다.

案 : 畢沅의 說은 잘못 본 것이다. '觓'은 아마도 '矠'의 變體가 되어야 할 듯하니 ≪廣雅≫ 〈釋詁〉에 "'矠'은 찌름〔刺〕이다."라고 하였다. ≪玉篇≫ 矛部에 "'矠'은 찌르는 창〔刺矛〕이다."라고 하였다. 經典에 부수가 '矛'자인 경우 간혹 '卤' 부수로 바뀌기도 한다. ≪爾雅≫ 〈釋詁〉에 "'矜'은 苦이다."라고 하였는데, ≪經典釋文≫에 '矜'이 '矝'으로 되어 있으니, 이것이 그 사례이다. '觓其兩端'은 위(63-2-4~5)에 "2장 4척의 창을 잡고서 그 양 끝의 날을 벼려 둔다〔二丈四矛 刃其兩端〕"라 한 것과 같다.

63-3-12 以〔木〕束輪[17]하고

나무를 바퀴에 묶고

以下疑脫木字라

'以' 뒤에 아마도 '木'자가 빠진 듯하다.

---

'範'으로 보아 "굴대 중간에 큰 공간을 두고 견고하게 잘 묶는다."라고 하였다.

17) (觓)〔矠〕其兩端 以〔木〕束輪 : ≪墨子今注今譯≫에서는 '觓'을 '融'으로 보고 '以束輪'으로 보아, "그 양 끝을 融合하여 바퀴에 일체로 묶는다."라고 하였다.

**63-3-13** (徧徧)〔徧編〕塗其上이라

고르게 엮고 그 위에 진흙을 바른다.

蘇云 徧字誤重이라하다 詒讓案 下徧字疑當作編이라 上云 以大[18]麻索編之하되 染其索塗中이라하다

蘇時學 : '徧'자는 잘못 중복되었다.

詒讓案 : 뒤의 '徧'자는 아마도 '編'이 되어야 할 듯하니, 위(63-3-4)에 "大麻 줄로 엮되 진흙에다 그 줄을 담근다.〔以大麻索編之 染其索塗中〕"라고 하였다.

**63-3-14** (室)〔窒〕中以檎若蒸하고

느릅나무와 삼 줄기로 중간을 채우고

室은 讀爲窒이라 備城門篇에 云 室以樵하면 可燒之以待敵[19]이라하여 窒亦作室이라 說文艸部에 云 蒸은 析麻中榦也라하다 周禮甸師鄭注에 云 木大曰薪이요 小曰蒸이라하다

'室'은 '窒'로 읽는다. 〈備城門〉에 "〈여기에〉 땔나무를 채우면 이를 태워서 적을 대비할 수 있다.〔室以樵 可燒之以待敵〕"라고 하여, '窒'이 또한 '室'로 되어 있다. ≪說文解字≫ 艸部에 "蒸은 삼껍질을 벗겨낸 속줄기이다.〔析麻中榦也〕"라고 하였다. ≪周禮≫ 〈甸師〉의 鄭玄注에 "나무가 큰 경우 薪이라 하고 작은 경우 蒸이라 한다.〔木大曰薪 小曰蒸〕"라고 하였다.

**63-3-15** 以棘爲旁하니 命曰火捽이라하고 一曰傳湯이라하여 以當隊라 客則乘隊어든 燒傳湯하고 斬維而下之하고

가시나무 가지를 옆에 놓으니, 이를 명명하여 '火捽'이라 하고 '傳湯'이라고도 하여 이것을 적이 공격해 오는 길에 둔다. 적이 부대를 이루어 성벽에 오르면 전탕에 불을 붙인 뒤 줄을 잘라 그것을 〈적에게〉 떨어뜨리고

王引之云 燒傳湯三字는 義不相屬이라 燒下當有荅字어늘 而今本脫之라 上文兩言燒

18) 大 : 저본의 傍注에 "'大'자는 원래 빠졌는데 살펴보건대 위 글에 '以麻索大徧之'라고 한 것을 孫詒讓의 校勘에 '以大麻索徧之'라고 하였으니 지금 이에 의거하여 '大'자를 보충한다.〔大字原脫 按上文云以麻索大徧之 孫校作以大麻索徧之 今據補大字〕"라고 하였다.

19) 備城門篇……可燒之以待敵 : 본서 5책 52-11-12~13에 보인다.

荅하니 是其證이라 備城門篇에 城上二步一荅[20]라하다 案 傳湯은 卽以車兩走所作械名이니 自可燒일새 不必增荅也라 王校未塙이라 備突篇說輪轀하여 竝云 維置之[21]라하니 故必斬維乃可下也라

王引之 : '燒傳湯' 3자는 뜻이 이어지지 않는다. '燒' 뒤에 '荅'자가 있어야 하는데 今本에 빠졌다. 위 글(63-1-11, 63-3-6)에 두 번 '燒荅'을 말하였으니, 바로 그 증거이다. 〈備城門〉에 '城上二步一荅(성 위에는 2보마다 荅을 1대씩 설치한다.)'이라 하였다.

案 : '傳湯'은 바로 수레의 두 바퀴로 만드는 기계 이름이니 스스로 태울 수 있기에 굳이 '荅'을 덧붙일 필요가 없다. 王引之의 校勘은 확실하지 않다. 〈備突〉에 輪轀을 설명하면서 모두 "줄로 묶어 둔다.〔維置之〕"라고 하였으니 반드시 줄을 잘라야 비로소 내릴 수 있다.

## 63-3-16 令勇士隨而擊之하되 (以爲勇士前行)〔以勇士爲前行〕[22]하고

勇士로 하여금 그것을 따라 적을 공격하게 하되 용사들을 隊伍의 앞에 배치하고

當作以勇士爲前行이니 號令篇에 云 以勇敢爲前行이라하니 可證이라

〈'以爲勇士前行'은〉 '以勇士爲前行'이 되어야 하니, 〈號令〉에 "용감한 자를 隊伍의 앞에 배치한다.〔以勇敢爲前行〕"라고 한 것을 증거로 삼을 수 있다.

## 63-3-17 城上輒塞壞城이라

城 위에서는 적에게 파괴된 성벽을 바로바로 補修한다.

## 63-3-18 城下足爲下(說)〔銳〕鑱(找)〔杙(익)〕하되 長五尺이요

성밖의 벽 아래에 예리하게 만든 말뚝을 박되, 길이는 5척이고

說은 當作銳니 同聲假借字라 說文金部에 云 鑱은 銳也라하다 杙舊本作找라 王引之云 找는 當爲杙이라 備城門篇에 曰 杙閒六寸 剡其末이라하고 此亦云 剡其末하고 爲五行하되

20) 備城門篇 城上二步一荅 : 본서 5책 52-15-4에 보인다.
21) 備突篇說輪轀……維置之 : 61-1-6에 보이는데, 거기에는 '維置突門內'로 되어 있다.
22) (以爲勇士前行)〔以勇士爲前行〕 : ≪墨子今注今譯≫에서는 교감하지 않고 그대로 보고서 "傳湯으로 勇士에게 길을 열어주게 하다."라고 하였다.

行閒廣三尺이라하다 故知找爲杙之訛라하다 案 王校是也라 蘇說同하니 今據正이라

'說'은 '銳'가 되어야 하니 聲音이 같은 假借字이다. ≪說文解字≫ 金部에 "'鑴'은 예리함〔銳〕이다."라고 하였다. '杙'은 舊本에 '找'로 되어 있다.

王引之 : '找'는 '杙'이 되어야 한다. 〈備城門〉에 "말뚝의 간격은 6촌이며, 그 끝을 예리하게 만든다.〔杙閒六寸 剡其末〕"라고 하고, 이 편에서도 "그 끝을 예리하게 만들고 5줄로 배열하는데 줄 사이의 너비는 3척이다.〔剡其末爲五行 行閒廣三尺〕"라고 하였다. 그러므로 '找'는 '杙'의 誤字임을 알 수 있다.

案 : 王引之의 校勘이 맞다. 蘇時學의 說도 같으니, 지금 이에 의거하여 바로잡는다.

**63-3-19 大(圉)〔圍〕半以上이요**

굵기는 1圍 半 이상이며

六韜軍用篇에 云 委環鐵杙은 長三尺以上이 三百枚라하다 畢云 圉疑圍라하다

≪六韜≫ 〈軍用〉에 "고리를 연결한 쇠말뚝은 길이가 3尺 이상인 것이 300개이다.〔委環鐵杙 長三尺以上 三百枚〕"라고 하였다.

畢沅 : '圉'는 아마도 '圍'인 듯하다.

**63-3-20 皆剡其末하고 爲五行(항)하되 行閒廣三尺이라 貍(매)三尺이요 (大耳)〔犬牙〕樹之라**

모두 그 끝을 예리하게 만들고 5줄로 배열하되 줄 사이의 너비는 3척이다. 3척 깊이로 땅속에 묻고 개 이빨처럼 들쑥날쑥하게 세운다.

大耳는 疑犬牙之誤니 見備城門篇[23]이라

'大耳'는 아마도 '犬牙'의 誤字인 듯하니 〈備城門〉에 보인다.

**63-4-1 爲連殳(수)하되 長五尺이요**

連殳를 만들되 길이는 5척이고

殳

23) 見備城門篇 : 본서 5책 52-22-118에 보인다.

說文殳部에 云 殳는 以杸(수)[24]殊人也라 禮에 殳以積竹[25]이요 八觚요 長丈二尺이니 建於兵車하여 旅賁以先驅라하다

《說文解字》 殳部에 "'殳'는 창[杸]으로 사람을 죽이는 것이다. 《禮》에 "殳는 대쪽을 포개어 쌓아서 만드는데, 팔각형이고 길이는 1장 2척이다. 兵車에 세우고서 旅賁(창과 방패를 들고 왕의 수레를 호위하는 무관)이 이것으로 先導한다."라고 하였다.

## 63-4-2 (大十)[大寸]이라 (尺)[大][26]

크기는 1촌이다.

殳不得大至丈이니 必有誤라 疑大十當作大寸이니 十卽寸之訛라 尺當爲大요 屬下讀이라 備城門篇有大梃[27]하니 卽此라

殳는 크기가 1장까지 될 수 없으니 반드시 오류가 있을 것이다. 아마도 '大十'은 '大寸'이 되어야 할 듯하니, '十'은 바로 '寸'의 誤字이다. '尺'은 '大'가 되고 아래에 붙여 읽어야 한다. 〈備城門〉에 '大梃'이 있으니 바로 이것이다.

## 63-4-3 梃長二尺이요

도리깨는 길이가 2척이고

畢云 梃은 舊俱從手러니 以意改라하다

畢沅 : '梃'은 舊本에 모두 부수가 '手'로 되어 있는데, 글 뜻으로 판단하여 고쳤다.

## 63-4-4 大六寸이요 索長二尺이라

굵기는 6촌이며 줄의 길이는 2척이다.

---

24) 杸(수) : 저본의 傍注에 "'杸'는 원래 '杖'으로 잘못되어 있는데 《說文解字》에 의거하여 고친다.[杸 原誤杖 據說文改]"라고 하였다.

25) 積竹 : 대나무를 깎아 아교로 붙여 만든 攢竹과 같은 말로, 明나라 楊愼은 《升菴集》 권44 〈積竹〉에서 "徐鉉의 《說文注》에 '積竹은 대나무의 흰 부분을 긁어내고 그 푸른 부분을 가져다 합하여 그 굳센 强度를 취하는 것을 말하니 바로 지금의 攢竹法이다."라고 하였다.

26) (大十)[大寸] (尺)[大] : 《墨子今注今譯》에서는 岑仲勉의 說에 의거하여 '尺'을 '寸'으로 교감하고, "크기는 10촌이다."라고 하였다.

27) 備城門篇有大梃 : 본서 5책 52-8-11에 보인다.

卽備城門篇之連梃[28)]이라 凡連殳連梃은 蓋皆以索係連之라

바로 〈備城門〉에 나오는 連梃(도리깨)이다. 무릇 連殳와 連梃은 아마도 모두 줄로 묶어 이어놓는 듯하다.

**63-4-5** 椎는 柄長六尺이요 首長尺五寸이라

몽치는 자루의 길이는 6척이고 머리의 길이는 1척 5촌이다.

備城門篇에 長椎니 長六尺이요 頭長尺[29)]이라하다

〈備城門〉에 "長椎(긴 몽치)를 두는데 〈자루의〉 길이는 6척이고 머리의 길이는 1척이다.〔長椎 長六尺 頭長尺〕"라고 하였다.

**63-4-6** 斧는 柄長六尺이요

도끼는 자루의 길이는 6척이고

御覽兵部引備衝法하여 用斧長六尺이라하니 亦與此同이라 備城門篇에 長斧柄長八尺[30)]이어늘 此短二尺하니 與彼異라

≪太平御覽≫ 〈兵部〉에 備衝法을 인용하여 "길이 6척의 도끼를 쓴다.〔用斧長六尺〕"라고 하였는데 역시 이 대목과 같다. 〈備城門〉에 '長斧柄長八尺(긴 도끼를 두는데 자루의 길이는 8척이다.)'이라 하였는데 이 대목은 2척이 짧으니 그곳과 차이가 있다.

**63-4-7** 刃必利요 皆(葬)〔築〕이라

날은 반드시 예리하게 하고, 다 築을 두어 〈성을 쌓는 데 대비한다.〉

字書無葬字하니 疑當作皆築이니 見備城門篇[31)]이라

字書에는 '葬'자가 없으니 아마도 '皆築'이 되어야 할 듯한데, 〈備城門〉에 보인다.

---

28) 備城門篇之連梃 : 본서 5책 52-16-1에 보인다.
29) 備城門篇……頭長尺 : 본서 5책 52-8-8에 보이는데, '長六尺' 앞에 '柄'자가 있다.
30) 備城門篇 長斧柄長八尺 : 본서 5책 52-8-5에 보인다.
31) 見備城門篇 : 본서 5책 52-8-1에 보이는데, 거기서 築을 흙 다지는 공이〔杵〕 혹은 공이 머리 부분에 쇠로 덧입힌 것이라 하였다.

**63-4-8 其一後**[32)]

(생략)

未詳이라

알 수 없다.

**63-4-9 苔廣丈二尺**이요 **□□丈六尺**이니 **垂前衡四寸**하여 **兩端接尺相覆**하고 **勿令魚鱗**(三)〔**槮**〕하고

苔(차단막)은 너비가 1장 2척이고 〈길이가〉 1장 6척이니, 앞의 가로대에서 4촌 되는 곳에 드리운다. 양 끝의 이어지는 부분이 1척씩 겹치게 하고 물고기 비늘처럼 차곡차곡 쌓지 않는다.

**蘇云 雜守**에 **云 入柴**에 **勿積魚鱗簪**[33)]이라한대 **畢注**에 **疑槮字假音**라하다 **竊謂此處三字亦槮字假音也**라하다 **案 蘇說是**라 **言爲苔之法**은 **以本**[34)]**兩端相銜接**하여 **以尺爲度**요 **不可鱗次**니 **不相覆也**라

蘇時學 : 〈雜守〉에 "땔감을 들일 때 물고기 비늘처럼 차곡차곡 쌓지 않는다.〔入柴 勿積魚鱗簪〕"라고 하였는데, 畢沅의 注에 "아마도 '槮'자의 假借한 音인 듯하다."라고 하였다. 내 생각에 이 곳의 '三'자 역시 '槮'자의 假借한 音인 듯하다.

案 : 蘇時學의 說이 맞다. 苔을 만드는 법은 나무의 양 끝을 서로 맞물리게 하면서 尺을 단위로 삼고 비늘처럼 차례로 쌓아서는 안 되니 〈그렇게 하면〉 서로 겹치지 않는다.

**63-4-10 著**(착)**其後**(行)〔**衡**〕에

뒤의 가로대에

**前有前衡**하니 **此疑當作後衡**이라 **上下文有前行**한대 **與此義似不同**이라

앞에 '前衡'이 있으니 이 대목은 아마도 '後衡'이 되어야 할 듯하다. 위아래 글에 '前行'이 있는데 이 대목의 뜻과 같지 않은 듯하다.

---

32) 其一後 : ≪墨子今注今譯≫과 Ian Johnston의 *The Mozi*(2010)에서는 번역하지 않았다.
33) 雜守……勿積魚鱗簪 : 뒤의 71-10-7~8에 보인다.
34) 本 : 저본의 傍注에 "살펴보건대, '本'자는 뜻이 통하지 않으니 '木'이 되어야 한다.〔按 本字義不可通 當作木〕"라고 하였다.

**63-4-11 中央(木)〔大〕繩一**하니

중간에 커다란 줄 하나를 붙이는데

木은 疑當作大라

'木'은 아마도 '大'가 되어야 할 듯하다.

**63-4-12 長二丈六尺**이라 **苔樓不會者以牒塞**(색)하고

길이는 2장 6척이다. 겹겹으로 펼쳐진 苔(차단막)이 잘 맞물리지 않은 곳은 나무판으로 채우고

蘇云 會는 猶合也라 牒當爲堞이라하다 案 說文片部에 云 牒은 札也라하다 廣雅釋器에 云 牒은 版也라하다 謂以版塞壁隙이니 蘇說非라

蘇時學 : '會'는 合과 같다. '牒'은 '堞'이 되어야 한다.

案 : ≪說文解字≫ 片部에 "'牒'은 나뭇조각〔札〕이다."라고 하였다. ≪廣雅≫ 〈釋器〉에 "'牒'은 版이다."라고 하였다. 版으로 壁의 틈을 채웠다는 말이니 蘇時學의 說은 잘못이다.

**63-4-13 數暴乾**(삭폭간)하고

자주 햇볕에 말리며

畢云 說文에 云 暴은 晞也라하다

畢沅 : ≪說文解字≫에 "'暴'은 晞(말림)이다."라고 하였다.

**63-4-14 苔爲格**하여 **令風上下**라

苔은 간격을 두어 바람이 위아래로 통하게 한다.

此亦未詳其義라

이 대목 역시 그 뜻을 알 수 없다.

**63-4-15 堞惡**(악)**疑壞者**어든

城堞이 불량하여 무너질 것 같으면

疑壞는 謂未壞而疑其將壞也라

'疑壞'는 아직 파괴되지는 않고 장차 파괴될 것 같다는 말이다.

### 63-4-16 先貍木十尺一枚(一)[35)]하고

우선 10척 길이의 나무말뚝 하나를 묻고

此字疑衍이라

이 字(一)는 잘못 들어간 듯하다.

### 63-4-17 (節壞)〔卽壞〕어든

〈城堞이〉 만약 무너지면

當作卽壞라

'卽壞'가 되어야 한다.

### 63-4-18 鄧植以押(慮)盧薄於木[36)]하되

나무를 잘라서 말뚝에 盧薄(기둥 뒤에 가로지르는 나무)을 고정시키되

畢云 唐大周長安三年[37)]石刻에 云 爰雕爰鄧이라하니 卽斲(착)字라 慮字衍文이라 案 押未詳이요 慮卽盧字之誤衍이니 畢校得之라

畢沅 : 〈唐大周長安三年石刻〉에 "이에 새기고 이에 자른다.〔爰雕爰鄧〕"라고 하였으니 바로 '斲'자이다. '慮'자는 衍文이다.

35) 先貍木十尺一枚(一) : ≪墨子今注今譯≫에서는 岑仲勉의 說에 의거하여 '枚'를 '步'로 교감하고, "우선 10척 길이 나무를 1보마다 하나씩 묻는다."라고 하였다.

36) 鄧植以押(慮)盧薄於木 : ≪墨子今注今譯≫에서는 岑仲勉의 說에 의거하여 '鄧'를 '釘'으로, '以押慮盧薄於木'은 '以盧薄押於木'으로 교감하고, "말뚝에 못을 박고 가로지른 나무를 말뚝에 고정시킨다."라고 하였다.

37) 唐大周長安三年 : 大周는 則天武后(624~705)가 아들인 唐 睿宗을 폐위하고 자신이 직접 황제가 되어 세운 나라로, 武氏의 나라라는 뜻으로, 武周라고도 한다. 무후는 太宗 때 열 네 살의 나이에 후궁으로 들어와 태종의 총애를 받았다. 태종 사후 출가하였다가 다시 高宗의 후궁으로 들어와 황후가 되었는데 고종이 병이 든 뒤부터 섭정을 하면서 태자를 마음대로 바꾸는 등 전권을 행사하다가 직접 황제가 된 것이다. 長安은 大周의 年號(701~704)이다.

案 : '押'은 알 수 없고 '慮'는 바로 '盧'자를 붙이려다 잘못 들어간 것이니 畢沅의 校勘이 맞다.

## 63-4-19 盧薄

가로지르는 나무의

漢書王莽傳에 爲銅薄櫨라한대 顔注에 云 柱上枅也라하다 畢云 說文에 云 櫨는 柱上柎也라하고 欂은 壁柱라하다

≪漢書≫ 〈王莽傳〉에 "銅製 斗栱을 만든다.〔爲銅薄櫨〕"라고 하였는데, 顔師古의 注에 "동자기둥 위의 가로지르는 나무〔柱上枅〕이다."라고 하였다.

畢沅 : ≪說文解字≫에 "'櫨'는 동자기둥 위의 가로지르는 나무〔柱上柎〕이다."라고 하고, "'欂'은 벽의 기둥(중깃)이다."라고 하였다.

## 63-4-20 (表)〔袤(무)〕八尺이요

길이는 8척이고

表는 疑袤之誤라 蘇云 表當作長이라한대 非라

'表'는 아마도 '袤'의 誤字인 듯하다. 蘇時學은 "'表'는 '長'이 되어야 한다."라고 하였는데, 잘못이다.

## 63-4-21 廣七寸이요 (經尺一)〔徑一尺〕이요

너비는 7촌이며 직경은 1척이고

蘇云 經徑同이라하다 詒讓案 疑當作徑一尺이라

蘇時學 : '經'과 '徑'은 같다.

詒讓案 : 〈'經尺一'은〉 아마도 '徑一尺'이 되어야 할 듯하다.

## 63-4-22 數(삭)施一(擊)〔桔〕而〔上〕下之하여

桔槔 하나를 자주 써서 올리고 내리면서

擊은 疑卽桔槔之桔이니 詳備城門篇[38)]이라 下之는 疑當作上下之니 桔皐可上下也라

'擊'은 아마도 바로 桔槔(도르래)의 '桔'인 듯하니 〈備城門〉에 자세히 설명하였다. '下之'는 아마도 '上下之'가 되어야 할 듯하니, 桔皐는 위아래로 올리고 내릴 수 있다.

63-4-23 爲上下釫(화)而斲(착)之[39)]라

위아래로 가래질하여 고정한다.

畢云 說文에 云 芣(화)는 兩刃臿也라 或從金從于[40)]라하다 玉篇에 云 釫同鏵라 鏵는 銚(초)也니 胡瓜切이라하다

畢沅 : ≪說文解字≫에 "'芣'는 양날의 가래〔兩刃臿〕인데, 간혹 '金'과 '于'로 구성되어 있는 경우도 있다."라고 하였다. ≪玉篇≫에 "'釫'는 '鏵'와 같다. '鏵'는 가래〔銚〕이니 '胡'와 '瓜'의 反切이다."라고 하였다.

63-5-1 (經一)〔徑一尺〕[41)]이라

직경은 1척이다.

疑當作徑一尺이라

〈'經一'은〉 아마도 '徑一尺'이 되어야 할 듯하다.

63-5-2 (鈞)〔鉤〕와

갈고리,

疑當作鉤니 上疑有脫字라

〈'鈞'은〉 아마도 '鉤'가 되어야 할 듯하니, 앞에 아마도 빠진 글자가 있는 듯하다.

---

38) 詳備城門篇 : 본서 5책 52-20-18, 52-22-11에 보인다.

39) 數(삭)施一(擊)〔桔〕而〔上〕下之 爲上下釫(화)而斲(착)之 : ≪墨子今注今譯≫에서는 岑仲勉의 說에 의거하여 '釫'과 '斲'을 모두 '釘'으로 교감하고, "여러 차례 아래로 말뚝을 때리고 못을 써서 위아래로 튼튼하게 박는다."라고 하였다.

40) 從于 : 저본의 傍注에 "'從于'는 원래 '或從手'로 잘못되어 있는데 ≪說文解字≫ 木部에 의거하여 삭제하고 고친다.〔從于 原誤或從手 據說文木部刪改〕"라고 하였다.

41) (經一)〔徑一尺〕 : ≪墨子今注今譯≫과 Ian Johnston의 *The Mozi*(2010)에서는 번역하지 않았다.

**63-5-3** (禾)〔木〕**樓**와

木樓(나무 누각),

**禾疑當作木**이니 **備城門篇有木樓**[42]라

'禾'는 아마도 '木'이 되어야 할 듯하니, 〈備城門〉에 '木樓'가 있다.

**63-5-4** (羅)〔絫(루)〕**石**이라

쌓아 둔 돌을 〈준비한다.〉

**羅疑當作絫**이니 **聲之轉**이라 **絫石**은 **卽礧石**이니 **見備城門篇**[43]이라

'羅'는 아마도 '絫'가 되어야 할 듯하니 聲音이 변한 것이다. '絫石'은 바로 礧石이니, 〈備城門〉에 보인다.

**63-5-5 縣荅植內**요 **毋植外**라

기둥 안에 荅을 매달고 기둥 밖에 매달지 않는다.

**謂縣於荅樓之內也**라 **備城門篇**에 **云 樓四植**[44]이라하니 **植卽柱也**라

겹겹으로 펼쳐진 荅(차단막)의 안에 매단다는 말이다. 〈備城門〉에 "누각에는 네 개의 기둥이 있다.〔樓四植〕"라고 하였으니, '植'은 바로 기둥이다.

**63-6-1** (杜)〔柞〕**格**은 **貍四尺**하되

柞格(나무 울타리)은 4척 깊이로 묻되

**杜格**은 **義難通**하니 **疑當作柞格**이라 **國語魯語**에 **云 設阱鄂**이라한대 **韋**[45]**注**에 **云 阱**은 **柞格也**라하다 **柞杜形近而誤**라 **周禮雍氏鄭注**에 **云 擭柞鄂也**라하다 **莊子胠篋篇**[46]에 **云**

---

42) 備城門篇有木樓 : 본서 5책 52-20-14에 보인다.

43) 絫石卽礧石 見備城門篇 : 본서 5책 52-12-27에 보인다.

44) 備城門篇……樓四植 : 본서 5책 52-12-15에 보인다.

45) 韋 : 三國시대 吳나라의 학자 韋昭(204~273)로, 字는 弘嗣이고 吳郡 雲陽(지금의 江蘇省 丹陽) 사람이다. 258년 孫休가 즉위하여 五經博士와 國學을 설립하자 博士祭酒가 되어 서적 편찬 및 侍講을 담당하였다. 저서로 ≪漢書音義≫, ≪國語注≫, ≪官職訓≫, ≪三吳郡國志≫ 등이 있다.

削(초)格羅落罝罘(저부)之知多하면 則獸亂於澤矣라한대 釋文引李頤하여 云 削格所以施羅網也라하다 柞格柞鄂削格은 蓋皆阱擭之名이라 旗幟篇有牲格[47]하니 疑卽此라

'杜格'은 뜻이 통하지 않으니 아마도 '柞格'이 되어야 할 듯하다. ≪國語≫ 〈魯語〉에 "阱鄂을 설치한다.〔設阱鄂〕"라고 하였는데, 韋昭의 注에 "'阱'은 柞格이다."라고 하였다. '柞'과 '杜'는 字形이 비슷하여 잘못된 것이다. ≪周禮≫ 〈秋官 雍氏〉의 鄭玄 注에 "擭은 柞鄂이다."라고 하였다. ≪莊子≫ 〈胠篋〉에 "木柵과 새 잡는 그물, 토끼그물, 짐승 잡는 그물 따위를 쓰는 지혜가 많아지면 짐승들이 늪에서 어지러움에 빠진다.〔削格羅落罝罘之知多則獸亂於澤矣〕"라고 하였는데, ≪經典釋文≫에 李頤를 인용하여 "削格은 그물을 펴서 잡는 것이다.〔所以施羅網也〕"라고 하였다. '柞格', '柞鄂', '削格'은 대개 모두 함정과 덫의 명칭이다. 〈旗幟〉에 '牲格'이 있는데 아마도 바로 이것인 듯하다.

**63-6-2 高者十尺[48]이요 木長短相雜하고 兌(예)其上하고**

높이는 10척이며 길고 짧은 나무를 서로 섞어 놓고 그 위쪽을 예리하게 하고

蘇云 兌同銳라하다

蘇時學 : '兌'는 '銳'와 같다.

**63-6-3 而外內厚塗之라**

안팎으로 진흙을 두껍게 바른다.

蘇云 外內疑當作內外라 或作外向이라하다 案 外內無誤라

蘇時學 : '外內'는 아마도 '內外'가 되어야 할 듯하다. 혹은 '外向'으로 되어 있기도 하다.

案 : '外內'는 오류가 없다.

**63-7-1 爲前行行棧**

〈柞格의〉 앞으로 가기 위해 사용하는 行棧과

---

46) 胠篋篇 : 저본의 傍注에 "'胠篋篇'은 원래 '駢拇篇'으로 잘못되어 있는데 ≪莊子≫에 의거하여 고친다.〔胠篋篇 原誤駢拇篇 據莊子改〕"라고 하였다.

47) 旗幟篇有牲格 : 뒤의 69-8-1에 보인다.

48) 尺 : 저본의 傍注에 "'尺'은 원래 '丈'으로 잘못되어 있는데 畢沅의 刻本에 의거하여 고친다.〔尺 原誤丈 據畢沅刻本改〕"라고 하였다.

見備城門篇[49)]이라

〈備城門〉에 보인다.

63-7-2 縣荅[50)]이라 隅爲樓하되 樓必(曲裏)〔再重〕이라

매단 荅을 둔다. 성의 모퉁이에 누각을 세우되 누각은 반드시 이층으로 한다.

吳鈔本作禮한대 蘇屬下土讀하고 云 曲裏土는 疑再重二字之誤라 備穴에 云 爲再重樓是也[51)]라하다 案 曲裏는 卽再重之訛니 說詳備城門篇이라 土當屬下讀이라

〈'裏'는〉 吳鈔本에 '禮'로 되어 있는데, 蘇時學은 아래 '土'에 붙여서 읽고 "'曲裏土'는 아마도 '再重' 2자의 誤字인 듯하다. 〈備穴〉에 "이층 누각을 만든다.〔爲再重樓〕"라고 한 것이 이것이다."라고 하였다.

案 : '曲裏'는 바로 '再重'의 誤字이니 〈備城門〉에 자세히 설명하였다. '土'는 아래에 붙여서 읽어야 한다.

63-7-3 土는 五步一하되 毋(其)〔下〕二十畾라

흙은 5步마다 한 무더기씩 두되 20삼태기보다 적게 두지 않는다.

畢云 絫字라하다 詒讓案 土五步一은 蓋謂積土也라 毋其二十畾는 疑當作毋下二十畾니 此書其字多作亓한대 與下形近이라 故互訛라 畾讀爲孟子虆梩之虆[52)]니 古字通用하니 盛土籠也라 見備城門篇[53)]이라

畢沅 : 〈'畾'는〉 '絫'자이다.

詒讓案 : '土五步一'은 아마도 積土를 말하는 듯하다. '毋其二十畾'는 아마도 '毋下二十畾'가 되어야 할 듯하니, 이 책에 '其'자가 '亓'로 되어 있는 경우가 많은데 '下'와 字形이 비

49) 見備城門篇 : 본서 5책 52-22-8, 52-22-44에 보인다.

50) 爲前行行棧 縣荅 : ≪墨子今注今譯≫과 Ian Johnston의 *The Mozi*(2010)에서는 '爲前行' 3자를 번역하지 않았다. ≪墨子今注今譯≫에서는 '行棧'을 '縣荅'에 붙이고 "行棧에 荅을 매단다."라고 하였다. '行棧'은 城 위를 다닐 수 있는 다리로, 펼쳤다가 거둘 수 있다.

51) 備穴……爲再重樓是也 : 인용 내용은 〈備穴〉이 아니라 〈備城門〉 52-12-1에 보인다.

52) 畾讀爲孟子虆梩之虆 : ≪孟子≫ 〈滕文公 上〉에 "집으로 돌아와 삼태기와 들것에 흙을 담아다가 시신을 가렸다.〔蓋歸反虆梩而掩之〕"라고 하였다.

53) 見備城門篇 : 본서 5책 52-8-3에 보인다.

슷하기 때문에 서로 잘못되곤 한다. '畾'는 ≪孟子≫의 '虆梩'의 '虆'로 읽어야 한다. 古字에 通用되니, 흙을 담는 삼태기이다. 〈備城門〉에 보인다.

### 63-7-4 爵穴[54]은 十尺一하되

爵穴은 10척마다 1개씩 만들되

爵穴은 制詳備城門篇[55]이라

'爵穴'은 〈備城門〉에 制度를 자세히 설명하였다.

### 63-7-5 下堞三尺하고 廣其外라

성첩보다 3척 낮고, 바깥쪽을 넓게 한다.

堞은 舊本訛壞이요 吳鈔本又訛壞라 蘇云 壞當作堞이니 見備城門篇[56]이라하다 案 蘇校是也니 今據正이라

'堞'은 舊本에 '壞'으로 잘못되어 있고, 吳鈔本에 다시 '壞'로 잘못되어 있다.

蘇時學 : '壞'은 '堞'이 되어야 하니, 〈備城門〉에 보인다.

案 : 蘇時學의 校勘이 맞으니, 지금 이에 의거하여 바로잡는다.

### 63-7-6 轉脯城上[57]에

성 위에서 방향을 바꿔 막을 때

畢云 脯卽傳字라하다 詒讓案 字書無脯字요 與傳形聲竝遠하니 未詳其說이라

畢沅 : '脯'은 바로 '傳'자이다.

詒讓案 : 字書에는 '脯'자가 없고 '傳'와는 字形과 聲音이 모두 다르니 그 내용은 자세히 알 수 없다.

---

54) 爵穴 : 城堞 벽에 참새가 겨우 들어갈 만한 작은 구멍이라는 뜻이다.
55) 爵穴 制詳備城門篇 : 본서 5책 52-22-85~88에 보인다.
56) 見備城門篇 : 본서 5책 52-22-86에 보인다.
57) 轉脯城上 : ≪墨子今注今譯≫에서는 '脯'을 '壅'으로 교감하고 "성 위에서 방향을 바꿔 막는다."라고 하였다. 이에 의거하여 번역하였다.

### 63-7-7 樓及(散)〔殺〕與池

누각 및 殺(적을 죽일 공간)과 저수지,

散은 疑當作殺이라

'散'은 아마도 '殺'이 되어야 할 듯하다.

### 63-7-8 革盆이라

革盆(가죽 동이)를 준비한다.

見備城門篇[58]이라

〈備城門〉에 보인다.

### 63-7-9 若(轉)〔傅〕에

〈적이〉 만약 성벽에 달라붙어 기어오를 때

疑當作若傅니 謂敵傅城也라

〈'若轉'은〉 아마도 '若傅'가 되어야 할 듯하니, 敵이 성벽에 달라붙어 기어오른다는 말이다.

### 63-7-10 攻卒擊其後하여 (煖)〔緩〕失하면 治라

공격하는 병졸이 뒤늦게 쳐서 시기를 놓치면 〈軍法으로〉 다스린다.

煖當爲緩이니 言不急擊敵이면 則以法治之라

'煖'은 '緩'이 되어야 하니, 적을 급히 공격하지 않으면 軍法으로 다스린다는 말이다.

### 63-7-11 車革火[59]라

연기를 피워 〈적을〉 공격한다.

---

58) 見備城門篇 : 본서 5책 52-12-38에 보인다.
59) 車革火 : ≪墨子今注今譯≫에서는 岑仲勉의 說에 의거하여 '車革'을 '熏'으로 교감하였는데, 이를 따라 번역하였다.

未詳이라 此數語與上下文義不相屬하니 疑有訛脫이라

알 수 없다. 이 대목의 몇 마디 말은 위아래 글 뜻과 서로 이어지지 않으니 아마도 잘못되고 빠진 것이 있는 듯하다.

**63-8-1 凡殺蛾傅而攻者之法은 置薄城外하되**

무릇 개미처럼 달라붙어 성벽을 기어오르며 공격하는 적을 물리치는 법은 성 밖에 薄(나무 울타리)을 설치하되

蓋於城外植木爲藩蔽라 薄은 備梯篇作裾한대 裾當爲椐之誤라 畢云 薄疑卽欂字니 所謂壁柱[60]라하다 黃紹箕[61]云 說文艸部에 薄은 林薄[62]也니 一曰蠶薄[63]이라하다 荀子禮論篇楊倞注에 云 薄器는 竹葦之器라하다 此書所云椐는 蓋卽編木爲藩杝라 椐爲古聲孳生字요 薄爲甫聲孳生字어늘 二字同部요 聲近義同이라하다 案 黃說是也요 亦詳前備城門篇[64]하니 畢說失之라

대체로 城 밖에 나무를 심어 藩蔽(울타리)를 만드는 것인 듯하다. '薄'은 〈備梯〉에 '裾'로 되어 있는데, '裾'는 '椐'의 誤字일 것이다.

畢沅 : '薄'은 아마도 바로 '欂'자인 듯하니 이른바 壁柱(벽의 기둥)이다.

黃紹箕 : ≪說文解字≫ 艸部에 "'薄'은 林薄

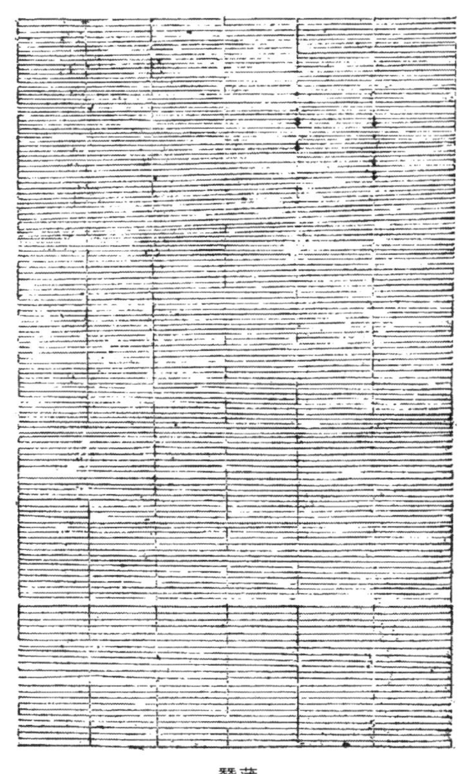

蠶薄

60) 薄疑卽欂字 所謂壁柱 : 앞의 63-4-19에 보인다.

61) 黃紹箕 : 1854~1908. 浙江省 瑞安 사람이다. 金石書畫에 정통하였다.

62) 林薄 : ≪楚辭章句≫ 〈九章〉의 王逸의 주에 "나무가 우거진 것을 林이라 하고 풀과 나무가 뒤섞여 함께 자라난 것을 薄이라 한다.〔叢木曰林 草木交錯曰薄〕"라고 하였다.

63) 蠶薄 : 대오리나 갈대로 엮어 만든 누에 채반으로, 누에를 여기에 담아 층으로 된 시렁에 벌여 둔다. '蠶箔'으로도 쓴다.

64) 亦詳前備城門篇 : 본서 5책 52-12-4에 보인다.

(빽빽하게 우거진 초목)이니 일설에는 蠶薄(누에 채반)이라고 한다."라고 하였다. ≪荀子≫〈禮論〉의 楊倞 注에 "'薄器'는 대오리나 갈대로 만든 그릇이다.〔竹葦之器〕"라고 하였다. 이 책에서 말한 '梱'는 대체로 나무를 엮어 藩杝(울타리)를 만든 것인 듯하다. '梱'는 '古' 聲에서 나온 글자이고, '薄'은 '甫' 聲에서 나온 글자인데, 두 글자가 같은 部이고 聲音이 비슷하고 뜻이 같다.

案 : 黃紹箕의 說이 맞고 또한 앞의 〈備城門〉에 자세히 설명하였으니, 畢沅의 說은 잘못 본 것이다.

**63-8-2** 去城十尺하고 薄厚十尺이라 伐(操)〔薄〕之法은

성에서 10척 거리를 두고 薄의 두께는 10척이다. 薄을 만드는 나무를 伐採하는 법은

畢云 操當爲薄이라하다

畢沅 : '操'는 '薄'이 되어야 한다.

**63-8-3** 大小盡木斷之하여 以十尺爲斷하고 離而深貍堅築之하여 毋使可拔이라

크고 작은 나무를 모두 베어 10척 길이로 자르고 간격을 두어 깊이 묻고 견고하게 다져 뽑히지 않게 해야 한다.

**63-9-1** 二十步一殺하고 有(壙)〔鬲〕하되

20보마다 殺(적을 죽일 공간)을 1개씩 두고 〈안에〉 칸막이를 두되

當作鬲이라 畢云 方言에 云 㷭(봉)은 虞望也라한대 郭璞注에 云 今云烽火是也라하다 此從土는 俗寫耳라 說文玉篇無此字라하다 案 畢說非是라

〈'壙'는〉 '鬲'이 되어야 한다.

畢沅 : ≪方言≫에 "'㷭'은 멀리서 관찰함〔虞望〕이다."라고 하였는데, 郭璞의 注에 "지금 烽火라고 하는 것이 이것이다."라고 하였다. 여기서 부수가 '土'인 것은 俗字일 뿐이다. ≪說文解字≫와 ≪玉篇≫에는 이 字가 없다.

案 : 畢沅의 說은 맞지 않다.

**63-9-2 厚十尺**이라

두께는 10척이다.

畢云 備梯에 云 殺有一鬲하되 鬲厚十尺이라하다

畢沅 : 〈備梯〉에 "殺에는 칸막이 하나를 두는데 칸막이는 두께가 10척이다.〔殺有一鬲 鬲厚十尺〕"이라고 하였다.

**63-9-3 殺有兩門**하되 **門廣五(步)〔尺〕**이요

殺에는 두 개의 문을 두되 문의 너비는 5척이고

畢云 舊脫一門字하니 据備梯增이라 步는 備梯作尺이라하다 詒讓案 門不當有三丈之廣이니 當從尺爲是라

畢沅 : 舊本에 '門'자 한 글자가 빠졌는데, 〈備梯〉에 의거하여 덧붙였다. '步'는 〈備梯〉에 '尺'으로 되어 있다.

詒讓案 : 門은 3장(5步) 너비인 경우가 있을 수 없으니 '尺'을 따라야 맞다.

**63-9-4 薄門板梯貍之**[65]하되 **勿築**하고

薄門(울타리에 만든 문)과 나무판 사다리는 땅에 묻되 단단하게 다지지 말고

畢云 舊脫勿字하니 据備梯增이라

畢沅 : 舊本에 '勿'자가 빠졌는데, 〈備梯〉에 의거하여 덧붙였다.

**63-9-5 令易拔**이라 **城上希薄門而置(搗)〔楬(갈)〕**이라

쉽게 뽑힐 수 있게 한다. 城 위에 薄門을 바라보며 말뚝을 설치한다.

王引之云 搗字義不可通이라 搗當爲楬하니 字之誤也라 楬은 杙也라 希與睎同하니 望也라 言望薄門而立杙也라 備梯篇에 置楬作直桀이라 置直楬桀竝通이라 廣雅에 楬은 杙也라하고 爾雅에 鷄棲於弋爲桀이라하다

---

65) 薄門板梯貍之 : ≪墨子今注今譯≫에서는 岑仲勉의 說에 의거하여 '板梯'를 '淺'으로 교감하고, "薄門은 얕게 묻는다."라고 하였다.

王引之 : '搗'자는 뜻이 통하지 않는다. '搗'는 '椙'이 되어야 하니 글자가 잘못된 것이다. '椙'은 말뚝〔杙〕이다. '希'는 '睎'와 같으니 바라봄〔望〕이다. 薄門을 바라보면서 말뚝을 세운다는 말이다. 〈備梯〉에는 '置椙'이 '直桀'로 되어 있다. '置'와 '直', '椙'과 '桀'은 모두 뜻이 통한다. ≪廣雅≫에 "'椙'은 말뚝〔杙〕이다"라고 하고, ≪爾雅≫에 "닭이 횃대에 깃든 것을 桀이라고 한다.〔鷄棲於弋爲桀〕"라고 하였다.

**63-10-1 縣火**하되 **四尺一**(椅)〔**樴**(직)〕이라

횃불을 매달되 4척마다 〈횃불 매다는〉 말뚝을 1개씩 세운다.

**當作樴**이라 **畢云 備梯作鉤樴**이라하다

〈'椅'는〉 '樴'이 되어야 한다.

畢沅 : 〈備梯〉에 '鉤樴'으로 되어 있다.

**63-10-2 五步一竈**(조)하되 **竈門有爐炭**이라 **傳令敵人盡入**이어든

5보마다 아궁이를 1개씩 두되 아궁이 문에는 화로의 숯불을 둔다. 적군을 모두 들어오게 했다고 전해오면

**畢云 舊作人**하니 **以意改**라하다

畢沅 : 〈'入'은〉 舊本에 '人'으로 되어 있는데, 글 뜻으로 판단하여 고쳤다.

**63-10-3** (**車**)〔**熏**〕**火燒門**하고

연기를 피우고 문을 태우며

**車**는 **備梯篇作煇**어늘 **此疑熏之誤**니 **詳備城門篇**[66)]이라

'車'는 〈備梯〉에 '煇'로 되어 있는데 여기서는 '熏'의 誤字인 듯하니 〈備城門〉에 자세히 설명하였다.

**63-10-4 縣火次之**하고 **出載而立**하되

그 다음에 매단 횃불을 던지고, 무기들을 실은 수레를 내보내 세우되

66) 詳備城門篇 : 본서 5책 52-13-1에 보인다.

畢云 舊脫出字하니 據備梯增이라하다

畢沅：舊本에 '出'자가 빠졌는데, 〈備梯〉에 의거하여 덧붙였다.

63-10-5 其廣終隊요 兩載之間一火하고 皆立而待鼓音而然하여

그 너비는 적 부대 끝단까지의 길이와 같아야 하고, 두 수레 사이마다 횃불을 1개씩 두고 모두 서서 북소리를 기다렸다가 불을 붙여

畢云 待는 舊作侍러니 以意改라하다 詒讓案 舊本作燃이러니 俗字라 今據吳鈔本正이라 蘇讀待字句하고 云 鼓音上當有聽字라한대 非라

畢沅：'待'는 舊本에 '侍'로 되어 있는데, 글 뜻으로 판단하여 고쳤다.

詒讓案：〈'然'은〉 舊本에 '燃'으로 되어 있는데 俗字인지라 지금 吳鈔本에 의거하여 바로잡는다. 蘇時學은 '待'자에서 句를 떼어 읽고, "'鼓音' 앞에 '聽'자가 있어야 한다."라고 하였는데, 잘못 본 것이다.

63-10-6 即俱發之라 敵人辟火而復攻이어든

바로 모두 함께 던진다. 적군이 불을 끄고서 다시 공격할 경우

小爾雅[67]廣言에 云 辟은 除也라하다 此謂敵人屛除所發之火하고 復從舊隧而來攻이라 故下云縣火復下也라하다 備梯篇作除火한대 與此義正同이라 王引之讀辟爲避하고 蘇讀同하니 竝非라

≪小爾雅≫ 〈廣言〉에 "'辟'은 없앰〔除〕이다."라고 하였다. 이 대목은 적군이 일어난 불을 끄고 다시 옛길을 따라 와서 공격한다는 말이다. 그래서 아래에 '縣火復下'라고 하였다. 〈備梯〉에는 '除火'로 되어 있는데, 이 대목의 뜻과 바로 같다. 王引之는 '辟'을 '避'로 읽었고, 蘇時學의 讀法도 같은데, 모두 잘못 본 것이다.

67) 小爾雅：訓詁學 저작으로, ≪爾雅≫의 체제를 따라 古書에 나오는 詞語를 해석한 책이다. ≪漢書≫ 〈藝文志〉에 ≪소이아≫ 1편이 들어있지만 편찬자의 이름은 전하지 않으며, ≪隋書≫ 〈經籍志〉와 ≪唐書≫ 〈예문지〉에는 李軌가 주석한 ≪소이아≫ 1권이 목록에 있지만 원본은 전하지 않는다. 지금 ≪소이아≫라고 하는 것은 ≪孔叢子≫에 일부 수록된 것이다. 모두 13장으로 구성되어 있다.

**63-10-7 縣火復下**하면 **敵人甚病**이라

매단 횃불을 다시 떨어뜨리면 적군이 몹시 곤경에 빠질 것이다.

**63-11-1 敵引(哭)〔師〕而榆**하면

적이 군대를 이끌고 물러나면

榆는 畢本作去하고 云 舊作榆하니 音之訛라 据備梯改라 備梯多有微異라하다 俞云 哭은 當作師라 說文帀(잡)部에 師는 古文作𠦹하니 形與哭相似라 故師誤爲哭也라하다 案 俞說近是라 榆去音不甚近하니 疑當爲逃之借字라 古兆聲俞聲이 字多互通하니 如詩小雅鹿鳴에 示民不恌라한대 毛傳에 云 恌는 偸也라하니 可證이라

'榆'는 畢沅本에 '去'로 되어 있고, "舊本에 '榆'로 되어 있으니 音이 잘못된 것이다. 〈備梯〉에 의거하여 고친다. 〈備梯〉에 조금씩 다른 경우가 많이 있다."라고 하였다.

俞樾 : '哭'은 '師'가 되어야 한다. ≪說文解字≫ 帀部에 '師'가 古文에 '𠦹'로 되어 있는데, 字形이 '哭'과 서로 비슷하므로 '師'가 잘못하여 '哭'이 된 것이다.

案 : 俞樾의 說이 옳은 듯하다. '榆'와 '去'는 聲音이 그리 비슷하지 않으니 아마도 '逃'의 假借字가 되어야 할 듯하다. 옛날에 '兆' 聲과 '俞' 聲은 글자들이 상호 통용하는 경우가 많았으니 이를테면 ≪詩經≫ 〈小雅 鹿鳴〉에 "백성에게 보여주어 경박하지 않게 하다.〔示民不恌〕"라고 하였는데, 毛傳에 "'恌'는 偸(가벼움)이다."라고 하였으니, 증거로 삼을 수 있다.

**63-11-2 則令吾死士左右出穴門擊(遺)〔遁〕師**하고

우리 死士(죽기를 각오한 군사)로 하여금 좌우의 땅굴 문에서 나가 달아나는 적의 군대를 追擊하게 하고

遺當作爲遁이라 蘇謂潰之誤라하니 亦通이라

'遺'는 '遁'이 되어야 한다. 蘇時學은 '潰'의 誤字라고 하였는데 역시 통한다.

**63-11-3 令賁士主將皆聽城鼓之音而出**이라가

賁士(勇士)와 主將으로 하여금 모두 성 위의 북소리를 듣고 출격했다가

賁士卽奔士也라 王引之謂賁當作者니 卽諸之省(생)이라한대 未塙이라 詳備梯篇이라

'賁士'는 바로 '奔士'이다. 王引之는 "'賁'은 '者'가 되어야 하니 바로 '諸'의 略字이다."라고 하였는데, 확실하지 않다. 〈備梯〉에 자세히 설명하였다.

**63-11-4 又聽城鼓之音而入이라 因素出兵將施伏하고**

또 성 위의 북소리를 듣고 들어오게 한다. 평소대로 출병하면서 매복을 두고

蘇云 素當作數라하다 案 素不誤하니 詳備梯篇이라

蘇時學 : '素'는 '數'가 되어야 한다.

案 : '素'는 잘못되지 않았으니, 〈備梯〉에 자세히 설명하였다.

**63-11-5 夜半에 而城上四面鼓噪어든 敵人必或이니**

한밤중에 성 위의 사방에서 북을 치고 떠들썩하게 하면 적군은 반드시 迷惑될 것이니

畢云 人은 舊作之하니 据備梯改라 或與惑同이라하다

畢沅 : '人'은 舊本에 '之'로 되어 있는데, 〈備梯〉에 의거하여 고쳤다. '或'은 '惑'과 같다.

**63-11-6 破軍殺將이라 以白衣爲服하고**

〈그렇게 되면〉 적군을 격파하고 장수를 죽일 수 있다. 흰 옷으로 입어 〈아군임을 표시하고〉

畢云 舊脫白字하니 据備梯增이라하다

畢沅 : 舊本에 '白'자가 빠졌는데, 〈備梯〉에 의거하여 덧붙인다.

**63-11-7 以號相得이라**

口號(暗號)를 써서 연락한다.

## 제64편 비분온 備轒輼(결락)

## 제65편 비헌거 備軒車(결락)

## 제66편 비습 備襲(결락)

## 제67편 비간 備閰(결락)

## 제68편 영적사 迎敵祠

이 편은 敵을 맞아 싸우기 전에 지내는 제사, 巫卜에 대한 관리, 군대 앞에서의 맹세 등에 대해 서술하였다. 다만 이 편 중간에 城을 지키는 법과 관련하여 將帥, 官吏, 匠人, 문지기, 士卒 등 다양한 이들이 맡은 임무 및 物力의 활용, 淸野하는 법에 대해 서술하고 있는데 孫詒讓은 다른 편의 착간으로 보았다.

**68-1-1 敵以東方來**어든 **迎之東壇**하되 **壇高八尺**이요

敵이 동쪽에서 오면 東壇에서 迎神하되, 단의 높이는 8척이고

**月令鄭注**에 **云 木**은 **生數三成數八**[1]이라하다

≪禮記≫ 〈月令〉 鄭玄의 注에 "木은 生數가 3이고 成數가 8이다."라고 하였다.

**68-1-2 堂(密)〔突(심)〕八**이니

堂의 깊이는 8척이니,

**蓋堂爲多角形**이라 **爾雅釋山**에 **云 山如堂者密**이라한대 **郭**[2]**注引尸子**[3]하여 **云 不知堂密之有美樅**[4]이라하다 **兪云 密字無義**하니 **疑當作突**이라 **說文穴部**에 **突**은 **深也**라하니 **謂堂**

1) 月令鄭注……生數三成數八：五行에서 木은 東方을 가리키고, 단의 높이가 8척이므로 이 내용을 인용한 것이다. 이하의 오행에 따른 설명은 모두 같다.

2) 郭：郭璞(276~324)으로, 字가 景純이며 東晉 河東 聞喜 사람이다. 詩賦에 特長이 있었으며, 古文奇字・曆算・卜筮術에도 밝았다. 저서로 ≪爾雅注≫, ≪方言注≫, ≪山海經注≫, ≪水經注≫, ≪楚辭注≫ 등이 있으며, 문집에 ≪郭弘農集≫이 있다.

3) 尸子：戰國시대 楚나라의 尸佼가 지었다는 책이다. 宋나라 때까지도 책이 전하였는데 그 뒤에 없어졌고 다른 문헌에 인용된 것이 남아서 전한다.

4) 不知堂密之有美樅：≪爾雅注疏≫ 〈釋山〉의 郭璞의 주에는 "소나무와 측백나무에 사는 쥐는 완만한 산에 아름다운 樅木이 있는 줄 모른다.〔松柏之鼠 不知堂密之有美樅〕"라고 하였다. ≪爾雅注疏≫ 〈釋木〉에 따르면, '樅'은 솔잎에 측백나무 줄기〔松葉柏身〕를 한 나무이고, '檜'는 측백나무 잎에 소나무 줄기〔柏葉松身〕를 한 나무라고 한다.

深八尺也라 不言尺者는 蒙上而省(생)이라 突密相似라 因誤爲密矣니 下竝同이라하다

대체로 堂은 多角形인 듯하다. ≪爾雅≫ 〈釋山〉에 "堂室처럼 생긴 산을 密이라 한다.〔山如堂者密〕"라고 하였는데, 郭璞의 注에 ≪尸子≫를 인용하여 "완만한 산에 아름다운 樅木(전나무)이 있는 줄 모른다.〔不知堂密之有美樅〕"라고 하였다.

兪樾 : '密'자는 뜻이 없으니 아마도 '突'이 되어야 할 듯하다. ≪說文解字≫ 穴部에 "'突'은 깊음〔深〕이다."라고 하였으니 堂의 깊이가 8尺이라는 말이다. 尺을 말하지 않은 것은 위의 글을 이어받아 생략한 것이다. '突'과 '密'은 서로 비슷한지라 인하여 '密'로 잘못된 것이니 아래도 모두 같다.

**68-1-3** 年八十者八人이 主祭青旗라 青神長八尺者八이니 弩八로 八發而止라 將服必青이요 其牲以鷄라

나이 80세인 자 8명이 주관하여 青旗를 제사 지낸다. 青神은 키가 8척인 자 여덟 명인데, 8개의 쇠뇌로 8발씩 쏘고 그친다. 장수는 반드시 청색 옷을 입고 그 희생은 닭을 쓴다.

月令注에 云 鷄는 木畜이라하다

〈月令〉의 注에 "닭은 木畜이다."라고 하였다.

**68-1-4** 敵以南方來어든 迎之南壇하되 壇高七尺이요

적이 남쪽에서 오면 南壇에서 영신하되, 단의 높이는 7척이고

月令注에 云 火는 生數二成數七이라하다

〈月令〉의 注에 "火는 生數가 2이고 成數가 7이다."라고 하였다.

**68-1-5** 堂(密)〔突〕七이니 年七十者七人이 主祭赤旗라 赤神長七尺者七이니 弩七로 七發而止라 將服必赤이요 其牲以狗라

당의 깊이는 7척이니 나이 70세인 자 7명이 주관하여 赤旗를 제사 지낸다. 赤神은 키가 7척인 자 일곱 명인데, 7개의 쇠뇌로 7발씩 쏘고 그친다. 장수는 반드시 붉은색 옷을 입고 그 희생은 개를 쓴다.

賈子新書[5]胎教篇青史氏記[6]云 南方其牲以狗니 狗者는 南方之牲也라하니 此與彼合이라 月令犬屬秋注에 云 犬은 金畜이라하니 與此異[7]라

賈子의 ≪新書≫ 〈胎教〉에 "青史氏의 기록에 '南方은 개를 犧牲으로 사용하니 개는 남방의 희생이다.'라고 하였다."라고 하였으니, 이 대목이 그것과 부합한다. 〈月令〉에 "개는 가을에 속한다.〔犬屬秋〕"라고 한 구절의 注에 "개는 金畜이다."라고 하였으니 이 대목과 다르다.

**68-1-6 敵以西方來어든 迎之西壇하되 壇高九尺이요**

적이 서쪽에서 오면 西壇에서 제사를 올리되, 단의 높이는 9척이고

月令注에 云 金은 生數四成數九라하다

〈月令〉의 注에 "金은 生數가 4이고 成數가 9이다."라고 하였다.

**68-1-7 堂(密)〔深〕九이니 年九十者九人이 主祭白旗라 素神長九尺者九니 弩九로 九發而止라 將服必白이요 其牲以羊이라**

사당의 깊이는 9척이니, 나이 90세인 자 9명이 주관하여 白旗를 제사 지낸다. 素神은 키가 9척인 자 아홉 명인데, 9개의 쇠뇌로 9발씩 쏘고 그친다. 장수는 반드시 흰색 옷을 입고 그 희생은 양을 쓴다.

賈子云 西方其牲以羊이니 羊者는 西方之牲也라하니 此與彼合이라 月令羊屬夏注에 云 羊은 火畜이라하니 與此異라

≪賈子新書≫에 "西方은 양을 犧牲으로 사용하니 양은 서방의 희생이다."라고 하였으니 이 대목이 그것과 부합한다. 〈月令〉에 "양은 여름에 속한다.〔羊屬夏〕"라고 한 구절의 注에 "양은 火畜이다."라고 하였으니 이 대목과 다르다.

---

5) 新書 : 漢나라 賈誼(B.C. 200~B.C. 168)가 찬한 책으로, 모두 10권이다. ≪賈誼新書≫ 또는 ≪賈子新書≫라고도 한다. 前 5권은 條奏文이며, 後 5권은 先賢의 禮樂政術 등을 인용・서술하였다. 원본은 58편이라고 하는데, 이 중 3편이 전하지 않는다.

6) 青史氏記 : 青史氏는 古代 史官의 이름으로, 그가 지은 ≪青史子≫ 57편을 가리키는 듯하다.

7) 月令犬屬秋注……與此異 : 五行에서 金은 계절로는 가을이고, 방위로는 西方이고, 색깔로는 백색이므로 본문과 다르다고 말한 것이다. 이하의 오행에 따른 설명은 모두 같다.

**68-1-8 敵以北方來**어든 **迎之北壇**하되 **壇高六尺**이요

적이 북쪽에서 오면 北壇에서 迎神하되, 단의 높이는 6척이고

**月令注**에 **云 水**는 **生數一成數六**이라하다

〈月令〉의 注에 "水는 生數가 1이고 成數가 6이다."라고 하였다.

**68-1-9 堂(密)〔突〕六**이니 **年六十者六人**이 **主祭黑旗**라 **黑神長六尺者六**이니 **弩六**으로 **六發而止**라 **將服必黑**이요 **其牲以彘**(체)라

사당의 깊이는 6척이니, 나이 60세인 자 6명이 주관하여 黑旗를 제사 지낸다. 黑神은 키가 6척인 자 여섯 명인데, 6개의 쇠뇌로 6발씩 쏘고 그친다. 장수는 반드시 검은색 옷을 입고 그 희생은 돼지를 쓴다.

**月令注**에 **云 彘**는 **水畜**이라하다 **畢云 已上與黃帝兵法**[8]**說同**하니 **見北堂書鈔**[9]라하다

**詒讓案 孔叢子**[10]**儒服篇**에 **孔子高對信陵君問祈勝之禮**하여 **云 先使之迎於適所從來之方**하고 **爲壇祈克於五帝**하되 **衣服隨其方色**이요 **執事人數從其方之數**하고 **牲則用其方之牲**이라하니 **卽本此**라

蚩尤始亂圖

8) 黃帝兵法 : 中國의 古代 兵法書로, 八陣法을 다룬 책인데 1권 380여 자이다. 黃帝가 蚩尤(치우)와 9번 전투를 벌여 9번 졌을 때 玄女를 만나 이기는 방책을 물어 얻었다는 내용이다. 전하기로는 黃帝의 신하 風后가 經文을 짓고 姜尙이 引申하였는데 漢 武帝 때 丞相 公孫弘이 풀이하였다고 한다.

9) 北堂書鈔 : 唐나라 虞世南의 편저이다. 群書의 文句를 摘錄하여 19部 801類로 분류한 것을 明나라 陳禹謨, 淸나라 孔廣陶 등이 改訂하였다. 우세남은 자가 伯施이며 餘姚(지금의 浙江省) 사람이다. 王羲之의 서법을 익혔으며, 歐陽詢·褚遂良과 함께 당나라 초 3대가로 일컬어진다.

10) 孔叢子 : 孔子의 8대손 孔鮒가 지었다고 알려진 책으로, 공자 이하 子思·子高·子順 등 일족의 말을 모은 것이다. 21편 7권인데, 魏晉 이후에 후인이 선대의 언론을 모아 지은 僞書로 알려졌다.

〈月令〉의 注에 "돼지〔彘〕는 水畜이다."라고 하였다.

畢沅 : 이상은 ≪黃帝兵法≫의 說과 같으니 ≪北堂書鈔≫에 보인다.

詒讓案 : ≪孔叢子≫ 〈儒服〉에 孔子高가 승리를 기원하는 禮를 물은 信陵君에게 대답하기를 "먼저 적군이 쳐들어 오는 방향에서 맞이하게 하고 제단을 만들어 五帝에게 승리를 기원하되 의복은 그 방위의 色을 따르고 제사를 지내는 사람의 수는 그 방위의 숫자를 따르며 희생은 그 방위의 희생을 쓴다.〔先使之迎於適所從來之方 爲壇祈克於五帝 衣服隨其方色 執事人數從其方之數 牲則用其方之牲〕"라고 하였는데, 바로 이 대목에 근거한 것이다.

### 68-1-10 (從)〔徙〕外宅諸名大祠[11]하고

성 밖의 집에 사는 사람 및 여러 유명한 큰 사당의 신주를 성 안으로 옮기고

從當作徙니 形近而誤라 謂城外居宅及大祠에 寇至어든 則徙其人及神主入內也라

'從'은 '徙'가 되어야 하니 字形이 비슷하여 잘못된 것이다. 성 밖의 집 및 큰 사당에 적이 쳐들어오면 그 사람 및 神主를 옮겨서 성 안으로 들인다는 말이다.

### 68-1-11 靈巫或[12]禱焉하고 給禱牲이라

영험한 무축이 더러 기도 드리도록 하고 기도를 위한 犧牲을 공급한다.

### 68-2-1 凡望氣에 有大將氣하고

무릇 氣를 관찰하자면 大將의 氣가 있고

茅坤本有有中將氣四字라

茅坤本에는 〈'有大將氣' 뒤에〉 '有中將氣' 4자가 있다.

### 68-2-2 有小將氣하고 有往氣하고 有來氣하고 有敗氣하니

小將의 氣가 있으며, 가는 氣가 있고 오는 氣가 있으며, 勝敗의 氣가 있으니

---

11) (從)〔徙〕外宅諸名大祠 : ≪墨子今注今譯≫과 Ian Johnston의 *The Mozi*(2010)에서는 '從'을 그대로 보고 "성 밖의 여러 유명한 큰 사당에"라고 하였다.

12) 或 : ≪墨子今注今譯≫에서는 岑仲勉의 說에 의거하여 '或'을 '咸'으로 교감하고, "영험한 무축을 모두 보내 기도 드리도록 하고 기도하는 祭品을 공급한다."라고 하였다.

畢云 今其法存通典兵風雲氣候雜占[13)]也라하다

畢沅 : 지금 그 法이 ≪通典≫ 〈兵15 風雲氣候雜占〉에 보존되어 있다.

**68-2-3 能得明此者可知成敗吉凶이라 擧巫醫卜有所하되**

이러한 氣들을 분명히 볼 수 있는 자는 成敗와 吉凶을 알 수 있다. 무당, 의원, 점쟁이를 선발하여 있을 곳에 두되

謂巫醫卜居各有所라 或讀有所長句하니 亦通이라

무당, 의원, 점쟁이가 각기 거처하는 자리가 있다는 말이다. 어떤 이는 '有所長'으로 句를 떼어 읽는데 역시 뜻이 통한다.

**68-2-4 長具藥하고**

〈의원의〉 우두머리는 藥을 갖추도록 하고

醫之長은 掌具藥備用이라

의원의 우두머리는 藥을 갖추어 쓰임에 대비하는 일을 관장한다.

**68-2-5 宮〔養〕之[14)]하여**

집을 주어 지내도록 하면서

疑當作宮養之어늘 今本脫養字라 號令篇에 云 守入城하여 先以候爲始하니 得輒宮養之라하니 可證이라

〈'宮之'는〉 아마도 '宮養之'가 되어야 할 듯한데, 今本에 '養'자가 빠졌다. 〈號令〉에 "太守가 성에 들어가면 가장 먼저 偵探을 뽑는 일부터 시작하는데 偵探을 얻으면 바로 葆宮을 주어 지내도록 한다.〔守入城 先以候爲始 得輒宮養之〕"라고 하였으니, 증거로 삼을 수 있다.

---

13) 占 : 저본의 傍注에 "'占'은 원래 '古'로 잘못되어 있는데 畢沅의 刻本에 의거하여 고친다.〔占 原誤古 據畢沅刻本改〕"라고 하였다.

14) 擧巫醫卜有所 長具藥 宮〔養〕之 : ≪墨子今注今譯≫에서는 岑仲勉의 說에 의거하여 '長'은 '有所'에 붙이고 '具藥'에서 '藥'을 빼고 뒷구에 붙이고서, "모든 무당, 의원, 점쟁이 가운데 능력이 있는 자들을 모두 宮中에서 供養한다."라고 하였다.

**68-2-6 善爲舍**라 **巫必近公社**하여 **必敬神之**라 **巫卜〔望氣〕以請**(정)**〔報〕守**어든

지낼 곳을 잘 마련해 준다. 무당이 지내는 곳은 반드시 公社와 가깝게 하여 반드시 社神을 공경하게 한다. 무당과 점쟁이는 氣를 관찰하여 그 情報를 太守에게 보고하면

茅本請作諸라 守上에 當依王校增報字라 案 巫卜下에 亦當有望氣二字라

茅本에는 '請'이 '諸'로 되어 있다. '守' 앞에 王念孫의 校勘에 의거하여 '報'자를 덧붙여야 한다.

案 : '巫卜' 뒤에도 '望氣' 2자가 있어야 한다.

**68-2-7 守獨智巫卜望氣之請**(정)**而已**라

太守는 무당과 점쟁이가 氣를 관찰한 情報를 혼자만 알고 있어야 한다.

三略[15]中略에 云 禁巫祝하여 不得爲吏士卜問軍之吉凶이라하다 舊本氣誤在之字下라 畢云 智知同이라 言望氣之請唯告守獨知之라하다 王云 請皆讀爲情이라 墨子書通以請爲情하니 此文當作巫卜以請報守守獨智巫卜望氣之請而已라 智與知同하니 言巫卜以情報守하여 巫卜望氣之情唯守獨知之而已요 勿令他人知也라 號令篇에 曰 巫祝(吏)〔史〕[16]與望氣者必以善言告民하고 以請上報守하고 守獨知其請而已라하니 是其證이라 舊本脫報字하고 氣之二字又誤倒하니 則義不可通이라하다 案 王校是也라 蘇校同하니 今據乙이라

≪三略≫ 〈中略〉에 "무당과 大祝을 금지하여 관리와 병사가 점을 쳐서 군대의 吉凶을 묻지 못하게 하여야 한다.〔禁巫祝 不得爲吏士卜問軍之吉凶〕"라고 하였다. 舊本에는 '氣'가 잘못되어 '之'자 뒤에 있었다.

畢沅 : '智'와 '知'는 같다. 氣를 관찰한 정보를 오직 太守에게만 보고하여 太守 혼자만 알고 있다는 말이다.

王念孫 : '請'은 모두 '情'으로 읽는다. ≪墨子≫에서는 '請'을 '情'으로 통용하니 이 글은 '巫卜以請報守 守獨智巫卜望氣之請而已'가 되어야 한다. '智'와 '知'는 같으니 무당과 점쟁

15) 三略 : 漢나라 張良이 黃石公에게서 받았다고 하는 兵書로, 上略·中略·下略의 세 권으로 되어 있다.

16) (吏)〔史〕: 저본에는 '吏'로 되어 있으나, 〈號令〉에 의거하여 '史'로 바로잡았다.

이가 情報를 太守에게 보고하여, 무당과 점쟁이가 氣를 관찰한 정보를 오직 太守만 알고 있을 뿐, 다른 사람이 알게 하지 말라는 말이다. 〈號令〉에 "무당, 大祝, 大史는 氣를 관찰하는 자와 함께 반드시 좋은 말로 백성에게 알리는 한편, 〈관찰한〉 정보를 위로 太守에게 보고하면 太守는 혼자 그 情報를 알고 있어야 한다.〔巫祝史與望氣者必以善言告民 以請上報守 守獨知其請而已〕"라고 하였으니, 바로 그 증거이다. 舊本에는 '報'자가 빠지고 '氣之' 2자가 또 잘못 뒤바뀌어 있으니 뜻이 통하지 않는다.

案 : 王念孫의 校勘이 맞다. 蘇時學의 說도 같으니 지금 이에 의거하여 바로잡는다.

### 68-2-8 其出入爲流言하면 驚駭恐吏民이니 謹微察之하여

무당과 점쟁이가 出入하면서 流言蜚語를 퍼뜨리면 관리와 백성을 놀라고 두렵게 할 것이니 주의깊게 엿보아 살피고서

王云 說文에 䁥는 司也라한대 司今作伺하고 䁥字亦作微라 史記廉頗藺相如傳에 曰 趙使人微捕하여 得李牧라하고 漢書游俠傳에 使人微知賊處라한대 師古曰 微는 伺間之也라하다 案 亦詳號令篇[17]이라

王念孫 : ≪說文解字≫에 "'䁥'는 엿봄〔司〕이다."라고 하였는데 '司'는 지금 '伺'로 쓰고 '䁥'자 역시 '微'로 쓴다. ≪史記≫ 〈廉頗藺相如傳〉에 "趙나라에서 사람을 시켜 몰래 엿보고 체포하게 하여 李牧을 잡았다.〔趙使人微捕 得李牧〕"라고 하고, ≪漢書≫ 〈游俠傳〉에 "사람을 시켜 적의 소굴을 엿보아 탐지하게 하였다.〔使人微知賊處〕"라고 하였는데, 顔師古가 "'微'는 엿보아 탐지한다는 뜻이다.〔伺間之〕"라고 하였다.

案 : 역시 〈號令〉에 자세히 설명하였다.

### 68-2-9 斷하고 罪不赦라

斬首하고 罪를 용서하지 않는다.

說文斤部에 云 斷은 截(절)也라하고 車部에 云 斬은 截也라하고 又首部에 云 𩠐(단)은 截也라하여 三字同訓이라 此斷蓋即𩠐字니 亦即斬也라 商子賞刑篇에 云 晉文公斷顚頡[18]之脊(척)以徇이라하다

---

17) 亦詳號令篇 : 70-27-4에 보인다.

18) 顚頡 : 春秋시대 晉 文公을 따라 19년의 망명생활을 함께 한 사람이다. 문공이 曹나라를

≪說文解字≫ 斤部에 "'斷'은 截(끊음)이다."라고 하고, 車部에 "'斬'은 截이다."라고 하고, 또 首部에 "'䜣(단)'은 截이다."라고 하여 3자가 訓이 같다. 이 대목의 '斷'은 아마도 바로 '䜣'자인 듯하니 역시 바로 斬하는 것이다. ≪商子≫ 〈賞刑〉에 "晉 文公이 顚頡의 등을 베어 〈백성들에게〉 조리돌렸다.〔晉文公斷顚頡之脊以徇〕"라고 하였다.

## 68-2-10 望氣舍近守官이라

氣를 관찰하는 집은 太守의 관부와 가까워야 한다.

官은 謂守所治官府라 茅本作宮이라

'官'은 太守가 다스리는 官府를 말한다. 茅本에는 '宮'으로 되어 있다.

## 68-2-11 (牧)〔收〕賢大夫及有方技者若工하여 (弟)〔鮷(질)〕之[19]라

어진 大夫 및 技藝가 있는 자와 百工을 거두어들여 녹봉을 주도록 한다.

牧은 當爲收之誤라 工謂百工이라

'牧'은 '收'의 誤字가 되어야 한다. '工'은 百工을 말한다.

## 68-2-12 擧屠酤者하여

白丁과 술 파는 사람을 선발하여

蘇云 酤는 與沽通하니 賣酒也라하다

蘇時學 : '酤'는 '沽'와 통용하니, 술을 판다는 뜻이다.

## 68-2-13 置廚給事하고 (弟)〔鮷〕之라

주방에 배치하여 일을 주고 녹봉을 주도록 한다.

---

정벌할 때 僖負羈의 집을 약탈하지 말라고 특명을 내렸으나 顚頡과 魏犨가 이를 어기자, 위주는 그 재능을 아껴 죽이지 않고 전힐은 등을 베어 죽임으로써 군의 기강을 바로잡고 曹나라를 정벌할 수 있었다고 전한다. ≪韓非子≫ 〈外儲說〉에 보인다.

19) (弟)〔鮷〕之 : ≪墨子今注今譯≫에서는 '弟'를 '第'로 보고, "등급 및 소속을 확정한다."라고 하였다.

畢云 言次第居之니 古次第字只作弟라하다 案 弟疑當爲豒(질)之省(생)이니 豒與秩同이니 言稟食之라 畢說未允이라

畢沅 : 차례대로〔次第〕 자리한다는 말이니 옛 '次第'자는 단지 '弟'로 썼다.

案 : '弟'는 아마도 '豒'의 略字가 되어야 할 듯하니 '豒'은 '秩'과 같다. 녹봉을 준다는 말이니 畢沅의 說은 온당하지 않다.

## 68-3-1 凡守城之法은 縣師[20]受事하여

무릇 城을 지키는 법은 縣師가 일을 맡아

周禮地官有縣師한대 上士二人이니 若有軍旅之戒하면 則受灋(법)于司馬하여 以作其衆庶及馬牛車輦하고 會其車人之卒伍하여 使皆備旗鼓兵器하여 以帥(솔)而至라 侯國蓋亦有此官이어늘 戰國時猶沿其制也라

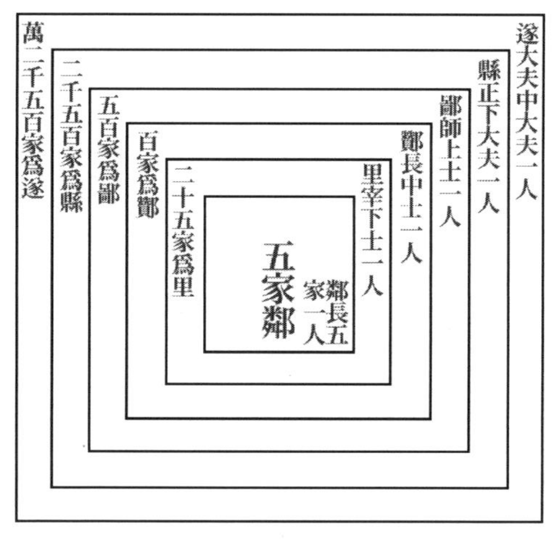

六遂圖

《周禮》〈地官〉에 縣師가 있는데 上士 2人이니, 만약 군대의 警戒가 있으면 司馬에게 軍令〔法〕을 받아 그 군사들 및 마소, 수레를 조직하고 그 車人의 卒伍를 모아 모두 깃발, 북, 兵器를 갖추고서 거느려 이르게 하였다. 諸侯國에도 대체로 이 官職이 있었는데 戰國시대에 여전히 그 제도를 沿襲하였다.

## 68-3-2 出葆하여 循溝防하고 築(薦)〔荐〕通塗하고

堡壘에 나가 살펴서 도랑과 제방을 巡視하고 방비하는 시설을 세워서 크고 넓은 길을 막고

---

20) 縣師 : 周나라 때 賦貢에 관한 일을 관장하는 직책이다. 縣은 王城 밖의 郊外를 나누는 지역 단위로, 《周禮》〈地官 遂人〉에 "遂人은 나라의 野를 관장한다. 5家를 鄰이라 하고, 5鄰을 里라 하고, 4里를 酇이라 하고, 5酇을 鄙라 하고, 5鄙를 縣이라 하고, 5縣을 遂라 한다."라고 하였다. 鄭衆은 400리를 縣이라고 하였다.

薦은 與荐通이라 左傳哀八年傳[21]에 栫(천)之以棘이라한대 杜注에 云 雍也라하다 釋文에 云 栫은 一作荐이라하다 築荐通塗는 謂雍塞通達之塗也라

'薦'은 '荐'과 통용한다. ≪春秋左氏傳≫ 哀公 8년에 "가시울타리를 친다.〔栫之以棘〕"라고 하였는데, 杜預의 注에 "雍(가림)이다."라고 하였다. ≪經典釋文≫에 "'栫'은 어느 본에는 '荐'으로 되어 있다."라고 하였다. '築荐通塗'는 크고 넓은 길을 막는다는 말이다.

**68-3-3 脩城이라 百官共財하고**

城을 수리한다. 百官은 財物을 공급하고

蘇云 共讀如供이라

蘇時學 : '共'은 '供'과 같이 읽는다.

**68-3-4 百工卽事하고 司馬視城脩卒伍라**

百工은 임무를 수행하고 司馬는 城의 수리 상태와 병졸의 편제를 시찰한다.

吳鈔本視作施하고 脩作修라

吳鈔本에는 '視'가 '施'로 되어 있고 '脩'가 '修'로 되어 있다.

**68-3-5 設守門하되**

성문 지키는 사람을 배치하되

蘇云 門下疑脫一閹字라하다 案 蘇說非라

蘇時學 : '門' 뒤에 아마도 '閹' 한 자가 빠진 듯하다.

案 : 蘇時學의 說은 잘못이다.

**68-3-6 二人掌右閹하고**

두 사람은 오른쪽 문짝을 담당하고

21) 左傳哀八年傳 : 저본의 傍注에 "살펴보건대, '左哀八年傳'이 되어야 하니 앞의 '傳'자는 잘못 들어간 것이다.〔按 當作左哀八年傳 上傳字誤衍〕"라고 하였다.

舊本二誤三이라 兪云 左右人數不應有異하니 疑三人是二人之誤라 蓋門之啓閉는 皆四人守之라 啓則有左右之分이라 故曰二人掌右閹하고 二人掌左閹이라하고 及閉하야는 則無左右之分이라 故止曰四人掌閉也라하다 案 兪說是也니 茅本正作二人일새 今據正이라

舊本에는 '二'가 '三'으로 잘못되어 있다.

兪樾 : 左右의 사람 수는 차이가 있어서는 안 되니 아마도 '三人'은 '二人'의 誤字인 듯하다. 대체로 門의 啓閉는 모두 네 사람이 담당한다. 문을 열 때에는 左右의 구분이 있으므로 "두 사람은 오른쪽 문짝을 담당하고 두 사람은 왼쪽 문짝을 담당한다."라고 하고, 문을 닫으면 左右의 구분이 없어지므로 단지 "네 사람이 성문 닫는 일을 담당한다.〔四人掌閉〕"라고만 하였다.

案 : 兪樾의 說이 맞으니 茅本에는 '二人'으로 바로 되어 있기에 지금 이에 의거하여 바로잡는다.

**68-3-7** 二人掌左閹하고

두 사람은 왼쪽 문짝을 담당하며

閹은 闔(합)之借字니 猶耕柱篇에 商奄作商蓋[22]라 說文門部에 云 闔은 門扇也라하다 左右闔은 卽謂門左右扉라 蘇讀掌右掌左句한대 誤라

'閹'은 '闔'의 假借字니 〈耕柱〉에 '商奄'이 '商蓋'로 되어 있는 것과 같다. ≪說文解字≫ 門部에 "'闔'은 門扇(문짝)이다."라고 하였다. 左右闔은 바로 門의 左扉와 右扉를 말한다. 蘇時學은 '掌右掌左'로 句를 떼어 읽었는데, 잘못 본 것이다.

**68-3-8** 四人掌閉하고 百甲坐之라

네 사람이 성문 닫는 일을 담당하고 甲士 100인이 지킨다.

左文十二年傳에 云 裹(과)糧坐甲이라하고 荀子正論篇에 云 庶士介而坐[23]道라하다 兪云 百乃皆字之誤니 言守門者皆甲而坐也라하다 案 百字不誤하니 城下門百甲이요 城上步一甲이니 文正相對라

---

22) 耕柱篇 商奄作商蓋 : 본서 5책 46-13-7에 보인다.
23) 坐 : ≪荀子集解≫에서 王先謙은 諸家의 교감을 참고하여 '夾'으로 교감하였다.

≪春秋左氏傳≫ 文公 12년에 "糧食을 싸서 메고 갑옷을 입은 채 앉아서 〈적군을〉 기다린다.〔裹糧坐甲〕"라고 하고, ≪荀子≫ 〈正論〉에 "군사들은 갑옷을 입은 채 길에 앉아 있다.〔庶士介而坐道〕"라고 하였다.

兪樾 : '百'은 바로 '皆'자의 誤字이니 성문 지키는 사람이 모두 갑옷을 입은 채 앉아 있다는 말이다.

案 : '百'자는 잘못되지 않았으니 '城下門百甲(성 아래 성문마다 갑사 100인)과 '城上步一甲(성 위 1보마다 갑사 1인)'은 글이 정확히 서로 對가 된다.

### 68-3-9 城上步一甲一戟이니

城 위에는 1步마다 甲士 1인과 창을 든 군사 1인인데

備城門篇에 云 城上樓卒은 率一步一人이라하다

〈備城門〉에 "성 위 누각의 병졸은 대개 1보에 1인이다.〔城上樓卒 率一步一人〕"라고 하였다.

### 68-3-10 其贊三人이라

그들을 보좌하는 병졸이 3인이다.

小爾雅廣詁에 云 贊은 佐也라하다 三人爲甲戟士之佐니 合之五人而分守五步요 非一步有五人也라

≪小爾雅≫ 〈廣詁〉에 "'贊'은 보좌함〔佐〕이다."라고 하였다. 3인이 甲士와 창을 든 군사의 보좌가 되니 합하여 5인이 5보마다 나누어 지키는 것이지 1보마다 5인이 있는 것이 아니다.

### 68-3-11 五步有五長하고 十步有什長하고 百步有百長하고

5보마다 五長이 있고 10보마다 什長이 있고 100보마다 百長이 있으며

卽備城門篇之帛尉也[24]라

바로 〈備城門〉에 나오는 '帛尉'이다.

---

24) 備城門篇之帛尉也 : 본서 5책 52-21-33에 보인다.

**68-3-12 旁有大率**하고

성의 사방에는 大率이 있고

**卽旗幟篇四面四門及左右軍之將分守四旁**이라

바로 〈旗幟〉에 나오는 네 방면의 네 성문 및 左軍과 右軍의 장수가 사방을 나누어 지키는 것이다.

**68-3-13 中有大將**하니

성의 가운데에는 大將이 있는데

**卽旗幟篇中軍之將**이라

바로 〈旗幟〉에 나오는 中軍의 장수이다.

**68-3-14 皆有司吏卒長**이라 **城上當階**하여 **有司守之**하고 (移中)〔多卒〕**中處**라가

모두 司吏와 卒長을 두어 〈관리하도록 한다.〉 城 위에 오르는 계단에는 관리를 두어 지키고, 남는 많은 병졸은 가운데 있다가

**移中不可解**니 **疑當爲多卒之誤**라 **蓋城上每步一甲**이요 **城下每門百甲**이며 **此外多餘者爲多卒**이니 **猶言羨卒也**라 **旗幟篇**에 **云 多卒爲雙兔之旗**[25]라하고 **商子境內篇**에 **云 國尉**[26]**分地**하여 **以中卒隨之**라하다

'移中'은 이해할 수 없으니 아마도 '多卒'의 誤字가 되어야 할 듯하다. 대개 城 위에는 1보마다 甲士가 1인이고 성 아래에는 성문마다 갑사가 100인이며, 이 밖의 많이 남는 자들이 '多卒'이 되니 羨卒(남는 병졸)이라는 말과 같다. 〈旗幟〉에 "남는 많은 병졸에는 두 마리 토끼 깃발을 쓴다.〔多卒爲雙兔之旗〕"라고 하고, ≪商子≫ 〈境內〉에 "國尉가 구역을 나누고서 中軍의 병졸을 뒤따르게 한다.〔國尉分地 以中卒隨之〕"라고 하였다.

**68-3-15** (澤)〔擇〕**急而奏之**[27]라

25) 旗幟篇云 多卒爲雙兔之旗 : 69-1-6에 보인다.
26) 國尉 : 戰國時代 秦나라 때 武官으로, 太尉라고도 하는데 그 아래 都尉가 있다.
27) (移中)〔多卒〕中處 (澤)〔擇〕急而奏之 : ≪墨子今注今譯≫에서는 '移中'의 '中'을 簿書文件의 뜻

긴급한 일을 택하여 그쪽으로 달려간다.

畢云 言居中者澤急事奏之니 澤當爲擇이라하다 兪云 畢校是也로되 惟未解奏字之義라 史記蕭相國世家索隱에 曰 奏者는 趨向之也라하다 擇急而奏之는 謂有急則趨向也라하다

畢沅 : 가운데 있는 자가 긴급한 일을 택하여 알린다는 말이니 '澤'은 '擇'이 되어야 한다.

兪樾 : 畢沅의 校勘이 맞지만 '奏'자의 뜻만은 이해할 수 없다. ≪史記索隱≫ 〈蕭相國世家〉에 "'奏'는 그쪽으로 달려감〔趨向之〕이다."라고 하였다. '擇急而奏之'는 긴급한 일이 있으면 그쪽으로 달려간다는 말이다.

**68-3-16 士皆有職이라 城之外에 矢之所遝(답)엔**

士卒들은 모두 직책이 있다. 城 밖 화살이 미치는 곳에는

遝은 舊本作還이라 蘇云還猶至也라하다 王云 還當爲遝이니 謂矢之所及也라 下同이라 案 王校是也니 今據正하고 說詳非攻下篇[28]이라

'遝'은 舊本에 '還'으로 되어 있다.

蘇時學 : '還'은 '至'와 같다.

王念孫 : '還'은 '遝'이 되어야 하니 화살이 미치는 곳이라는 말이다. 아래도 같다.

案 : 王念孫의 校勘이 맞으니 지금 이에 의거하여 바로잡는다. 〈非攻 下〉에 자세히 설명하였다.

**68-3-17 壞其牆하여 無以爲客菌이라**

담장들을 허물어서 적들이 掩蔽하는 수단이 되지 못하게 한다.

菌은 猶言翳也니 周書王會篇有菌鶴한대 孔[29]注에 云 菌鶴可用爲旌翳라하니 是菌有翳蔽之義라 蘇云 菌疑與梱(곤)義通하니 意言城外有牆하면 是令敵人得障蔽以避矢니 宜急壞之라하다

---

으로 보고 '澤'을 '擇'으로 교감하고서, "공문서를 적당한 곳에 옮기고 긴급한 것을 가려 보고한다."라고 하였다.

28) 說詳非攻下篇 : 본서 2책 19-4-1에 보인다.

29) 孔 : 西晉 때 五經博士 孔晁로, 王肅學派의 대표적인 학자이다. ≪尙書義問≫을 편찬하고 ≪春秋外傳國語≫에 주를 달았는데 모두 逸失되고, ≪逸周書≫의 주만 남아 전한다.

‘菌’은 가린다〔翳〕는 말과 같으니 ≪逸周書≫ 〈王會〉에 ‘菌鶴’이 나오는데 孔晁의 注에 “菌鶴은 旌翳로 쓸 수 있다.”라고 하였으니, 이는 ‘菌’에 가린다〔翳蔽〕는 뜻이 있는 것이다.

蘇時學 : ‘菌’은 아마도 ‘梱’과 뜻이 통하는 듯하니, 생각건대 城 밖에 담장이 있으면 이는 적군으로 하여금 〈몸을〉 掩蔽하여 화살을 피하게 할 수 있으니 의당 급히 허물어야 한다는 말이다.

**68-3-18** 三十里之內에 薪蒸〔材〕(水)〔木〕皆入內라

30里 내에 있는 작은 땔나무와 큰 나무는 다 성 안으로 들인다.

水無入內之理하니 當爲木이요 上又脫材字라 薪蒸은 細木이요 材木은 大木也라 雜守篇에 云 材木不能盡入者는 燔[30]之라하니 是其證이라

물〔水〕은 안으로 들일 이유가 없으니 ‘木’이 되어야 하고 앞에 또 ‘材’자가 빠졌다. ‘薪蒸’은 작은 나무이고 ‘材木’은 큰 나무이다. 〈雜守〉에 “材木 중에 성 안으로 다 들이지 못한 것들은 태운다.〔材木不能盡入者 燔之〕”라고 하였으니, 바로 그 증거이다.

**68-3-19** 狗彘豚(체돈)鷄食其宍(육)하고

개, 큰 돼지, 작은 돼지, 닭은 그 고기를 먹고

畢云 宍은 肉字異文이라 廣韻에 云 肉은 俗作宍이라하다

畢沅 : ‘宍’은 ‘肉’자의 異體字이다. ≪廣韻≫에 “‘肉’은 俗字로 ‘宍’이다.”라고 하였다.

**68-3-20** 斂其骸以爲醢(해)하면

그 뼈를 모아서 고기젓을 만들면

說文酉部에 云 醢는 肉醬也라하다 爾雅釋器에 云 肉謂之醢요 有骨者謂之臡(니)라하다 臡醢亦通偁이라

≪說文解字≫ 酉部에 “‘醢’는 육젓〔肉醬〕이다.”라고 하였다. ≪爾雅≫ 〈釋器〉에 “고기인 경우 ‘醢’라고 하고 뼈가 섞여 있는 경우 ‘臡’라고 한다. ‘臡’와 ‘醢’는 역시 統稱이다.

30) 燔 : 底本의 傍注에 “‘燔’은 원래 ‘燒’로 잘못되어 있는데 〈雜守〉에 의거하여 고친다.〔燔 原誤燒 據雜守篇改〕”라고 하였다.

**68-3-21 (腹)〔膜(니)〕[31]病者以起라**

환자가 그것들을 먹고 회복할 수 있다.

呂氏春秋直諫篇高注에 云 起는 興也라하니 謂病瘉而興起라 但審校文意컨대 似謂肉醢等當以養病者니 則病者當爲守圉受傷之人이요 不宜專擧腹病이니 此似有訛字라 竊疑腹或當爲膜니 卽臡之正字요 屬上醢膜爲句라야 於義較通也라

≪呂氏春秋≫ 〈直諫〉의 高誘의 注에 "'起'는 일어남〔興〕이다."라고 하였으니, 병이 나아서 일어난다는 말이다. 다만 글 뜻을 살펴 비교하면 肉醢(육젓) 등은 응당 그것으로 병을 療養하는 것을 이른 듯하니, 병자는 수비하다 부상당한 사람이 되어야지 腹病만 거론해서는 안 되기에 이 대목은 誤字가 있는 듯하다. 내 생각에 아마도 '腹'은 어쩌면 '膜'가 되어야 할 듯하니 바로 '臡'의 正字이고 위에 붙여 '醢膜'로 句를 떼어야 뜻이 비교적 통한다.

**68-3-22 城之內薪蒸廬室에 矢之所遝엔**

城 안의 작은 땔나무와 집들 중에 화살이 미치는 곳에는

舊本亦作還이러니 今據王校改라

〈'遝'은〉 舊本에 역시 '還'으로 되어 있는데, 지금 王念孫의 校勘에 의거하여 고쳤다.

**68-3-23 皆爲之涂菌이라**

〈火攻에 대비하기 위해〉 모두 진흙으로 발라 덮는다.

蘇云 涂菌所以避矢라 涂塗同이라하다

蘇時學 : 涂菌은 불화살을 피하는 방법이다. '涂'와 '塗'는 같다.

**68-3-24 令命昏緯狗纂馬하되 掔緯라**

黃昏에는 개를 묶고 말을 매되 꽉 묶도록 명한다.

後漢書張衡傳李[32]注에 云 纂은 繫也라하다 說文手部에 云 掔은 固也라하고 大戴禮記[33]

31) (腹)〔膜(니)〕 : 孫詒讓의 교감에 의거하여 앞의 '醢'에 붙여 번역하였다.

32) 李 : 654~684. 李賢으로, 唐나라 章懷太子이다. 字는 明允으로, 高宗의 여섯째 아들이고 則天武后의 둘째 아들이다. 형이 죽은 후에 한 번 太子에 봉해졌지만, 얼마 후 廢庶人되

夏小正에 農緯厥耒(뢰)라한대 傳云 緯는 束也라하니 言緯纂必堅固라 蘇云 緯는 束也라 掔은 苦閑切이요 音慳이니 固也요 又牽去也니 與牽通이라 言夜必防閑狗馬하여 勿令驚逸이라하다 詒讓案 掔牽古通이라 然此掔當讀如字니 似無牽義라

≪後漢書≫〈張衡傳〉의 李賢 注에 "'纂'은 '묶다〔繫〕'이다."라고 하였다. ≪說文解字≫ 手部에 "'掔'은 견고함이다."라고 하고 ≪大戴禮記≫〈夏小正〉에 "농부는 그 쟁기를 묶는다.〔農緯厥耒〕"라고 하였는데 傳에 "'緯'는 '묶다〔束〕'이다."라고 하였으니, 묶기를〔緯纂〕 반드시 堅固하게 한다는 말이다.

蘇時學 : '緯'는 '묶다'이다. '掔'은 '苦'와 '閑'의 反切이고 音은 慳이니 '견고하다〔固〕'이다. 또 '끌고 간다〔牽去〕'는 뜻이니 '牽'과 통한다. 밤에는 반드시 개와 말을 가두어서 놀라 달아나지 않게 한다는 말이다.

詒讓案 : '掔'과 '牽'은 옛날에 통용하였다. 그렇지만 이 대목의 '掔'은 본뜻(굳다)으로 읽어야 하니 '牽'의 뜻은 없는 듯하다.

## 68-3-25 靜夜聞鼓聲而譟(조)하니

고요한 밤에 북소리를 들으면 시끄럽게 함성을 지르니

畢云 譟字異文이라하다 詒讓案 周禮大司馬에 云 鼓皆駴면 車徒皆譟[34]라한대 鄭注에 云 譟는 讙也라하다

畢沅 : 〈'譟'는〉 '譟'자의 이체자이다.

詒讓案 : ≪周禮≫〈夏官 大司馬〉에 "북을 모두 급하게 치면 車徒가 모두 시끄럽게 함성을 지른다.〔鼓皆駴 車徒皆譟〕"라고 하였는데, 鄭玄의 注에 "'譟'는 讙(떠들썩하게 외침)이다."라고 하였다.

## 68-3-26 所以閹客之氣也요

었다. 張大安, 劉訥言, 格希元 등의 학자를 모아 范曄의 ≪後漢書≫에 주석을 달았다. 이외에 ≪列藩正論≫, ≪春宮要錄≫, ≪修身要覽≫ 등의 저술이 있다.

33) 大戴禮記 : 前漢시대 今文 禮學家였던 戴德이, 劉向이 수집한 禮에 관한 기록들(130편)을 묶어서 85편으로 재편한 것이다. ≪大戴記≫라고도 한다. 대덕의 조카인 戴聖이 49편으로 재편한 것은 ≪小戴禮記≫ 또는 ≪小戴記≫라고 한다.

34) 周禮大司馬……車徒皆譟 : 鄭玄은 천자나 제후가 사냥을 나가 짐승을 잡고 모였을 때 북을 치는 것은 적을 이겨 기쁜 마음을 표상하는 것으로, 車徒가 북소리를 듣고 환호한다고 하였다. 車徒는 兵車와 步卒로, 병거를 중심으로 한 部隊를 가리킨다.

적들의 기세를 막기 위해서이고

畢云 閹은 遏也라하다

畢沅 : '閹'은 遏(막음)이다.

68-3-27 所以固民之意也라 故時譟則民不疾矣라

백성의 決意를 다지기 위해서이다. 그러므로 적절한 때 함성을 지르면 백성이 근심하지 않는다.

凡守城之法以下至此는 疑他篇之文錯箸(착)於此라

무릇 '凡守城之法'(68-3-1) 이하부터 여기까지는 아마도 다른 篇의 글을 여기에 잘못 붙인 듯하다.

68-4-1 祝史乃告於四望山川社稷하되

大祝과 大史가 사방의 山川과 社稷에 고하되

祝史는 謂大祝大史也라 周禮大宗伯鄭注에 云 四望은 五嶽四鎭四瀆[35)]이라 案 山川은 蓋謂中小山川在竟內者라

'祝史'는 大祝과 大史를 말한다. ≪周禮≫ 〈春官 大宗伯〉의 鄭玄의 注에 "四望은 五嶽, 四鎭, 四瀆이다."라고 하였다.

案 : 山川은 대개 中小 규모의 山川으로 경계 안에 있는 것을 말하는 듯하다.

68-4-2 (先於戎)〔先以戒〕[36)]하고

먼저 경계하고

先於戎은 未詳이라 疑當作先以戒라 下文云 先以揮라하니 文例同이라

35) 四望 五嶽四鎭四瀆 : 望은 고대에 천자가 직접 가서 제사하지 못하고 사방을 향해 祭壇을 돌면서 멀리서 산천을 바라보며 지내는 제사이다. 五嶽은 동쪽의 岱宗, 남쪽의 衡山, 서쪽의 華山, 북쪽의 恒山, 중앙의 嵩高山이고, 四鎭은 揚州의 會稽山, 青州의 沂山, 幽州의 醫無閭山, 冀州의 霍山이고, 四瀆은 長江, 黃河, 淮河, 濟水이다.

36) (先於戎)〔先以戒〕: ≪墨子今注今譯≫에서는 교감하지 않고 "전쟁에 앞서서"라고 하였다.

'先於戎'은 알 수 없다. 아마도 '先以戒'가 되어야 할 듯하다. 아래 글(68-4-20)에 '先以揮'라고 하였는데 文例가 같다.

**68-4-3 乃退**라 **公素服誓于太廟**하여 **曰 (其)〔某〕人爲不道**하여

물러난다. 임금은 흰 옷을 입고 太廟에서 맹세하여 "적 아무개가 不道하여

蘇云 其人은 疑當作某人이라하다 案 蘇校是也니 孔叢子正作某人不道라하다

蘇時學 : '其人'은 아마도 '某人'이 되어야 할 듯하다.

案 : 蘇時學의 校勘이 맞으니, ≪孔叢子≫ 〈儒服〉에는 바로 '某人不道'로 되어 있다.

**68-4-4 不脩義詳**하고

義와 善을 닦지 않고

脩는 吳鈔本作修라 畢云 詳祥同이라하다

'脩'는 吳鈔本에 '修'로 되어 있다.

畢沅 : '詳'과 '祥'은 같다.

**68-4-5 (唯乃是王)〔唯力是正〕**[37)]하여

오직 힘으로 정벌하면서

疑當作唯力是正이라 力乃正王은 形竝相近이라 明鬼下篇에 云 諸侯力正이라하다

〈'唯乃是王'은〉 아마도 '唯力是正'이 되어야 할 듯하다. '力'과 '乃', '正'과 '王'은 字形이 모두 서로 비슷하다. 〈明鬼 下〉에 "제후들이 힘으로 정벌하다.〔諸侯力正〕"라고 하였다.

**68-4-6 曰 予必懷亡爾社稷**하고

말하기를, '나는 반드시 너희의 社稷을 파괴하고

蘇云 懷는 疑當作壞라하다 案 懷猶言思也니 似不誤라

---

37) (唯乃是王)〔唯力是正〕 : ≪墨子今注今譯≫에서는 '乃'를 '力'으로, '王'을 '上'으로 교감하고 "오직 폭력을 숭상하여"라고 하였다.

蘇時學 : '懹'는 아마도 '壞'가 되어야 할 듯하다.

案 : '懹'는 '思'라는 말과 같으니 잘못되지 않은 듯하다.

**68-4-7 滅爾百姓이라하여늘 二參子(尙夜自廈)〔尙夙夜自厲〕하여**

너희의 百姓을 없애려고 한다.'고 하는데 그대들은 부디 밤낮으로 스스로 노력하여

畢云 當爲厲라하다 蘇云 參卽三이니 下參發義同이라 尙下當脫夙字어나 或尙卽夙字之訛라하다 詒讓案 孔叢子에 云 二三子尙皆同心하여 比力死守라하니 與此略同이라

畢沅 : 〈'廈'는〉 '厲'가 되어야 한다.

蘇時學 : '參'은 바로 '三'이니 아래(68-4-13) '參發'과 뜻이 같다. '尙' 뒤에 응당 '夙'자가 빠졌거나 혹은 '尙'이 바로 '夙'자의 誤字일 것이다.

詒讓案 : ≪孔叢子≫ 〈儒服〉에 "그대들은 부디 모두 마음을 함께하여 힘을 모아 죽음으로 지키라.〔二三子尙皆同心 比力死守〕"라고 하였는데, 이 대목과 대략 같다.

**68-4-8 以勤寡人하고 和心比力兼左右하여 各死而守라하다**

寡人을 위해 힘쓰고 마음과 힘을 합하여 서로 도우면서 각자 죽음으로 지키라." 라고 한다.

兼下疑脫一字라 畢云 左右는 助也라하다

'兼' 뒤에 아마도 한 자가 빠진 듯하다.

畢沅 : '左右'는 돕는다는 뜻이다.

**68-4-9 旣誓에 公乃退食이라 舍於中太廟之右하고**

맹세가 끝난 뒤 임금은 이에 물러나 식사한다. 〈임금은〉 중앙의 太廟 오른쪽에 머무르고

茅本太作大라 中太廟는 侯國太祖之廟也라 儀禮聘禮賈[38]疏에 說諸侯廟制하여 云 太祖之廟居中하고 二昭居東하고 二穆居西[39]하되 廟皆別門이라하다

38) 賈 : 賈公彦으로, 唐나라 洺州 永年 사람이다. 三禮에 밝았던 張士衡에게 수학하고, 禮學에 조예가 깊어 孔穎達과 ≪禮記正義≫ 편찬에 참여하였다. 저서로 ≪禮記疏≫, ≪孝經疏≫, ≪論語疏≫ 등이 있다.

茅本에는 '太'가 '大'로 되어 있다. '中太廟'는 제후국의 太祖의 사당이다. ≪儀禮≫ 〈聘禮〉의 賈公彦 疏에 諸侯의 廟制를 설명하면서 "太祖의 사당은 가운데 자리하고 2昭는 동쪽에 자리하고 2穆은 서쪽에 자리하되 사당에는 모두 門을 따로 낸다."라고 하였다.

**68-4-10 祝史舍于社**라 **百官具御**하여 **乃**(斗)〔**升**〕하여

大祝과 大史는 社稷에 머무른다. 百官이 모두 모시러 가서 이에 〈사당에〉 올라

畢云 疑刁(조)斗字라하다 案 斗疑升之誤라 下云 乃下하여 出俟하고 升望我郊라 乃命鼓어든 俄升이라하니 此乃升與乃下로 文正相對라 公舍在太廟右면 則升格殆卽於廟與아

畢沅 : 〈'乃斗'는〉 아마도 '刁斗'자인 듯하다.

案 : '斗'는 아마도 '升'의 誤字인 듯하다. 아래(68-4-14~16)에 '乃下 出俟 升望我郊 乃命鼓 俄升'이라 하였으니, 이 대목의 '乃升'은 아래의 '乃下'와 함께 글이 정확히 서로 對句가 된다. 임금이 머무는 곳이 太廟 오른쪽에 있으면 올라 이르는 곳도 아마도 바로 사당일 것이다.

**68-4-11 鼓于門**하고

사당 문에서 북을 치고

畢云 門은 舊作問이러니 以意改라하다 詒讓案 孔叢子에 云 乃大鼓於廟門하여 詔將帥命卒하되 習射三發하고 擊刺三行하여 告廟用兵於敵也라하니 依彼文컨대 則上斗字當作大로되 未詳이라

畢沅 : '門'은 舊本에 '問'으로 되어 있는데, 글 뜻으로 판단하여 고쳤다.

詒讓案 : ≪孔叢子≫ 〈儒服〉에 "이에 사당 문에서 크게 북을 치고 장수에게 詔命을 내리고 병졸에게 명하되 활쏘기 연습을 세 번 쏘고 치고 찌르기를 세 번 행하게 하고서 적에게 군대를 쓰겠다고 사당에 고한다.〔乃大鼓於廟門 詔將帥命卒 習射三發 擊刺三行 告廟用兵於

---

39) 太祖之廟居中……二穆居西 : 昭穆은 古代 宗法制度에서 宗廟나 종묘 안 先祖들의 新主를 排列하는 차례로, 始祖를 가운데 모셔 두고, 2世, 4世, 6世 등을 시조의 왼편인 동쪽에 다리하는데 이를 昭라고 하고, 3世, 5世, 7世 등을 시조의 오른편인 서쪽에 자리하는데 이를 穆이라고 한다. 이를 가지고 宗族 내부의 長幼, 親疏, 遠近을 분별한다. ≪禮記≫ 〈王制〉에 "天子는 7廟로 3昭 3穆에 太祖의 廟까지 7묘이고, 諸侯는 5묘로 2소 2목에 태조의 묘까지 5묘이며, 대부는 3묘로 1소 1목에 태조의 묘까지 3묘이다. 士는 1묘이고 庶人은 正寢에서 제사를 올린다."라고 하였다.

敵也〕"라고 하였으니, 그 글에 의거하면 앞의 '斗'자는 '大'가 되어야 하지만 알 수 없다.

**68-4-12 右置旂(기)左置旌于隅하되 練名이요**

〈사당 문〉 모퉁이 오른쪽에 旂를 설치하고 왼쪽에 旌을 설치하되 누인 비단에 銘을 쓰고

謂門左右隅에 一置旂하고 一置旌也라 畢讀右屬上鼓於門爲句한대 誤라 說文糸部에 云 練은 湅繒[40]也라하다 名銘古今字라 謂以練爲旂旌之旒(류)하고 而書名於上也라 爾雅釋天說旌旂하여 云 纁帛縿과 練旒九라하다 儀禮士喪禮에 云 爲銘各以其物하고 亡(무)則以緇하니 長半幅이요 赬末長終幅이요 廣三寸이니 書名于末이라한대 鄭注에 云 銘은 明旌也라 今文銘皆爲名이라하다 周禮司勳에 云 銘書於王之大常이라하니 是凡旌旗之屬에 通謂之銘이라 此作名하니 與禮今文正同이라 說文亦無銘字라

사당 門의 左右 모퉁이 중 한곳에는 旂를 설치하고 한곳에는 旌을 설치한다는 말이다. 畢沅은 '右'를 앞의 '鼓於門'에 붙여 句를 떼었는데, 잘못 본 것이다. ≪說文解字≫ 糸部에 "'練'은 비단을 누임질하는 것이다."라고 하였다. '名'은 古字이고 '銘'은 지금의 글자이다. 누인 비단으로 旂와 旌의 旒(깃발의 술)를 만들고 그 위에 名을 썼다는 말이다. ≪爾雅≫ 〈釋天〉에 旌旂를 설명하여 "적색 비단으로 만든 깃발 正幅과 백색의 누인 비단으로 만든 旒 아홉 가닥이다.〔纁帛縿 練旒九〕"라고 하고, ≪儀禮≫ 〈士喪禮〉에 "銘을 만들 때 〈죽은

旂 旌

40) 湅繒 : 무명이나 모시는 누임질을 한다. 누임질이란 잿물을 내려 그 물에 무명이나 모시를 삶고, 이를 꺼내 방망이질을 하여 때가 빠지고 하얗게 될 때까지 본빨래를 한 다음, 깨끗이 헹구어 햇볕에 널어 말리는 것을 말한다.

자가〉 각각 生前에 사용하던 物(깃발)로 하고, 없으면 緇(검은 비단)로 하는데 길이는 半幅이고, 䞓末(銘旌의 아랫부분)은 길이가 온폭이고 너비가 3촌인데 끝에 名을 쓴다.〔爲銘各以其物 亡則以緇 長半幅 䞓末長終幅 廣三寸 書名于末〕"라고 하였는데, 鄭玄의 注에 "'銘'은 신분을 밝히는 깃발〔明旌〕이다. 今文에 '銘'은 모두 '名'으로 되어 있다."라고 하였다. ≪周禮≫ 〈夏官 司勳〉에 "왕의 大常에 銘을 쓴다.〔銘書於王之大常〕"라고 하였으니 이는 모든 旌旗의 등속에 통틀어 銘이라 하는 것이다. 이 대목에 '名'으로 되어 있으니 ≪儀禮≫의 今文과 정확히 같다. ≪說文解字≫에도 '銘'자는 없다.

**68-4-13 射參發**하여 **告勝**하고 **五兵咸備**라

화살을 세 번 쏘아 승리할 것을 고하고 각종 무기를 모두 준비한다.

**五兵**은 **詳節用上篇**[41]이라

'五兵'은 〈節用 上〉에 자세히 설명하였다.

**68-4-14 乃下**하여 **出**(挨)〔**俟**〕하고

이어 〈사당에서〉 내려와 나가서 기다리고

**畢云 當爲俟**라하다

畢沅 : 〈'挨'는〉 '俟'가 되어야 한다.

**68-4-15 升望我郊**라

〈임금은〉 門臺에 올라서 〈성 밖의〉 郊外를 바라본다.

**侯國宮廟有門臺**라 **故可升望國郊**라

제후국의 宮廟에 門臺가 있으므로 올라서 國都의 郊外를 바라볼 수 있다.

**68-4-16 乃命鼓**어든 **俄升**하고

이에 북을 치라고 명령하면 이윽고 門臺에 오르고

41) 五兵 詳節用上篇 : 본서 2책 20-2-3에 보인다. 五兵은 각종 무기로, 鄭衆은 戈, 殳, 戟, 酋矛, 夷矛라고 하였다.

公羊桓二年何[42]注에 云 俄者는 謂須臾之間이라하다

≪春秋公羊傳≫ 桓公 2년의 何休의 注에 "'俄'는 '잠시 동안〔須臾之間〕'을 말한다."라고 하였다.

68-4-17 役司馬射自門右하되

役司馬가 門의 오른쪽에서 활을 쏘되

役司馬는 蓋官名이니 掌徒役者라

'役司馬'는 官職名인 듯하니 徒役을 관장하는 자이다.

68-4-18 蓬矢射之하고 (茅)〔矛〕參發하고

쑥대 화살로 쏘고 창으로 세 번 찌르고

茅當爲矛라 蘇屬上讀하여 云 似言束茅而射之라하니 誤라

'茅'는 '矛'가 되어야 한다. 蘇時學은 앞에 붙여 읽으면서 "띠풀을 묶어 쏜다는 말인 듯하다."라고 하였는데, 잘못 본 것이다.

68-4-19 弓弩繼之하고 校〔射〕自門左로

활과 쇠뇌를 이어 쏘고, 校官이 문의 왼쪽에서 쏘되

校는 蓋軍部曲[43]吏라 管子度地篇有部校長官[44]이라 商子境內篇에 云 軍爵은 自一級以下至小夫히 命曰校徒操士라 戰國策中山策에 云 五校大夫라한대 高注에 云 五校는 軍營也라하고 又秦策에 云 亡五校라하다 校下疑脫射字라

42) 何 : 何休(129~182)로, 자가 邵公이며 任城樊(지금의 山東省 曲阜) 사람이다. 後漢 때의 今文經學家로, 議郎, 諫議大夫 등을 지냈다. 羊弼에게 ≪春秋公羊傳≫을 배워 董仲舒의 四傳弟子가 되었다. 五經과 天文, 曆算 등에 뛰어났으며, 동중서의 뒤를 이어 금문경학을 집대성하였다.

43) 部曲 : 古代에 軍隊의 編制 단위로, 大將의 軍營이 5部인데, 校尉가 1인이고 部 아래에 曲이 있고, 曲에 軍候 1인이 있었다. 뒤에는 軍隊를 가리키는 말로 쓰였다.

44) 管子度地篇有部校長官 : ≪管子≫에는 '官' 뒤에 '佐'가 더 있는데 '官'과 붙여 읽어야 한다. '校長'은 古代에 병졸들로 편성된 하급 부대를 거느리는 長을 말하고, '官佐'는 官長과 그 副職을 말한다.

'校'는 아마도 軍의 部曲의 吏인 듯하다. ≪管子≫ 〈度地〉에 部隊의 校長과 官佐가 있다. ≪商子≫ 〈境內〉에 "軍中의 爵位는 一級부터 아래로 小夫에 이르기까지 校徒와 操士라고 명명한다."라고 하였다. ≪戰國策≫ 〈中山策〉에 "다섯 軍營의 대부〔五校大夫〕"라고 하였는데, 高誘의 注에 "'五校'는 軍營이다."라고 하고, 또 〈秦策〉에 "다섯 軍營을 잃었다.〔亡五校〕"라고 하였다. '校' 뒤에 아마도 '射'자가 빠진 듯하다.

**68-4-20 先以揮**하고

먼저 발사하고

**不箸**(저)**其兵**하니 **疑有佚脫**이라

그 兵器를 적지 않았으니 아마도 빠진 글자가 있는 듯하다.

**68-4-21 木石繼之**라 **祝史宗人告社**하고

〈병졸들이〉 나무와 돌을 이어 던진다. 大祝, 大史, 宗伯이 社稷에 고하고

**左傳哀二十四年杜注**에 **云 宗人**은 **禮官也**라하다 **案 卽周禮大小宗伯**이니 **侯國及都家竝有之**라

≪春秋左氏傳≫ 哀公 24년의 杜預의 注에 "宗人은 禮官이다."라고 하였다.
案 : 바로 ≪周禮≫의 大宗伯, 小宗伯이니 제후국 및 都家에 모두 있다.

**68-4-22 覆之以甑**(증)이라

〈祭羞를〉 시루로 덮어 놓는다.

**說文瓦部**에 **云 甑**은 **甗**(언)**也**라하다 **此蓋厭**(엽)**勝**[45]**之術**이니 **未詳其義**라

≪說文解字≫ 瓦部에 "'甑'은 甗(시루)이다."라고 하였다. 이는 厭勝의 術數인 듯한데 그 뜻을 알 수 없다.

45) 厭(엽)勝 : 古代의 일종의 巫術로, 어떤 사람이나 물건을 대상으로 저주를 행하여 굴복시키는 것을 말한다.

## 제69편 기치 旗幟

이 편은 성을 지킬 때 사용되는 다양한 신호 체계와 그 전달법 및 각종 기호에 대해 서술하고 있다. 신호와 기호의 경우 깃발, 북, 횃불, 복장, 휘장, 符節 등이 담고 있는 의미와 사용법을 설명하고 있다. 깃발은 여러 색깔과 상징을 사용하여 전달하려는 내용을 구별한다. 또한 戰況에 따라 깃발의 개수와 북을 치는 횟수를 달리하기도 한다. 계급에 따라 복장과 휘장을 구분하고 信符를 통해 통행을 통제한다. 이처럼 이 편은 고대의 군대 운용 과정에서 정보 전달과 관련한 사실들을 이해할 수 있는 자료이다.

畢云 說文에 云 旗는 熊旗五游[1]로 以象罰星[2]하여 士卒以爲期라하다 釋名에 云 熊虎爲旗니 軍將所建이어늘 象其猛如虎하여 與衆期其下也라하다 幟當爲織(치)니 詩織(치)文鳥章이라한대 箋[3]云 徽織也라하다 陸德明[4]音義에 音志요 云 又尺志反이라하고 又作識(지)라 案 漢書亦作志하고 而無從巾字라하다 王改幟竝爲識[5]하고 云 墨子書旗識字如此어늘 舊本從俗作幟하고 篇內放此라하다 案 幟正字當作識니 號令雜守二篇에 微職字竝作職者는 假借字也라 王校甚是라 但司馬貞[6]玄應[7]所引竝作幟하니 則唐本如是어늘 以相

1) 熊旗五游 : 旗는 熊虎의 圖像을 그린 깃발인데, 熊旗라고 한 것은 虎를 생략하여 말한 것일 뿐이다. '游'는 '斿'로, 깃발 가장자리에 드리운 술이니, 五斿는 다섯 가닥을 드리운 것이다.

2) 罰星 : 28수의 하나인 房宿에 딸린 별자리로, 熒惑星, 즉 火星의 별칭이다. 고대 점성가들은 화성이 남방의 火德을 관장하여 법을 집행하는 것을 주관하고 상서롭지 못한 징조를 살피는 역할을 하므로 이 별이 나타나면 전쟁이 일어난다고 여겼다.

3) 箋 : 저본의 傍注에 "'箋'은 畢沅의 注에 원래 '傳'으로 되어 있는데, 살펴보건대 인용한 부분은 ≪詩經≫ 〈小雅 六月〉의 鄭玄 箋에 보이기에 지금 이에 의거하여 바로잡는다.〔箋 畢注原作傳 按所引見詩小雅六月鄭玄箋 今據改正〕"라고 하였다.

4) 陸德明 : 550?~630. 唐나라 蘇州 吳縣 사람으로 본명은 元朗이다. 唐 高祖 때 國子博士를 지냈으며, 모든 經書에 주석서를 내고 ≪經典釋文≫ 30권을 지었다. 저서로 ≪老子疏≫, ≪易疏≫ 등이 있다.

5) 識 : 저본의 傍注에 "'識'는 원래 '職'으로 잘못되어 있는데 아래 글에 의거하면 '識'가 되어야 하기에 바로 고친다.〔識 原誤職 據下文應作識 徑改〕"라고 하였다.

6) 司馬貞 : 679~732. 字가 子正이다. 唐 玄宗(재위 712~756) 때 朝散大夫, 國子博士, 弘文館學士 등을 지냈으며, ≪史記索隱≫의 저자이다.

承已久라 未敢輒改라

畢沅 : ≪說文解字≫에 "'旗'는 五斿를 드리운 熊旗로 罰星을 상징하여 士卒들이 이것을 기약으로 삼는다."라고 하였다. ≪釋名≫에 "熊虎를 그린 것이 旗이니 군대의 장수가 세우는 것인데 그 사나움이 범과 같아 군사들과 함께 점령하기를 기약함을 상징하는 것이다."라고 하였다. '幟'는 '織'가 되어야 하니, ≪詩經≫ 〈小雅 六月〉에 "깃발의 무늬는 새를 그린 휘장이다.〔織文鳥章〕"라고 하였는데 〈鄭玄의〉 箋에 "〈'織'는〉 휘장을 그린 깃발〔徽織〕이다."라고 하였다. 陸德明의 ≪經典釋文≫ 〈毛詩音義〉에 "音은 '志'이다."라고 하고 "또 '尺'과 '志'의 反切이다."라고 하고 '識'로도 되어 있다. 살펴보건대, ≪漢書≫에도 '志'로 되어 있고 '巾'을 부수로 하는 글자는 없다.

王念孫은 '幟'를 모두 '識'로 고치고 "≪墨子≫에 '旗識'자는 이와 같은데 舊本에는 俗字를 따라 '幟'로 되어 있고 이 篇 안에서는 이를 따랐다."라고 하였다.

案 : '幟'의 正字는 '識'가 되어야 하니 〈號令〉, 〈雜守〉 2篇에 '微職'자가 모두 '職'으로 되어 있는 것은 假借字이다. 王念孫의 校勘이 매우 맞다. 다만 司馬貞과 玄應이 인용한 곳에는 모두 '幟'로 되어 있으니 唐本이 이러한데 이미 오랫동안 이어내려온 것인지라 감히 바로 고치지 않는다.

**69-1-1 守城之法은 木爲蒼旗요 火爲赤旗요 薪樵爲黃旗요 石爲白旗요**

城을 지키는 법은 〈깃발을 통해 신호를 하되〉 나무에는 녹색 깃발, 불에는 적색 깃발, 땔나무에는 황색 깃발, 돌에는 백색 깃발,

畢云 北堂書鈔引作金爲白旗土爲黃旗라하다 案 畢據明陳禹謨[8]改竄本書鈔하니 不足馮이요 景(영)宋鈔本無라

畢沅 : ≪北堂書鈔≫에 이 대목을 인용한 곳에는 '金爲白旗 土爲黃旗(쇠는 흰 깃발, 흙은 노란 깃발)'로 되어 있다.

案 : 畢沅은 明나라 陳禹謨의 改竄本 ≪北堂書鈔≫에 의거하였으니 족히 믿을 만하지

7) 玄應 : 唐나라 때 승려로, 貞觀 말기에 玄奘 밑에서 譯經에 종사했다. 音韻文字에 정통하여 高宗 때 ≪一切經音義≫를 지었다.

8) 陳禹謨 : 1548~1618. 字가 錫元이며, 江蘇省 常熟 사람이다. 그는 여러 책에 나오는 자질구레한 일과 훌륭한 말을 모아 ≪廣滑稽≫ 36권을 지었는데 ≪四庫總目≫에 남아 전하고, 또 ≪北堂書鈔≫를 편집하고 보충하여 貞觀 이후의 일 및 五代十國의 책들을 그 속에 잡다하게 넣었는데 본래 모습은 전하지 않는다.

않고 影宋鈔本에는 없다.

## 69-1-2 水爲黑旗요 食爲(菌)〔茜(천)〕旗요

물에는 흑색 깃발, 음식에는 진홍 깃발,

**自倉英旗以上七旗는 竝以色別이어늘 菌非色名이니 疑當爲茜이라 說文艸部에 云 茜은 茅蒐也라하니 茅蒐可以染絳이라 字或作蒨(천)하니 左定四年傳에 綪茷(천패)[9]라한대 雜記鄭注引作蒨旆(패)라**

청색 깃발〔倉英旗〕부터 위로 7개의 깃발은 모두 색깔로 구별하였는데 '菌'은 색 이름이 아니니 아마도 '茜'이 되어야 할 듯하다. ≪說文解字≫ 艸部에 "'茜'은 茅蒐(꼭두서니)이다."라고 하였으니, 茅蒐는 진홍물을 들일 수가 있다. 이 字는 혹 '蒨'으로 되어 있기도 하니 ≪春秋左氏傳≫ 定公 4년에 '綪茷'라고 하였는데, ≪禮記≫ 〈雜記〉의 鄭玄의 注에 그 대목을 인용한 곳에는 '蒨旆'로 되어 있다.

## 69-1-3 死士爲倉英之旗[10]요

死士(죽기를 각오한 군사)에는 청색 깃발,

**蘇云 倉英은 當卽蒼鷹이라하다 兪云 倉英之旗乃青色旗니 倉英卽滄浪也라 在水爲滄浪이요 在竹爲蒼筤(랑)이니 竝是一義라 此又作倉英者는 英古音如央이라 故與浪同聲이라하다 案 兪說是也라**

蘇時學 : '倉英'은 바로 '蒼鷹'이 되어야 한다.

兪樾 : '倉英之旗'는 바로 青色의 깃발이니 倉英은 바로 滄浪(파란 물결)이다. 물에서는 '滄浪'이 되고 대나무에서는 '蒼筤(푸른 대)'이 되니 모두 같은 뜻이다. 이 대목에서 또 '倉英'으로 되어 있는 것은 '英'의 古音이 '央'과 같으므로 '浪'과 同聲이다.

案 : 兪樾의 說이 맞다.

---

9) 綪茷 : 大赤旗이니 染草의 이름을 취한 것이다.

10) 食爲(菌)〔茜(천)〕旗 死士爲倉英之旗 : ≪墨子今注今譯≫에서는 '菌'은 교감하지 않고, '英'은 蘇時學을 따라 '鷹'으로 교감하여, "음식은 버섯 깃발로 대표하고 死士는 청색 매 깃발로 대표한다."라고 하였다.

**69-1-4 (竟)〔競〕士**

용맹한 정예 군사에는

竟은 競之借字라 逸周書度訓篇에 云 揚擧力竟이라하니 亦以竟爲競이라 畢云 猶云彊士라하다 蘇云 猶言勁卒이라하다

'竟'은 '競'의 假借字이다. ≪逸周書≫ 〈度訓〉에 "힘이 굳센 자를 선발하다.〔揚擧力竟〕"라고 하였는데, 역시 '竟'을 '競'으로 보았다.

畢沅 : '彊士'라는 말과 같다.

蘇時學 : '勁卒'이라는 말과 같다.

**69-1-5 爲(雩(우))〔虎〕旗요**

범 깃발,

畢云 虎字假音이라 王云 雩는 卽虎之訛요 非其假音也라 鈔本北堂書鈔武功部八에 引此爲虎旗하고 上脫二字하니 而虎字則不誤라 通典兵五亦曰 須戰士銳卒은 擧熊虎旗라하다 隷書虎字或作虒하니 見漢殽阬君神祠碑陰한대 與雩字相似而誤라

畢沅 : 〈'雩'는〉 '虎'자의 音을 假借한 것이다.

王念孫 : '雩'는 바로 '虎'의 誤字이지 그 音을 假借한 것이 아니다. 鈔本 ≪北堂書鈔≫ 〈武功部8〉에 이 대목을 인용한 곳에는 '虎旗'로 되어 있고 앞의 두 글자('竟士')가 빠졌으니 '虎'자는 잘못되지 않았다. ≪通典≫ 〈兵5〉에도 "모름지기 戰士와 銳卒에는 熊虎旗를 들어야 한다.〔須戰士銳卒 擧熊虎旗〕"라고 하였다. 隷書에 '虎'자가 더러 '虒'로 되어 있기도 하니 〈漢殽阬君神祠碑陰〉에 보이는데, '雩'자와 서로 비슷해서 잘못된 것이다.

熊旗

**69-1-6 多卒爲雙兔之旗요 五尺童子爲童旗요**

그 밖의 많은 병졸에는 두 마리 토끼 깃발, 5척의 童子에는 아동 깃발,

五尺은 謂年十四以下니 詳雜守篇[11]이라

'五尺'은 나이 14살 이하를 말하니 〈雜守〉에서 자세히 설명하였다.

### 69-1-7 女子爲梯末之旗[12]요

여자에는 자매 깃발,

蘇云 梯末詳이니 疑當作枯楊生稊[13]之稊라하다

蘇時學 : '梯'는 알 수 없으니, 아마도 '枯楊生稊'의 '稊(버드나무의 돋아나는 가지와 잎)'가 되어야 할 듯하다.

### 69-1-8 弩爲狗旗요 戟爲(菹)〔旌〕旗요

쇠뇌에는 개 깃발, 창에는 旌旗,

菹은 疑卽旌字라 月令에 季秋載旌旐라하고 淮南子時則訓에 旌作荏이라 荏菹皆旌之訛라 隸書旌或作拴하니 形相近이라 周禮司常九旗에 析羽爲旌[14]이라하다 畢云 北堂書鈔引作林旗라하다

'菹'은 아마도 바로 '旌'자인 듯하다. ≪禮記≫ 〈月令〉에 "季秋에 旌旐를 수레에 꽂는다.〔季秋載旌旐〕"라고 하고, ≪淮南子≫ 〈時則訓〉에는 '旌'이 '荏'으로 되어 있다. '荏'과 '菹'은 모두 '旌'의 誤字이다. 隸書에 '旌'이 더러 '拴'으로 되어 있기도 하니 字形이 서로 비슷하

---

11) 詳雜守篇 : 뒤의 71-20-7에 보인다.

12) 女子爲梯末之旗 : ≪墨子今注今譯≫에서는 '梯末'을 '姊妹'로 보고, "여자는 자매의 깃발로 대표한다."라고 하였는데, 이를 따라 번역하였다.

13) 枯楊生稊 : ≪周易≫ 大過卦 九二에 "말라 죽은 버드나무에 싹이 돋아나고, 늙은 사내가 나이 어린 아내를 얻으니, 이롭지 않음이 없다.〔枯楊生稊 老夫得其女妻 無不利〕"라고 한 데서 온 말이다.

14) 周禮司常九旗 析羽爲旌 : ≪周禮≫ 〈春官 司常〉에 "사상은 九旗의 物名을 관장하여 각기 소속을 두어 국사에 대비한다. 해와 달을 그린 깃발이 常이고 용틀임하는 용을 그린 깃발이 旂이고, 통으로 된 흰 비단으로 만든 깃발이 旜이고, 잡색 비단으로 만든 깃발이 物이고, 곰과 호랑이를 그린 깃발이 旗이고, 새와 매를 그린 깃발이 旟이고, 거북과 뱀을 그린 깃발이 旐이고, 온전한 새 깃으로 만든 깃발이 旞이고, 새 깃을 쪼개어 만든 깃발이 旌이다.〔司常掌九旗之物名 各有屬以待國事 日月爲常 交龍爲旂 通帛爲旜 雜帛爲物 熊虎爲旗 鳥隼爲旟 龜蛇爲旐 全羽爲旞 析羽爲旌〕"라고 하여 아홉 가지 깃발을 나열하고 있다. 참고로, 旌은 깃대 끝에 五色의 새 깃을 달아 장식한 깃발이라고 한다.

다. ≪周禮≫ 〈春官 司常〉의 九旗 가운데 "새 깃을 쪼개 만든 깃발이 旌이다.〔析羽爲旌〕"라고 하였다.

畢沅 : ≪北堂書鈔≫에 이 대목을 인용한 곳에는 '林旗'로 되어 있다.

### 69-1-9 劍盾爲羽旗요

검과 방패에는 깃털 깃발,

蓋卽司常九旗之全羽爲旞라

대체로 바로 ≪周禮≫ 〈司常〉의 九旗 가운데 "온전한 새 깃으로 만든 깃발이 旞이다.〔全羽爲旞〕"라고 한 것인 듯하다.

### 69-1-10 車爲龍旗요

수레에는 용 깃발,

畢云 舊作龔이러니 据北堂書鈔改라 車彼作輿라하다 詒讓案 舊鈔本書鈔仍作車하니 與今本同이라

畢沅 : 舊本에 '龔'으로 되어 있는데, ≪北堂書鈔≫에 의거하여 고쳤다. '車'는 그곳에 '輿'로 되어 있다.

詒讓案 : 舊鈔本 ≪北堂書鈔≫에는 그대로 '車'로 되어 있으니 今本과 같다.

### 69-1-11 騎爲鳥旗라

單騎에는 새 깃발을 쓴다.

騎는 謂單騎니 亦見號令篇이라 左傳昭二十五年에 左師展將以公乘馬而歸라한대 孔疏云 古者服牛乘馬하니 馬以駕車요 不單騎也라 至六國之時始有單騎하니 蘇秦所云車千乘騎萬匹是也라 曲禮에 云 前有車騎者는 禮記는 漢世書耳니 經典無騎字也라 劉炫[15]謂此左師展欲共公單騎而歸하니 此騎馬之漸也라하다 案 單騎는 蓋起於春秋之

15) 劉炫 : 546~613. 隋나라 때 經學家이다. 자가 光伯이며, 河間 景城 사람이다. 劉獻의 三傳 제자로, 諸儒와 五禮를 修定하고 太常博士를 역임하였다. 문인들이 宣德先生이라 私諡하였다. 저서로 ≪尙書述義≫, ≪毛詩述義≫, ≪春秋左氏傳述義≫와 ≪春秋攻昧≫, ≪五經正名≫, ≪注詩序≫, ≪算術≫ 등이 있다.

季하여 而盛於六國之初라 故此書及吳子[16]竝有之라

'騎'는 單騎를 말하니 〈號令〉에도 보인다. ≪春秋左氏傳≫ 昭公 25년에 "左師展이 昭公을 수레에 태우고서 돌아가려 하다.〔左師展將以公乘馬而歸〕"라고 하였는데, 孔穎達의 疏에 "옛날에 소와 말을 부려서 수레를 끌게 하였으니 말을 수레에 멍에를 메지 한 필의 말에 바로 타지 않았다. 六國시대에 이르러서야 비로소 한 필의 말을 타게 되었으니 蘇秦이 이른바 '車千乘 騎萬匹(수레가 1천 승, 말이 1만 필)'이라 한 것이 이것이다. ≪禮記≫〈曲禮〉에 '앞에 車騎가 있다〔前有車騎〕'라고 한 경우는 ≪禮記≫는 漢나라 때 지은 책이어서일 뿐이니, 經典에는 '騎'자가 없다. 劉炫은 '이는 左師展이 소공과 함께 한 필의 말을 타고 돌아가려 한 것이니 이것이 騎馬의 시작이다.'라고 하였다."라고 하였다.

案 : 單騎는 아마도 春秋 말엽에 시작되어 六國 초기에 盛行하였으므로 이 책 및 ≪吳子≫에 모두 있는 듯하다.

## 69-1-12 凡所求索에 旗名不在書者는 皆以其形名爲旗라 城上擧旗어든 備具之官致財物하고

무릇 찾는 것 중에 깃발 이름이 책에 기록되어 있지 않은 경우에는 모두 그 형상과 명칭으로 깃발을 만든다. 城 위에서 깃발을 들면 軍需를 맡은 관원이 물건을 보내주고

句라

여기에서 句를 뗀다.

## 69-1-13 (之)〔物〕足而下旗라

물건이 충분해지면 깃발을 내린다.

兪云 下之字衍이니 文本作足而下旗라 蓋城上擧旗하면 則備具之官이 各致其財物하고 既足而後下旗也라 之字卽足字之誤而複者니 當刪이라하다 詒讓案 之當作二니 卽物之重文라 物足而下旗는 言致財物既足其城上之用하면 則偃下其旗也라

16) 吳子 : 戰國時代 魏나라 장수 吳起가 지은 兵書로, ≪吳起兵法≫·≪吳子兵書≫ 등으로도 불린다. 이 책은 예로부터 ≪孫子≫와 더불어 '孫吳'라고 병칭될 정도로 兵家의 쌍벽을 이루며, 武將들의 필독서로 알려진 책이다.

兪樾 : 〈'致財物'〉 뒤의 '之'자는 잘못 들어간 것이니 이 글은 본래 '足而下旗'가 되어야 한다. 대개 城 위에서 깃발을 들면 軍需를 맡은 관원이 각각 그 물건을 보내주고 물건이 충분해진 뒤에 깃발을 내린다. '之'자는 바로 '足'자의 誤字가 중복된 것이니 삭제해야 한다.

詒讓案 : '之'는 '二'가 되어야 하니 바로 '物'을 중복해 쓴 글자이다. '物足而下旗'는 물건을 보내주어 이미 성 위의 용도에 충분해지면 그 깃발을 내려 눕힌다는 말이다.

**69-2-1 凡守城之法**은 **石有積**하고 **樵薪有積**하고 **菅茅有積**하고

무릇 城을 지키는 법은 돌, 땔나무, 띠풀,

茅는 吳鈔本作茆라 說文艸部에 云 菅은 茅也라하다 陸璣[17]毛詩艸木疏에 云 菅似茅而滑澤無毛요 柔韌(인)宜爲索(삭)이라하다 茆茅古字亦通이라

'茅'는 吳鈔本에 '茆'로 되어 있다. ≪說文解字≫ 艸部에 "'菅'은 띠풀〔茅〕이다."라고 하였다. 陸璣의 ≪毛詩草木鳥獸蟲魚疏≫에 "왕골〔菅〕은 띠풀〔茅〕과 비슷한데 윤기가 나면서 털이 없고 부드러우면서 질겨 줄을 만들기에 적당하다."라고 하였다. '茆'와 '茅'는 古字에 역시 통용되었다.

**69-2-2 (藿)〔雚(환)〕葦有積**하고

갈대,

說文艸部에 云 雚은 薍也라하고 葦는 大葭也라하고 雈部에 云 雚은 小爵也라한대 音義竝別이라 此雚當爲雈이니 經典省(생)作萑(환)이어나 或掍作藿은 非是라 周禮司几筵에 萑席이라하고 唐石經[18]初刻亦誤作藿이라

≪說文解字≫ 艸部에 "'雚'은 물억새〔薍〕이다."라고 하고 "'葦'는 큰 갈대〔大葭〕이다."라고 하고, 雈部에 "'雚'은 작은 새〔小爵〕이다."라고 하였는데, 聲音과 의미가 모두 다르다.

---

17) 陸璣 : 三國時代 吳나라 吳郡 사람으로, 字는 元恪 또는 從玉이다. 저서로 ≪毛詩草木鳥獸蟲魚疏≫가 있다.

18) 唐石經 : 石經은 經書를 돌에 새겨 太學에 세운 비석으로, 漢나라 때 王莽이 甄豐에게 명하여 돌에 경전을 새긴 것이 석경의 시초이다. 唐 文宗 太和 7년(833)에 刻石에 착수, 開成 2년(837)에 완성하여, 石經을 長安의 務本坊에 있는 太學에 세웠는바, 開成石經, 長安石經이라고도 한다. 三經, 三傳, 三禮와 ≪論語≫, ≪孝經≫, ≪爾雅≫ 등 12경을 본문은 楷書로, 標題는 隸書로 227개의 돌에 새겼다. 수차례의 改刻을 통해 補刻과 添注가 이루어졌다.

이 대목의 '萑'은 '萑'이 되어야 하니, 經典에 생략하여 '萑'으로 되어 있거나 더러 혼동하여 '萑'으로 되어 있는 것은 잘못이다. 《周禮》 〈春官 司几筵〉에는 '萑席'이라 하였고 唐나라 石經의 初刻에도 '萑'으로 잘못되어 있다.

**69-2-3 木有積**하고 **炭有積**하고 **沙有積**하고 **松柏有積**하고 **蓬艾有積**하고 **麻脂有積**하고 **金(鐵)〔錢〕有積**하고 **粟米有積**이요

나무, 숯, 모래, 소나무와 측백나무, 쑥, 삼과 기름, 금전, 곡식을 비축하고

王云 金鐵當爲金錢이니 字之誤也라 金錢粟米皆守城之要物이라 故竝言之라 若鐵則非其類矣라 號令篇에 曰 粟米錢金布帛이라하고 又曰 粟米布帛錢金[19]이라하고 雜守篇에 曰 粟米布帛金錢[20]이라하니 皆其證이라 太平御覽居處部二十에 引此正作金錢이라

王念孫 : '金鐵'은 '金錢'이 되어야 하니 글자가 잘못된 것이다. 金錢과 粟米는 모두 城을 지키는 중요한 재물이므로 아울러 말한 것이다. 鐵의 경우는 〈金이나 粟米와〉 같은 부류가 아니다. 〈號令〉에 "粟米, 錢金, 布帛"이라 하고 "粟米, 布帛, 錢金"이라고도 하였으며, 〈雜守〉에 "粟米, 布帛, 金錢"이라 하였으니 모두 그 증거이다. 《太平御覽》 〈居處部 20〉에 이 대목을 인용한 곳에는 바로 '金錢'으로 되어 있다.

**69-2-4 井竈有處**하고

우물과 아궁이는 정한 장소가 있어야 하고

畢云 通典守拒法에 云 城上四隊之間에 各置八旗하니 若須木樔拯板이어든 擧蒼旗하고 須灰炭稕(준)鐵이어든 擧赤旗하고 須檑(뇌)木[21]樵葦어든 擧黃旗하고 須沙石甎(전)瓦어든 擧白旗하고 須水湯不潔이어든 擧黑旗하고 須戰士銳卒이어든 擧熊虎旗하고 須戈戟弓矢刀劍이어든 擧鷙(지)旗하고 須皮氈(전)麻鍱鍬(초)钁斧鑿이어든 擧雙兎〔旗〕[22]니 城上擧旗는 主當之官隨色而供이라하니 亦其遺法이라하다

---

19) 號令篇……粟米布帛錢金 : 70-15-3, 70-28-6에 보인다.
20) 雜守篇……粟米布帛金錢 : 71-5-4에 보인다.
21) 檑木 : 옛날 전투할 때 높은 곳에서 아래로 굴리거나 떨어뜨려 적을 죽일 목적으로 만든 원기둥 모양의 큰 통나무이다.
22) 〔旗〕 : 저본과 《通典》에는 '旗'가 없으나, 王吳本 《通典》 권152 〈兵5 守拒法附〉에 의거하여 보충하였다.

畢沅 : ≪通典≫ 〈守拒法〉에 "城 위 四隊의 사이에 각각 여덟 가지의 깃발을 설치하는데, 만약 나무 도리와 구조용 판목이 필요하면 蒼旗(녹색 깃발)를 들고, 재와 숯, 짚과 쇠가 필요하면 赤旗(적색 깃발)를 들고, 樠木, 땔나무와 갈대가 필요하면 黃旗(황색 깃발)를 들고, 모래와 돌, 벽돌과 기와가 필요하면 白旗(백색 깃발)를 들고, 불결한 끓는 물이 필요하면 黑旗(흑색 깃발)를 들고, 戰士와 銳卒이 필요하면 熊虎旗(곰과 범 깃발)를 들고, 창, 활과 화살, 칼이 필요하면 鷙旗(매 깃발)를 들고, 가죽과 담요, 삼과 쇳조각, 가래와 동이, 도끼와 끌이 필요하면 雙兎旗(두 마리 토끼 깃발)를 드니, 성 위에서 드는 깃발은 주관하는 관원이 색깔에 따라 공급한다."라고 하였으니 또한 그 遺法이다.

### 69-2-5 重質有居요

중요한 인질은 정한 거처가 있어야 하며,

畢云 言居其妻子라하다

畢沅 : 〈중요한 인질인〉 그 妻子를 정한 거처에 있게 한다는 말이다.

### 69-2-6 五兵各有旗하고 節各有辨하고

각종 무기는 각각 깃발이 있어야 하고 符節은 각각 傳別이 있어야 하고

說文刀部에 云 辨은 判也라하다 凡符節判析其半하고 合之以爲信驗이라 荀子性惡篇에 云 辨合符驗이라하다 周禮小宰에 傳別[23]이라하고 朝士에 判書[24]라한대 鄭注引故書別判竝作辨하니 聲義竝相近이라

≪說文解字≫ 刀部에 "'辨'은 나눔〔判〕이다."라고 하였다. 무릇 符節은 그 절반을 나누어 쪼개고, 나중에 그것을 합하여 信驗으로 삼는다. ≪荀子≫ 〈性惡〉에 "합치되는 증거와 검증할 만한 근거〔辨合符驗〕"라 하였다. ≪周禮≫ 〈天官 小宰〉에 '傳別'이라 하고 〈秋官 朝士〉에 '判書'라고 하였는데, 鄭玄의 注에 故書를 인용할 때 '別'과 '判'이 모두 '辨'으로 되어 있으니, 聲音과 의미가 모두 서로 비슷하다.

---

23) 傳別 : 저본의 傍注에 "'傳別'은 원래 '傳別'로 되어 있는데 ≪周禮≫에 의거하여 고친다.〔傳別 原作傳別 據周禮改〕"라고 하였다.

24) 周禮小宰……判書 : 傳別은 古代에 계약을 증명하는 문서로, 둘로 나누어 쌍방 간에 하나씩 가지고 있다가 증빙으로 삼는 것이고, 判書 역시 계약이 성사된 뒤 반으로 나누어 가지고 있다가 합쳐서 증빙으로 삼는 것이다. 둘 다 같은 성격의 문서이다.

### 69-2-7 法令各有貞[25)]하고

法令은 각각 바름이 있어야 하고

**廣雅釋詁**에 **云 貞**은 **正也**라하다 **又疑或爲員之訛**라 **蘇云 貞爲其字之訛**라한대 **非**라

《廣雅》〈釋詁〉에 "'貞'은 正(바름)이다."라고 하였다. 또 혹은 '員'의 誤字인 듯도 하다. 蘇時學이 "'貞'은 '其'자의 誤字이다."라고 하였는데, 잘못 본 것이다.

### 69-2-8 輕重分數各有請(정)[26)]하고

輕重과 分數(등급)는 각각 실상이 있어야 하고,

**請與誠通**이라

'請'은 '誠'과 통용한다.

### 69-2-9 主(愼)〔循〕道路者有經이라

道路를 循行하는 자는 정한 구역이 있어야 한다.

**愼**은 **循之假字**니 **謂循行道路也**라 **周禮**에 **體國經野**라한대 **鄭注**에 **云 經**은 **謂爲之里數**라하다

'愼'은 '循'의 假借字이니 道路를 循行한다는 말이다. 《周禮》〈天官〉에 "國都를 구획하고 田野를 측량한다.〔體國經野〕"라고 하였는데, 鄭玄의 注에 "'經'은 里數를 정한다는 말이다."라고 하였다.

### 69-3-1 亭尉各爲幟하되 竿長二丈五요

亭尉는 각각 깃발을 지니되, 깃대의 길이는 2장 5척,

**亭尉**는 **卽備城門篇之帛尉及迎敵祠篇之百長也**[27)]라

'亭尉'는 바로 〈備城門〉의 '帛尉' 및 〈迎敵祠〉의 '百長'이다.

---

25) 法令各有貞 : 《墨子今注今譯》에서는 '貞'을 '定'의 뜻으로 보고, "법령은 각각 정해진 규칙이 있어야 한다."라고 하였다.

26) 輕重分數各有請(정) : 《墨子今注今譯》에서는 '請'을 '情'의 뜻으로 보고, "輕重과 等級은 각각 情況이 있어야 한다."라고 하였다.

27) 備城門篇之帛尉及迎敵祠篇之百長也 : 본서 5책 52-21-33 및 앞의 68-3-11에 보인다.

**69-3-2 帛長丈五요 廣半幅者(大)〔六〕라**

비단의 길이가 1장 5척, 너비가 반 폭인 것 6개이다.

畢云 太平御覽引云 凡幟帛長五丈이요 廣半幅이라하다 案 史記高祖紀索隱引墨翟曰 幟帛長丈五요 廣半幅이라하고 一切經音義五에 云 墨子以爲長丈五尺이요 廣半幅이니 曰幟也라하니 竝卽據此文라 是唐本已如此니 御覽不足據라 後文城將幟五十尺이요 以次遞減하여 至十五尺止하니 亭尉卑하여 自當丈五尺이요 不宜與城將等也라 又者大는 畢本據惠士奇禮說[28]改爲有大하고 屬下寇傅攻前池外廉爲句라 案者字不誤요 大當爲六이니 二字形近이라 下文大城에 大又訛六하니 可互證이라 六卽亭尉幟之數라 蓋每亭爲六幟하여 以備寇警緩急擧踣之用이라 下文擧一幟至六幟하고 解如數踣之한대 竝以六爲最多라 故此先著其總數也라 惠畢竝誤改其文하고 又失其句讀(두)라

畢沅 : ≪太平御覽≫에서 이 대목을 인용한 곳에는 '凡幟帛長五丈 廣半幅(무릇 깃발은 비단의 길이는 5장, 너비는 반 폭이다.)'으로 되어 있다.

案 : ≪史記≫ 〈高祖本紀〉의 索隱에 이 대목을 인용한 곳에는 '墨翟曰 幟帛長丈五 廣半幅(묵적이 깃발의 비단 길이는 1장 5척, 너비는 반 폭이라 하였다.)'로 되어 있고, ≪一切經音義≫ 권5에는 '墨子以爲長丈五尺 廣半幅 曰幟也(묵자는 길이 1장 5척, 너비 반 폭인 것을 幟라 한다 하였다.)'로 되어 있으니, 모두 바로 이 글에 의거하였다. 이는 唐本에 이미 이렇게 되어 있는 것이니, ≪태평어람≫은 족히 의거할 것이 못 된다. 뒷글(69-4-1)에 城의 대장의 깃발은 50척이고, 차례대로 줄여 나가 15척에 이르러 그치고 있으니, 亭尉는 〈지위가〉 낮아 본래 1장 5척이어야지 城의 대장과 같아서는 안 된다.

또 '者大'는 畢沅本에 惠士奇의 ≪禮說≫에 의거하여 '有大'로 고치고, 뒤의 '寇傅攻前池外廉'에 이어붙여 句를 떼었다. 살펴보건대, '者'자는 잘못되지 않았고 '大'는 '六'이 되어야 하니 두 글자가 字形이 비슷하다. 아래 글의 '大城'에서 '大'가 또 '六'으로 잘못되어 있으니 서로 증거로 삼을 수 있다. '六'은 바로 亭尉의 깃발의 수이다. 대개 亭마다 6幟를 만들어 적의 침입을 알리는 경보의 緩急에 맞춰 올리고 내리는 쓰임에 대비한다. 아래 글에 1幟부터 6幟까지 들고, 〈적군이〉 퇴각하면 〈적이 침입할 때 들었던 깃발의〉 숫자대로 깃발을 내리는데 모두 6을 가장 많은 숫자로 삼았다. 그러므로 이 대목에서 먼저

28) 惠士奇禮說 : 惠士奇는 淸나라 때 학자로 자가 仲孺이고 吳縣 사람이다. 康熙 기축년에 進士試에 급제하여 벼슬이 翰林院侍讀에 이르렀다. ≪禮說≫ 14권을 저술하였다. 이 밖에도 ≪惠氏易說≫, ≪惠氏春秋說≫ 등의 저서가 있다.

그 總數를 드러내었다. 惠士奇와 畢沅은 모두 그 글을 잘못 고친 데다 그 句讀를 잘못 떼었다.

**69-3-3 寇傅攻前池外廉**이어든

적이 〈성으로〉 쳐들어와 공격하여 垓字의 바깥쪽에 이르면,

**廉**은 **邊也**니 **詳雜守篇**[29)]이라

'廉'은 邊이니 〈雜守〉에 자세히 설명하였다.

**69-3-4 城上當隊鼓三**이요 **擧一幟**하고 **到水中(周)〔州〕**어든

城 위의 적이 공격해 오는 길을 지키는 곳에서는 북을 세 번 치고 깃발 한 개를 들며, 〈적이〉 해자의 가운데 모래섬에 이르면

**周州聲近通用**이요 **俗又作洲**라 **說文川部**에 **云 水中可居曰州**니 **周遶其旁**이라하다

'周'와 '州'는 聲音이 비슷하여 通用하고 俗字로는 또 '洲'로도 쓴다. ≪說文解字≫ 川部에 "물 가운데 지낼 수 있는 곳을 州라고 하니 〈물이〉 그 사방 주위를 둘러싸고 있는 것이다.〔水中可居曰州 周遶其旁〕"라고 하였다.

**69-3-5 鼓四**요 **擧二幟**하고 **到藩**이어든

북을 네 번 치고 깃발 두 개를 들며, 〈적이〉 울타리에 이르면

**吳鈔本作蕃**이라 **藩**은 **蓋池內埕岸**에 **編樹竹木爲牆落**이라 **備城門篇**에 **云 馮垣外內**에 **以柴爲藩**라하니 **卽此**라 **雜守篇**에 **云 牆外水中爲竹箭**이라하니 **明水在外牆在內矣**라

〈'藩'은〉 吳鈔本에 '蕃'으로 되어 있다. '藩'은 아마도 못 안 둔덕에 대나무를 엮어 심어 담 울타리를 만든 것인 듯하다. 〈備城門〉에 "馮垣의 밖과 안에 땔나무로 울타리를 만든다.〔馮垣外內 以柴爲藩〕"라고 하였으니 바로 이것이다. 〈雜守〉에 "울타리 담 밖과 해자의 물 가운데에 대나무 화살을 꽂는다.〔牆外水中爲竹箭〕"라고 하였으니 물은 밖에 있고 울타리는 안에 있음이 분명하다.

---

29) 詳雜守篇 : 71-12-1에 보인다.

**69-3-6 鼓五**요 **擧三幟**하고 **到馮**(빙)**垣**이어든

북을 다섯 번 치고 깃발 세 개를 들며, 〈적이〉 馮垣(바깥 담장)에 이르면

**蓋卑垣在外堞外者**니 **詳備城門篇**이라

〈'馮垣'은〉 아마도 外堞(바깥 성가퀴)의 밖에 있는 낮은 담장인 듯하니, 〈備城門〉에 자세히 설명하였다.

**69-3-7 鼓六**이요 **擧四幟**하고 **到女垣**이어든

북을 여섯 번 치고 깃발 네 개를 들며, 〈적이〉 女垣(外堞)에 이르면

**女垣卽堞**이니 **說文土部**에 **云 堞**은 **城上女垣也**라하고 **阜部**에 **云 陴**는 **城上女牆**이니 **俾倪也**라하다 **此女垣在馮垣內大城外**하니 **蓋卽號令篇之女郭**과 **備城門篇之外堞也**라 **備城門篇別有內堞**이라

'女垣'은 바로 堞(성가퀴)이니, ≪說文解字≫ 土部에 "'堞'은 城 위의 女垣이다."라고 하고, 阜部에 "'陴'는 城 위의 女牆이니, 俾倪(성 위에 낮게 쌓은 담장)라는 뜻이다."라고 하였다. 이 女垣은 馮垣의 안, 大城의 밖에 있으니 아마도 바로 〈號令〉의 '女郭'과 〈備城門〉의 '外堞'인 듯하다. 〈備城門〉에는 별도로 '內堞'이 있다.

**69-3-8 鼓七**이요 **擧五幟**하고 **到大城**이어든

북을 일곱 번 치고 깃발 다섯 개를 들며, 〈적이〉 大城에 이르면

**畢云 大**는 **舊作六**이러니 **以意改**라 **下同**이라하다

畢沅 : '大'는 舊本에 '六'으로 되어 있는데, 글 뜻으로 판단하여 고쳤다. 아래도 같다.

**69-3-9 鼓八**이요 **擧六幟**하고 **乘大城半以上**이어든 **鼓無休**라 **夜以火**하되 **如此數**라 **寇卻解**어든 **輒**(部)〔**踣**〕**幟如進數**하되

북을 여덟 번 치고 깃발 여섯 개를 들며, 〈적이〉 大城의 반 이상을 올라오면 쉼 없이 북을 친다. 밤에는 횃불을 들되 깃발 드는 숫자대로 한다. 적이 퇴각해 포위를 풀면 적이 진공할 때 〈들었던 깃발〉 숫자대로 깃발을 내리되

畢云 言數如此行之라가 寇去始解어든 輒部署幟如前也라하다 王引之云 部讀爲踣니 謂仆其識(지)也라 周官大司馬에 弊旗라한대 鄭注에 曰 弊는 仆也라하니 仆踣部古字通이라 呂氏春秋行論篇引詩曰 將欲踣之인댄 必高擧之라하니 踣與擧正相反이라 故寇來則擧識(지)하고 寇去則踣識也라 如進數者는 如寇進之識數而遞減之라 識之數以六爲最多라 故寇進則自一而遞加之하고 寇退則自六而遞減之也라 畢以部爲部署하니 失之요 又誤解如進數三字라하다 案 王說是也라

畢沅 : 〈북과 깃발의〉 숫자를 이와 같이 행하다가 적군이 떠나가 비로소 포위를 풀면 바로 部署의 깃발을 앞서와 같이 내린다는 말이다.

王引之 : '部'는 '踣'로 읽으니 그 깃발을 내린다는 말이다. ≪周禮≫ 〈夏官 大司馬〉에 '弊旗(깃발을 눕힌다)'라고 하였는데 鄭玄의 注에 "'弊'는 仆(무너뜨림)이다."라고 하였으니, '仆', '踣', '部'는 古字에 통용되었다. ≪呂氏春秋≫ 〈行論〉에 ≪詩經≫을 인용하여 "장차 무너뜨릴려고 하면 반드시 높이 들어야 한다.〔將欲踣之 必高擧之〕"라고 하였으니, '踣'와 '擧'는 정반대이다. 그러므로 적군이 진공하면 깃발을 들고, 적군이 떠나가면 깃발을 내린다. '如進數'라는 것은 이를테면 적군이 진공할 때 들었던 깃발 숫자대로 차례차례 줄여나가는 것이다. 깃발의 숫자는 6을 가장 많은 수로 삼기 때문에 적군이 진공하면 1에서 늘려나가고 적군이 퇴각하면 6에서 줄여나간다. 畢沅은 '部'를 部署로 보았는데, 잘못 본 것이고 또 '如進數' 3자를 잘못 풀이하였다.

案 : 王引之의 說이 맞다.

### 69-3-10 而無鼓라

북은 치지 않는다.

蘇云 言夜以火代幟하고 鼓數同이로되 寇退則無鼓也라하다

蘇時學 : 밤에는 횃불로 깃발을 대신하고 북 치는 횟수는 같지만, 적이 퇴각하는 경우에는 북을 치지 않는다는 말이다.

### 69-4-1 (城爲隆)〔城將爲絳幟〕하되 長五十尺이요

城의 大將은 진홍 깃발을 쓰되 길이는 50척이고,

城爲隆은 疑當作城將爲絳幟니 絳降隆聲類竝同이라 左成十八年傳에 魏絳이라한대 樂記孔疏引世本하여 絳作降하니 是其證이라 此以隆爲絳은 猶尙賢中篇以隆爲降也[30]라 隆下又脫幟字라 周禮司常鄭注에 云 凡九旗之帛皆用絳이라하다 城將卽大將이니 見號令篇[31]이라 尊於四面四門之將이라 故幟高於彼十尺이라

'城爲隆'은 아마도 '城將爲絳幟'가 되어야 할 듯하니, '絳', '降', '隆'은 聲音의 부류가 다 같다. ≪春秋左氏傳≫ 成公 18년에 '魏絳'이라 하였는데, ≪禮記≫ 〈樂記〉의 孔穎達 疏에 ≪世本≫을 인용하면서 '絳'이 '降'으로 되어 있으니, 바로 그 증거이다. 이 대목에서 '隆'을 '絳'이라고 한 것은 〈尙賢 中〉에서 '隆'을 '降'이라고 한 것과 같다. '隆' 뒤에 또 '幟'자가 빠졌다. ≪周禮≫ 〈春官 司常〉의 鄭玄 注에 "무릇 九旗의 비단은 모두 진홍색을 쓴다.〔凡九旗之帛皆用絳〕"라고 하였다. 城將은 바로 大將이니 〈號令〉에 보인다. 네 방면의 네 성문을 지키는 將帥보다 존귀하므로 깃발이 그들보다 10尺이 높다.

### 69-4-2 四面四門將長四十尺이요

네 방면의 네 성문을 지키는 장수의 깃발은 길이가 40척이고

號令篇에 云 四面四門之將은 必選擇之有功勞之臣及死事之後重者라하다 戴[32]云 將疑牆字聲誤라한대 非라

〈號令〉에 "네 방면의 네 성문을 지키는 장수는 반드시 공로가 있는 신하 및 國事를 위해 죽은 가문의 후손을 선택한다.〔四面四門之將 必選擇之有功勞之臣及死事之後重者〕"라고 하였다. 戴望은 "'將'은 아마도 '牆'자와 聲音이 같아 잘못된 것인 듯하다."라고 하였는데, 잘못 본 것이다.

### 69-4-3 其次三十尺이요 其次二十五尺이요 其次二十尺이요 其次十五尺이요 高無下(四)十五尺이라

---

30) 此以隆爲絳 猶尙賢中篇以隆爲降也 : 본서 1책 9-10-12에 보인다.

31) 城將卽大將 見號令篇 : 70-2-1에 보인다.

32) 戴 : 戴望(1837~1873)이다. 淸나라 浙江 德淸 사람으로, 字는 子高이다. 陳奐(1785~1863, 字 倬雲, 號 碩甫)에게 聲音과 訓詁를 배웠으며, 常州學派 宋翔風에게 ≪春秋公羊傳≫을 배웠다. 姚宗諶, 施補華, 兪剛, 黃宗羲, 凌霞, 陸心源과 함께 七子로 일컬어졌다. 저서로 ≪論語注≫, ≪管子校正≫, ≪謫麐堂遺集≫, ≪顔氏學記≫가 있다. ≪墨子閒詁≫의 교정을 보았다는 내용이 손이양의 序文에 보인다.

그다음은 30척이고, 그다음은 25척이고, 그다음은 20척이고, 그다음은 15척이며, 높이는 15척 이하로 내려가는 경우는 없다.

此四字衍이라 高無下十五尺은 卽(冢)〔冡〕[33]上長五十尺하여 以次遞減하여 至此爲極短也라

이 '四'자는 잘못 들어간 것이다. '高無下十五尺'은 바로 앞(69-4-1)의 '長五十尺'을 이어받아 차례대로 줄여나가 여기에 이르러 매우 짧아진 것이다.

### 69-5-1 城上吏(卒)置之背하고

城 위의 관리는 〈계급과 직책을 나타내는 識(표지)를〉 등에 붙이고

王引之云 卒字涉下文吏卒而衍이라 下文卒置於頭上하니 則不得又置之背也라 又案頭上也와 肩也와 背也와 胸也는 皆識(지)之所置也라 說文에 徽(휘)는 識也니 以絳帛箸(착)於背라하고 張衡東京賦에 戎士介而揚揮라하니 揮同徽요 薛綜[34]曰 揮謂肩上絳幟라하니 皆其證이라 今不言識者는 城上吏之上又有脫文耳라하다 案 王說是也라 此置背等竝謂吏卒所著小徽識니 與上將旗不相(冢)〔冡〕[35]이라 下文城中吏卒民男女 皆辨異衣章微 令男女可知十八字는 疑卽此節首之脫文이어늘 傳寫誤錯著(착)於彼라 而此小徽識遂與上旗識淆捉不分矣라 尉繚子[36]經卒令說卒五章하여 前一行蒼章은 置於首하고 次二行赤章은 置於項하고 次三行黃章은 置於胸하고 次四行白章은 置於腹하고 次五行黑章은 置於要[37]라 又兵敎篇에 云 將異其旗하고 卒異其章하며 左軍章左肩하고 右軍章右肩하고 中軍章胸前하되 書其章曰某甲某士[38]라하다 此上文五十尺至十五尺은 卽謂將異

33) (冢)〔冡〕: 저본에는 '冢'으로 되어 있으나, 문맥에 의거하여 '冡'으로 바로잡았다.

34) 薛綜 : 176~243. 字가 敬文이며, 沛郡 竹邑縣(지금의 安徽省 濉溪縣) 사람이다. 三國시대 吳나라의 신하이다. 젊은 시절 交州로 避亂 갔는데 뒤에 孫權에게 歸附하여 五官中郎將이 되었다. 詩賦에 대한 평론을 많이 남겼는데 ≪私載≫에 수록되었다. 저서로 ≪五宗圖述≫, ≪二京解≫ 등이 있다.

35) (冢)〔冡〕: 저본에는 '冢'으로 되어 있으나, 문맥에 의거하여 '冡'으로 바로잡았다.

36) 尉繚子 : 戰國時代 魏나라 사람 尉繚가 지은 兵書이다. 혹자는 그가 齊나라 사람으로 鬼谷子의 제자라고도 한다. 本末과 賓主를 구별하고 賞罰을 밝게 한 책으로, 權謀詐術이 복잡했던 전국시대의 이치와 법을 밝혔다.

37) 經卒令說卒五章……置於要 : ≪尉繚子≫ 권4 〈經卒令〉에는 "卒有五章 前一行蒼章 次二行赤章 次三行黃章 次四行白章 次五行黑章 次以經卒 亡章者有誅 前一五行置章于首 次二五行置章于項 次三五行置章于胸 次四五行置章于腹 次五五行置章于腰"로 되어 있다.

**旗**요 **以下乃言卒異章之事**라 **二書可互證**이라

王引之 : '卒'자는 아래 글의 '吏卒'과 연관하여 잘못 들어간 것이다. 아래 글에 병졸은 〈표지를〉 머리 위에 붙이니 다시 등에 붙일 수 없다. 또 살펴보건대, 頭上(머리 위), 肩(어깨), 背(등), 胸(가슴)은 모두 識(표지)를 붙이는 곳이다. ≪說文解字≫에 "'徽'는 識(표지)이니 붉은 비단으로 등에 붙이는 것이다."라고 하고, 張衡의 〈東京賦〉에 "戎士가 갑옷을 입고 깃발을 휘날린다.〔戎士介而揚揮〕"라고 하였으니, '揮'는 '徽'와 같고, 薛綜이 "'揮'는 어깨 위의 絳幟(진홍 깃발)이다."라고 하였으니, 모두 그 증거이다. 지금 識(표지)를 말하지 않은 것은 '城上吏'의 앞에 또 빠진 글이 있어서일 뿐이다.

案 : 王引之의 說이 맞다. 여기서 背(등) 등에 붙이는 것은 모두 관리와 병졸이 붙이는 小徽識(작은 휘장 표지)를 말하니 위의 장수의 깃발과 서로 뜻이 이어지지 않는다. 아래 글(69-7-1~2)의 '城中吏卒民男女 皆辨異衣章微 令男女可知' 18자는 아마도 바로 이 대목 앞의 빠진 글인데 베껴쓰다가 그곳에 잘못 섞여 들어갔기 때문에 이 대목 '小徽識'가 마침내 앞의 '旗識'와 섞여서 구분되지 않은 듯하다. ≪尉繚子≫ 〈經卒令〉에 兵卒의 五章(다섯 휘장)을 설명하면서 "앞의 첫 번째 줄은 蒼色 徽章을 머리에 붙이고, 다음 두 번째 줄은 赤色 휘장을 목에 붙이고, 다음 세 번째 줄은 黃色 휘장을 가슴에 붙이고, 다음 네 번째 줄은 白色 휘장을 배에 붙이고 다음 다섯 번째 줄은 黑色 휘장을 허리에 붙인다.〔前一行蒼章 置於首 次二行赤章 置於項 次三行黃章 置於胸 次四行白章 置於腹 次五行黑章 置於要〕"라고 하였다. 또 ≪尉繚子≫ 〈兵敎〉에 "장수는 각자 깃발을 달리하고 병졸은 각자 휘장을 달리하며, 左軍은 왼쪽 어깨에 휘장을 붙이고 右軍은 오른쪽 어깨에 휘장을 붙이고 中軍은 가슴 앞에 휘장을 붙이되, 휘장에 쓰기를 '아무 甲의 아무 士'라 한다.〔將異其旗 卒異其章 左軍章左肩 右軍章右肩 中軍章胸前 書其章曰某甲某士〕"라고 하였다. 이 대목 위 글의 50척에서 15척까지는 바로 장수가 깃발을 달리하는 것을 말하였고, 이 대목 아래에 비로소 병졸이 휘장을 달리하는 일을 말하였다. 두 책을 상호 증거로 삼을 수 있다.

### 69-5-2 **卒於頭上**하고 **城下吏卒置之肩**하며

병졸은 머리 위에 붙이고, 城 아래 관리와 병졸은 어깨에 붙이며

**畢云 舊作眉**러니 **据禮說改**라 **下同**이라하다

畢沅 : 〈'肩'은〉 舊本에 '眉'로 되어 있는데, 〈惠士奇의〉 ≪禮說≫에 의거하여 고쳤다. 아

38) 又兵敎篇……書其章曰某甲某士 : ≪尉繚子≫ 권5 〈兵敎 上〉에 보인다.

래도 같다.

69-5-3 左(軍)〔施〕於左肩하고 〔右施於右肩〕하고

左軍은 왼쪽 어깨에 붙이고 〈右軍은 오른쪽 어깨에 붙이고〉

畢云 左軍舊作在他러니 據禮說改라하다 王云 下當有右軍於右肩五字어늘 而今本脫之라하다 案 吳鈔本亦作在他하고 道藏本作在也라 以字形審之컨대 疑當作左施於左肩右施於右肩이라

畢沅 : '左軍'은 舊本에 '在他'로 되어 있는데, ≪禮說≫에 의거하여 고쳤다.

王念孫 : 아래에 '右軍於右肩' 5자가 있어야 하는데 今本에 빠졌다.

案 : 吳鈔本에도 '在他'로 되어 있고 道藏本에는 '在也'로 되어 있다. 字形으로 살펴보건대, 아마도 '左施於左肩 右施於右肩'이 되어야 할 듯하다.

69-5-4 中軍置之胸이라

中軍은 가슴에 붙인다.

畢云 此俗字니 當作匈或肾이라하다

畢沅 : 이는 俗字이니 '匈'이 되거나 '肾'이 되어야 한다.

69-5-5 各一鼓요 中軍(一)三[39]이라

〈좌군과 우군은〉 각각 북이 한 개이고, 中軍은 북이 세 개이다.

未詳이니 疑當作中軍三이라 言鼓多於左右軍이라 一衍文이라

알 수 없으니, 〈'中軍一三'은〉 아마도 '中軍三'이 되어야 할 듯하다. 북이 左軍과 右軍보다 많다는 말이다. '一'은 잘못 들어간 글자이다.

69-5-6 每鼓三十擊之하고

매번 북을 칠 때 세 번에서 열 번까지 치고,

39) 各一鼓 中軍(一)三 : ≪墨子今注今譯≫에서는 '各一', '鼓 中軍一'로 구를 떼고 '三'은 衍字로 보아, "사람마다 하나의 휘장을 둔다. 북은 中軍에 하나이다."라고 하였다.

三十擊之는 謂或三擊이어나 或十擊하여 多少之數가 不過此也라 號令篇에 云 中軍疾擊鼓者三이라하고 又云 昏鼓鼓十 諸門亭皆閉之라하다

'三十擊之'는 혹은 세 번 치고 혹은 열 번 쳐서 북을 치는 횟수가 이를 벗어나지 않는다는 말이다. 〈號令〉에 "中軍에서 급히 세 번 북을 치다.〔中軍疾擊鼓者三〕"라고 하고 또 "황혼에 북을 치되 열 번 치면 여러 門亭을 모두 닫는다.〔昏鼓鼓十 諸門亭皆閉之〕"라고 하였다.

**69-5-7** 諸有鼓之吏는 謹以次應之니 當應鼓而不應이어나 不當應而應鼓어든

북을 가지고 있는 모든 관리는 신중하게 차례에 따라 북을 쳐야 하니, 북을 쳐야 하는데도 북을 치지 않거나 북을 치지 않아야 하는데도 북을 치면

舊本作不當應而不應鼓라 王云 此當作當應鼓而不應鼓不當應鼓而應鼓어늘 今本上下二句皆脫一鼓字라하다 蘇云 下句當云 不當應而應이니 不字衍이라하다 案 蘇校是也라 道藏本吳鈔本에 應鼓上正無不字하니 今據刪이라 王校增字太多하니 未塙이라 末鼓字或當屬下讀이라

舊本에는 〈'不當應而應鼓'가〉 '不當應而不應鼓'로 되어 있다.

王念孫 : 이 대목은 '當應鼓而不應鼓 不當應鼓而應鼓'가 되어야 하는데, 今本에는 위아래 2句 모두 '鼓' 1字가 빠졌다.

蘇時學 : 아래 句는 '不當應而應'이 되어야 하니 '不'자가 잘못 들어간 것이다.

案 : 蘇時學의 校勘이 맞다. 道藏本, 吳鈔本에는 '應鼓' 앞에 바로 '不'자가 없으니 지금 이에 의거하여 刪削한다. 王念孫의 校勘은 글자를 덧붙인 것이 너무 많으니, 확실하지 않다. 끝의 '鼓'자는 어쩌면 뒤로 붙여서 읽어야 할 듯하다.

**69-5-8** 主者斬이라

담당자를 참수한다.

畢云 言罪其鼓主라하다

畢沅 : 북을 담당한 자를 죄준다는 말이다.

69-6-1 **道廣三十步**요 **於城下夾階者各二**하되 **其井置鐵𤭛**이라 **於道之外**에

길은 너비가 30보이고, 城 아래로 연결되는 계단을 끼고 있는 길에는 양쪽에 〈우물〉 두 개를 두되 우물에 鐵製 두레박을 둔다. 길의 밖에

**畢云 說文**에 **云 𤭛**은 **弓曲也**라하다 **王引之云 弓曲之義與鐵字不相屬**이요 **且井旁亦非置弓之處**니 **竊謂𤭛乃雍字之訛**요 **雍讀若甕**이라 **備城門篇**에 **云 百步一井**이요 **井十甕**이라하니 **故曰其井置鐵甕**이라하다

畢沅 : ≪說文解字≫에 "'𤭛'은 활이 굽어 구부정한 것〔弓曲〕이다."라고 하였다.

王引之 : 弓曲의 뜻은 '鐵'자와 서로 이어지지 않고, 게다가 우물가는 또한 활을 둘 곳이 아니니, 내 생각에 '𤭛'은 바로 '雍'자의 誤字인 듯하고 '雍'은 '甕'과 같이 읽어야 한다. 〈備城門〉에 "100보마다 우물을 하나씩 두는데, 우물에는 열 개의 두레박을 비치한다.〔百步一井 井十甕〕"라고 하였으므로 '其井置鐵甕'이라 한 것이다.

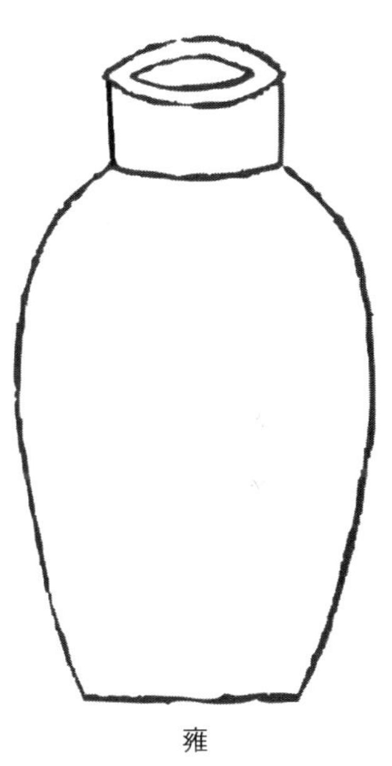

雍

69-6-2 **爲屛**하되

屛障을 만들되

**屛所以障圂**(혼)이라 **開元占經**[40] **甘氏**[41] **外官占**에 **甘氏云 天溷七星**이 **在(外)**[42] **屛南**[43]이라한대 **注云 天溷**은 **廁也**라 **外屛所以障天溷也**[44]라하다 **史游急就篇**[45]에 **云 屛廁**

40) 開元占經 : 唐 玄宗 때 太史監을 지낸 天竺 사람 瞿曇悉達(670?~730)이 開元 연간(713~741)에 지은 책으로, 天文과 占術에 관해 기록한 책이다. 모두 110권이다.

41) 甘氏 : 戰國時代 齊나라 천문학자 甘德이다. ≪天文星占≫을 비롯하여 歲星에 대해 기술한 ≪歲星經≫, 石申과 함께 천체에 대한 관측 결과를 기록한 ≪甘石星經≫ 등을 지었는데, 지금까지 전하는 것은 없으나 내용의 일부가 ≪大唐開元占經≫에 실려 전한다.

42) (外) : 저본에는 '外'가 있으나, 四庫全書本 ≪開元占經≫ 권70 〈甘氏外官 天溷星占 21〉에 의거하여 衍文으로 처리하였다. 같은 책 〈外屛星占 22〉에 '甘氏曰外屛七星在奎南'이라 한 '外屛'과 혼동하여 잘못된 듯하다.

43) 天溷七星 在(外)屛南 : 천혼은 28수의 하나인 奎宿에 딸린 별자리로, 하늘의 側間을 상징한다. 원래 7星이었는데 뒤에 4星으로 줄었다고 한다. 외병 역시 28수의 하나인 奎宿에 딸린 별자리로, 천혼을 가리는 병풍인 바, 냄새나고 더러운 일을 감추는 것을 상징한다.

**清溷糞土壤**[46]이라하다

'屛'은 厠間을 가리는 것이다. ≪開元占經≫ 〈甘氏外官〉의 天溷星占에 "甘氏가 '天溷 七星은 外屛의 남쪽에 있다.〔甘氏云天溷七星 在外屛南〕'라고 하였다."라고 하였는데, 그 注에 "天溷은 厠間이다. 外屛은 天溷을 가리는 것이다."라고 하였다. 史游의 〈急就篇〉에 "변소들이 있는 땅이 똥으로 더러워지면 부드러운 토양이 된다.〔屛厠清溷糞土壤〕"라고 하였다.

**69-6-3** 三十步而爲之(圜)〔圂〕[47]하고

30보마다 측간을 만들고

**亦當作圂**이라

〈'圜'은〉 역시 '圂'이 되어야 한다.

**69-6-4** 高丈이라 **爲民圂**하되 **垣高十二尺以上**이라 **巷術周道者**에

높이는 1장이다. 백성의 측간을 만들되 담의 높이는 12척 이상이다. 골목길과 거리가 大路로 통하는 곳에는

**說文行部**에 **云 術**은 **邑中道也**라 **周道**는 **詳備城門篇**이라 **言巷術通周道者**라

≪說文解字≫ 行部에 "'術'은 성 가운데로 난 길이다."라고 하였다. '周道'는 〈備城門〉에 자세히 설명하였다. 골목길과 거리가 대로로 통하는 것을 말한다.

---

44) 外屛所以障天溷也 : ≪開元占經≫ 권70 〈甘氏外官 天溷星占 21〉의 주석이 아니라 〈外屛星占 22〉에 나오는 주석이다.

45) 急就篇 : 前漢 元帝 때 史遊에게 명하여 어린이의 습자를 위하여 편집한 책으로 이를테면 습자교본이다. 글의 첫머리에 '急就' 두 글자가 있음으로 해서 이 이름이 붙은 것이다. 이 책은 모두 다른 글자로 구성된 三言, 四言 또는 七言으로 구성된 韻文이며, 내용은 姓名, 組織, 生物, 禮樂, 職官 등을 망라한다. 이 책은 이후 唐나라에 이르기까지 습자교재로 사용되었으며, 글씨를 익힐 때 臨書하는 法帖으로 사용되었다. 史游는 ≪漢書≫ 〈藝文志〉의 注에서 元帝 때 黃門令이라 했으니, 宦官이다. 그의 생애는 고찰할 수 없다.

46) 屛厠清溷糞土壤 : '屛厠'과 '清溷'은 다 변소라는 뜻으로, '屛厠'은 곁의 구석진 곳이라는 뜻이고, '清溷'의 '清'은 '圊'으로도 되어 있는데, 圊圂(변소)과 같은 말이다.

47) 三十步而爲之(圜)〔圂〕 : ≪墨子今注今譯≫에서는 '圜'을 교감하지 않고, "30보마다 원형으로 하나씩 만든다."라고 하였다.

**69-6-5 必爲之門**하고

반드시 문을 만들고

畢云 必舊作心이러니 以意改라하다

畢沅 : '必'은 舊本에 '心'으로 되어 있는데, 글 뜻으로 판단하여 고쳤다.

**69-6-6 門二人守之**하되 **非有信符**어든 **勿行**이요 **不從令者斬**이라

문은 두 사람이 지키되 증빙하는 符節이 있는 자가 아니면 통행하지 못하고, 명령을 따르지 않는 자는 참수한다.

自巷術周道者至此는 竝與旗幟無涉하니 疑它篇之錯簡이라

'巷術周道者'부터 여기까지는 모두 〈旗幟〉와 관련이 없으니 아마도 다른 篇의 錯簡인 듯하다.

**69-7-1 城中吏卒民男女**는 **皆(荊)〔辨〕異衣章(微)〔徽職〕**[48]하여

城 안의 관리와 병졸, 백성 중의 男女는 모두 의복과 휘장을 구별해 달리하여

王引之云 荊字義不可通이라 荊當爲辨이니 辨異二字連文이라 周官小行人에 曰 每國辨異之라하다 隸書辨字或作辨하니 見漢李翕析里橋郙閣頌한대 因訛而爲荊라하다 王念孫云 衣章微當作衣章微職이니 說文에 徽는 識(지)也라하고 墨子書에 徽識皆作微職하니 見號令雜守二篇이라 章亦徽識之類也라 故齊策에 云 變其徽章이라하니 徽亦與徽同이라 此言男女之衣章徽識皆有別也라 故曰 皆辨異衣章微職하고 令男女可知라하다 且此篇以旗職爲名하니 則當有職字明矣라 今本辨訛作荊하고 微下又脫職字라 故義不可通이라 案 王校是也요 蘇引類篇[49]曰 蔓은 荊也라한대 非라

---

48) 城中吏卒民男女 皆(荊)〔辨〕異衣章(微)〔徽職〕 : ≪墨子今注今譯≫에서는 '荊'을 '辨'으로, '微'를 '徽'로 교감하고, "성 안의 관리, 士卒, 민중, 남녀는 모두 다른 의복과 휘장으로 구별한다."라고 하였다.

49) 類篇 : 北宋 때 司馬光이 편찬했다고 하는 韻書로, 司馬光의 ≪切韻指掌圖≫에 董南一이 지은 서문에 의하면, 古文과 奇字를 거의 다 망라하였는데, 寶元 2년(1039)에 ≪集韻≫을 보충하는 책으로 펴내게 되었다고 한다. 다만 이 책의 편찬은 王洙, 胡宿, 禹錫, 張次立, 範鎭 등의 손을 먼저 거치고 사마광은 단지 繕寫하여 올린 데 그쳤다고 한다.

王引之：'蒋'자는 뜻이 통하지 않는다. '蒋'은 '辨'이 되어야 하니 '辨異'는 2자를 이어 쓴 단어이다. ≪周禮≫ 〈秋官 小行人〉에 "나라마다 조목을 살펴 구별하여 다르게 한다.〔每國辨異之〕"라고 하였다. 隷書에 '辨'자는 더러 '𨐨'으로 되어 있기도 하니 漢나라 李翕의 〈析里橋郙閣頌〉에 보이는데 이로 인하여 잘못하여 '蒋'이 된 것이다.

王念孫：'衣章微'는 '衣章微職'이 되어야 하니 ≪說文解字≫에 "'徽'는 識(표지)이다."라고 하였고, ≪墨子≫에는 '徽識'가 모두 '微職'으로 되어 있으니, 〈號令〉과 〈雜守〉 2편에 보인다. '章' 역시 徽識의 부류이다. 그래서 ≪戰國策≫ 〈齊策〉에 "그 휘장을 바꾼다.〔變其徽章〕"라고 하였으니, '徽' 역시 '微'와 같다. 이 대목은 男女의 衣章과 徽識가 모두 구별이 있음을 말하였으므로 '皆辨異衣章微職 令男女可知'라고 한 것이다. 그리고 이 편은 '旗職'로 命名하였으니 응당 '職'자가 있어야 함이 분명하다. 今本에 '辨'은 '蒋'으로 잘못되어 있고 '微' 뒤에 또 '職'자가 빠져 있으므로 뜻이 통하지 않는다.

案：王念孫의 校勘이 맞다. 蘇時學이 ≪類篇≫을 인용하여 "'蔓'은 蒋(만연함)이다."라고 하였는데, 잘못 본 것이다.

### 69-7-2 令男女可知라

남녀를 식별할 수 있게 한다.

此十八字疑當在上文城上吏卒置之背之首어늘 錯簡在此라

이 18자(城中吏卒民男女 皆蒋異衣章微 令男女可知)는 아마도 위 글(69-5-1) '城上吏卒置之背'의 앞머리에 있어야 하는데 錯簡되어 여기에 있게 된 듯하다.

### 69-8-1 諸守牲格者가

나무 울타리를 지키는 자들이

牲格은 蓋植木爲養牲闌格이니 守城藩落象之라 因以爲名이라 備蛾傅篇에 云 杜格貍四尺하되 高者十尺이요 木長短相雜하고 兌(예)其上하고 而外內厚塗之[50]라하니 疑亦卽此라 彼杜格當爲柞格이니 或此牲亦當作柞이라 牲杜柞形竝相近이라

'牲格'은 아마도 나무를 심어 희생을 기르는 闌格(울타리)을 만든 것인 듯하니 城을 지킬 때의 藩落(울타리)을 상징하는지라 인하여 이것으로 명명한 것이다. 〈備蛾傅〉에 "柞格

50) 備蛾傅篇……而外內厚塗之：63-6-1~3에 보인다.

(나무 울타리)은 4척 깊이로 묻되 높이는 10척이며 길고 짧은 나무를 서로 섞어 놓고 그 위쪽을 예리하게 하고 안팎으로 두껍게 진흙을 바른다.〔杜格貍四尺 高者十尺 木長短相雜 兌其上 而外內厚塗之〕"라고 하였으니 아마도 역시 바로 이것인 듯하다. 그곳의 '杜格'은 '柞格'이 되어야 하니, 어쩌면 이 대목의 '牲' 역시 '柞'이 되어야 할 듯하다. '牲', '杜', '柞'은 字形이 모두 서로 비슷하다.

**69-8-2 三出卻適**이어든

세 번 출격하여 적을 퇴각시키면

**畢云 却**은 **玉篇**에 **云 卻字之俗**이라하다

畢沅 : '却'은 ≪玉篇≫에 "'卻'자의 俗字이다."라고 하였다.

**69-8-3 守以令召賜食前**하고

太守가 〈그들에게〉 명령을 내려 불러다 앞에서 음식을 하사하고

**守**는 **卽號令篇之太守**라 **以令**은 **亦屢見彼篇**하니 **言傳令來前賜食**이라

'守'는 바로 〈號令〉의 太守이다. '以令' 또한 그 篇에 자주 보이니 명령을 전해 앞으로 오게 하여 음식을 하사한다는 말이다.

**69-8-4 予大旗**하고

큰 깃발을 수여하고

**予**는 **畢本以意改矛**하고 **屬上讀**이라 **蘇云 予與通用**하니 **畢誤**라하다

'予'는 畢沅本에서 글 뜻으로 판단하여 '矛'로 고치고 앞에 붙여 읽었다.

蘇時學 : '予'는 '與'와 通用하니 畢沅이 잘못 본 것이다.

**69-8-5 署百戶邑若他人財物**하고 **建旗其署**하여 **令皆明白知之**하니 **曰某子旗**라

1백 戶의 마을에서 나오는 세금을 관리하도록 주거나 혹은 타인의 財物을 주고 그 官署에 깃발을 세워 모두가 이를 분명하게 알게 하니, 그 깃발은 '아무개 깃발'이라 한다.

**尉繚子兵教上篇**에 **云 乃爲之賞(法)〔罰〕**[51)52)]이라 **自尉吏而下盡有旗**하니 **戰勝得旗者**는 **各視其所得之爵**하여 **以明賞勸之心**이라하다 **左哀十三年傳**에 **云 彌庸見姑蔑之旗**하고 **曰吾父之旗也**라하다

≪尉繚子≫ 〈兵敎 上〉에 "이에 그들에게 상벌을 내린다. 尉, 吏부터 이하로 모두 자기 깃발이 있으니, 싸워 승리하여 적의 깃발을 얻은 자에게는 각각 그 얻은 자의 官爵을 살펴서 賞을 내려 권장하는 마음을 밝힌다.〔乃爲之賞罰 自尉吏而下盡有旗 戰勝得旗者 各視其所得之爵 以明賞勸之心〕"라고 하였다. ≪春秋左氏傳≫ 哀公 13년에 "彌庸이 姑蔑人이 든 깃발을 보고서, '우리 부친의 깃발이다.'라고 하였다.〔彌庸見姑蔑之旗 曰吾父之旗也〕"라고 하였다.

**69-8-6 牲格內廣二十五步**요 **外廣十步**요 **(表)〔袤(무)〕以地形爲度**라

나무 울타리 안의 너비는 25보이고 밖의 너비는 10보이며, 길이는 지형을 척도로 삼는다.

**兪云 表乃袤字之誤**니 **備穴篇**에 **鑿廣三尺**이며 **表二尺**[53)]이라한대 **王氏訂表爲袤之誤**하니 **正與此同**이라하다

兪樾 : '表'는 바로 '袤'자의 誤字이니 〈備穴〉에 "구덩이의 너비는 3척이고 길이는 2척이다.〔鑿廣三尺 表二尺〕"라고 하였는데, 王念孫이 '表'를 '袤'의 誤字라고 訂正한 것이 바로 이 대목과 같다.

**69-9-1 (斬)〔勒〕卒**에 **中敎解前後左右**[54)]하고

---

51) (法)〔罰〕: 저본에는 '法'으로 되어 있으나, ≪尉繚子≫ 권5 〈兵敎 上〉에 의거하여 '罰'로 바로잡았다.

52) 乃爲之賞(法)〔罰〕: ≪尉繚子≫에는 이 句에서 문장을 끊었는데, 그 문장은 "大將의 가르침이 이루어졌으면 들판 가운데에 陣營을 설치하고, 큰 표시 기둥을 3백 보마다 하나씩 세웠다가 陣營의 설치가 끝나면 표시 기둥을 제거하며, 1백 보에 결전하고 1백 보에 종종걸음으로 달려가고 1백 보에 치달려가서 전투하는 방법을 익혀 절도를 이루었으면 이에 따라 상벌을 내린다.〔大將敎成 陳於中野 置大表 三百步而一 旣陳去表 百步而決 百步而趨 百步而鶩 習戰以成其節 爲之賞罰〕"이다.

53) 備穴篇……表二尺 : 인용 내용은 〈備穴〉이 아니라 〈備城門〉 52-12-21에 보인다.

54) (斬)〔勒〕卒 中敎解前後左右 : ≪墨子今注今譯≫에서는 '斬'을 '勒'으로 교감하여 '약속'의 뜻으로 보고, '中敎'는 앞 句에 붙이고서, "士卒을 훈련시킬 것을 약속하되 敎令에 부합하게 하여 前後左右의 動作을 익히도록 한다."라고 하였다.

병졸을 훈련시킬 때 〈장수가〉 중앙에서 전후와 좌우로 움직이는 것을 가르치고

斬은 疑當作勒이라 尉繚子有勒卒令하고 漢書晁錯(조조)傳에 云 士不選練하고 卒不服習하여 起居不精하고 動靜不集하면 趨利弗及하고 避難不畢하고 前擊後解하여 與金鼓之音相失하나니 此不習勒卒之過也라하다 蓋謂部勒兵卒에 將居中而敎其前後左右라 解字疑誤라

'斬'은 아마도 '勒'이 되어야 할 듯하다. ≪尉繚子≫에 〈勒卒令〉이 있고, ≪漢書≫〈晁錯傳〉에 "병사를 선발하여 훈련시키지 않고 병졸에게 〈무예를〉 복습시키지 않아 動作이 정밀하지 않고 動靜이 일치하지 않으면 승세를 몰아갈 때 달려들지 못하고 열세를 피할 때 신속하지 못하며 앞에서 치면 뒤에서 흩어져서 金鼓 소리와 서로 어긋나나니, 이는 병졸을 익숙하게 훈련시키지 않은 잘못이다.〔士不選練 卒不服習 起居不精 動靜不集 趨利弗及 避難不畢 前擊後解 與金鼓之音相失 此不習勒卒之過也〕"라고 하였다. 아마도 部에서 兵卒을 훈련시킬 때 將帥가 중앙에 있으면서 前後左右로 움직이는 것을 가르친다는 말인 듯하다. '解'자는 아마도 誤字인 듯하다.

**69-9-2** 卒勞者更(경)休之라

병졸이 지치면 교대로 쉬게 한다.

休는 舊本作修하니 今據吳鈔本茅本正이라

'休'는 舊本에 '修'로 되어 있는데, 지금 吳鈔本, 茅本에 의거하여 바로잡는다.

## 제70편 호령 號令

이 편은 공격해 오는 적에 대항하여 성을 지키는 측에서 유념하고 실행해야 할 여러 조건과 규율들에 대해 설명하고 있다. 우선 地理를 십분 활용하고 적이 쳐들어오기 전에 충분한 대비를 해야 한다는 것이 대전제이다. 이후 守城의 구체적 방법들을 열거하는데 무기, 양식, 물자 등을 미리 마련하는 데 심혈을 기울이고 성벽과 성가퀴, 垓子 등을 방어에 최적의 상태로 만들며 다리, 기계, 초소 등을 설치하라고 주문한다. 또한 부대는 각각 경계 구역을 설정하고 엄격한 軍紀를 확립하여 적의 침입에 대비하도록 하고, 地位의 高下에 따른 책임과 권한 및 여러 직책이 맡은 기능들을 일일이 서술하여 효율적인 수비 체계를 꾀하도록 하였다. 한편 성을 지킬 때는 守城을 위한 禁令을 공포하여 紀綱을 세우고 騷擾나 反亂, 內應 등을 원천 봉쇄하는 한편, 信賞必罰을 명확하고 철저하게 시행하여 軍律과 士氣를 제고하라고 주장한다. 이밖에 烽火를 비롯한 신호 전달 체계, 지휘관을 곁에서 侍衛하고 보좌하는 자들을 다루는 법, 침입해 들어온 적의 보급을 차단시키기 위한 淸野法, 사람과 문서를 통해 정보를 전달하는 방법, 人質이 살고 있는 집을 만들고 감시하는 법 등 세세한 부분에까지 주의가 미치고 있어 兵法에 대한 墨家의 이해의 수준을 엿볼 수 있는 글이라 할 수 있다.

蘇云 墨子當春秋後한대 其時海內諸國自楚越外에 無稱王者라 故迎敵祠篇言公誓太廟[1)]라하니 可證其爲當時之言이라 若號令篇所言令丞尉三老五大夫太守關內侯公乘은 皆秦時官이요 其號令亦秦時法이어니와 而篇首稱王하니 更非戰國以前人語라 此蓋出於商鞅[2)]輩所爲어늘 而世之爲墨學者取以益其書也라 尙以爲墨子之言하면

1) 迎敵祠篇言公誓太廟 : 68-4-3에 보인다.
2) 商鞅 : ?~B.C. 338. 衛鞅 또는 公孫鞅이라고도 한다. 춘추전국시대 衛나라 출신으로 秦나라 孝公에게 등용되어 法家 사상에 기반한 대개혁을 추진하여 진나라의 富國强兵을 이룩하였다. 하지만 지나치게 엄격한 법치주의 통치로 원한을 많이 사 효공이 죽고 惠文王이 즉위하자 반역죄의 명목으로 처형되었다.

則誤矣라하다 案 蘇說未塙하니 令丞尉三老五大夫等制竝在商鞅前하니 詳篇中이라

蘇時學 : 墨子는 春秋시대 이후에 살았는데 그 당시 海內의 제후국들 중에 楚나라와 越나라 외에는 王을 칭한 자가 없었다. 그래서 〈迎敵祠〉에 '公誓太廟(임금은 太廟에서 맹세한다.)'라고 하였으니 그것이 당시의 말임을 증명할 수 있다. 〈號令〉에서 말한 令, 丞, 尉, 三老, 五大夫, 太守, 關內侯, 公乘 같은 경우는 모두 秦나라 때 官職이고, 그 號令 역시 秦나라 때 法이거니와 篇 첫머리에 王을 칭하였으니 戰國 이전 사람의 말이 더욱 아니다. 이는 아마도 商鞅 무리가 벌인 일에서 나온 것인데 세상의 墨學을 하는 자들이 가져다 그 책에 덧붙인 것인 듯하다. 그런데도 여전히 墨子의 말이라고 여기는 것은 잘못이다.

案 : 蘇時學의 說은 확실하지 않다. 令丞尉, 三老, 五大夫 등의 제도는 모두 商鞅 이전에 있었으니 이 篇에 자세히 설명하였다.

**70-1-1 安國之道는 道任地始니**

나라를 안정시키는 방도는 地理를 이용하는 데서 시작되니,

禮記禮器鄭注에 云 道는 猶從也라하다

≪禮記≫ 〈禮器〉의 鄭玄 注에 "'道'는 從(부터)과 같다."라고 하였다.

**70-1-2 地得其任이면 則功成하고 地不得其任이면 則勞而無功이라 人亦如此하니 備不先具者는 無以安主라 吏卒民多心不一者는 皆在其將長이라**

地理를 제대로 이용할 수 있으면 功이 이루어지고, 지리를 제대로 이용하지 못하면 노력해도 功이 없게 된다. 사람 또한 이와 같으니 미리 수비하는 일을 갖추어 두지 않으면 君主를 편안케 할 길이 없다. 관리, 병졸, 백성들이 마음이 일정치 않아 일치단결하지 못하는 것은 〈책임이〉 모두 그 將帥와 우두머리에게 있다.

言責在將與長也라

책임이 장수와 우두머리에게 있다는 말이다.

**70-1-3 諸行賞罰及有治者는 必出於王公이라**

각종 賞罰 및 명령을 시행하는 일은 반드시 王公에게서 나와야 한다.

畢云 公舊作功하니 一本如此라하다 案 茅本亦作公이어늘 道藏本吳鈔本竝作功이라 此對上將長爲文이니 疑當作王公이라 下文云 出粟米有期日하니 過期不出者는 王公有之라하니 是其證이니 傳寫誤到耳라 畢讀以王字屬下句하니 亦通이라

畢沅 : '公'은 舊本에 '功'으로 되어 있는데, 어떤 本에는 여기와 같다.

案 : 茅本에도 '公'으로 되어 있는데 道藏本, 吳鈔本에는 모두 '功'으로 되어 있다. 이 대목은 앞의 '將長'과 對를 이루어 글을 만든 것이니 아마도 '王公'이 되어야 할 듯하다. 아래 글(70-28-14)에 '出粟米有期日 過期不出者 王公有之(곡식을 내놓는 기일이 있으니, 기일이 지났는데도 내놓지 않는 경우에는 王公이 몰수한다.)'라고 한 것이 바로 그 증거이니 베껴 쓰는 과정에서 잘못하여 뒤집힌 것일 뿐이다. 畢沅은 '王'자를 아래 句에 붙여 읽었는데 이렇게 보아도 역시 뜻이 통한다.

**70-1-4 數(삭)使人行勞賜守邊城關塞(새)備蠻夷之勞苦者하고 擧其守(率)〔卒〕之財用有餘不足과**

자주 사람을 보내 巡行하면서 邊城과 關塞를 수비하고 오랑캐의 침입을 방비하느라 고생하는 자에게 위로하여 상을 내리고, 수비하는 병졸의 財用이 넉넉한 지와

率疑卒之誤라

'率'은 아마도 '卒'의 誤字인 듯하다.

**70-1-5 地形之當守邊者와 其器備常多者[3]라 邊縣邑에 視其樹木惡[4]하면 則少用하고**

地形이 邊境을 수비하는 데 적당한지와 무기와 장비가 늘 충분한지를 보고하게 한다. 변경의 縣邑에서 樹木이 부족한 것을 보면 〈材木을〉 적게 쓰고

言材木不足其用이라

---

3) 數(삭)使人行勞賜守邊城關塞(새)備蠻夷之勞苦者……其器備常多者 : ≪墨子今注今譯≫에서는 '數' 앞에 '王'을 붙이고, '率'을 '帥'로 보고, "왕은 누차 사람을 파견해 巡行하면서 邊城, 關塞를 수비하고 오랑캐의 침입을 방비하느라 노력한 공이 큰 사람에게 상을 내리고, 수비하는 장수의 財用이 여유롭거나 부족한 정도와 어느 邊境의 지형이 수비하는 데 편리한지와 어느 장수의 器材와 準備가 충분한지를 보고하게 한다."라고 하였다.

4) 視其樹木惡 : ≪墨子今注今譯≫에서는 "그 수목이 잘 자라지 못한 것을 보면"이라 하였다.

材木이 사용하기에 부족하다는 말이다.

**70-1-6 田不辟**(벽)이어든

田地가 개간되지 않으면

畢云 闢假音字라하다

畢沅 : 〈'辟'은〉 '闢'의 假音字이다.

**70-1-7 少食**하고

양식을 줄이고

田荒農惰則食不足이라

田地가 황폐하고 農夫가 게으르면 양식이 부족하다.

**70-1-8 無大屋草蓋**어든 **少**(用桑)〔**車乘**〕[5]이라

큰 집에 덮을 이엉이 없으면 車乘을 줄인다.

畢云 言無大屋之處當留桑以爲蔭이라 一本作乘한대 非라하다 案 桑은 道藏本茅本竝作桒하니 俗桑字라 說文艸部에 云 蓋는 苫也라하다 釋名釋宮室에 云 屋以草蓋曰茨라 茨는 次也니 次比草爲之也라하다 草蓋는 謂以草蓋屋이라 少用桑은 當作少車乘이라 乘桒形相近이요 車用涉上而訛라 言室惡民貧則不能畜車乘馬牛也라 畢沿誤爲說하니 殊謬라

畢沅 : 큰 집이 없는 곳은 뽕나무를 두어 그늘로 삼는다는 말이다. 어떤 本에는 '乘'으로 되어 있는데, 잘못이다.

案 : '桑'은 道藏本, 茅本에 모두 '桒'으로 되어 있으니 '桑'의 俗字이다. ≪說文解字≫ 艸部에 "'蓋'는 苫(이엉)이다."라고 하였다. ≪釋名≫ 〈釋宮室〉에 "지붕을 풀로 덮는 것을 '茨'라고 한다. '茨'는 차례이니, 차례로 풀을 나란히 배열하여 만든다는 뜻이다.〔屋以草蓋曰茨 茨 次也 次比草爲之也〕"라고 하였다. '草蓋'는 풀로 지붕을 덮는다는 말이다. '少用桑'

5) 無大屋草蓋 少(用桑)〔車乘〕 : ≪墨子今注今譯≫에서는 '用桑'을 교감하지 않고, "큰 집에 덮을 이엉이 없으면 뽕나무를 적게 쓴다."라고 하였고, *The Mozi*(2010)에서는 '桑'을 '燒'로 보고, "이엉 지붕이 있는 큰 집이 없으면 불을 때는 데 사용할 일이 적을 것이다."라고 하였다.

은 '少車乘'이 되어야 한다. '乘'과 '桒'은 字形이 서로 비슷하고 '車'와 '用'은 앞(70-1-5)의 내용과 연관되어 잘못된 것이다. 집이 粗惡하고 백성이 가난하면 車乘과 馬牛를 둘 수 없다는 말이다. 畢沅은 誤謬를 沿襲하여 설명하였으니 매우 잘못되었다.

**70-1-9 多財**어든 **民好食**이라

재물이 많으면 백성은 먹는 것을 좋아할 것이다.

**下有脫誤**라

뒤에 빠지고 잘못된 것이 있다.

**70-1-10 爲內(牒)〔堞〕**하고

內堞을 세우고

**牒疑堞之誤**라 **內堞**은 **見備城門篇**6)이라 **畢引說文**하여 **云 牒**은 **札也**라하니 **非此義**라

'牒'은 아마도 '堞'의 誤字인 듯하다. '內堞'은 〈備城門〉에 보인다. 畢沅은 ≪說文解字≫를 인용하여 "'牒'은 〈글씨를 쓰는〉 나뭇조각〔札〕이다."라고 하였는데, 이 대목의 뜻은 아니다.

**70-1-11 內行棧**하고

성 안에 行棧을 만들어 놓고

**亦見備城門篇**7)이라

역시 〈備城門〉에 보인다.

**70-1-12 置器備其上**이라 **城上吏卒養**은

그 위에 기계(무기)를 비치한다. 성 위의 관리와 병졸, 炊事兵은

---

6) 內堞 見備城門篇 : 본서 5책 52-11-10에 보인다. 그곳에서 傅堞(성 가장 안쪽의 성가퀴)과 內堞(성 바로 안쪽 성가퀴) 두 겹의 성가퀴를 만든다고 하였다.
7) 亦見備城門篇 : 본서 5책 52-22-44~45에 보인다.

養卽廝(시)養之養이라 公羊宣七年何注에 云 炊亨(팽)曰養[8]이라하다 蘇云 養謂糧食이라하니 誤라

'養'은 바로 廝養(軍中에서 나무하고 밥 짓는 일을 하는 사람)의 '養'이다. ≪春秋公羊傳≫ 宣公 7년의 何休 注에 "밥 짓는 일을 하는 것을 '養'이라 한다.〔炊亨曰養〕"라고 하였다. 蘇時學은 "'養'은 糧食을 말한다."라고 하였는데, 잘못이다.

## 70-1-13 皆爲舍道內하여 各當其隔部라

모두 길 안에 머물 곳을 만들고서 각각 자기 部署의 구역을 맡는다.

吳鈔本作步라 太白陰經司馬穰苴云 五人爲伍요 二伍爲部라하니 部는 隊也[9]라하다 隔部는 卽城上吏卒什人所守分地에 皆有隔하여 以別其疆界라 下云 人自大書版하여 著之其署隔이라하니 則凡署皆有隔이라

〈'部'는〉 吳鈔本에 '步'로 되어 있다. ≪太白陰經≫에 "司馬穰苴가 '다섯 사람이 伍가 되고 2伍가 部가 된다.〔五人爲伍 二伍爲部〕'라고 하였는데, '部'는 隊이다."라고 하였다. '隔部'는 바로 城 위의 관리와 병졸 10人이 지키는 구역에 모두 隔(칸막이)을 두어 그 경계를 구별한 것이다. 아래(70-23-7) '人自大書版 著之其署隔(사람들이 저마다 나무판에 자기 이름을 크게 써서 署隔에 부착해 둔다.)'라 하였으니 무릇 部署에는 모두 隔을 둔다.

## 70-1-14 養什二人이라

炊事兵은 〈병졸〉 10명마다 2인이다.

十人爲什이니 言每卒十人則有養二人이라 吉天保[10]孫子集注引曹操하여 云 一車駕四

8) 公羊宣七年何注……炊亨(팽)曰養 : 何休의 注는 宣公 7년이 아니라 12년에 있는데, 그곳에서 "풀을 베어 먹이고 방비하는 일을 하는 자를 '廝'라 하고, 마실 물을 길어오는 일을 하는 자를 '役'이라 하고, 말을 기르는 일을 하는 자를 '扈'라 하고, 밥 짓는 일을 하는 자를 '養'이라 한다.〔艾草爲防者曰廝 汲水漿者曰役 養馬者曰扈 炊烹者曰養〕"라고 하였다.

9) 太白陰經司馬穰苴云……隊也 : ≪太白陰經≫ 권3 〈部署篇〉에 보인다. 司馬穰苴는 春秋時代 齊나라의 장군이자 병법가이다. 본래의 성은 田氏로, 大司馬를 지내어 사마양저로 불리었다. 신분이 미천하였으나 병법에 뛰어나 재상 晏嬰의 추천으로 景公에게 중용되었다. 저서로 ≪司馬法≫이 있다.

10) 吉天保 : 南宋 때 사람으로, ≪十家孫子會注≫를 편찬하였다. 그의 輯本은 다른 판본에 비해 여러 방면에서 뛰어나 ≪孫子兵法≫의 校勘에 있어 중요한 가치가 있다. 정확한 편찬

馬요 養二人이 主炊하고 步兵十人이라하여 亦十步卒二養이니 與此略同이라

10인이 '什'이니 병졸 10인마다 炊事兵 2인을 둔다. 吉天保의 ≪孫子集注≫에 曹操를 인용하여 "수레 한 대에 말 4마리의 멍에를 메고 炊事兵 2인이 취사를 주관하고 보병 10인이다.〔一車駕四馬 養二人 主炊 步兵十人〕"라고 하여 역시 步卒 10인에 炊事兵 2인이니 이 대목과 대략 같다.

## 70-1-15 爲符者曰養吏一人이

符信을 관장하는 자인 養吏 1人이

養吏는 吏掌養爲符信者라

養吏는 관리 가운데 주관하여 符信을 맡은 자이다.

## 70-1-16 辨(판)護諸門이라

모든 門을 검사하고 감시한다.

辨護는 猶言監治也니 亦見周禮大祝山虞鄭注라 山虞賈疏引尚書中候[11]握河紀하여 云 堯受河圖하니 稷辨護라한대 注云 辨護者는 供時用하고 相禮儀라하다 案 辨卽今(辨)〔辦〕[12]治字라 漢書李廣傳顔注에 云 護謂監視之라하다 此養吏辨護諸門은 亦謂辨治監視諸守門之事니 與中(侯)〔候〕[13]注義小異라 畢云 辨卽今辦字正文이라하다

'辨護'는 감독하고 다스린다〔監治〕는 말이니, 또한 ≪周禮≫ 〈天官 大祝〉과 〈地官 山虞〉의 鄭玄 注에 보인다. 〈山虞〉의 賈公彦 疏에 ≪尚書中候≫ 〈握河紀〉를 인용하여 "堯 임금이 河圖를 받으니 稷이 辨護하였다.〔堯受河圖 稷辨護〕"라고 하였는데, 그 注에 "'辨護'라는

---

시기는 알 수 없지만 대략 孝宗 때 지은 것으로 보인다.

11) 尚書中候 : 漢나라 때 讖緯書 가운데 하나로, 18篇인데 주로 ≪尚書≫의 文體를 모방하여 古代 帝王들이 天命을 받은 祥瑞를 서술하였다. 七緯와 함께 緯候로 병칭된다. ≪隋書≫ 〈經籍志〉에는 鄭玄이 注를 단 5卷本이 著錄되어 있고, 梁나라 때 8권이 있었는데 지금 殘缺되었다고 하였다. ≪舊唐書≫ 〈經籍志〉와 ≪新唐書≫ 〈藝文志〉에 모두 저록되지 않아 그 당시 이미 殘缺되었거나 佚失되었음을 알 수 있다.

12) (辨)〔辦〕 : 저본에는 '辨'으로 되어 있으나, 續修四庫全書本 및 漢文大系本에 의거하여 '辦'으로 바로잡았다.

13) (侯)〔候〕 : 저본에는 '侯'로 되어 있으나, 문맥에 의거하여 '候'로 바로잡았다.

것은 제때의 쓸 것을 공급하고 禮儀를 돕는 것이다."라고 하였다.

案 : '辨'은 바로 지금의 '辨治'자이다. ≪漢書≫ 〈李廣傳〉의 顔師古 注에 "'護'는 監視한다는 말이다."라고 하였다. 이 대목에서 養吏가 모든 門을 검사하고 감시한다는 것 역시 守門하는 모든 일을 辨治하고 監視한다는 말이니 ≪尙書中候≫의 注의 뜻과는 조금 다르다.

畢沅 : '辨'은 바로 지금의 '辦'자의 正字이다.

## 70-1-17 門者及有守禁者는 皆無令無事者로 得稽留止其旁이니

문지기 및 禁令 지킬 책임이 있는 자들은 모두 〈관계된〉 일이 없는 자들로 하여금 성문 근처에 체류하여 머무르지 못하게 하니

舊本重稽字하고 又止作心한대 道藏本吳鈔本茅本에 稽字竝不重이라 畢云 心當爲必이어나 或衍一稽字라하다 王引之亦刪稽하고 又云 改心爲必이라도 義仍不可通이라 心當爲止니 言勿令無事者得稽留而止其旁也라 隸書止心相似라 故止訛爲心이라하다 案 王校是也라 蘇說同하니 今據刪正이라 倭刻茅本校云 心一作止라하여 正與王校同이라

舊本에는 '稽'자가 중복되고 또 '止'가 '心'으로 되어 있는데, 道藏本, 吳鈔本, 茅本에는 '稽'자가 모두 중복되어 있지 않다.

畢沅 : '心'은 '必'이 되어야 하거나 혹은 '稽' 1자가 잘못 들어간 듯하다.

王引之 역시 '稽'를 刪削하고 또 말하기를, "'心'을 고쳐 '必'로 써도 뜻은 여전히 통하지 않는다. '心'은 '止'가 되어야 하니 일이 없는 자로 하여금 성문 근처에 체류하여 머무르지 못하게 한다는 말이다. 隸書에 '止'와 '心'이 서로 비슷하므로 '止'가 '心'으로 잘못된 것이다."라고 하였다.

案 : 王引之의 校勘이 맞다. 蘇時學의 說도 같으니, 지금 이에 의거하여 刪削하여 바로잡는다. 倭刻茅本의 校勘에 "'心'은 어느 본에 '止'로 되어 있다."라고 하여 바로 王引之의 校勘과 같다.

## 70-1-18 不從令者戮이라 敵人(但)〔且〕至어든

명령을 따르지 않는 자는 죽인다. 적군이 장차 이르려 하면

但은 舊本作但하여 從且하니 疑且字之誤라

'但'은 舊本에 '但'로 되어 있어 '且'로 이루어져 있으니 아마도 '且'자의 誤字인 듯하다.

### 70-1-19 千丈之城은

천 길의 성에서는

千은 茅本作十한대 下文仍作千이라 雜守篇에 云 率萬家而城方三里라하니 此云千丈은 爲方五里有奇니 蓋邑城之大者라 尉繚子守權篇에 云 千丈之城은 則萬人守之[14)]라하고 戰國策趙策에 云 今千丈之城과 萬家之邑相望也라하고 齊策에 亦云 千丈之城이라도 拔之尊俎之間이라하다 畢云 千當爲十이라하니 失之라

'千'은 茅本에 '十'으로 되어 있는데 뒤 글(70-1-21)에는 그대로 '千'으로 되어 있다. 〈雜守〉에 "대략 1萬 가구에 성이 사방 3리이다.〔率萬家而城方三里〕"라고 하였으니, 이 대목에서 '千丈'이라 한 것은 사방 5里 남짓이 되니 대개 邑城 가운데 큰 것인 듯하다. ≪尉繚子≫ 〈守權〉에 "천 길의 성은 만 명이 수비한다.〔千丈之城 則萬人守之〕"라고 하고, ≪戰國策≫ 〈趙策〉에 "지금 천 길의 성과 1만 가구의 읍이 서로 마주볼 정도로 즐비하다.〔今千丈之城 萬家之邑相望也〕"라고 하고, 〈齊策〉에도 "천 길의 성이라도 음식을 차리는 사이에 함락할 수 있다.〔千丈之城 拔之尊俎之間〕"라고 하였다. 畢沅은 "'千'은 '十'이 되어야 한다."라고 하였으니, 잘못 본 것이다.

### 70-1-20 必郭迎之가

반드시 外城에서 적을 맞이하는 것이

舊本迎作近이라 畢云 當爲迎之라하다 案 畢校是也니 今據正이라

舊本에는 '迎'이 '近'으로 되어 있다.
畢沅 : '迎之'가 되어야 한다.
案 : 畢沅의 校勘이 맞으니 지금 이에 의거하여 바로잡는다.

### 70-1-21 主人利라 不盡千丈者는 勿迎也하고 視敵之居曲과

主人(我軍)에게 이롭다. 천 길이 되지 않는 성에서는 적을 맞이하지 않고 적의 부대와

14) 守之 : ≪尉繚子≫ 권2 〈守權〉에는 '之守'로 되어 있다.

畢云 言所居曲隘(애)라하다 詒讓案 曲은 部曲[15)]이라 又疑與之誤라

畢沅 : 처하고 있는 곳이 굽이지고 좁다는 말이다.

詒讓案 : 曲은 部曲이다. 또 '與'의 誤字인 듯도 하다.

### 70-1-22 衆少而應之니 此守城之大體也라 其不在此中者는 皆(心)〔以〕術與人事參之라

軍士의 다소를 살펴 대응하니, 이것이 성을 지키는 大體이다. 여기에 언급하지 않은 것들은 모두 兵術과 人事를 가지고 참고한다.

心疑當作以라

'心'은 아마도 '以'가 되어야 할 듯하다.

### 70-1-23 凡守城者는 以亟(극)傷敵爲上이요

무릇 성을 지키는 자는 신속하게 적을 해치는 것이 上策이고

亟은 舊本訛函하니 今據王校正이라 說詳魯問及備城門篇[16)]이라 畢云 言扞禦傷敵이라하다

'亟'은 舊本에 '函'으로 잘못되어 있는데, 지금 王念孫의 校勘에 의거하여 바로잡는다. 〈魯問〉 및 〈備城門〉에 자세히 설명하였다.

畢沅 : 막아 내어 적을 해친다는 말이다.

### 70-1-24 其延日持久以待救之至는 〔不〕明於守者也니

시일을 끌며 오래 버티면서 救援兵이 이르기를 기다리는 것은 성을 지키는 법에 밝지 못한 것이니

倭本校云 至下脫不이라하다

倭本의 校勘에 "'至' 뒤에 '不'이 빠졌다."라고 하였다.

---

15) 部曲 : 部와 曲은 古代에 軍隊의 編制 단위로, 大將의 軍營이 5部인데, 校尉가 1인이고 部 아래에 曲이 있고, 曲에 軍候 1인이 있었다. 뒤에는 軍隊를 가리키는 말로 쓰였다.

16) 說詳魯問及備城門篇 : 본서 5책 49-1-4, 49-21-4, 52-6-2에 보인다.

**70-1-25** (不)〔必〕**能此**[17)]라야

반드시 이 일을 해낼 수 있어야

蘇云 不疑當作必이라하다

蘇時學 : '不'은 아마도 '必'이 되어야 할 듯하다.

**70-1-26 乃能守城**이라

성을 지킬 수 있다.

**70-2-1 守城之法**은 **敵去邑百里以上**에 **城將如**(今)〔令〕[18)]은

城을 지키는 법은, 적이 城邑에서 백 리 이상 떨어져 있을 때 성의 大將과 守令은

畢云 當爲令이라하다 王引之云 如는 猶乃也라 言敵人將至어든 城將乃今召五官百長而命之也라 下文曰 輔將如今賜上卿이라하니 與此文同一例니 則今非令之訛라하다 案 畢說是也라 此書軍吏에 有城將하니 卽大將이요 有輔將하니 卽四面四門之將이라 地治之吏에 有守하고 有令하고 有丞하고 有尉하고 有五官이라 凡守城之事는 皆城將及守令主之니 竝詳後라 如令猶言若令이니 下文如今亦如令之訛라 王說失之라

畢沅 : 〈'今'은〉 '令'이 되어야 한다.

王引之 : '如'는 '乃'와 같다. 적군이 장차 이르려 하면 성의 대장이 지금 五官, 百長을 불러 명령한다는 말이다. 아래 글(70-8-4)에 '輔將如今賜上卿(副將에게는 지금 上卿을 하사한다.)'이라 하였는데, 이 대목과 동일한 文例이니 '今'은 '令'의 誤字가 아니다.

案 : 畢沅의 說이 맞다. 이 책에는 軍吏에 城將이 있으니 바로 大將이고, 輔將이 있으니 바로 네 방면의 네 성문을 지키는 將帥이다. 地方을 다스리는 관리에는 守가 있고 令이 있고 丞이 있고 尉가 있고 五官이 있다. 무릇 城을 지키는 일은 모두 성의 대장 및 守令이 주관하니, 모두 뒤에 자세히 설명하였다. '如令'은 '若令'이라는 말과 같으니, 아래 글의 '如今' 역시 '如令'의 誤字이다. 王引之의 說은 잘못 본 것이다.

---

17) 其延日持久以待救之至……(不)〔必〕能此 : ≪墨子今注今譯≫에서는 '不能此'의 '不'을 '必'로 보지 않고 '明' 앞으로 옮겨 번역하였고, *The Mozi*(2010)에서는 '不'을 '明' 앞으로 옮기지 않고 지구전을 펼치는 것을 守城에 바람직한 방법으로 보았다.

18) 城將如(今)〔令〕: *The Mozi*(2010)에서는 '如今'을 '乃令'으로 보았다.

### 70-2-2 盡召五官及百長[19)]과

五官 및 百長과

五官은 蓋都邑之小吏라 周制에 侯國有五大夫[20)]러니 因之都邑亦有五官이라 韓非子十過篇에 云 趙襄子至晉陽하여 行其城郭及五官之藏이라한대 此卽都邑之五官이니 殆如後世吏有五曹[21)]之類라 後文吏有比丞比五官하니 則五官卑於丞也라 又左傳成二年에 晉軍帥之下에 有司馬司空輿師候正亞旅어늘 成十八年及晉語엔 悼公命官에 別立軍尉하고 而無亞旅라 成二十五年傳에 又謂之五吏라 淮南子兵略訓에 說在軍五官에 有司馬尉候司空輿하니 與晉制同이라 竊疑此五官亦與彼相類라 後文有尉都司空候한대 或卽五官之名與인저 亦詳節喪篇[22)]이라

'五官'은 아마도 都邑의 小吏인 듯하다. 周나라 制度에 侯國에는 五大夫가 있었는데 이를 인습하여 都邑에도 五官이 있는 것이다. ≪韓非子≫ 〈十過〉에 "趙襄子가 晉陽에 이르러 그 城郭 및 五官의 倉庫를 순시하였다.〔趙襄子至晉陽 行其城郭及五官之藏〕"라고 하였는데 이것이 바로 都邑의 五官이니, 後世에 吏 가운데 五曹가 있는 따위와 거의 같다. 뒷글(70-8-5, 7)에 吏 가운데 丞에 상당한 관리가 있고 五官에 상당한 관리가 있으니, 五官이 丞보다 낮다. 또 ≪春秋左氏傳≫ 成公 2년에 晉나라 軍帥(군대의 統帥)의 아래에 司馬, 司空, 輿師, 候正, 亞旅가 있는데, 成公 18년 및 ≪國語≫ 〈晉語〉에는 悼公이 官吏를 임명할 때 軍尉를 따로 세우고 亞旅가 없었다. ≪춘추좌씨전≫ 成公 25년에는 또 五吏라고 하였다. ≪淮南子≫ 〈兵略訓〉에 軍에 있는 五官에 司馬, 尉, 候, 司空, 輿가 있다고 설명하였는데 晉나라 制度와 같다. 내 생각에 아마도 이 대목의 五官 역시 그곳과 서로 비슷

19) 百長 : 68-3-11과 본서 5책 52-21-33에 보이는데, 성 위에 100보마다 둔 관리로, 帛尉와 같다고 하였다.

20) 周制 侯國有五大夫 : ≪禮記≫ 〈王制〉에 "제후에게는 上大夫인 卿, 下大夫, 上士, 中士, 下士 다섯 등급의 신하가 있다."라고 했는데, 제후국마다 卿 3인, 下大夫 5인, 士 27인을 두었다고 한다. 五大夫는 下大夫인 小宰, 小司徒, 小司空, 小司寇, 小司馬 5인을 합하여 칭한 것이다.

21) 五曹 : 尙書省 아래 딸린 다섯 개의 官署이다. 漢나라 초에 尙書 5인을 두었는데, 僕射가 1인이고, 나머지 4인은 四曹로 나누어 常侍曹는 丞相과 御史의 일을 주관하고, 二千石曹는 刺史二千石의 일을 주관하고, 民曹는 庶人의 上書에 관한 일을 주관하고, 主客曹는 外國에 관한 일을 주관하게 하였다가 成帝 때 三公曹를 추가하여 斷獄에 관한 일을 주관하게 하여 五曹가 되었다.

22) 亦詳節喪篇 : ≪墨子≫에는 〈節喪〉 편이 없고, '五官'에 대한 설명은 〈節葬 下〉(본서 2책 25-3-31)에 보인다.

한 듯하다. 뒷글(70-12-17)에 尉, 都司空, 候가 나오는데 어쩌면 바로 五官의 명칭일 듯하다. 역시 〈節葬 下〉에 자세히 설명하였다.

**70-2-3 以富人重室之親**하여 **舍之官府**하고

부자와 귀한 가문의 친족을 다 소집하여 官府에 머물도록 하고

府는 舊本訛作符라 王引之云 符當爲府니 言舍富人重室之親於官府也라 下文云 其有符傳者는 善舍官府라하니 是其證이라 篇內言官府者多矣로되 若云舍之官符라하면 則義不可通이라 此涉上下文諸符字而誤라하다 案 王校是也라 蘇說同하니 今據正이라

'府'는 舊本에 '符'로 잘못되어 있다.

王引之 : '符'는 '府'가 되어야 하니 부자와 귀한 가문의 친족들을 官府에 머물게 한다는 말이다. 아래 글(70-19-4)에 '其有符傳者 善舍官府(符傳을 지닌 자는 관부에 잘 머물게 한다.)'라고 하였으니, 바로 그 증거이다. 이 篇 안에 官府를 말한 경우가 많지만, 만약 '舍之官符'라고 말한다면 뜻이 통하지 않는다. 이 대목은 위아래 글의 여러 '符'자와 연관되어 잘못된 것이다.

案 : 王引之의 校勘이 맞다. 蘇時學의 說도 같으니 지금 이에 의거하여 바로잡는다.

**70-2-4 謹令信人守衛之**하고 **謹密爲故**라

조심스럽게 믿을 만한 사람으로 하여금 지키게 하면서 신중하고 주밀하게 일을 처리한다.

兪云 故는 猶事也라 言務以謹密爲事也라 備梯篇에 以靜爲故라하고 備穴篇에 以急爲故[23]라하니 義與此同이라 畢屬下讀은 失之라하다

兪樾 : '故'는 事(일)와 같다. 신중하고 주밀하게 일을 처리하는 데 힘쓴다는 말이다. 〈備梯〉에 '以靜爲故(조용하게 일을 처리하다.)'라고 하고, 〈備穴〉에 '以急爲故(급히 일을 처리하다.)'라고 하였으니, 뜻이 이 대목과 같다. 畢沅은 아래 句에 붙여 읽었는데, 잘못 본 것이다.

**70-3-1 及傳城**하여는

23) 備穴篇 以急爲故 : 〈備穴〉이 아니라 본서 5책 〈備城門〉 52-10-9에 보인다.

〈적이〉 성에 달라붙어 기어오르면

及傳는 舊本訛作乃傳이라 畢云 言守符謹密하여 必有故乃傳用也라하다 兪云 乃傳當作及傳니 字之誤也라 上云 敵去邑百里以上이라하고 此云 及傳城이라하니 其事正相次라 傳卽蛾傳之傳니 備蛾傳篇에 曰 遂以傳城[24)]이 是也라 畢不能訂正하고 而屬上謹密爲故讀之하니 殊不可通이라하다 案 兪校是也니 今據正이라

'及傳'는 舊本에 '乃傳'으로 잘못되어 있다.

畢沅 : 〈'守衛之謹密爲故乃傳'은〉 符節을 신중하고 주밀하게 지켜 반드시 이유가 있어야 전달해 사용한다는 말이다.

兪樾 : '乃傳'은 '及傳'가 되어야 하니, 글자의 誤記이다. 위(70-2-1)에 '敵去邑百里以上'이라 하고, 여기서 '及傳城'이라 하였으니 그 일이 정확히 차례대로 이어진다. '傳'는 바로 '蛾傳'의 '傳'니 〈備蛾傳〉에 '遂以傳城(결국에 성벽에 달라붙어 기어오른다.)'이라 한 것이 그것이다. 畢沅은 訂正하지 못하고 위의 '謹密爲故'에 붙여서 읽었으니 전혀 뜻이 통하지 않는다.

案 : 兪樾의 校勘이 맞으니 지금 이에 의거하여 바로잡는다.

### 70-3-2 守將營無下三百人이요

〈성을〉 지키는 將帥의 軍營의 병졸은 3백 인 이하로 내려가지 않고

守下에 道藏本吳鈔本茅本有城字라

'守' 뒤에 道藏本, 吳鈔本, 茅本에는 '城'자가 있다.

### 70-3-3 四面四門之將은 必選擇之有功勞之臣及死事之後重者하되

네 방면의 네 성문의 장수는 반드시 功勞가 있는 신하 및 國事를 위해 죽은 귀한 가문의 후손을 선택하되

蘇云 重者는 卽重室子[25)]也라하다

蘇時學 : '重者'는 바로 重室(귀한 가문)의 자제이다.

---

24) 備蛾傳篇……遂以傳城 : 63-1-1에 보인다.
25) 重室子 : 〈備城門〉에서 孫詒讓은 貴家子(귀족의 자제)라고 하였다.

**70-3-4 從卒各百人**이라 **門將幷守他門**이어든

隨行하는 병졸은 각 100인씩이다. 성문을 지키는 장수가 다른 小門도 아울러 지킬 경우

**謂他小門**이라

〈'他門'은〉 다른 小門을 이른다.

**70-3-5 他門之上**엔

다른 小門 위에는

**畢云 舊脫門字**러니 **以意增**이라하다

畢沅 : 舊本에 '門'자가 빠져 있는데, 글뜻으로 판단하여 덧붙인다.

**70-3-6 必夾爲高樓**하고 **使善射者居焉**이라 **女郭馮垣**엔 **(一人)一人守之**[26]하되

반드시 높은 누각을 補强해 세우고 활을 잘 쏘는 사람을 그곳에 자리잡게 한다. 女郭(外郭의 성첩)과 馮垣(바깥 담장)에는 1인이 지키되

**女郭**은 **卽女垣**이니 **以其在大城之外**라 **故謂之郭**이라 **釋名釋宮室**에 **云 城上垣亦曰女牆**[27]이니 **言其卑小比之於城**인댄 **若女子之與丈夫也**라하다 **旗幟篇**에 **云 到馮垣**이어든 **鼓六**이요 **擧四幟**하고 **到女**

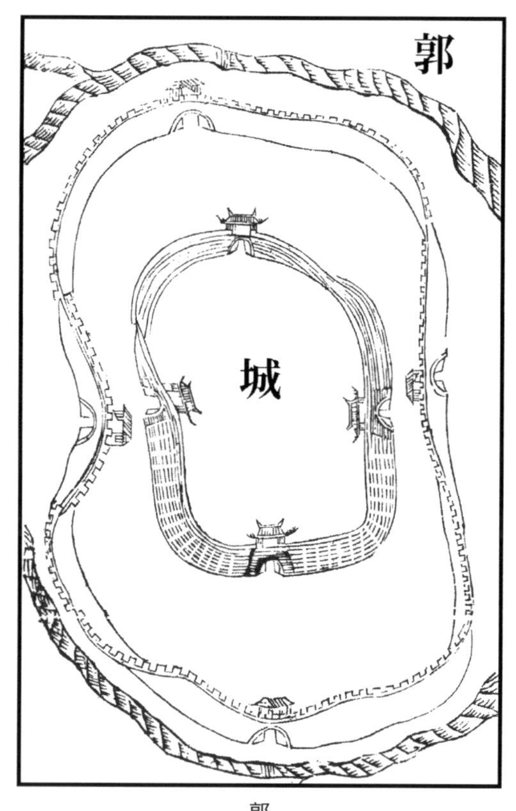

郭

26) (一人)一人守之 : ≪墨子今注今譯≫에서는 '一人一人'을 衍文으로 보지 않고, "일일이 사람을 보내 지키게 하다."라고 하였다.

27) 釋名釋宮室云 城上垣亦曰女牆 : ≪釋名≫에서는 성 위의 담〔城上垣〕을 일컫는 명칭으로 인용 부분 앞에 '睥睨'와 '陴'를 들었다. 앞의 69-3-7에도 보인다.

垣이어든 鼓七이요 擧五幟라하다 蘇云 一人疑誤重이라하다

'女郭'은 바로 女垣이니 그것이 大城의 밖에 있으므로 郭이라 한 것이다. ≪釋名≫ 〈釋宮室〉에 "城 위의 垣(담)은 또한 '女牆'이라고도 하니 그 낮고 작은 모양이 城에 비교하면 마치 女子와 丈夫의 관계와 같음을 말한 것이다."라고 하였다. 〈旗幟〉에 "〈적이〉 馮垣(바깥담장)에 이르면 북을 여섯 번 치고 깃발 네 개를 들며, 〈적이〉 女垣(外堞)에 이르면 북을 일곱 번 치고 깃발 다섯 개를 든다.〔到馮垣 鼓六 擧四幟 到女垣 鼓七 擧五幟〕"라고 하였다.

蘇時學 : '一人'은 아마도 잘못하여 중복한 듯하다.

### 70-3-7 使重室子라

귀한 가문의 자제를 시킨다.

室은 舊本誤字라 畢云 言重家之字子니 謂富家라하다 王云 重字子는 卽重室子之訛라하다 案 王校是也요 蘇校同하니 今據正이라 重室子는 見備城門篇[28]이라

'室'은 舊本에 '字'로 잘못되어 있다.

畢沅 : 귀한 가문에서 자란 자제라는 말이니 〈重室은〉 부유한 집안을 이른다.

王念孫 : '重字子'는 바로 '重室子'의 誤字이다.

案 : 王念孫의 校勘이 맞다. 蘇時學의 校勘도 같으니 지금 이에 의거하여 바로잡는다. '重室子'는 〈備城門〉에 보인다.

### 70-3-8 五十步一(擊)〔隔〕이라

50보마다 署隔(부서의 구역 칸막이) 하나를 설치한다.

文選長楊賦李注引韋昭하여 云 古文隔爲擊이라하니 此擊疑亦署隔之名[29]이라 蘇云 擊當作樓라하다

≪文選≫ 〈長楊賦〉의 李善 注에 韋昭를 인용하여 "古文에 '隔'은 '擊'이다."라고 하였으니, 이 대목의 '擊'은 아마도 또한 '署隔'의 명칭인 듯하다.

蘇時學 : '擊'은 '樓'가 되어야 한다.

---

28) 重室子 見備城門篇 : 본서 5책 52-5-3에 보인다.
29) 此擊疑亦署隔之名 : '署隔'은 앞의 70-1-13에 보인다.

**70-3-9 因城中里爲八部**하고 **部一吏**하되

城 안의 마을에 근거해 8部로 나누고 部마다 관리 한 명을 두되

**城內爲八部吏**라

城 안에 8部의 部마다 둔 관리이다.

**70-3-10 吏各從四人**하여 **以行衢術及里中**이라

관리는 각 4명을 隨行하게 하고 네거리와 거리 및 마을 안을 순찰한다.

**畢云 衢當爲衜**이라 **說文**에 **云 通道也**라 **春秋傳**에 **曰及衜**하여 **以戈[30]擊之[31]**라하다 **詒讓案 此術[32]與旗幟篇巷術[33]及後術衢[34]**로 **義同**이요 **與備城門篇衝術[35]異**라

畢沅 : '衢'은 '衜'이 되어야 한다. 〈衜은〉 ≪說文解字≫에 "通道(사방으로 통하는 큰길)이다. ≪春秋左氏傳≫에 '네거리까지 가서 창으로 쳤다.〔及衜 擊之以戈〕'라고 하였다."라고 하였다.

詒讓案 : 이 대목의 '衢術'은 〈旗幟〉의 '巷術(골목길과 거리)' 및 뒤의 '術衢(거리와 네거리)'와 뜻이 같고 〈備城門〉의 衝術(衝隊)과는 다르다.

**70-3-11 里中父老小不(擧)〔與〕守之事及會計者**를

마을 안의 노인과 젊은이 가운데 성을 지키는 일 및 會計에 참여하지 않는 자를

**老小上下疑有脫字**라 **王引之云 父老下不當有小字**니 **蓋涉下文老小而衍**이라 **擧**는 **讀爲吾不與祭[36]之與**니 **與擧古字通**이라 **謂里中父老不與守城及會計之事者**라하다 **案 王說亦通**이라 **蘇云 小當作少**니 **謂人少不敷用也**라한대 **非**라

---

30) 戈 : 底本의 傍注에 "'戈'자는 원래 빠져 있는데, ≪說文解字≫에 의거하여 보충한다.〔戈字原脫 據說文補〕"라고 하였다.

31) 春秋傳……以戈擊之 : ≪春秋左氏傳≫ 昭公 원년에는 '以戈擊之'가 '擊之以戈'로 되어 있다.

32) 術 : 底本의 傍注에 "살펴보건대, '術'은 글 뜻에 의거하면 의당 '衢術'이 되어야 한다.〔按術據文意當作衢術〕"라고 하였다.

33) 旗幟篇巷術 : 69-6-4에 보인다.

34) 後術衢 : 70-32-10에 보인다.

35) 備城門篇衝術 : 본서 5책 52-20-23에 보인다.

36) 吾不與祭 : ≪論語≫ 〈八佾〉에 孔子가 "내가 제사에 참여하지 않으면 제사 지내지 않은 것과 같다.〔吾不與祭 如不祭〕"라고 한 것을 가리킨다.

'老小' 앞뒤에 아마도 脫字가 있는 듯하다.

王引之 : '父老' 뒤에 '小'자가 있어서는 안 되니, 대체로 아래 글(70-7-27)의 '老小'와 연관되어 잘못 들어간 듯하다. '擧'는 '吾不與祭'의 '與'로 읽으니 '與'와 '擧'는 古字에 通用되었다. 마을 안의 父老 중에 守城 및 會計의 일에 참여하지 않는 자를 말한다.

案 : 王引之의 說도 통한다. 蘇時學은 "'小'는 '少'가 되어야 하니 사람이 적어 넉넉히 쓰지 못한다는 말이다."라고 하였는데, 잘못이다.

**70-3-12 分里以爲四部**하고

마을 단위로 나누어 4部로 조직하고

**此又於一里之中**에 **分之爲四部**라

이 대목은 다시 한 마을 안에서 나누어 4部로 만든 것이다.

**70-3-13 部一長**하여

部마다 長 하나를 두어

**每里四長**이라

마을마다 長이 넷이다.

**70-3-14 以苛往來不以時行**이어나

往來할 때 규정된 시간을 지키지 않고 다니거나

**周禮射人鄭注**에 **云 苛**는 **謂詰問之**라하다 **蘇云 苛**는 **譏訶也**라하다

≪周禮≫ 〈夏官 射人〉의 鄭玄 注에 "'苛'는 詰問한다는 말이다."라고 하였다.

蘇時學 : '苛'는 꾸짖음〔譏訶〕이다.

**70-3-15 行而有他異者**하여 **以得其姦**이라 **吏從卒四人以上有分〔守〕者**엔

다니면서 여타의 수상함이 있는 자를 檢問하여 그 奸邪한 행적을 알아낸다. 분담해 지키는 일이 있는 隨行하는 병졸 4명 이상인 관리에게는

此卽八部每部之吏也라 王引之云 分下當有守字어늘 而今本脫之하니 則文義不明이라 分守는 謂卒之分守者也라 下文曰 男女老小先分守者는 人賜錢千이라하니 是其證이라하다

이는 바로 8部의 部마다 둔 관리이다.

王引之 : '分' 뒤에 '守'자가 있어야 하는데 今本에 빠져 있으니 글 뜻이 분명하지 않다. '分守'는 병졸 가운데 분담해 지키는 자를 말한다. 아래 글(70-8-11)에 '男女老小先分守者 人賜錢千(분담해 지키는 일이 없었던 男女老少에게는 사람마다 1천 錢을 하사한다.)'이라 하였으니, 바로 그 증거이다.

符節

**70-3-16 大將必與爲信符하고 大將使人行守하여 操信符하여 信不合及號不相應者는**

大將이 반드시 증빙하는 符節을 만들어 주고, 대장은 사람을 보내 지키는 곳을 순찰하면서 증빙하는 부절을 지니게 하여, 증빙하는 부절이 부합하지 않는 경우 및 口號가 호응되지 않는 경우에는

蘇云 號卽夜間口號[37]라하다

蘇時學 : '號'는 바로 夜間의 口號이다.

**70-3-17 (伯)〔百〕長以上輒止之하고**

百長 이상의 관리가 바로 그를 拘留하고

伯百通하니 卽上文百長이라

'伯'과 '百'은 통용하니 바로 위 글(70-2-2)의 '百長'이다.

**70-3-18 以聞大將이라**

상황을 大將에게 보고한다.

37) 口號 : 軍隊에서 我軍을 식별하기 위해 말로 확인할 수 있도록 약속한 暗號이다.

畢云 告大將이라하다

畢沅：大將에게 고한다.

**70-3-19 當止不止及從吏卒縱之**는 **皆斬**이라 **諸有罪自死罪以上**은

구류해야 하는데 구류하지 않은 경우 및 隨行하는 吏卒이 임의로 풀어주는 경우에는 모두 斬首한다. 死罪 이상의 죄가 있는 경우들은

舊本脫以字러니 今從王校補라

舊本에 〈'死罪以上'의〉 '以'자가 빠져 있는데, 지금 王念孫의 校勘에 따라 보충한다.

**70-3-20 皆遝**(답)**父母妻子同產**이라

모두 父母, 妻子, 형제에게 〈死罪를〉 적용한다.

舊本遝作還이라 王云 還當爲遝이니 謂罪及父母妻子同產也라하다 下文云 歸敵者는 父母妻子同產皆車裂이라하다 案 王校是也니 今據正이라 說詳非攻下篇[38)]이라

舊本에는 '遝'이 '還'으로 되어 있다.

王念孫：'還'은 '遝'이 되어야 하니 罪가 父母, 妻子, 형제에게 미친다는 말이다. 아래 글(70-7-12)에 '歸敵者 父母妻子同產皆車裂(적에게 귀순한 경우는 父母, 妻子, 형제를 모두 車裂刑에 처한다.)'이라 하였다.

案：王念孫의 校勘이 맞으니 지금 이에 의거하여 바로잡는다. 〈非攻 下〉에 자세히 설명하였다.

**70-4-1 諸男(女)〔子〕有守於城上者**에

성 위에서 지키는 남자들 가운데

疑當云諸男子니 備城門篇에 云 守法은 五十步에 丈夫十人이요 丁女二十人이요 老小十人[39)]이라한대 此男子卽丈夫也라 下文別云丁女子하니 則此不當兼有女가 明矣라

38) 說詳非攻下篇：본서 2책 19-4-1에 보인다.
39) 備城門篇……老小十人：본서 5책 52-22-58에 보인다.

〈'諸男女'는〉 아마도 '諸男子'라고 해야 할 듯하니, 〈備城門〉에 "수비하는 법은 50보마다 장부가 10인이고 丁女가 20인이며 노인과 어린이가 10인이다.〔守法 五十步 丈夫十人 丁女二十人 老小十人〕"라고 하였는데, 이 대목의 男子가 바로 丈夫이다. 아래 글(70-4-3)에 따로 '丁女子'라고 하였으니 이 대목에서 '女'가 함께 있어서는 안 됨이 분명하다.

**70-4-2 什六弩四兵**이라

10분의 6은 쇠뇌를 지니고, 10분의 4는 兵器를 잡는다.

蘇云 人十爲什이요 兵은 戎器也니 言十人之中弩六而兵四之라하다 案 蘇說是也라 六韜軍用篇에 云 甲士萬人에 强弩六千이요 戟櫓二千이요 矛楯二千이라한대 與此率正同이라

蘇時學 : 사람 열〔人十〕이 '什'이고 '兵'은 戎器(병기)이니 열 사람 가운데 쇠뇌를 지닌 자가 여섯이고 병기를 잡은 자가 넷이라는 말이다.

案 : 蘇時學의 說이 맞다. ≪六韜≫ 〈軍用〉에 "甲士(갑옷 입은 병사) 1만 명 중에 강한 쇠뇌를 지닌 병사가 6천 명이고 갈래진 창과 큰 방패를 잡은 병사가 2천 명이고 갈고리 창과 큰 방패를 잡은 병사가 2천 명이다.〔甲士萬人 强弩六千 戟櫓二千 矛楯二千〕"라고 하였는데, 이 대목과 대략 정확히 같다.

**70-4-3 丁女子老少**는 **人一矛**라

성년 여자, 노인과 어린이는 사람마다 창 하나를 잡는다.

蘇云 丁女子猶言丁女니 見備城門篇[40]이라하다

蘇時學 : '丁女子'는 丁女라는 말과 같으니 〈備城門〉에 보인다.

**70-5-1 卒有驚事**어든

갑자기 危急한 일이 생기면

驚讀爲警이라 文選歎逝賦李注에 云 警猶驚也라하다 蘇云 言猝有警急之報라하다

'驚'은 '警'으로 읽는다. ≪文選≫ 〈歎逝賦〉의 李善 注에 "'警'은 '驚'과 같다."라고 하였다.

蘇時學 : 갑자기 危急한 警報가 생긴다는 말이다.

40) 丁女子猶言丁女 見備城門篇 : 본서 5책 52-22-58, 52-22-73에 보인다.

**70-5-2 中軍疾擊鼓者三**하여 **城上道路**와 **里中巷街**에

中軍에서 급히 세 번 북을 쳐서 성 위의 도로와 마을 안의 골목길과 거리에서

**說文行部**에 **云 街**는 **四通道也**라하다

《說文解字》 行部에 "'街'는 사방으로 통하는 길이다."라고 하였다.

**70-5-3 皆無得行**이요 **行者斬**이라 **女子到大軍**이어든 **令行者男子行左**하고 **女子行右**하여 **無竝行**하고 **皆就其守**하되 **不從令者斬**이요 **離守者三日(而一)(徇)〔袀(순)〕**하니

모두 통행하지 못하도록 하고 통행하는 자는 참수한다. 여자가 〈召集되어〉 大軍에 들어오면 통행할 때 남자는 왼편으로 걷고 여자는 오른편으로 걸어서 남녀가 나란히 걸어가지 말고 모두 자기가 지키는 곳으로 나아가도록 명령하되 명령을 따르지 않는 자는 참수하고 지키는 곳을 이탈하는 자는 사흘 동안 시체를 조리돌리니

**畢云 當爲袀**이라 **衆經音義**[41]에 **云 三倉**[42]에 **云 袀**은 **遍也**라하다 **蘇云 而字衍**이라하다 **詒讓案 而一二字疑皆衍文**이니 **此二句皆(豕)〔冢〕**[43]**上文而箸其刑**하니 **不從令者斬**은 **卽不從男行左女行右之令也**라 **離守者**는 **卽不就其守者也**니 **與下文離守絶巷救火者斬**으로 **義同**이라 **但無故離守罪重於不從令者**라 **故不惟斬之**요 **且肆其尸三日**하니 **所謂三日袀也**라 **義亦詳後**라

畢沅 : 〈'徇'은〉 '袀'이 되어야 한다. 《衆經音義》에 "《三倉》에 이르기를, '袀은 遍(두루)이다.'라고 하였다."라고 하였다.

蘇時學 : '而'자는 잘못 들어간 것이다.

詒讓案 : '而一' 2자는 아마도 모두 잘못 들어간 글자인 듯하니 이 2句(不從令者斬 離守者三日徇)는 모두 위 글에 이어서 그 刑罰을 드러낸 것이다. '不從令者斬'은 바로 남자는 왼편으로 걷고 여자는 오른편으로 걷는 명령을 따르지 않는 것이다. '離守者'는 바로 자

41) 衆經音義 : 《一切經音義》를 가리킨다. 앞의 一切經音義 주석 참조.
42) 三蒼 : 《蒼頡篇》을 가리킨다. 《三蒼》 또는 《三倉》이라고도 하며, 漢나라 초기의 字書이다. 李斯의 《蒼頡篇》·趙高의 《爰歷篇》·胡母敬의 《博學篇》 세 字書를 합편한 '창힐편'의 異稱이다. 《說文解字》·《爾雅》 등과 함께 주요 字書로 꼽힌다.
43) (豕)〔冢〕: 저본에는 '豕'으로 되어 있으나, 문맥에 의거하여 '冢'으로 바로잡았다.

기가 지키는 곳에 나아가지 않는 자이니, 아래 글(70-6-7)의 '離守絶巷救火者斬(지키는 곳을 이탈하여 〈다른〉 골목길로 넘어가 불을 끄는 자는 참수한다.)'과 뜻이 같다. 다만 이유 없이 지키는 곳을 이탈하는 죄는 명령을 따르지 않는 자의 죄보다 무거우므로 참수할 뿐만 아니라 덧붙여 그 시체를 사흘 동안 전시해 놓으니 이른바 '三日徇'이라는 것이다. 뜻은 역시 뒤(70-30-13)에 자세히 설명하였다.

**70-5-4** (而)〔此〕所以備姦也라

이것이 奸邪한 행위를 防備하기 위한 방법이다.

蘇云 而字衍이라 案 而乃此字之誤요 非衍文이라 下文云 此所以勸吏民堅守勝圍也라하니 是其證이라

蘇時學 : '而'자는 잘못 들어간 것이다.

案 : '而'는 바로 '此'자의 誤字이고 잘못 들어간 글자가 아니다. 아래 글(70-8-13)에 '此所以勸吏民堅守勝圍也(이것이 관리와 백성에게 굳게 지키며 적의 포위를 물리치도록 고무하는 방법이다.)'라고 하였으니, 바로 그 증거이다.

**70-5-5** 里𤰈(정)與(皆守)〔有守者〕宿里門하니

里長과 지키는 일이 있는 자는 마을의 문에서 宿直하는데

里正은 卽上文里長이니 每里四人이라 與皆守는 疑當作與有守者니 下文常見[44]이라 畢云 當爲與守皆라하니 未塙이라

'里正'은 바로 위 글(70-3-12~13)의 里長이니 마을마다 네 사람이다. '與皆守'는 아마도 '與有守者'가 되어야 할 듯하니 아래 글에 늘상 보인다. 畢沅은 "'與守皆'가 되어야 한다."라고 하였는데, 확실하지 않다.

**70-5-6** 吏行其部라가 至里門이어든 𤰈與開門內(납)吏하여

관리가 자기 部를 순찰하다가 마을의 문에 이르면 里長이 함께 문을 열어 관리를 맞이하여

44) 下文常見 : 70-6-8, 70-7-25, 70-18-11 등에 보인다.

蘇云 內은 讀如納이라하다

蘇時學 : '內'은 '納'과 같이 읽는다.

### 70-5-7 與行父老之守及窮巷幽閒無人之處라

관리와 함께 노인들이 지키는 곳 및 외진 골목길과 으슥하여 사람이 없는 곳을 순찰한다.

舊本無幽字라 兪云 閒上脫幽字하니 幽閒二字連文이라 明鬼篇作幽澗毋人[45]하니 澗卽閒之假字요 天志篇作幽門無人[46]하니 門卽閒之壞字라하다 案 兪說是也니 今據增이라

舊本에는 '幽'자가 없다.

兪樾 : '閒' 앞에 '幽'자가 빠졌는데, '幽閒' 2자는 連文이다. 〈明鬼 下〉에 '幽澗毋人'으로 되어 있으니 '澗'은 바로 '閒'의 假借字이고, 〈天志 上〉에 '幽門無人'으로 되어 있으니 '門'은 바로 '閒'의 자획이 탈락된 글자이다.

案 : 兪樾의 說이 맞으니 지금 이에 의거하여 덧붙인다.

### 70-5-8 姦民之所謀爲外心하면 罪車裂이라

간사한 백성이 밖의 敵을 위하는 마음을 품어 일을 꾸미면 그 죄는 車裂刑에 해당한다.

畢云 說文에 云 斬은 截(절)也라 從車從斤하니 斬法車裂也라하다 案 周禮條狼氏에 誓馭曰車轘이라한대 鄭注에 云 謂車裂也라하다 此刑與斬別하니 畢引說文未當이라

畢沅 : 《說文解字》에 "'斬'은 截(끊음)이다. '車'와 '斤'으로 이루어져 있으니, 斬은 車裂을 본뜬 형벌이다."라고 하였다.

案 : 《周禮》 〈秋官 條狼氏〉에 "수레 모는 이에게 盟誓하기를 '〈명령을 어긴 자는〉 車裂할 것이다.'라고 한다.〔誓馭曰車轘〕"라고 하였는데, 鄭玄의 注에 "車轘은 車裂을 이른다."라고 하였다. 이 대목의 형벌은 斬刑과 구별되니 畢沅이 인용한 《說文解字》의 내용은 타당하지 않다.

---

45) 明鬼篇作幽澗毋人 : 본서 3책 31-8-1에 보인다.
46) 天志篇作幽門無人 : 본서 2책 26-1-5에 보인다.

**70-5-9 缶與父老及吏主部者不得**이어든 **皆斬**하고 **得之**어든 **除**하고

이장과 노인들 및 〈해당〉 部를 주관하는 관리가 미리 이를 잡아내지 못하면 모두 참수하고, 잡아내면 免罪하고

畢云 舊脫得字러니 据下文增이라하다 案 茅本得字不脫이라

畢沅 : 舊本에 '得'자가 빠져 있는데 아래 글에 의거하여 덧붙인다.

案 : 茅本에는 '得'자가 빠지지 않았다.

**70-5-10 又賞之黃金**하되 **人二鎰**이라

또 황금을 상으로 주되 사람마다 2鎰을 준다.

鎰은 二十四兩也니 詳貴義篇[47)]이라 蘇云 此連坐之法[48)]이니 唯得罪人하면 則除其罪하고 且有賞也라하다

'鎰'은 24兩이니 〈貴義〉에 자세히 설명하였다.

蘇時學 : 이는 連坐法이니 오직 罪人을 잡아내기만 하면 그의 죄를 없애 주고 賞까지 있다.

**70-5-11 大將使(使)〔信〕人行守**하되

大將은 믿을 만한 사람으로 하여금 지키는 곳을 순찰하게 하되,

使人當作信人이니 上云 謹令信人守衛之라하고 下云 大將使信人將左右救之라하니 皆其證이라

'使人'은 '信人'이 되어야 하니, 위(70-2-4)에서 '謹令信人守衛之(조심스럽게 믿을 만한 사람으로 하여금 지키게 한다.)'라고 하고, 아래(70-6-10)에서 '大將使信人將左右救之(大將은 믿을 만한 사람으로 하여금 左右를 거느리고서 불을 끄게 한다.)'라고 한 것이 모두 그 증거이다.

---

47) 鎰……詳貴義篇 : 본서 5책 47-15-4에 보인다. 참고로, 본서 1책 1-5-34, 6-5-4에도 '鎰'에 대한 설명이 보인다.

48) 連坐之法 : 옛날 통치 방법 가운데 하나인 '十家連坐'로, 열 집을 한 組로 묶어 한 집이 犯法하였을 때 나머지 아홉 집이 고발하지 않으면 같은 죄를 지우는 것이다. 周나라 顯王 10년에, "백성에게 什伍의 법을 만들어 서로 糾察하고 連坐하게 했다."라고 하였는데, 그 注에, "한 집이 죄가 있으면 아홉 집이 아울러 고발하고, 만약 고발하지 않을 경우에는 아홉 집이 연좌된다." 하였다.(≪通鑑節要≫ 권1 〈周紀 顯王〉)

**70-5-12 長夜五循行**하고

밤이 긴 때(겨울)는 다섯 차례 순찰하고

蘇云 循徇通用이라하다

蘇時學 : '循'과 '徇'은 通用한다.

**70-5-13 短夜三循行**이라 **四面之吏亦皆自行其守**를 **如大將之行**하니 **不從令者斬**이라

밤이 짧은 때(여름)는 세 차례 순찰한다. 사방을 지키는 관리 또한 모두 大將이 순찰하는 것처럼 자기가 지키는 곳을 직접 순찰하니, 명령을 따르지 않는 자는 참수한다.

**70-6-1 諸竈必爲屛**하고

모든 아궁이에는 반드시 防火用 屛障을 만들고

畢云 舊必作火요 屛作井이러니 據藝文類聚[49]改라하다

畢沅 : 舊本에 '必'은 '火'로 되어 있고, '屛'은 '井'으로 되어 있는데, ≪藝文類聚≫에 의거하여 고쳤다.

**70-6-2 火突高**

굴뚝의 높이는

畢云 火는 藝文類聚引作心하고 突或窔(심)字니 說文에 云 窔은 竈窔[50]이라 從穴從火니 從求省(생)이라하고 玉篇有堗(돌)字하니 徒忽切이요 云 竈堗이라 魯仲連子[51]竈而五堗也라하니

---

49) 藝文類聚 : 唐代 歐陽詢 등이 勅命을 받들어 편찬한 類書이다. 天·歲時·地·州·郡·山·水·符命·帝王 등 48部로 분류하여, 사실을 기록한 후에 그에 대한 詩文을 수록한 것이다. 100권이다.

50) 窔 : 底本의 傍注에 "'窔'자는 원래 잘못 중복되어 있는데, ≪說文解字≫에 의거하여 삭제한다.〔窔字原誤重 據說文刪〕"라고 하였다.

51) 魯仲連子 : 戰國時代 齊나라 사람으로, 魯仲連·魯連이라고도 한다. 남의 어려움을 해결해 주고도 상을 받지 않은 高士이다. 趙·魏를 설득하여 邯鄲에서 秦의 야욕을 꺾었고, 燕의 장군을 설득하여 聊城을 齊나라에 돌려주게 하였다.(≪戰國策≫ 〈齊策 6〉, ≪史記≫ 〈魯仲連鄒陽列傳〉)

未詳堗突誰是라하다 案 突囪音相近한대 今人猶呼火窗爲煙囪하니 疑突義爲强이라 案 說文本云 突은 竈突이라하고 廣雅釋室에 云 竈窗謂之堗이라하다 堗突字同하니 與突別이라 畢說非라

畢沅 : '火'는 ≪藝文類聚≫에서 이 대목을 인용한 곳에는 '心'으로 되어 있고, '突'은 혹 '突'자로 되어 있기도 한데, ≪說文解字≫에 "'突'은 아궁이 굴뚝〔竈突〕이다. '穴'도 의미부이고 '火'도 의미부이며, '求'의 생략된 부분도 의미부이다."라고 하고, ≪玉篇≫에 '堗'자가 있으니 '徒'와 '忽'의 反切이고 "아궁이 굴뚝〔竈堗〕이다. 魯仲連子가 아궁이에 굴뚝 다섯 개를 두었다.〔竈而五堗〕"라고 하였으니, '堗'과 '突' 중에 무엇이 맞는지는 알 수 없다. 살펴보건대, '突'과 '囪'은 聲音이 서로 비슷한데 지금 사람들은 여전히 火窗을 '煙囪(굴뚝)'이라 부르니 아마도 '突'으로 보는 것이 나을 듯하다.

案 : ≪說文解字≫에 본래 "'突'은 아궁이 굴뚝〔竈突〕이다."라고 하고, ≪廣雅≫〈釋室〉에 "아궁이 창〔竈窗〕을 '堗'이라 한다."라고 하였다. '堗'과 '突'자는 같지만 '突'과는 구별된다. 畢沅의 說은 잘못 본 것이다.

**70-6-3** 出屋四尺이요 愼無敢失火하니

지붕보다 4척 위로 올라가게 만들고 주의를 기울여 감히 실수로 불이 나게 해서는 안 되니,

畢云 今江浙人家에 有高牆出屋如屛하고 云以障火라하니 是其遺制라하다

畢沅 : 지금 江浙의 人家에 屛障처럼 지붕 위까지 올라간 높은 담장을 두고 이것으로 화재를 막는다고 하니, 이것이 그 遺制이다.

**70-6-4** 失火者斬하고 其端失火以爲〔亂〕事者는

失火한 자는 참수하고 失火의 단서를 만들어 혼란을 야기한 자는

畢云 言因事端以害人이니 若今律故犯이라하다 詒讓案 端은 似言失火所始라 以爲事者는 據下文컨대 當作以爲亂事者니 此脫亂字라

畢沅 : 事端으로 인하여 사람을 해친다는 말이니 마치 지금 刑律의 故犯(故意로 범한 죄)과 같다.

詒讓案 : '端'은 失火가 시작되는 원인을 말하는 듯하다. '以爲事者'는 아래 글(70-6-10)에 의거하면 응당 '以爲亂事者'가 되어야 하니 이 대목에 '亂'자가 빠졌다.

### 70-6-5 車裂이라 伍人[52]不得이어든 斬하고

車裂刑에 처한다. 같은 伍의 사람이 〈失火한 자를〉 잡아 고하지 않으면 참수하고

伍는 吳鈔本茅本作五하니 下竝同이라 畢云 言同伍不擧罪之라하다

'伍'는 吳鈔本, 茅本에 '五'로 되어 있는데 이하 모두 같다.

畢沅 : 같은 伍에서 發告하지 않으면 죄를 준다는 말이다.

### 70-6-6 得之어든 除라 救火者無敢讙譁요

잡아 고하면 免罪한다. 불을 끄는 자는 감히 큰 소리로 떠들어서는 안 되고

畢云 說文에 云 讙譁는 轉注[53]라하다

畢沅 : ≪說文解字≫에 "'讙'과 '譁'는 轉注이다."라고 하였다.

### 70-6-7 及離守絶巷[54]救火者斬이라

지키는 곳을 이탈하여 〈다른〉 혼란한 골목길로 넘어가 불을 끄는 자는 참수한다.

畢云 絶은 言亂이라하다 蘇云 言守絶巷者毋得擅離니 蓋防他變也라하다 案 蘇說非라

畢沅 : '絶'은 어지럽다는 말이다.

蘇時學 : 혼란한 골목길을 지키는 자는 마음대로 이탈하지 못하니, 이는 다른 變故를 막기 위해서이다.

案 : 蘇時學의 說은 잘못이다.

---

52) 伍人 : 같은 伍에 소속된 사람으로, 伍는 5명이 한 조를 이룬 것을 말한다.

53) 讙譁轉注 : '讙'과 '譁' 두 글자가 서로 訓이 되어 준다는 말이다. 轉注는 한자를 만든 원리인 六書의 하나이다. 許愼은 '考'와 '老'의 경우처럼 같은 부수의 글자들을 같은 뜻으로 상호 풀이하는 것이라고 하였다. 淸代 戴震과 段玉裁는 轉注가 뜻이 서로 같거나 비슷한 2자가 서로를 풀이해주는 互訓이라 하였다.

54) 絶巷 : *The Mozi*(2010)에서는 '길을 막다'라는 뜻으로 보았다.

**70-6-8 其㞐及父老有守(此)〔者〕巷中部吏[55]는 皆得救之라**

里長 및 노인, 지키는 일이 있는 자, 골목길에 있는 部의 관리는 모두 불을 끌 수 있다.

此當作者니 二字草書相似라 因而致誤라 部吏는 卽城中八部部一吏니 官尊於里正이라 或有適居是巷者어든 亦得救之라

'此'는 '者'가 되어야 하니 2자는 草書가 서로 비슷한지라 인하여 잘못되어 버린 것이다. '部吏'는 바로 城 안의 8部에 部마다 둔 관리 1명이니 벼슬이 里正보다 높다. 혹은 때마침 이 거리에 살고 있는 자가 있다면 역시 불을 끌 수 있다.

**70-6-9 部吏亟(극)令人謁之大將하고**

部의 관리는 급히 사람에게 명령하여 大將에게 보고하도록 하고

畢云 部吏二字舊倒러니 据下移라하다 案 吳鈔本不倒라 亟은 舊作訛函이러니 今據茅本正이라 王校同이라 蘇云 人乃入之誤라하다 案 人字不誤라

畢沅 : '部吏' 2자는 舊本에 순서가 뒤바뀌어 있는데 아래 글에 의거해 제자리로 옮겼다.

案 : 吳鈔本에는 순서가 뒤바뀌지 않았다. '亟'은 舊本에 '函'으로 잘못되어 있는데 지금 茅本에 의거해 바로잡는다. 王念孫의 校勘은 같다.

蘇時學 : '人'은 바로 '入'의 誤字이다.

案 : '人'자는 잘못되지 않았다.

**70-6-10 大將使信人將左右救之니 部吏失不言者斬이라 諸女子有死罪及坐失火皆無有所失과 逮其以火爲亂事者는 如法이라**

大將은 믿을 만한 사람으로 하여금 左右를 거느리고서 불을 끄게 하니, 部의 관리가 보고하지 않아 시기를 놓친 경우에는 참수한다. 여자가 死罪를 범한 경우 및 失火하였지만 아무런 손실이 난 것이 없는 경우와 화재로 혼란을 일으킨 경우에 이르기까지 모두 법대로 처리한다.

---

55) 其㞐及父老有守(此)〔者〕巷中部吏 : ≪墨子今注今譯≫에서는 '此'를 교감하지 않고, "里長과 父老 및 이 골목길을 지키는 部의 관리"라고 하였다.

漢書淮南厲王長傳顔注에 云 逮는 追捕之也라하다

≪漢書≫ 〈淮南厲王長傳〉의 顔師古 注에 "'逮'는 좇아가 잡는 것이다."라고 하였다.

70-6-11 圍城之重禁[56]이라

〈이상은 적이〉 성을 포위하였을 때 지켜야 할 嚴重한 禁令이다.

以上備火之禁이라

이상은 火災를 대비할 때 지켜야 할 禁令이다.

70-7-1 敵人卒而至어든

적이 갑자기 이르면

蘇云 卒은 猝同이라하다

蘇時學 : '卒'은 '猝'과 같다.

70-7-2 嚴令吏民無敢讙囂(호)어나 三(最)〔冣〕竝行이어나

관리와 백성에게 엄히 명령하여 감히 떠들고 시끄럽게 하거나, 셋이 모이거나 둘이 함께 다니거나,

王引之云 最當爲冣(취)니 冣與聚通이라 謂三人相聚어나 二人竝行也라 說文에 冣는 積也라하다 徐鍇曰 古以聚物之聚爲冣이라하다 冣與最字相似라 故諸書中冣字多訛作最라하다 案 王說是也라 蘇云 三最乃無敢二字之訛는 失之라

王引之 : '最'는 '冣'가 되어야 하니 '冣'는 '聚'와 통한다. 세 사람이 함께 모이거나 두 사람이 함께 간다는 말이다. ≪說文解字≫에 "'冣'는 쌓음〔積〕이다."라고 하였다. 徐鍇가 "옛날에 물건을 모은다는 뜻의 聚를 '冣'라고 하였다.〔古以聚物之聚爲冣〕"라고 하였다. '冣'가 '最'자와 서로 비슷하므로 여러 책에서 '冣'자가 '最'로 잘못되어 있는 경우가 많다.

案 : 王引之의 說이 맞다. 蘇時學이 "'三最'는 바로 '無敢' 2자의 誤字이다."라고 한 것은

---

56) 圍城之重禁 : ≪墨子今注今譯≫에서는 이 구절을 다음 문단의 앞에 붙이고, "적이 성을 포위하였을 때 지켜야 할 重要 禁令은 다음과 같다."라고 하였다.

잘못 본 것이다.

## 70-7-3 相視坐泣流涕이어나 若視[57)]擧手相探이어나

마주보고 앉아 흐느끼고 눈물을 흘리거나, 서로 마주보거나, 손을 들어 서로 찾거나,

說文手部에 云 探(탐)은 遠取之也라하다

≪說文解字≫ 手部에 "'探'은 먼 데서 취한다는 뜻이다."라고 하였다.

## 70-7-4 相指相呼어나 相麾어나

서로 가리키며 서로 부르거나, 손을 휘젓거나

道藏本吳鈔本茅本作曆이라 畢云 舊作歷이러니 以意改라하다 詒讓案 詩大雅無羊에 云 麾之以肱이라하고 說文手部에 云 麾는 旌旗니 所以指麾也라하다 麾俗麾字라 然作歷이라도 義似亦可通이라 廣雅釋詁에 云 歷은 過也라하고 又莊子天地篇에 云 交臂歷指라하니 亦足備一義라

〈'麾'는〉 道藏本, 吳鈔本, 茅本에 '曆'으로 되어 있다.

畢沅 : 舊本에 '歷'으로 되어 있는데, 글 뜻으로 판단하여 고쳤다.

詒讓案 : ≪詩經≫ 〈大雅 無羊〉에 "팔을 들어 휘두르다.〔麾之以肱〕"라고 하고, ≪說文解字≫ 手部에 "'麾'는 깃발이니 지휘하는 것이다.〔旌旗 所以指麾也〕"라고 하였다. '麾'는 '麾'의 俗字이다. 그렇지만 '歷'으로 써도 뜻이 역시 통할 듯하다. ≪廣雅≫ 〈釋詁〉에 "'歷'은 지나감〔過〕이다."라고 하고, 또 ≪莊子≫ 〈天地〉에 "팔을 등 뒤로 돌려 묶고 손가락을 꺾는 것이다.〔交臂歷指〕"라고 하였으니 또한 족히 하나의 해석으로 구비해 둘 만하다.

## 70-7-5 相踵이어나

발자국을 뒤따르거나

57) 若視 : ≪墨子今注今譯≫에서는 '若'을 '相'으로 보고 앞의 '流涕'와 1句를 만들어, "눈물을 흘리며 마주보다."라고 하였다.

說文止部에 云 歱은 跟也라하다 踵卽歱借字니 謂以足跟相躡也라

《說文解字》 止部에 "'歱'은 발꿈치〔跟〕이다."라고 하였다. '踵'은 바로 '歱'의 假借字이니, 발로 따라 밟는다는 말이다.

## 70-7-6 相投

서로 던지고

說文手部에 云 投는 擿(척)也라하다

《說文解字》 手部에 "'投'는 던진다〔擿〕는 뜻이다."라고 하였다.

## 70-7-7 相擊이어나 相靡以身及衣어나

서로 때리거나, 몸과 옷으로 서로 비비거나,

謂以身及衣相切靡라 莊子馬蹄篇에 喜則交頸相靡라한대 釋文에 李[58]云 靡는 摩也라하다 易繫辭에 剛柔相摩라한대 韓[59]注에 云 相切摩也라하다 靡摩字同이라

몸과 옷으로 서로 마찰한다는 말이다. 《莊子》〈馬蹄〉에 "〈말〔馬〕은〉 기쁘면 목을 대고 서로 비벼 댄다.〔喜則交頸相靡〕"라고 하였는데, 《經典釋文》에서 李頤는 "'靡'는 摩이다."라고 하였다. 《周易》〈繫辭傳〉에 "강과 유가 서로 마찰하다.〔剛柔相摩〕"라고 하였는데, 韓伯의 注에 "서로 마찰한다는 뜻이다."라고 하였다. '靡'와 '摩'자는 같다.

## 70-7-8 訟(駮(박))〔駁〕言語어나

논박하고 말싸움하거나,

畢云 說文에 云 駮은 獸如馬라하고 駁은 馬色不純이라하니 據此義컨대 當爲駁이라하다

畢沅 : 《說文解字》에 "'駮'은 말처럼 생긴 짐승이다."라고 하고, "'駁'은 말의 색깔이 純色이 아닌 것이다."라고 하였으니, 이 뜻에 의거하면 '駁'이 되어야 한다.

58) 李 : 西晉의 李頤로, 字는 景眞, 號는 玄道子이다. 丞相參軍을 지냈다. 《莊子》에 주를 내었는데 모두 30권이라 한다.

59) 韓 : 東晉의 韓伯으로, 字는 康伯이고 潁川 長社 사람이다. 王弼의 《周易經注》를 이어 〈繫辭傳〉 등 《주역》의 여러 傳에 주를 달았는데, 이 중에 〈계사전〉의 주만 《十三經注疏》에 전한다.

**70-7-9 及非令也而視敵動移者**는 **斬**이라 **伍人不得**이어든 **斬**하고 **得之**어든 **除**라

명령을 내리지도 않았는데 적의 동정을 살피거나 하지 않도록 한다. 〈이러한 일을 한 자는〉 참수한다. 같은 伍에 속한 사람이 〈이러한 일을 한 자를〉 잡아 고하지 않으면 참수하고, 잡아 고하면 免罪한다.

**尉繚子伍制令**에 **云 伍有干令犯禁者**어든 **揭之**면 **免於罪**하고 **知而弗揭**면 **全伍有誅**라하다 **又云 吏自什長以上至左右將**히 **上下皆相保也**하여 **有干令犯禁者**어든 **揭之**면 **免於罪**하고 **知而弗揭者**는 **皆與同罪**라하다

≪尉繚子≫ 〈伍制令〉에 "伍 가운데에 禁令을 범한 자가 있을 경우 고발하면 죄를 면해주고 알고도 고발하지 않으면 그 伍 전체에 벌을 내린다.〔伍有干令犯禁者 揭之 免於罪 知而弗揭 全伍有誅〕"라고 하였다. 또 "관리는 什長 이상으로부터 左將과 右將에 이르기까지 上下가 모두 서로 보증한다. 그래서 禁令을 범한 자가 있을 경우 이를 고발하면 죄를 면해주고 알고도 고발하지 않으면 모두 같은 죄를 준다.〔吏自什長以上至左右將 上下皆相保也 有干令犯禁者 揭之免於罪 知而弗揭者 皆與同罪〕"라고 하였다.

**70-7-10 伍人踰城歸敵**에 **伍人不得**이어든 **斬**하고 **與伯歸敵**이어든 **隊吏斬**하고

伍에 속한 사람이 성을 넘어 적에게 歸順한 경우 같은 伍에 속한 사람이 〈귀순한 자를〉 잡아 고하지 않으면 참수하고, 部隊의 伯에 속한 사람이 적에게 귀순하면 伯長을 참수하고

**伯**은 **百人也**라 **隊吏**는 **卽上文之伯長百長**이라

'伯'은 1백 人이다. '隊吏'는 바로 위 글(70-2-2, 70-3-17)의 伯長, 百長이다.

**70-7-11 與吏歸敵**이어든 **隊將斬**이라

隊吏가 적에게 귀순하면 隊將을 참수한다.

**隊將**은 **卽四面四門之將**이라

隊將은 바로 네 방면의 네 성문을 지키는 장수이다.

70-7-12 歸敵者는 父母妻子同産皆車裂하되 先覺之어든 除라

적에게 귀순한 경우는 〈그의〉 父母, 妻子, 형제를 모두 車裂刑에 처하되, 먼저 알아채고 고발하면 免罪한다.

蘇云 言先覺察者는 除其罪也라하다

蘇時學 : 먼저 알아채고 고발하는 자는 그 죄를 없애준다는 말이다.

70-7-13 當術

적이 공격해 오는 길에 있으면서

畢云 說文에 云 術은 邑中道也라하다 案 術隧通作이라 〔當〕術[60]卽備城門篇之當隊[61]니 謂當敵攻城之道也라 下云 却敵於術同하니 畢說非라

畢沅 : ≪說文解字≫에 "'術'은 성 가운데로 난 길이다."라고 하였다.

案 : '術'과 '隧'는 통용해 쓴다. '當術'은 바로 〈備城門〉의 '當隊'니 적이 城을 공격해오는 길에 있다는 말이다. 아래(70-8-1) '却敵於術'이라 한 것이 같으니, 畢沅의 說은 잘못이다.

70-7-14 需(나)敵하여

적을 두려워하여

需는 吳鈔本作舒라 需讀爲懦니 考工記輈人에 馬不契需(걸나)라한대 鄭衆注에 云 需는 讀爲畏需之需라하니 需敵은 謂却[62]敵也라 蘇云 需는 待也라하니 非라

'需'는 吳鈔本에 '舒'로 되어 있다. '需'는 '懦'로 읽으니, ≪周禮≫ 〈考工記 輈人〉에 "말발굽이 갈라져 걷기를 두려워하는 일이 없다.〔馬不契需〕"라고 하였는데, 鄭衆의 注에 "'需'는 '畏需(두려워하다)'의 '需'로 읽는다."라고 하였으니, '需敵'은 敵을 물리친다〔却敵〕는 말이다. 蘇時學이 "'需'는 待(기다림)이다."라고 한 것은 잘못 본 것이다.

---

60) 〔當〕術 : 底本의 傍注에 "살펴보건대 아래 글에 풀이한 것에 의거하면 이 '術'자는 응당 본문을 따라 '當術' 2자가 되어야 하는데 잘못하여 '當'자가 빠졌다.〔按 據下文所釋 此術字應依正文作當術二字 誤脫當字〕"라고 하였다.

61) 備城門篇之當隊 : 본서 5책 52-12-36에 보인다.

62) 却 : 문맥으로 볼 때 '怯'이 되어야 할 듯하니, 뒤의 '其疾鬭却敵於術'에서 '却敵'과 혼동하여 잘못된 듯하다.

**70-7-15 離地**어든 **斬**이라

자리를 이탈하면 참수한다.

畢云 言離其所라하다

畢沅 : 그 자리를 이탈한다는 말이다.

**70-7-16 伍人不得**이어든 **斬**하고 **得之**어든 **除**라

같은 伍에 속한 사람이 잡아 고하지 않으면 참수하고, 잡아 고하면 면죄한다.

**70-8-1 其疾鬬却敵於術**하여 **敵下終不能復上**이어든 **疾鬬者隊二人**을 **賜上奉**이라

적이 공격해 오는 길에서 奮鬪하여 적을 물리쳐서 적이 내려가 끝내 다시 올라오지 못하게 되면 분투한 자 중에 부대마다 두 사람씩 더 높은 俸祿을 하사한다.

畢云 玉篇에 云 俸은 房用切이니 俸祿也라하니 此作奉은 古字라하다

畢沅 : ≪玉篇≫에 "'俸'은 '房'과 '用'의 反切이니 俸祿이다."라고 하였는데 이 대목에서 '奉'으로 쓴 것은 古字이다.

**70-8-2 而勝圍**어든

만일 적의 포위를 물리치면

戴云 而讀爲如니 如勝圍句라하다

戴望 : '而'는 '如'로 읽으니 '如勝圍'로 句를 뗀다.

**70-8-3 城周里以上**은 **封城將三十里地爲關內侯**하고

〈지켜 낸〉 성의 둘레가 1里 이상인 경우 城의 大將에게 30리의 땅을 봉하여 關內侯로 삼고

畢云 韓非子顯學에 云 關內之侯雖非吾行이나 吾必使執禽而朝라하다 史記春申君列傳에 黃歇上書云 韓必爲關內之侯라하고 又云 魏亦關內侯라하니 則戰國時有關內侯

也라하다 詒讓案 戰國策魏策에 王與竇屢關內侯[63]라하다 漢書百官公卿表에 秦制賞功勞爵二十級에 十九關內侯[64]의 顔注에 云 言有侯號而居京畿하여 無國邑이라하다

畢沅 : ≪韓非子≫ 〈顯學〉에 "關內의 侯가 비록 나의 행동을 비난하더라도 내가 반드시 그로 하여금 짐승을 〈예물로〉 들고 朝謁하게 할 수 있다.〔關內之侯 雖非吾行 吾必使執禽而朝〕"라고 하였다. ≪史記≫ 〈春申君列傳〉에 黃歇이 上書하여 "韓나라는 반드시 關內의 侯가 될 것입니다.〔韓必爲關內之侯〕"라고 하고, 또 "魏나라 역시 關內侯이다.〔魏亦關內侯〕"라고 하였으니, 戰國시대에 關內侯가 있었다.

詒讓案 : ≪戰國策≫ 〈魏策〉에 "王께서는 竇屢에게 關內侯를 봉해 주소서.〔王與竇屢關內侯〕"라고 하였다. ≪漢書≫ 〈百官公卿表〉에 秦나라 制度에서 功勞에 賞으로 내리는 爵位 20級 가운데 19級인 關內侯에 대한 顔師古의 注에 "侯의 封號만 있을 뿐, 國邑(封地)이 없이 京畿에 거주하는 것을 말한다."라고 하였다.

### 70-8-4 輔將如令賜上卿하고

副將과 守令에게는 上卿을 하사하고

令은 舊本誤今이라 蘇云 輔將은 城將之次者니 猶裨將也라 今當爲令이라하다 案 蘇說是也니 今據正이라 輔將卽上文四面四門之將也라 漢書百官表에 縣令長[65]皆秦官이니 皆有丞尉라 史記商君傳에 云 集小都鄕邑聚爲縣하고 置令丞이라한대 秦本紀에 在孝公十二年이라 國策趙策載趙受上黨千戶하여 封縣令하니 則縣有令은 蓋七國[66]之通制矣라

'令'은 舊本에 '今'으로 잘못되어 있다.

蘇時學 : '輔將'은 城을 지키는 大將의 次將이니 裨將과 같다. '今'은 '令'이 되어야 한다.

案 : 蘇時學의 說이 맞으니 지금 이에 의거하여 바로잡는다. 輔將은 바로 위 글(69-4-2, 70-3-3)의 네 방면의 네 성문을 지키는 將帥이다. ≪漢書≫ 〈百官公卿表〉에 縣令과 縣長

---

63) 王與竇屢關內侯 : 이 句는 어떤 이가 魏王에게 대답하는 말로, ≪戰國策≫ 〈魏策〉에는 '王不若與竇屢關內侯而令趙'로 되어 있다. 竇屢는 魏나라 사람이다.

64) 漢書百官公卿表……十九關內侯 : 秦나라 制度에서 功勞에 대한 賞으로 내리는 爵位는 모두 20級으로 구분되는데 1級인 公士가 가장 낮고, 20級인 徹侯가 가장 높다.

65) 令長 : 秦漢 때 縣의 長官으로, 1만 戶 이상의 현은 令을 두고, 1만 호 이하의 현은 長을 두었다. 후대에는 縣令의 범칭으로 쓰인다.(≪日知錄≫ 권9)

66) 七國 : 周나라 春秋시대 초엽에 100여 개 나라로 분열되어 있다가 戰國시대에 약소국들을 병합하여 大國을 이룬 秦, 燕, 齊, 楚, 趙, 魏, 韓 일곱 나라로, 戰國七雄이라고도 한다.

은 모두 秦나라 官職이니 모두 丞, 尉를 두었다. ≪史記≫〈商君列傳〉에 "小都, 鄕邑, 聚落을 묶어 縣을 만들고 令과 丞을 두었다.〔集小都鄕邑聚爲縣 置令丞〕"라고 하였는데, 〈秦本紀〉에는 孝公 12년에 있다. ≪戰國策≫〈趙策〉에는 趙나라가 上黨의 1천 戶를 받고서 縣令을 封하였다고 실려 있으니, 縣에 令을 둔 것은 대체로 七國의 공통된 제도인 듯하다.

### 70-8-5 丞及吏比於丞者는 賜爵五大夫하고

丞 및 丞에 상당한 관리에게는 五大夫의 爵位를 하사하고,

**漢書百官表**에 **秦爵**에 **九**는 **五大夫**라한대 **顔注**에 **云大夫之尊也**[67]라하다 **呂氏春秋直諫篇**에 **荊文王**[68]**時有五大夫**라 **戰國策趙魏楚策**에 **亦竝有之**하니 **則非秦制也**라

≪漢書≫〈百官公卿表〉에 "秦나라 爵 가운데 9級은 五大夫이다."라고 하였는데, 顔師古의 注에 "大夫 가운데 尊貴한 자이다."라고 하였다. ≪呂氏春秋≫〈直諫〉에는 荊文王 때 五大夫가 있다. ≪戰國策≫〈趙策〉, 〈魏策〉, 〈楚策〉에도 모두 있으니 秦나라 제도가 아니다.

### 70-8-6 官吏豪傑與計堅守者

〈그 밖의〉 官吏, 豪傑, 성을 굳게 지키는 계책을 내는 데 참여한 자인

**畢云 二字舊倒**러니 **以意改**라하다

畢沅 : 〈'守者'〉 2자는 舊本에 글자 순서가 뒤바뀌어 있는데, 글 뜻으로 판단하여 고쳤다.

### 70-8-7 (十人)〔士人〕及城上吏比五官者[69]는

士人 및 五官에 상당한 성 위의 관리에게는

**蘇云 十人**은 **疑士人之訛**라하다 **案 蘇說是也**라 **下文云 諸人士外使者來**는 **必令有以執**

---

67) 漢書百官表……云大夫之尊也 : 秦나라 制度의 爵位 20級 가운데에서 5級은 大夫, 6級은 官大夫, 7級은 公大夫, 8級은 公乘, 9級은 五大夫로, 大夫 가운데 가장 높다.

68) 荊文王 : 楚 文王(?~B.C. 675)으로, 姓은 羋, 氏는 熊이고 이름은 貲이다. 楚 武王의 아들이다. B.C. 690년에 武王이 隨를 정벌하러 가는 도중에 죽자, 이듬해 즉위하였다.

69) 官吏豪傑與計堅守者 (十人)〔士人〕及城上吏比五官者 : ≪墨子今注今譯≫에서는 '十人'을 교감하지 않고 앞 句에 붙이고서, "관리, 호걸로 굳게 지키는 계책에 참여한 자 10인을 뽑고 五官에 상당한 성 위의 관리까지"라고 하였다.

將이라하니 士人卽人士也라 城上吏는 蓋卽百尉之屬이니 上云 盡召五官及百長이라하다

蘇時學 : '十人'은 아마도 '士人'의 誤字인 듯하다.

案 : 蘇時學의 說이 맞다. 아래 글(70-10-1)에 '諸人士外使者來 必令有以執將(모든 외부에서 오는 使臣과 人士는 반드시 符節을 지니게 한다.)'이라 하였으니, '士人'은 바로 '人士'이다. '城上吏'는 아마도 바로 百尉의 등속인 듯하니 위(70-2-2)에 '盡召五官及百長'이라 하였다.

### 70-8-8 皆賜公乘이라

모두 公乘(公家의 수레)을 하사한다.

漢書百官表에 秦爵八公乘이라한대 顏注云 言其得乘公家之車也라하다

≪漢書≫ 〈百官公卿表〉에 "秦나라 爵 가운데 8級은 公乘이다."라고 하였는데, 顏師古의 注에 "公家의 수레를 탈 수 있음을 말한다."라고 하였다.

### 70-8-9 男子有守者는 爵人二級하고

〈성을〉 지키는 일을 맡았던 男子에게는 사람마다 2級의 爵位를 주고

九章算術[70]衰分篇劉[71]注에 云 墨子號令篇에 以爵級爲賜라하니 蓋卽指此文이라

≪九章算術≫ 〈衰分〉의 劉徽 注에 "〈號令〉에 爵級으로 하사하였다."라고 하니, 바로 이 글을 가리키는 듯하다.

### 70-8-10 女子賜錢五千하고

女子에게는 5천 錢을 하사하고

---

70) 九章算術 : 黃帝가 隸數에게 명하여 만들었다는 算法書로, 일설에는 周公이 만들었다고도 하나, 作者는 정확히 알 수 없다. 算經十書 가운데 가장 중요한 책으로, 方田・粟米・差分・少廣・商功・均輸・贏不足・方程・九股 등의 算法이 수록되어 있다. 前漢 때 耿壽昌, 張蒼 등이 수정, 증보하였다고 한다.

71) 劉 : 劉徽(225?~295?)로, 魏晉時代의 수학자이다. 중국 고대 수학사상 수학 명제에 대해 논리적 논증의 범례를 최초로 만들었다. 263년에 ≪九章算術≫에 주석을 달았으며 저서로 ≪海島算經≫이 있다.

此亦謂有守者라

이 대목 역시 〈성을〉 지키는 일을 맡았던 자를 말한다.

**70-8-11 男女老小(先)〔無〕分守者는 人賜錢千하고**

분담해 지키는 일이 없었던 男女老少에게는 사람마다 1천 錢을 하사하고

先은 當作無라 說文에 無古文奇字[72]作无하니 與先相似라 因而致誤라 無分守者는 與上文有守者正相對라 以其本無分守라 故止人賜錢千하니 與上有守者男子賜爵과 女子賜錢五千으로 輕重異也라

'先'은 '無'가 되어야 한다. ≪說文解字≫에 '無'가 古文·奇字로는 '无'로 되어 있으니 '先'과 서로 비슷하기 때문에 그로 인하여 잘못되어 버린 것이다. '無分守者'는 위 글의 '有守者'와 서로 對가 된다. 본래 분담해 지키는 일이 없었으므로 단지 사람마다 1천 錢을 하사할 뿐이니 위의 '有守者男子賜爵(〈성을〉 지키는 일을 맡았던 男子에게는 爵位를 하사함)'과 '女子賜錢五千(女子에게는 5천 錢을 하사함)'과는 輕重이 다르다.

**70-8-12 復之三歲하여 無有所與(예)하고 不租稅라**

3년 동안 부역을 면제하여 동원되는 일이 없도록 하고 조세를 부과하지 않는다.

漢書高帝紀에 蜀漢民給軍事勞苦어든 復勿租稅二歲라한대 顔注에 云 復者는 除其賦役也라하다 紀又云 過沛에 復其民하여 世世無有所與라한대 注云 與讀曰豫라하다

≪漢書≫ 〈高帝紀〉에 "蜀郡과 漢中의 백성으로 軍糧과 軍需를 공급하느라 수고한 자에게는 부역을 면제해 2년 동안 租稅를 물리지 않았다.〔蜀漢民 給軍事勞苦 復勿租稅二歲〕"라고 하였는데, 顔師古의 注에 "'復'이라는 것은 그 賦役을 면제하는 것이다."라고 하였다. 〈高帝紀〉에 또 "〈高帝가〉 沛 땅을 방문하였을 때 '그 백성들의 부역을 면제하여 대대로 동원되는 일이 없게 하라.' 하였다.〔過沛 復其民 世世無有所與〕"라고 하였는데, 注에 "'與'는 '豫'로 읽는다."라고 하였다.

72) 古文奇字 : ≪漢書≫ 〈藝文志〉에 "六體는 古文·奇字·篆書·隷書·繆篆·蟲書이다."라 하였는데, 顔師古의 注에 "古文은 孔子의 고택 벽 속에서 나온 서체이고, 奇字는 고문이면서 서체가 다른 것이다."라 하였다.

**70-8-13 此所以勸吏民堅守勝圍也**라

이것이 관리와 백성에게 굳게 지키며 적의 포위를 물리치도록 고무하는 방법이다.

**70-9-1 卒[73]侍大門中者**는

大門 안을 侍衛하는 병졸은

**此謂城將所居大門**이라

이는 城을 지키는 大將이 지내는 大門을 말한다.

**70-9-2 曹無過二人[74]**이라

曹官을 편성할 때 두 사람을 초과하지 않는다.

**雜守篇**에 **云 守大門者二人**이 **夾門而立[75]**이라하다 **畢云 說文**에 **云 曹**는 **獄之兩曹**(조)**也**라 **在廷東**이라 **從棘**(조)하니 **治事者**라 **從曰[76]**이라하다 **案 卽兩造[77]**니 **造曹音近**이라 **而蜀志杜瓊曰 古者名官職不言曹**러니 **始自漢以來名官盡言曹**하여 **吏言屬曹**하고 **卒言侍曹[78]**라한대 **非也**라하다

〈雜守〉에 '守大門者二人 夾門而立(大門을 侍衛하는 자 2명이 문 양편에 떨어져 서다.)'이라 하였다.

畢沅 : ≪說文解字≫에 "'曹'는 獄의 兩曹(원고와 피고)이다. 모두 법정의 동쪽에 자리한다. '棘'가 의미부이니, 송사를 다스리는 자를 상징한다. '曰'도 의미부이다."라고 하였다.

---

73) 卒 : ≪墨子今注今譯≫과 71-11-6의 孫詒讓의 주석에는 '卒'자 앞에 '吏'자가 있다.

74) 曹無過二人 : 岑仲勉은 '曹'는 오늘날 '處'나 '科'라는 말과 같은 뜻으로 옛 관직 명칭인데, 여기서는 曹官이라 하였다. 曹官은 관청의 소속 관리를 말하거나 書吏 같은 하급 관리를 말한다.

75) 雜守篇……夾門而立 : 71-11-6~7에 보인다.

76) 說文……從曰 : ≪說文解字≫에는 뒤에 "言詞로 獄事를 다스리므로 '曰'로 이루어져 있다.〔以言詞治獄也 故從曰〕"라고 한 徐鍇의 주석이 있다.

77) 兩造 : 訟事의 쌍방인 原告와 被告 혹은 罪人과 證人을 말한다. ≪書經≫ 〈周書 呂刑〉에 "원고와 피고가 모두 법정에 나오고 말과 증거가 구비되었으면 법관이 오사를 듣는다.〔兩造具備 師聽五辭〕"라고 하였다.

78) 蜀志杜瓊曰……卒言侍曹 : ≪三國志≫ 蜀志 권12 〈杜瓊傳〉에 보인다. 杜瓊은 字가 伯瑜로, 蜀郡 成都 사람이다.

살펴보건대, 바로 '兩造'이니 '造'와 '曹'는 聲音이 비슷하다. ≪蜀志≫에 杜瓊이 "옛날에 官職을 명명할 때에는 曹를 말하지 않았는데 漢나라에서 시작한 이후로 관직을 명명할 때 모두 曹를 말하여 下吏는 屬曹를 말하고 병졸은 侍曹를 말하였다.〔古者名官職不言曹 始自漢以來名官盡言曹 吏言屬曹 卒言侍曹〕"라고 하였는데, 잘못 본 것이다.

**70-9-3 勇敢爲前行**(항)하고 **伍坐**하되

용감한 자를 隊伍의 앞에 세우고 다섯 사람이 나란히 앉되

**蘇云 謂五人竝坐**라하다

蘇時學 : 다섯 사람이 나란히 앉는다는 말이다.

**70-9-4 令各知其左右前後**라 **擅離署**어든 **戮**이라 **門尉晝三閱之**하고

그들로 하여금 각각 左右와 前後를 숙지하게 한다. 部署를 마음대로 이탈하면 죽인다. 門尉(守門하는 관리)는 낮에 세 번 點呼하고

**說苑尊賢篇**에 **宗衛相齊罷歸**할새 **召門尉田饒等二十有七人而問焉**이라하다 **漢書高祖功臣侯表**[79]**有門尉彨跖**(이척)하니 **蓋亦沿戰國之制**라 **尉**는 **吳鈔本作衛**하니 **誤**라

≪說苑≫ 〈尊賢〉에 "宗衛가 齊나라에서 재상 노릇을 하다가 罷職되어 돌아와서 門尉인 田饒 등 27인을 불러놓고 물었다.〔宗衛相齊罷歸 召門尉田饒等二十有七人而問焉〕"라고 하였다. ≪漢書≫ 〈高祖功臣侯表〉에 門尉 彨跖이 나오니 아마도 역시 戰國시대 制度를 沿襲한 듯하다. '尉'는 吳鈔本에 '衛'로 되어 있는데, 잘못이다.

**70-9-5 莫**(모)에

저녁에

**畢云 說文**에 **云 莫**는 **日且冥也**라하다

畢沅 : ≪說文解字≫에 "莫는 해가 막 지려고 할 때이다."라고 하였다.

---

79) 漢書高祖功臣侯表 : ≪前漢書≫ 권16 〈高惠高后文功臣表〉를 말한다.

70-9-6 鼓擊門閉一閱이라 守時令人參之하여 上逋者名이라

북을 쳐 문을 닫을 때 한 번 점호한다. 太守는 때때로 사람을 보내 점검하여 〈部署를〉 이탈한 자의 명단을 올리게 한다.

蘇云 參은 猶驗也라 逋는 謂離署者라하다

蘇時學 : '參'은 驗(점검함)과 같다. '逋'는 部署를 이탈한 자를 말한다.

70-9-7 (鋪)〔餔〕食皆於署하고

식사는 모두 部署에서 하고

畢云 此鋪食字義當作餔니 說文에 云 餔는 日加申時食也라하다

畢沅 : 이 대목의 '鋪食'자는 의미상 마땅히 '餔'가 되어야 한다. ≪說文解字≫에 "'餔'는 해가 申時(오후 3시~5시)가 되었을 때 먹는 밥이다."라고 하였다.

70-9-8 不得外食이라

밖에서 먹을 수 없다.

蘇云 言不得離署而他食也라하다

蘇時學 : 부서를 이탈하여 다른 곳에서 먹을 수 없다는 말이다.

70-9-9 守必謹微察視謁者

太守는 반드시 謁者,

國策齊策에 王斗見齊宣王한대 宣王使謁者延入[80]이라하고 漢書百官公卿表에 謁者는 掌賓贊受事라 應劭云 謁은 請也요 白也라하다 孫子用閒篇에 云 必先知其守將左右謁者門者舍人之姓名이라하다

≪戰國策≫ 〈齊策〉에 "王斗가 齊 宣王을 알현하려 하자 宣王은 謁者로 하여금 맞아들이도록 하였다.〔王斗見齊宣王 宣王使謁者延入〕"라고 하고, ≪漢書≫ 〈百官公卿表〉에 "謁者는

80) 國策齊策……宣王使謁者延入 : ≪戰國策≫ 〈齊策〉에는 '先生王斗造門 而欲見齊宣王 宣王使謁者延入'으로 되어 있다.

의식을 도와 행하고 왕명을 받는 일을 관장한다.〔謁者掌賓贊受事〕"라고 하였는데, 應劭가 "'謁'은 청한다〔請〕는 뜻이고 아뢴다〔白〕는 뜻이다."라고 하였다. ≪孫子≫ 〈用間〉에 "반드시 먼저 적의 守將, 左右의 謁者, 門者, 舍人 등의 姓名을 알아야 한다.〔必先知其守將左右謁者門者舍人之姓名〕"라고 하였다.

## 70-9-10 執盾

執盾(近衛兵).

漢書惠帝紀注에 應劭云 執楯은 親近陛衛[81)]也라하다 高祖功臣侯表有執盾闇澤赤繒賀孔藂某襄張說이라

≪漢書≫ 〈惠帝紀〉의 注에 "應劭가 '執楯은 가까이 있는 陛衛이다.'라고 하였다."라고 하였다. 〈高祖功臣侯表〉에 執盾인 闇澤赤, 繒賀, 孔藂, 某襄, 張說이 있다.

## 70-9-11 中涓

中涓(近侍).

史紀高祖功臣侯表[82)]集解引漢儀注[83)]하여 云 天子有中涓한대 如黃門[84)]이니 皆中官者라하다 國語吳語에 涓人疇라한대 韋注에 云 涓人은 今中涓也라하다 史紀楚世家作銷人한대 韋昭云 今之中涓是라 說苑奉使篇에 云 緤(설)北犬하여 敬上涓人이라하다 史記萬石君傳正義에 如淳[85)]云 中涓은 主通書謁[86)]出入命也라하다 漢書陳勝傳에 故涓人將軍呂臣爲蒼頭軍[87)]이라한대 注에 應劭云 涓人은 如謁者라하다 曹參傳顏注에 云 中涓은 親近之臣이니 若謁者舍人之類라 涓은 潔也니 主居中掃潔也라하다

81) 陛衛 : 대궐의 섬돌 사이에서 호위하는 병사들을 말한다.
82) 史紀高祖功臣侯表 : ≪史記≫ 권18 〈高祖功臣侯者年表〉를 말한다.
83) 漢儀注 : 漢儀는 後漢 光武帝 때 衛宏이 前漢의 典禮를 기록한 ≪漢官舊儀≫이다. 衛宏은 자가 敬仲·次中이며, 東海 사람이다. 謝曼卿과 杜林에게 수학하였고, 저서로 ≪毛詩序≫, ≪古文尙書≫·≪訓旨≫ 등이 있다.
84) 黃門 : 宦官으로, 後漢 때 黃門令과 中黃門의 관리들을 환관으로 채운 데서 유래하였다.
85) 如淳 : 삼국시대 魏나라 사람으로 陳郡丞을 역임하였으며, ≪漢書≫에 注를 달았다.
86) 書謁 : 윗사람을 만날 때 자신을 소개하기 위해 먼저 올리는 名帖을 말한다.
87) 蒼頭軍 : 머리에 푸른색 수건을 두른 군사를 말한다.

≪史紀≫ 〈高祖功臣侯表〉의 集解에 ≪漢官舊儀≫注를 인용하여 "천자는 中涓이 있는데 黃門과 같으니 모두 中官인 자들이다.〔天子有中涓 如黃門 皆中官者〕"라고 하였다. ≪國語≫ 〈吳語〉에 '涓人 疇'라 하였는데, 韋昭의 注에 "涓人은 지금의 中涓이다."라고 하였다. ≪史紀≫ 〈楚世家〉에는 '銷人'으로 되어 있는데, 韋昭는 "지금의 中涓이 이것이다."라고 하였다. ≪說苑≫ 〈奉使〉에 "북쪽 지방의 개를 끌어다가 삼가 涓人에게 올리다.〔緤北犬 敬上涓人〕"라고 하였다. ≪史記≫ 〈萬石君傳〉의 正義에 "如淳이 이르기를, '中涓은 書謁을 통하고 命을 出入하는 일을 주관한다.〔中涓 主通書謁出入命也〕'라고 하였다."라고 하였다. ≪漢書≫ 〈陳勝傳〉에 "〈陳勝의〉 옛 涓人인 將軍 呂臣이 蒼頭軍을 만들다.〔故涓人將軍呂臣爲蒼頭軍〕"라고 하였는데, 注에 "應劭가 이르기를, '涓人은 謁者와 같다.'라고 하였다."라고 하였다. 〈曹參傳〉의 顔師古 注에 "中涓은 親近한 신하이니 謁者, 舍人의 부류와 같다. '涓'은 깨끗함〔潔〕이니 거처 안의 掃潔(청소)을 주관한다."라고 하였다.

## 70-9-12 及婦人侍前者의

및 앞에서 모시는 여자의

侍는 舊本訛待라 蘇云 待當作侍라하니 是也라 今據正이라

'侍'는 舊本에 '待'로 잘못되어 있다. 蘇時學은 "'待'는 '侍'가 되어야 한다."라고 하였는데 맞다. 지금 이에 의거하여 바로잡는다.

## 70-9-13 志意顔色使令言語之請(정)이라

志意(마음가짐), 낯빛, 심부름하는 자세, 말하는 태도 등의 정황을 주의깊게 엿보아 살펴야 한다.

蘇云 請讀如情이라하다

蘇時學 : '請'은 '情'으로 읽는다.

## 70-9-14 及上飮食하여는 必令人嘗하고 (皆)〔若〕非請也어든 (擊)〔繫〕而(請)〔詰〕故라

음식을 올릴 때에는 반드시 다른 사람에게 〈먼저〉 맛보게 하고 만약 정황이 이상하면 잡아다가 연고를 심문한다.

蘇云 上句請讀如情하고 下句如字니 謂詰問也라하다 詒讓案 皆는 疑若之誤라 末句當作繫而詰故니 謂囚繫而詰問其事故也라

蘇云 : 上句의 '請'은 '情'처럼 읽고 下句는 본래 글자대로 해석하니 詰問한다는 말이다.

詒讓案 : '皆'는 아마도 '若'의 誤字인 듯하다. 末句는 '繫而詰故'가 되어야 하니, 가두어 묶어놓고 그 일의 연고를 詰問한다는 말이다.

### 70-9-15 守有所不說(열)

太守가

吳鈔本茅本作悅이라

〈'說'은〉 吳鈔本, 茅本에 '悅'로 되어 있다.

### 70-9-16 謁者執盾中涓及婦人侍前者어든 守曰斷之어나

謁者, 執盾, 中涓 및 앞에서 모시는 여자 가운데 마음에 들지 않는 점이 있으면 太守는 그를 '참수하라.'라고 하거나

斷은 卽斬也니 詳迎敵祠篇[88]이라

'斷'은 바로 베다〔斬〕의 뜻이니 〈迎敵祠〉에 자세히 설명하였다.

### 70-9-17 衝之어나

'매우 쳐라.'라고 하거나

衝與撞(당)通하니 說文手部에 云 撞은 刊[89]擣也라하다

'衝'은 '撞'과 통용하니 ≪說文解字≫ 手部에 "'撞'은 사납게 치는 것이다."라고 하였다.

---

88) 詳迎敵祠篇 : 68-2-9에 보인다. 참고로 63-1-1에도 보인다.

89) 刊 : 底本의 傍注에 "'刊'은 원래 '凡'으로 잘못되어 있는데 ≪說文解字≫에 의거하여 고친다. '刊擣'는 사납게 때리는 것이니 이 대목에서는 笞撻(매질)의 刑을 가리킨다.〔刊 原誤凡 據說文改 刊擣 猛擊 此處指笞撻之刑〕"라고 하였다.

**70-9-18 若縛之**니 **不如令**이어나 **及後縛者**는 **皆斷**이라 **必時素誡之**라

'결박하라.'라고 말하는데, 명령대로 하지 않거나 나중에야 결박하는 자는 모두 참수한다. 반드시 평소에 그들을 경계시킨다.

必은 吳鈔本作不이라

'必'은 吳鈔本에 '不'로 되어 있다.

**70-9-19 諸門下朝夕立若坐**에 **各令以年少長相次**하고 **旦夕就位**에 **先佑有功有能**하고

門下에서 侍從하는 모든 이들이 아침저녁으로 서거나 앉을 때에는 각각 나이의 多少에 따라 차례를 정하게 하고, 아침저녁으로 자리에 나아갈 때에는 공로가 있고 능력이 있는 자를 먼저 윗자리에 있게 하고

畢云 佑는 舊作佔하니 非라 此右字니 俗加人이라하다

畢沅 : '佑'는 舊本에 '佔'로 되어 있는데 잘못이다. 이 대목에서는 '右'자니 俗字에 人을 붙인 것이다.

**70-9-20 其餘皆以次立**이라 (五日官)〔**日五閲之**〕하여 **各上喜戲**어나 **居處不莊**이어나 **好侵侮人者**(一)〔**名**〕이라

그 나머지는 모두 차례에 따라 위치한다. 날마다 다섯 번 點呼하여 장난을 치거나 몸가짐이 장중하지 않거나 남을 모욕하기 좋아하는 자의 명단을 각각 올리게 한다.

此謂察諸門下侍從吏人之事라 然五日旣太疏闊이요 喜戲居處不莊好侵侮人者又不宜限以人數니 於文義終難通이라 疑當作日五閲之各上喜戲居處不莊好侵侮人者名이라 閲與官艸書相近이요 日五誤到하고 下脫之字요 名又訛作一이라 雜守篇說守大門者二人과 吏日五閲之上逋者名[90]하니 是其證也라

이 대목은 門下에서 侍從하는 모든 吏人을 糾察하는 일을 말하였다. 그렇지만 5일은 이미 너무 간격이 멀고, '喜戲 居處不莊 好侵侮人者'는 또 사람 숫자로 한정해서는 안 되

---

90) 雜守篇……吏日五閲之上逋者名 : 71-11-6, 71-11-9에 보인다.

니, 글 뜻으로 볼 때 끝내 통하지 않는다. 〈'五日官 各上喜戲 居處不莊 好侵侮人者一'은〉 아마도 '日五閱之 各上喜戲 居處不莊 好侵侮人者名'이 되어야 할 듯하다. '閱'과 '官'은 艸書가 서로 비슷하고, '日五'는 순서가 잘못 뒤바뀌고 뒤에 '之'자가 빠졌으며, '名'도 잘못 되어 '一'이 되었다. 〈雜守〉에 '守大門者二人(大門을 侍衛하는 자 2명)', '吏日五閱之 上逋者名(관리는 하루에 다섯 번 點呼하여 관서를 이탈한 자의 명단을 올린다.)'을 말하였으니, 이것이 그 증거이다.

**70-10-1 諸人士外使者來**는 **必令有以執**(將)〔牂(장)〕[91]이라

모든 외부에서 오는 使臣과 人士는 반드시 符節을 지니게 한다.

**謂旗章[92]符節之屬**이라 **畢云 令**은 **舊作合**이러니 **以意改**라 **將**은 **依義當爲牂**이라하다

旗章, 符節의 등속을 말한다.

畢沅 : '令'은 舊本에 '合'으로 되어 있는데 글 뜻으로 판단하여 고쳤다. '將'은 뜻에 의거할 때 '牂'이 되어야 한다.

**70-10-2 出而還若行縣**이어든 **必使信人先戒舍室**하고 **乃出迎**하되 (門)〔**聞**〕**守乃入舍**라

이를테면 縣을 순행하러 나갔다가 돌아오게 되면 반드시 믿을 만한 사람을 보내 먼저 집안에 통지하고 비로소 〈가속이〉 나와 맞게 하되 太守에게 보고하고 나서야 집으로 들어간다.

**門當爲聞**이니 **言先告守將乃入舍也**라 **下文云 候以聞守**라하니 **是其證**이라

'門'은 '聞'이 되어야 하니 먼저 守將에게 고하고 나서야 집으로 들어간다는 말이다. 아래 글(70-12-18)에 '候以聞守(候는 그 사실을 太守에게 보고하다.)'라고 하였으니, 바로 그 증거이다.

**70-10-3 爲人下者常**(司上之)〔**伺上志**〕하여

아랫사람이 된 자는 항상 윗사람의 뜻을 살펴서

---

91) (將)〔牂〕: ≪墨子今注今譯≫에서는 '將'을 교감하지 않고, 뒤의 '出而還'에 붙여 句를 떼었다.
92) 旗章 : 깃발의 徽章으로, 貴賤이나 功勞의 等級 혹은 군대의 지휘 편제 등을 구별하는 것이다.

畢云 司는 卽伺字라하다 王引之云 司는 古伺字也요 之讀爲志라 墨子書或以之爲志字하니 見天志中下二篇이라 言爲人下者는 常伺察上人之志하여 隨之而行也라하다 蘇云 司上之는 當言伺上所之라하다

畢沅 : '司'는 바로 '伺'자이다.

王引之 : '司'는 '伺'의 古字이고 '之'는 '志'로 읽는다. ≪墨子≫에서 더러 '之'를 '志'자로 보기도 하였으니, 〈天志 中〉과 〈天志 下〉 2편에 보인다. 남의 아랫사람이 된 자는 늘 윗사람의 뜻을 살펴 그에 따라 행동한다는 말이다.

蘇時學 : '司上之'는 '伺上所之(윗사람이 가는 바를 엿본다)'라고 말해야 한다.

**70-10-4 隨而行이니 松(종)上不隨下라**

〈그에〉 따라 행동하니, 윗사람을 따르지 아랫사람을 따르지 않는다.

王引之云 松讀爲從이라 學記에 待其從容이라한대 鄭注에 從或爲松이라하니 是其例也라 言從上不隨下也라

王引之 : '松'은 '從'으로 읽는다. ≪禮記≫ 〈學記〉에 "그 조용해지는 때를 기다린다.〔待其從容〕"라고 하였는데, 鄭玄의 注에 "'從'은 더러 '松'으로 되어 있기도 하다."라고 하였으니 이것이 그 사례이다. 윗사람을 따르지 아랫사람을 따르지 않는다는 말이다.

**70-10-5 必須□□隨라**

반드시……따른다.

**70-11-1 客卒守主人이로되 及其爲守衛하여는 主人亦守客卒이라**

외부에서 온 兵卒이 主人(내부의 병졸)을 지키지만 그들이 수비하는 임무를 맡게 되면 主人 역시 외부에서 온 병졸을 지키며 살핀다.

客卒은 謂外卒來助守者라 主人은 謂內人爲守卒者라 二者使互相守察하여 防其爲姦謀也라

'客卒'은 외부에서 와서 수비를 돕는 병졸을 말한다. '主人'은 지키는 병졸이 된 內人을 말한다. 두 사람이 상호 지키고 살피게 하여 그 간사한 꾀를 막는 것이다.

**70-11-2 城中戍卒**에 **其邑或以下寇**어든 **謹備之**하여 **數**(삭)**錄其署**요

城 안의 戍卒 중에 혹 그의 고향 마을이 이미 적군에게 점령당하였으면 그 병졸을 주의깊게 경계하여 그들이 소속된 부서를 자주 살피고

漢書董仲舒傳顔注에 云 錄은 謂存視之也라하다 蘇云 此卽守客卒之事라 蓋戍卒之入衛者에 或其鄕邑已爲敵人所取하면 則必謹防其卒이니 恐生內變也라 以已通用이라하다

≪漢書≫ 〈董仲舒傳〉의 顔師古의 注에 "'錄'은 살펴 본다는 말이다."라고 하였다.

蘇時學 : 이 대목은 바로 외부에서 온 兵卒을 지키며 살피는 일이다. 대개 戍卒로 들어와 지키는 자 가운데 혹시라도 그의 鄕邑(고향 마을)이 이미 적군에게 점령당하였다면 반드시 그 병졸을 주의깊게 경계해야 하니 內變이 생길까 염려해서이다. '以'와 '已'는 通用한다.

**70-11-3 同邑者**는 **弗令共所守**라 **與階門吏爲符**하여

출신 邑이 같은 자들은 한곳에서 함께 지키지 않게 한다. 〈성 위에 오르는〉 계단의 문을 지키는 관리에게 符信을 주어 검사하여

階吏는 卽迎敵祠篇所云 城上當階有司守之가 是也라

'階吏'는 바로 〈迎敵祠〉에서 이른바 "城 위에 오르는 계단에는 지키는 사람을 두어 지킨다.〔城上當階 有司守之〕"라고 한 것이 그것이다.

**70-11-4 符合入**하여 **勞**하고

符信이 맞으면 들어오게 하고서 위로하며

入은 舊本作人이러니 今據道藏本正이라

'入'은 舊本에 '人'으로 되어 있는데 지금 道藏本에 의거하여 바로잡았다.

**70-11-5 符不合**이어든 (**牧**)〔**收**〕하고 (**守言**)〔**言守**〕라

符信이 맞지 않으면 체포하고서 太守에게 보고한다.

蘇云 牧當作收니 謂收治之라하다 案 蘇校是也라 此當作收言守니 謂收而告之守也라 後云亟以疏傳言守라

蘇時學 : '牧'은 '收'가 되어야 하니 체포해 죄를 다스린다는 말이다.

案 : 蘇時學의 校勘이 맞다. 이 대목은 '收言守'가 되어야 하니 체포하고서 太守에게 고한다는 말이다. 뒤(70-16-2)에 '亟以疏傳言守(급히 조목을 엮어 太守에게 전달해 보고한다.)'라고 하였다.

### 70-11-6 若城上者에

城 위에 있는 자 중에

**城上**은 **吳鈔本茅本作上城**이라

'城上'은 吳鈔本, 茅本에 '上城'으로 되어 있다.

### 70-11-7 衣服他不如令者면

衣服이 〈의심스럽거나〉 기타 명령대로 하지 않는 자라면

**下有脫文**이라

뒤에 빠진 글이 있다.

### 70-12-1 宿鼓在守大門中하고

밤에 경계하는 북은 太守의 대문 안에 두고

**周禮脩閭氏鄭衆注**에 **云 宿**은 **謂宿衛也**라하니 **謂夜戒守之鼓**라

≪周禮≫ 〈秋官 脩閭氏〉의 鄭衆 注에 "'宿'은 宿衛를 이른다."라고 하니, 밤에 경계하여 지키는 북을 이른다.

### 70-12-2 莫(모)에 令騎若使者로 操節閉城者하되 皆以執(毚)〔圭〕[93]라

저녁에 기병이나 使者로 하여금 부절을 지니고 가서 성문을 닫게 하는데, 이들은 모두 執圭(爵位가 있는 자)로 쓴다.

---

93) 令騎若使者……皆以執(毚)〔圭〕 : ≪墨子今注今譯≫에서는 '毚'을 '圭'로 교감하되 令牌의 뜻으로 보고, "기병이나 使者를 보내 符節을 지니고 성문을 닫게 하되 모두 令牌를 가지고 가게 한다."라고 하였다.

此字誤라 前耕柱篇白若之龜에 龜舊本作𪚦이니 疑此亦當爲龜之訛라 但執龜義亦難通하니 疑當作執圭라 說文土部에 云 楚爵有執圭라하니 圭龜音相近而訛라 此謂使操節閉城者를 必以有爵者니 亦愼重其事也라

이 글자〔𪚦〕는 誤字이다. 앞(46-2-7)의 〈耕柱〉에 나오는 '白若之龜(白若의 神龜)'에서 '龜'가 舊本에 '𪚦'으로 되어 있으니, 아마도 이것 역시 '龜'의 오자가 되어야 할 듯하다. 다만 '執龜' 역시 뜻이 통하지 않으니 아마도 '執圭'가 되어야 할 듯하다. ≪說文解字≫ 土部에 "楚나라에 執圭라는 爵位가 있다.〔楚爵有執圭〕"라고 하였으니, '圭'와 '龜'는 聲音이 서로 비슷하여 잘못된 것이다. 이 대목은 符節을 지니고 城을 닫는 자를 반드시 爵位가 있는 자로 쓴다는 말이니, 역시 그 일을 愼重하게 하는 것이다.

### 70-12-3 昏鼓鼓十이어든 諸門亭皆閉之요

황혼에 북을 치되 열 번 치면 여러 門亭을 모두 닫고,

蘇云 上云 莫에 鼓擊門閉이라하니 卽此라하다

蘇時學 : 위(70-9-5~6)에 '莫 鼓擊門閉(저녁에 북을 쳐 문을 닫는다.)'라 하였는데, 바로 이 대목이다.

### 70-12-4 行者斷하되 必(擊)〔繫〕問行故하고

〈명령을 어기고〉 통행하는 자는 참수하되 반드시 그를 잡아다가 통행한 연고를 묻고 나서

擊亦繫之誤라

'擊'는 역시 '繫'의 誤字이다.

### 70-12-5 乃行其罪라 晨見이어든 掌文鼓縱行者[94]라 諸城門吏各入請籥(약)하고 開門已어든 輒復上籥이라

---

94) 晨見 掌文鼓縱行者 : ≪墨子全譯≫에는 '掌文'을 앞 句에 붙이고, "새벽이 되어 손금이 보이면 북을 쳐 통행하는 자들을 다니게 한다."라 하였다.

그 罪刑을 집행한다. 새벽이 밝으면 文鼓를 쳐서 통행하는 자들을 다니게 한다. 모든 성문의 門吏는 각기 〈官署에〉 가서 열쇠를 요청해 받고 문을 열고 나면 바로 다시 열쇠를 반납한다.

蘇云 籥同鑰(약)이라 詒讓案 說文門部作闟이라 月令鄭注에 云 管籥은 搏鍵器也라한대 孔疏에 云 管籥은 以鐵爲之하니 似樂器之管籥이라 (措)〔搢〕[95]於鎖內以搏取其鍵也라하다 周禮司門에 掌授管鍵하여 以啓閉國門이라한대 鄭司農注에 云 管은 謂籥也요 鍵은 謂牡라하다

蘇時學 : '籥'은 '鑰'과 같다.

詒讓案 : ≪說文解字≫ 門部에 '闟'으로 되어 있다. ≪禮記≫ 〈月令〉의 鄭玄 注에 "管籥은 鍵(빗장)을 걸어 잡는 기구〔搏鍵器〕이다."라고 하였는데, 孔穎達의 疏에 "管籥은 鐵로 만드는데 樂器 중의 管籥과 비슷하니, 자물쇠 속에 꽂아 그 빗장을 걸어 잡는 것이다."라고 하였다. ≪周禮≫ 〈地官 司門〉에 "管鍵(열쇠와 빗장)을 주어 國門을 열고 닫는 일을 관장한다.〔掌授管鍵 以啓閉國門〕"라고 하였는데, 鄭司農(鄭衆)의 注에 "'管'은 籥(열쇠)을 말하고 '鍵'은 牡(關牡, 문빗장)를 말한다."라고 하였다.

### 70-12-6 有符節이어든 不用此令이라 寇至어든 樓鼓五요 有周鼓하고

부절이 있는 경우라면 이 禁令을 적용하지 않는다. 적이 이르면 城樓의 북을 다섯 번 치고 다시 주위에 있는 북을 치고

有는 讀爲又하니 言樓鼓五下에 又周遍鼓以警衆也라

'有'는 '又'로 읽으니 城樓의 북을 다섯 번 치고 나서 다시 주위에 있는 북을 쳐서 무리를 경계시킨다는 말이다.

### 70-12-7 雜小鼓乃應之라

작은 북까지 동원하여 이에 호응한다.

尉繚子勒卒令에 云 商은 將鼓也요 角은 帥鼓也요 小鼓는 伯鼓也라하다

95) (措)〔搢〕 : 저본에는 '措'로 되어 있으나, ≪禮記註疏≫ 권17 〈月令〉에 의거하여 '搢'으로 바로잡았다.

≪尉繚子≫ 〈勒卒令〉에 "商은 將의 북이고 角은 帥의 북이고 小鼓는 伯長의 북이다."라고 하였다.

**70-12-8 小鼓五後從軍**이어든 **斷**이라 **命必足畏**요 **賞必足利**라 **令必行**이니 **令出輒人隨**하여 **省其(可)行不行**이라

작은 북을 다섯 번 친 뒤에야 집합에 응한 자는 참수한다. 명령은 반드시 두려울 만해야 하고 상은 반드시 이로울 만해야 한다. 명령은 반드시 실행해야 하니, 명령을 내리면 바로 사람들에게 따르게 하여 그가 행하는지 여부를 살핀다.

人은 舊本訛入하니 今據道藏本吳鈔本茅本正이라 可字疑衍이니 言凡出令必以人隨하여 而省察其行不行也라

'人'은 舊本에 '入'으로 잘못되어 있는데 지금 道藏本, 吳鈔本, 茅本에 의거하여 바로잡았다. '可'자는 잘못 들어간 듯하니 무릇 명령을 내리면 반드시 사람들에게 따르게 하여 그가 행하는지 여부를 살핀다는 말이다.

**70-12-9 號**는

口號는

句라

여기에서 句를 뗀다.

**70-12-10 夕有號**하니

저녁에 口號가 있으니

備梯篇에 云 以號相得이라하고 倭本校云 夕은 一作名이라하다

〈備梯〉에 "口號로 서로 연락한다.〔以號相得〕"라고 하고 倭本의 校勘에 "'夕'은 어떤 本에 '名'으로 되어 있다."라고 하였다.

**70-12-11 失號**어든 **斷**이라

구호가 틀리면 참수한다.

句라

여기에서 句를 뗀다.

70-12-12 爲守備程而署之曰某程이라하고

수비하는 規程을 만들고서 '아무 규정'이라 標題하고

蘇云 程은 式也라하다

蘇時學 : '程'은 式(법식)이다.

70-12-13 置署(街)〔術〕街衢階若門하여

거리와 길, 계단과 문에 公布하여

當作術街衢니 後文云 屯陳垣外術衢街皆樓라하다 蘇云 街字誤重이라한대 非라

〈'街街衢'는〉 '術街衢'가 되어야 하니 뒷글(70-32-17)에 '屯陳垣外術衢街皆樓(屯道(좁은 길)와 담장 밖의 거리와 길에 모두 누각을 세우다.)'라고 하였다. 蘇時學은 "'街'자는 잘못하여 중복된 것이다."라고 하였는데 잘못이다.

70-12-14 令往來者皆視而(放)〔知〕라

왕래하는 자들로 하여금 모두 보고 알게 한다.

蘇云 放은 依倣也라하다 詒讓案 放疑當爲知라

蘇時學 : '放'은 依倣(본받음)이다.

詒讓案 : '放'은 아마도 '知'가 되어야 할 듯하다.

70-12-15 諸吏卒民有謀殺傷其將長者어든 與謀反同罪하고 有能捕告어든 賜黃金二十斤하고 謹罪[96]라 非其分職而擅取之어나

96) 謹罪 : ≪墨子今注今譯≫에서는 문맥에 의거하여 '謹' 뒤에 '免其'를 보충하고, "그 罪를 삼가 면해 준다."라고 하였다.

관리와 병졸, 백성 가운데 그 장수와 우두머리를 殺傷하려는 계획을 꾸미는 자가 있으면 謀反과 같은 죄를 주고, 잡아서 상관에게 보고한 자가 있으면 황금 20근을 하사하고 罪人은 엄하게 다스린다. 자기 직분의 것이 아닌데도 마음대로 가져다 쓰거나

取之는 舊本倒라 王引之云 擅之取當爲擅取之니 與擅治爲之對文이라 今取之二字倒轉하면 則文不成義라하다 案 王校是也라 蘇校同하니 今據乙正이라

'取之'는 舊本에 순서가 뒤바뀌어 있다.

王引之 : '擅之取'는 '擅取之'가 되어야 하니 '擅治爲之'와 對가 되는 글이다. 지금 '取之' 2자가 뒤바뀌어 있는데 그러면 글 뜻이 이루어지지 않는다.

案 : 王引之의 校勘이 맞다. 蘇時學의 說도 같으니 지금 이에 의거하여 글자의 순서를 바꾸어 바로잡는다.

**70-12-16 若非其所當治而擅治爲之**어든 **斷**이라 **諸吏卒民非其部界而擅入他部界**어든 **輒收**하여

자기가 관리해야 할 것이 아닌데도 마음대로 관리하면 참수한다. 관리와 병졸, 백성 가운데 자기 구역이 아닌데도 마음대로 다른 구역에 들어가는 모든 자들의 경우 바로 체포하여

畢云 舊作牧이러니 以意改라하다

畢沅 : 〈'收'는〉 舊本에 '牧'으로 되어 있는데, 글 뜻으로 판단하여 고쳤다.

**70-12-17 以屬都司空若候**하고

都司空과 候에게 넘겨주고

漢書百官公卿表에 宗正屬官有都司空令丞한대 如淳云 都司空은 主水及罪人이라하다 說文㹜(은)部에 云 獄(사)는 司空也니 復說獄司空이라하다 此候爲小吏니 與後候敵之候異라 都司空候는 疑卽五官之二니 說詳前이라

≪漢書≫ 〈百官公卿表〉에 "宗正은 屬官에 都司空, 令, 丞이 있다."라고 하였는데 如淳이 "都司空은 물 및 罪人을 주관한다."라고 하였다. ≪說文解字≫ 㹜部에 "'獄'는 司空이니 〈옥사를 담당하는〉 獄司空을 다시 설명한 것이다."라고 하였다. 이 대목의 '候'는 小吏이

니 뒤의 '候敵(적을 정찰하다)'의 '候'와 다르다. 都司空과 候는 아마도 바로 五官 가운데 둘이니 앞(70-2-2)에 자세히 설명하였다.

**70-12-18 候以聞守**니 **不收而擅縱之**어든 **斷**이라 **能捕得謀反賣城踰城〔歸〕敵者一人**이어든

候는 〈그 사실을〉 太守에게 보고하니, 체포하지 않고 마음대로 풀어주면 참수한다. 謀反하거나 성의 군사기밀을 팔아넘기거나 성벽을 넘어가 적에게 귀순한 자 등 1인을 잡아내면

**畢云 當作歸敵**이니 **脫歸字**라하다

畢沅 : '歸敵'이 되어야 하니, '歸'자가 빠졌다.

**70-12-19 以令爲除死罪二人**하고 **城旦四人**이라

명령을 내려 그 가족 2인의 死罪를 면해 주고 4인의 城旦(4년 동안 성을 쌓는 노역형)을 면해 준다.

**漢書惠帝紀注**에 **應劭云 城旦者**는 **旦起行治城**이니 **四歲刑也**라하다

≪漢書≫ 〈惠帝紀〉의 注에 "應劭가 이르기를, '城旦이라는 것은 새벽에 일어나 가서 城을 쌓는 것이니 4년의 형벌이다.'라고 하였다."라고 하였다.

**70-12-20 反城**(事)〔弃〕**父母去者**는

배반하여 적에게 성을 바치고 父母도 버리고 떠난 자의 경우

**事**는 **疑當爲弃**(기)라

'事'는 아마도 '弃'가 되어야 할 듯하다.

**70-12-21 去者之父母妻子**[97]라

---

97) 去者之父母妻子 : ≪墨子今注今譯≫에서는 岑仲勉의 說에 의거하여 '妻子' 뒤에 '同產皆斬'을 보충하였는데, 이를 따라 번역하였다.

떠난 자의 父母, 妻子, 〈형제를 모두 참수한다.〉

王云 此下有脫文이어늘 不可考라하다

王念孫 : 이 뒤에 빠진 글이 있는데 상고할 수 없다.

## 70-13-1 悉擧民室材木瓦若藺(린)石[98]數하여

民家의 재목, 기와 및 藺石의 수량을 조사하여

瓦는 舊本誤凡이라 王引之云 凡字義不可通이라 凡當爲瓦니 字之誤也라 隸書瓦字作𠂋하니 與凡相似라 若은 猶及也니 與也라 謂民室之材木瓦及藺石也라 材木瓦藺石은 卽備城門篇之材木瓦石藺石[99]이요 又見雜守篇[100]이라 漢書鼂錯(조조)傳에 曰 具藺石하고 布渠荅[101]이라하다 案 王說是也니 今據正이라 漢書鼂錯傳注에 服虔云 藺石은 可投人石이라하고 如淳云 藺石은 城上雷石也라하다 李廣傳作壘石이라 說文㫃(언)部에 云 旝(괴)는 建大木하고 置石其上하여 發以機하여 以槌敵이라하다

'瓦'는 舊本에 '凡'으로 잘못되어 있다.

王引之 : '凡'자는 뜻이 통하지 않는다. '凡'은 '瓦'가 되어야 하니 글자의 誤記이다. 隸書에 '瓦'자는 '𠂋'로 되어 있으니 '凡'과 서로 비슷하다. '若'은 '及'과 같으니 與(더불어)의 뜻이다. 民家의 材木, 瓦(기와) 및 藺石을 말한다. 材木, 瓦, 藺石은 바로 〈備城門〉의 材木, 瓦石, 藺石이고 〈雜守〉에도 보인다. ≪漢書≫ 〈鼂錯傳〉에 "藺石을 갖춰 놓고 渠荅을 펼쳐 둔다.〔具藺石 布渠荅〕"라고 하였다.

案 : 王引之의 說이 맞다. 지금 이에 의거하여 바로잡는다. ≪漢書≫ 〈鼂錯傳〉의 注에 "服虔이 이르기를, '藺石은 사람에게 던질 수 있는 돌이다.'라고 하고, 如淳은 '藺石은 城 위에 둔 雷石이다.'라고 하였다."라고 하였다. 〈李廣傳〉에는 '壘石'으로 되어 있다. ≪說文解字≫ 㫃部에 "'旝(돌쇠뇌)'는 큰 나무를 세우고 그 위에 돌을 놓고서 기구로 돌을 발사하여 적을 타격하는 것이다."라고 하였다.

---

98) 藺石 : 雷石이라고도 한다. 성 위에 갖다 놓은 砲石으로 적이 다가올 때 떨어뜨려 공격하는 돌이다.

99) 備城門篇之材木瓦石藺石 : 본서 5책 52-7-1에 보이는데, '藺石'은 없다.

100) 又見雜守篇 : 71-20-8~9에 보인다.

101) 渠荅 : ≪漢書≫ 注에서 蘇林은 쇠로 만든 蒺藜라고 하였다.(52-15-4) 다만, 渠에 대해 孫詒讓은 쇠와 나무로 만든 수비하는 기계라고 하고,(52-15-1) 荅에 대해 ≪墨子今注今譯≫에서는 대나무와 풀 등을 엮어 길게 드리울 수 있게 만든 차단막이라 하였다.

**70-13-2 署長短小大**하되 **當擧不擧**어든 **吏有罪**라 **諸〔吏〕卒民居城上者**는

길이와 크기를 기록하되 응당 조사해야 하는데 조사하지 않으면 관리에게 죄가 있다. 성 위에 있는 관리와 병졸, 백성들은

卒은 茅本作率이라 案 上當有吏字라

'卒'은 茅本에 '率'로 되어 있다.

案 : 〈'卒'〉 앞에 '吏'자가 있어야 한다.

**70-13-3 各葆其左右**하니

각각 자기 左右에 있는 이를 保證하니

葆는 吳鈔本作保라

'葆'는 吳鈔本에 '保'로 되어 있다.

**70-13-4 左右有罪而不智也**어든

左右에 있는 이가 죄가 있는데도 알지 못하면

畢云 智同知라하다

畢沅 : '智'는 '知'와 같다.

**70-13-5 其次伍有罪**라 **若能身捕罪人若告之吏**어든 **皆構之**라

같은 伍의 사람들에게도 죄가 있다. 만약 직접 죄인을 잡거나 관리에게 보고하면 모두 상을 준다.

顧云 構는 讀爲購니 說文에 購는 以財有所求也라하다 蘇云 構與購同하니 謂賞也라하다

顧廣圻 : '構'는 '購'로 읽으니 ≪說文解字≫에 "'購'는 필요한 것을 구하는 것이다."라고 하였다.

蘇時學 : '構'는 '購'와 같으니 賞을 이른다.

**70-13-6 若非伍而先知他伍之罪**어든 **皆倍其構賞**이라

만약 같은 伍가 아니면서 다른 伍의 죄를 먼저 알아내면 모두 그 상을 갑절로 준다.

**70-14-1 城外令任**하고 **城內守任**하되

성 밖은 縣令이 책임을 지고 성 안은 太守가 책임을 지되

**言城外內**를 **守與令分任之**라 **令卽縣令**이요 **守卽太守也**라

城 안팎을 守와 令이 나누어 맡는다는 말이다. 令은 바로 縣令이고 守는 바로 太守이다.

**70-14-2 令丞尉亡**이어든 **得入當**이나

令, 丞, 尉의 〈아랫사람이〉 도망가면 〈사람을〉 채워넣어 功過를 상쇄할 수 있지만

**凡守人**이 **亡其所司**어든 **令丞尉當受譴罰者**가 **使得別入當以自贖**이니 **卽下云必取寇虜是也**라 **尉繚子束伍令**에 **云 亡伍而得伍**면 **當之**하고 **得伍而不亡**이면 **有賞**하고 **亡伍不得伍**면 **身死家殘**이라하고 **又說亡長得長**이면 **當之**라하고 **亡將得將**이면 **當之**라하다 **彼法**은 **本伍亡**하고 **而得別伍之人**하면 **則相抵當免其罪**라 **亡長亡將亦然**이라 **與此入當之法小異而大同**이라

무릇 지키는 사람이 그 맡은 곳에서 도망가면 譴罰을 받아야 하는 令, 丞, 尉가 따로 〈사람을〉 채워넣어 功過를 相殺하여 스스로 贖罪할 수 있게 하니, 바로 아래(70-14-5)에 '必取寇虜'라 한 것이 이것이다. ≪尉繚子≫ 〈束伍令〉에 "자기의 伍를 잃고서 적의 伍를 노획하면 功過를 상쇄하고, 적의 伍를 노획하고서 자기의 伍를 잃지 않았으면 賞이 있고, 자기의 伍를 잃고 적의 伍를 노획하지 못했으면 몸이 죽고 가문이 망한다.〔亡伍而得伍 當之 得伍而不亡 有賞 亡伍不得伍 身死家殘〕"라고 하고, 또 "자기의 長을 잃고 적의 長을 노획하였으면 공과를 상쇄한다.〔亡長得長 當之〕", "자기의 장수를 잃고 적의 장수를 노획하였으면 공과를 상쇄한다.〔亡將得將 當之〕"라고 하였다. ≪尉繚子≫의 法은 자기의 伍를 잃고 다른 伍의 인원을 포획하면 功過를 상쇄하여 그 죄를 면해 주는 것이다. 자기의 長을 잃은 경우와 자기의 장수를 잃은 경우 역시 그러하다. 이 대목에서 〈사람을〉 채워넣어 功過를 상쇄하는 法과 조금 다르지만 크게는 같다.

**70-14-3 滿十人以上**이면 **令丞尉奪爵各二級**하고 **百人以上**이면 **令丞尉免**하고 **以卒戍**라

〈도망자가〉 10명을 넘어가면 해당하는 令, 丞, 尉의 爵位를 각각 2級씩 낮추고, 100명을 넘어가면 令, 丞, 尉를 免職하고 戍卒로 보낸다.

蘇云 言免官而遣戍라하다

蘇時學 : 〈令, 丞, 尉를〉 免職시키고 戍卒로 보낸다는 말이다.

**70-14-4 諸取當者**는

그 죄를 상쇄시키려는 모든 자는

蘇云 當은 謂其值足以相抵也라하다

蘇時學 : '當'은 그 값이 상쇄하기에 충분하다는 말이다.

**70-14-5 必取寇虜**라야 **乃聽之**라

반드시 〈도망친 자와 같은 수만큼〉 적의 포로를 잡아와야 비로소 죄를 상쇄해 준다.

**70-15-1 募民欲〔以〕財物粟米(以)貿易凡器者**하여

재물과 곡식을 가지고 각종 器物과 바꾸려는 백성을 모아서

以字疑當在欲字下라

'以'자는 아마도 '欲'자 뒤에 있어야 할 듯하다.

**70-15-2** (卒以)〔**以平**〕**賈予**라

공평한 가격을 치러준다.

蘇云 賈는 價同하니 言平其值也라하다 詒讓案 此當作以平賈予라 雜守篇에 云 皆爲置平賈라하니 可證이라 平은 與隸書卒或作卆하여 相近而誤요 今本又到其文하여 遂不可通이라

蘇時學 : '賈'는 '價'와 같으니 그 값을 공평하게 한다는 말이다.

詒讓案 : 이 대목(卒以賈予)은 '以平賈予'가 되어야 한다. 〈雜守〉에 "모두 공평하게 가격을 매긴다.〔皆爲置平賈〕"라고 하였으니, 증거로 삼을 수 있다. '平'은 隸書의 '卒'이 더러 '卆'으로 되어 있어 글자 모양이 〈'平'과〉 서로 비슷하여 잘못되었고, 今本에 다시 그 글자를 도치하여 마침내 뜻이 통하지 못하게 되었다.

**70-15-3 邑人知識昆弟有罪**에 **雖不在縣中而欲爲贖**하여 **若以粟米錢金布帛他財物免出者**는 **令許之**라

邑人 중에 知人이나 형제가 죄가 있을 때 비록 그들이 本縣에 있지 않더라도 그들을 위해 贖罪하여 곡식, 金錢, 布帛 및 기타 재물을 써서 죄를 사면받아 꺼내고자 하는 경우에는 法令으로 이를 허락한다.

**70-16-1 傳言者十步一人**하되 **稽留言及乏傳者**는 **斷**이라

말을 전달하는 자를 10보마다 한 명씩 두되 〈전달할〉 말을 지체시키는 자 및 전달하지 않는 자는 참수한다.

**蘇云 稽留**는 **謂不以時上聞**이라 **乏傳**은 **不爲通也**라하다

蘇時學 : '稽留'는 제때 위에 보고하지 않는다는 말이다. '乏傳'은 통보하지 않는다는 뜻이다.

**70-16-2 諸可以便事者**는 **亟以疏傳言守**라

일을 편리하게 할 수 있는 모든 사항들은 급히 조목조목 기록하여 太守에게 전달해 보고한다.

**亟**은 **舊本誤函**하고 **下同**한대 **今竝據茅本正**하니 **王校同**이라 **漢書蘇武傳顔注**에 **云 疏**는 **謂條錄之**라하다 **蘇云 函**은 **謂封進**이니 **防漏洩**(설)**也**라한대 **非**라

'亟'은 舊本에 '函'으로 잘못되어 있고 아래도 같은데 지금 모두 茅本에 의거하여 바로잡으니 王念孫의 校勘도 같다. 《漢書》〈蘇武傳〉의 顔師古 注에 "'疏'는 조목조목 기록한다는 말이다."라고 하였다. 蘇時學은 "'函'은 密封하여 올린다는 말이니, 누설되는 것을 막기 위해서이다."라고 하였는데, 잘못 본 것이다.

**70-16-3 吏卒民欲言事者**는 **亟爲傳言**하되 **請之吏**니 **稽留不言(諸)〔情〕者**[102)]는 **斷**이라

관리와 병졸, 백성 가운데 일에 대해 말하고자 하는 자는 급히 말을 전달하되 관리에게 청하니, 〈전달을〉 지체하거나 내용〔情〕을 말하지 않는 자는 참수한다.

**畢云 諸**는 **當爲請**이라하다

畢沅 : '諸'는 '請'이 되어야 한다.

**70-17-1 縣各上其縣中豪傑若謀士居大夫**

縣에서는 각기 자기 현의 豪傑 및 謀士, 집에서 지내는 大夫,

**畢云 其大夫之家居者**라하다 **兪云 居乃若字之誤**니 **若謀士若大夫**는 **猶言或謀士或大夫也**라 **秦爵有大夫**하고 **有官大夫**하고 **有公大夫**하고 **有五大夫**하니 **是民間賜爵至大夫者多矣**라 **上不能悉知**라 **故使縣各上其名也**라 **上文關內侯五大夫公乘之名**은 **悉如秦制**니 **則此所謂大夫者**는 **非必如周官之大夫也**라하다 **案 畢說近是**라

畢沅 : 〈'居大夫'는〉 그 大夫 가운데 집에 거처하는 자이다.

兪樾 : '居'는 바로 '若'자의 誤字이니 '若謀士若大夫'는 '或謀士或大夫(혹은 모사, 혹은 대부)'라는 말과 같다. 秦나라 爵位에 大夫가 있고, 官大夫가 있고, 公大夫가 있고, 五大夫가 있으니, 이는 民間에 爵位를 하사하여 大夫에 이른 자가 많은지라 위에서 다 알 수가 없으므로 縣으로 하여금 각각 그 이름을 올리게 하는 것이다. 위 글(70-8-3, 5, 8)의 關內侯, 五大夫, 公乘의 명칭은 다 秦나라 制度와 같으니, 이 대목에 이른바 大夫라는 것은 꼭 ≪周官≫의 大夫 같은 것은 아니다.

案 : 畢沅의 說이 옳은 듯하다.

**70-17-2 重厚**[103)]**口數多少**라

부유한 사람의 숫자를 위에 보고한다.

---

102) 亟爲傳言……稽留不言(諸)〔情〕者 : ≪墨子今注今譯≫에서는 '請'과 '諸'를 모두 '情'으로 보고 '請之'는 앞구에 붙이고 '吏'는 뒷구에 붙이고서 "급히 윗사람에게 전달하되 관리 중에 지체하거나 전달하지 않는 자는 단죄한다."라고 하였다. 68-2-7에서 王念孫은 '請'은 '情'으로 읽는다고 하였는데, 여기서는 뒤의 '諸'만 '情'으로 보고 번역하였다.

103) 重厚 : ≪墨子今注今譯≫에서는 재물의 부유함이 아니라 品德의 忠厚함으로 보았다.

畢云 重厚言富厚라하다

畢沅 : '重厚'는 富厚(부유하고 풍요로움)하다는 말이다.

## 70-18-1 官府城下吏卒民(家)〔皆〕

官府와 城 아래의 관리와 병졸, 백성은 모두

家는 吳鈔本茅本作皆라

'家'는 吳鈔本, 茅本에 '皆'로 되어 있다.

## 70-18-2 前後左右相傳保火라 火發自燔이어나

前後左右로 상호 연합하여 화재를 방비한다. 불이 나서 내 집을 태우거나

說文火部에 云 燔은 爇也라하다

≪說文解字≫ 火部에 "'燔'은 불사름〔爇〕이다."라고 하였다.

## 70-18-3 燔曼延燔人이어든

불이 번져 남의 집을 태우면

謂延燒他人室이라 蘇云 曼同蔓이라하다 案 說文又部에 云 曼은 引也라하고 廴(인)部에 云 延은 〔長〕[104]行也라하고 糸部에 云 絻(황)은 絲曼延也라하니 是曼延字古止作曼이니 蘇說非라 此燔人對自燔爲文하니 止謂延燒他人室廬라 畢讀燔曼延爲句하고 燔人爲句하니 則似以燔人爲傷人이니 亦非是라

불이 번져 타인의 집을 태운다는 말이다.

蘇時學 : '曼'은 '蔓(뻗어 나감)'과 같다.

案 : ≪說文解字≫ 又部에 "'曼'은 끌어당김이다."라고 하고, 廴部에 "'延'은 멀리 가는 것〔長行〕이다."라고 하고, 糸部에 "'絻'은 실이 길게 늘어진 것〔絲曼延〕이다."라고 하였으니, 이는 '曼延'자가 옛날에 '曼'으로만 되어 있던 것이니, 蘇時學의 說은 잘못 본 것이다. 여기서 '燔人'은 '自燔'과 상대하여 글을 쓴 것이니 단지 불이 번져 타인의 집을 태운다는

104) 〔長〕 : 저본에는 '長'이 없으나, ≪說文解字≫에 의거하여 보충하였다.

말일 뿐이다. 畢沅은 '燔曼延'으로 句를 떼고 '燔人'으로 句를 떼어 읽었는데, '燔人'을 사람을 다치게 하는 것으로 여긴 듯하니 역시 맞지 않다.

**70-18-4 斷**이라

참수한다.

句라

여기에서 句를 뗀다.

**70-18-5 諸以衆彊凌弱少及彊奸人婦女**하고

다수나 강자의 입장으로 약자나 소수를 능멸하는 경우 및 남의 婦女를 강간하고

畢云 玉篇云 奸同姦하니 俗이라하다 案 吳鈔本作强奸이라

畢沅 : ≪玉篇≫에 "'奸'은 '姦'과 같으니 俗字이다."라고 하였다.

案 : 吳鈔本에는 '强奸'으로 되어 있다.

**70-18-6 以讙譁者**는 **皆斷**이라

그것을 가지고 떠들어대는 경우는 모두 참수한다.

**70-19-1 諸城門若亭**엔 **謹候視往來行者符**하여 **符傳疑**어나

성의 각 門과 亭에서는 왕래하는 행인들의 符信을 주의 깊게 검사하여 符傳이 의심스럽거나

**周禮司關有節傳**한대 **鄭注**에 **云 傳**은 **如今移過所**[105]**文書**라하다 **釋名釋書契**에 **云 過所**[106]**或曰傳**이라 **傳**은 **轉也**니 **轉移所在**[107]에 **執以爲信也**라하다 **崔豹**[108]**古今注**[109]에

105) 移過所 : 古代에 관문이나 나루 등에서 물품의 통상을 허락하는 증빙을 해 주는 곳을 말한다.

106) 過所 : 古代에 관문이나 나루를 지나갈 때 필요한 증빙 문서로, 오늘날의 통행증과 같은 것이다.

107) 在 : 底本의 傍注에 "'在'는 원래 '求'로 잘못되어 있는데 ≪釋名≫ 〈釋書契〉에 의거하여 고

云 凡傳皆以木爲之니 長五寸이요 書符信於上하고 又以一板封之하되 皆封以御史印章이라 所以爲信也라하니 未知周制同否라 疑는 謂疑其矯僞也라

≪周禮≫ 〈地官 司關〉에 節傳이 나오는데, 鄭玄의 注에 "'傳'은 지금 移過所 文書와 같은 것이다."라고 하였다. ≪釋名≫ 〈釋書契〉에 "過所를 더러 '傳'이라고도 한다. '傳'은 轉(옮김)이니 있는 곳에서 옮길 때 지니고서 信標로 삼는 것이다.〔轉移所在 執以爲信也〕"라고 하였다. 崔豹의 ≪古今注≫에 "무릇 傳은 모두 나무로 만드는데 길이가 5寸이고 符信을 그 위에 쓰고 다시 판자 하나로 봉하되 모두 御史의 印章으로 봉하므로 신표가 되는 것이다."라고 하였으니 周나라 制度와 같은지 여부는 알 수 없다. '疑'는 그것이 거짓인지 의심한다는 말이다.

### 70-19-2 若無符어든 皆詣縣廷言하고

符傳이 없으면 모두 縣廷에 나아가 보고하고

廷은 舊本誤延이러니 今據茅本正이라 說文廴部에 云 廷은 朝中也라하다 縣廷은 令所治라 後漢書郭太傳李注引風俗通하여 云 廷은 正也니 言縣廷郡廷朝廷이 皆取平均正直也라하다

'廷'은 舊本에 '延'으로 잘못되어 있는데 지금 茅本에 의거하여 바로잡는다. ≪說文解字≫ 廴部에 "'廷'은 조정 안이다."라고 하였다. 縣廷은 令이 다스리는 곳이다. ≪後漢書≫ 〈郭太傳〉의 李善 注에 ≪風俗通≫을 인용하여 "'廷'은 正(바름)이니 縣廷, 郡廷, 朝廷이 모두 平均과 正直을 취한다는 말이다."라고 하였다.

### 70-19-3 (請)〔詰〕問其所使요

그가 보내진 연고를 심문하며,

---

친다. 살펴보건대, ≪釋名≫의 원문의 순서는 이 대목의 인용문과 조금 다르다.〔在 原誤求 據釋名釋書契改 按釋名原文次序與此引文稍異〕"라고 하였다. 참고로, ≪釋名≫에는 '過所或曰傳'이라는 말이 없다.

108) 崔豹 : 晉나라 燕國 사람으로, 字는 正熊이다. 惠帝 때 太傅에 이르렀다. 成帝 咸康 연간에 後趙의 石虎에게 귀순하여 常侍, 侍中을 지냈다. 저서로 ≪古今注≫가 있다.

109) 古今注 : 晉나라 崔豹가 찬한 책으로, 모두 3권으로 되어 있다. 古代와 당시의 각 부류의 事物을 풀이한 책으로, 輿服, 都邑, 音樂, 鳥獸, 魚蟲, 草木, 雜注, 問答釋義 등 모두 8門으로 나누어 서술하고 있어 옛사람의 自然觀 및 古代의 典章制度와 習俗을 살펴볼 수 있다.

請亦當爲詰[110)]이라

'請'은 역시 '詰'이 되어야 한다.

### 70-19-4 其有符傳者는 善舍官府라 其有知識兄弟欲見之어든 爲召하고 勿令〔入〕里巷中이라

符傳을 지닌 자는 관부에 잘 머무르게 한다. 그들이 知人이나 형제가 있어 보고자 한다면 그들을 위해 불러주고 마을의 골목길 안으로 들어가게 하지 않는다.

蘇云 令下脫入字라하다

蘇時學 : '令' 뒤에 '入'자가 빠져 있다.

### 70-19-5 三老守閭

三老, 守閭(里門의 문지기)는

三老는 詳備城門篇[111)]이라

三老는 〈備城門〉에 자세히 설명하였다.

### 70-19-6 令(厲繕夫)〔繕厲矢〕爲答[112)]이라

예리한 화살을 修繕하는 자로 하여금 대답하게 한다.

當作令繕厲矢爲答이라 雜守篇에 云 藺石厲矢諸材[113)]라하니 可證이라 說文 厂部에 云 厲는 旱石也라하다 書禹貢孔

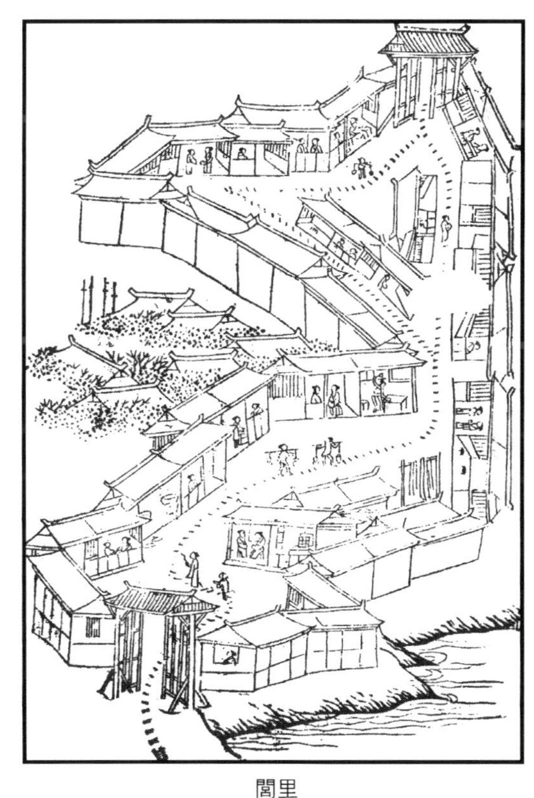

閭里

110) 請亦當爲詰 : 70-9-14에서 孫詒讓이 '請故'를 '詰故'로 보았다.
111) 三老 詳備城門篇 : 본서 5책 52-22-52에 보인다.
112) 令(厲繕夫)〔繕厲矢〕爲答 : ≪墨子今注今譯≫에서는 岑仲勉의 校勘에 의거하여 '厲'를 '屬'으로 고치고 '繕'은 '膳'으로 보고, "자기 집 소속의 요리하는 僕役으로 하여금 응답하게 한다."라고 하였다.
113) 雜守篇云 藺石厲矢諸材 : 71-20-8~9에 보인다.

疏引鄭注하여 云 礪는 磨刀刃石也라하다

〈'令厲繕夫爲荅'은〉 '令繕厲矢爲荅'이 되어야 한다. 〈雜守〉에 "藺石, 예리한 화살, 각종 재료〔藺石厲矢諸材〕"라고 하였으니, 증거로 삼을 수 있다. ≪說文解字≫ 厂部에 "'厲'는 旱石(숫돌)이다."라고 하였다. ≪尙書≫ 〈禹貢〉의 孔穎達 疏에서 鄭玄의 注를 인용하여 "'礪'는 칼날을 가는 돌이다.〔磨刀刃石〕"라고 하였다.

## 70-19-7 若他以事者微者는 不得入里中이라

기타 일이 있는 자나 신분이 미천한 자의 경우에는 마을 안으로 들어갈 수 없다.

蘇云 此句有錯誤하니 當作若以他事徵者不得入里中이라하다

蘇時學 : 이 句는 錯誤가 있으니 '若以他事徵者 不得入里中(다른 일로 불려온 자의 경우는 마을 안으로 들어갈 수 없다.)'이 되어야 한다.

## 70-19-8 三老不得入家(人)라

三老는 平民의 집에 들어갈 수 없다.

家人疑到어나 或作入家라 入家는 謂入平民家也라

'家人'은 아마도 글자 순서가 뒤바뀌었거나 혹은 '入家'가 되어야 할 듯하다. '入家'는 平民의 집에 들어간다는 말이다.

## 70-19-9 傳令里中(有)〔者〕以羽하되

마을 안에 명령을 전달할 경우 羽書로써 하되

蘇云 有當作者라하다

蘇時學 : '有'는 '者'가 되어야 한다.

## 70-19-10 羽在三〔老〕所(差)요 家人各令其(官)〔宮〕中하니

羽書는 삼로의 집에 보관하고 平民은 저마다 자기 집안에 명령을 전달하니,

倭本校云 官一作家라하다 蘇云 三下當脫老字어늘 而差字卽老字之訛니 誤倒也라 官當作宮이라하다

倭本의 校勘에 "'官'은 어떤 本에는 '家'로 되어 있다."라고 하였다.

蘇時學 : '三' 뒤에 '老'자가 빠져 있는데 '差'자가 바로 '老'자의 誤字이니 글자 순서가 잘못 뒤바뀐 것이다. '官'은 '宮'이 되어야 한다.

**70-19-11 失令이어나 若稽留令者는 斷이라 家有守者治食이라 吏卒民無符節하고 而擅入里巷官府어늘 吏三老守閭者失苛止어든**

명령을 遺失하거나 명령을 지체시키는 자는 참수한다. 〈三老, 守閭의 명령을 보관하는〉 집에는 집을 지키는 자가 음식을 마련한다. 관리와 병졸, 백성이 符節도 없이 마음대로 마을의 골목길과 관부에 들어왔는데 관리, 三老, 守閭가 이를 꾸짖어 제지하지 못하면

畢云 言不訶止之라 舊作心이러니 以意改라하다

畢沅 : 꾸짖어 제지하지 못한다는 말이다. 舊本에는 '心'으로 되어 있는데, 글 뜻으로 판단하여 고쳤다.

**70-19-12 皆斷이라**

모두 참수한다.

**70-20-1 諸盜守器械財物及相盜者가 直(치)一錢以上이면 皆斷이라 吏卒民各自大書於(傑)〔桀〕하여**

수비하는 器械, 재물을 훔치거나 남의 재물을 훔친 자는 훔친 물건의 가치가 1錢 이상이면 모두 참수한다. 관리와 병졸, 백성은 저마다 나무패에 자기 이름을 크게 써서

傑은 吳鈔本作桀이라 案 備蛾傳篇亦作桀[114]이라 洪云 傑은 古通作楬字라 周禮職幣에

114) 備蛾傳篇亦作桀 : 〈備蛾傳〉 63-9-5에는 '置搗'로 되어 있고, 〈備梯〉 56-1-1에는 '直桀'로

**皆辨其物**하고 **而奠其錄**하여 **以書楬之**라한대 **鄭注**에 **楬之**는 **若今時爲書以著**(착)**其幣**라하다 **傑楬義同**이라하다 **蘇云 傑**은 **疑隔字之訛**니 **下言著之其署隔是也**라하다 **案 洪說是也**니 **傑卽桀假字**라 **爾雅釋宮**에 **云 鷄棲於弋爲榤**이라하니 **榤卽桀之俗**이요 **桀與楬通**이라 **詳備蛾傳篇**[115]이라 **蘇說非**라

'傑'은 吳鈔本에 '桀'로 되어 있다.

案 : 〈備蛾傳〉에도 '桀'로 되어 있다.

洪頤煊 : '傑'은 옛날에 '楬'자와 통용하여 썼다. ≪周禮≫ 〈天官 職幣〉에 "모두 그 거두어들인 재물을 分辨하여 그 帳簿에 登載하고 나무패에 써서 표지한다.〔皆辨其物 而奠其錄 以書楬之〕"라고 하였는데, 鄭衆의 注에 "'楬之'는 이를테면 오늘날 〈나무패에〉 써서 그 幣帛에 부착하는 것과 같다."라고 하였다. '傑'과 '楬'은 뜻이 같다.

蘇時學 : '傑'은 아마도 '隔'자의 誤字인 듯하니 아래(70-23-7)에 '著之其署隔(署隔에 부착해 둔다.)'이라고 말한 것이 그것이다.

案 : 洪頤煊의 說이 맞으니 '傑'은 바로 '桀'의 假借字이다. ≪爾雅≫ 〈釋宮〉에 "닭이 횃대에 깃드는 것을 榤이라고 한다.〔鷄棲於弋爲榤〕"라고 하였으니, '榤'은 바로 '桀'의 俗字이고 '桀'은 '楬'과 통용한다. 〈備蛾傳〉에 자세히 설명하였다. 蘇時學의 說은 잘못 본 것이다.

### 70-20-2 著(착)之其署(同)〔隔〕하고

署隔(부서의 구역 칸막이)에 부착해 두고

**同**은 **當從下文作隔**라 **蘇云 同疑伺字之訛**라한대 **非**라

'同'은 아래 글(70-23-7)을 따라 '隔'이 되어야 한다. 蘇時學은 "'同'은 '伺'자의 誤字이다."라고 하였는데, 잘못 본 것이다.

### 70-20-3 守案其署하여 擅入者는 斷이라 城上〔三〕日壹發席蓐하되

太守가 그 부서를 순찰하여 마음대로 〈부서에〉 들어온 자는 참수한다. 성 위에서는 사흘에 한 번씩 깔개를 들어올려 조사하되

---

되어 있다. 다만 그 주석을 보면 '搗'와 '桀' 모두 '楬'이 되어야 한다고 하였다.

115) 詳備蛾傳篇 : 63-9-5에 보인다.

日上疑脫三字니 後云 葆宮三日一發席蓐이라하다 爾雅釋器에 云 蓐謂之茲라한대 郭注에 云 蓐은 席也라하다

'日' 앞에 아마도 '三'자가 빠져 있는 듯하니 뒤(70-29-6~7)에 '葆宮三日一發席蓐(보궁에서는 사흘에 한 번 깔개를 들어올리다.)'라고 하였다. ≪爾雅≫ 〈釋器〉에 "깔개를 '茲'라 한다.〔蓐謂之茲〕"라고 하였는데, 郭璞의 注에 "'蓐'은 자리〔席〕이다."라고 하였다.

**70-20-4 令相錯發**이라

서로 바꾸어 살피게 한다.

蘇云 言互相稽察이라하다

蘇時學 : 상호 살핀다는 말이다.

**70-20-5 有匿不言人所挾藏在禁中者**는 **斷**이라

남이 사사로이 감추고 있는 금지된 물건을 숨기고 말하지 않는 자는 참수한다.

**70-21-1 吏卒民死者**어든 **輒召其人與次司空葬之**하고

관리와 병졸, 백성 중에 戰死한 자가 있으면 바로 그 가족과 次司空을 불러 매장하고

次司空은 詳雜守篇[116]이라

'次司空'은 〈雜守〉에 자세히 설명하였다.

**70-21-2 勿令得坐泣**이라 **傷甚者令歸治病**하여 **家善養**[117]하고 **予醫給藥**하고 **賜酒日二升肉二斤**이요 **令吏數**(삭)**行閭**하여 **視病有瘳**(추)어든

〈가족으로 하여금〉 주저앉아 哭泣하지 못하게 한다. 상처가 심한 자는 돌아가

116) 次司空 詳雜守篇 : 71-11-4에 次司空은 都司空의 아래 직위라고 하였다.
117) 傷甚者令歸治病 家善養 : ≪墨子今注今譯≫에서는 '家'를 '歸' 뒤로 옮기고, "상처가 심한 자는 歸家하여 병을 치료하고 잘 요양하게 한다."라고 하였다.

병을 치료하여 집에서 잘 요양하게 하고 醫員을 보내 藥物을 주며 하루에 술 2升과 고기 2근을 내려주고 관리로 하여금 자주 그 마을로 가서 살펴 병이 나은 것을 보면

畢云 說文云 瘳는 疾瘉也라하다

畢沅 : ≪說文解字≫에 "'瘳'는 질병이 나음이다.〔疾瘉〕"라고 하였다.

**70-21-3 輒造事上**이라

바로 복무하는 곳에 나아오게 한다.

謂病瘳卽造守所共役也라

병이 나으면 바로 지키는 곳에 나아와 함께 복무한다는 말이다.

**70-21-4 詐爲自賊傷以辟(피)事者**는

거짓으로 속여 스스로 몸을 다치게 해 복무를 회피하는 자는

畢云 辟同避하니 言詐爲廢疾以避事라하다

畢沅 : '辟'는 '避'와 같으니 廢疾에 걸렸다고 속여 복무를 회피한다는 말이다.

**70-21-5 族之**라

三族을 멸한다.

謂夷三族이니 詳後라

三族을 誅滅한다는 말이니 뒤(70-24-6)에 자세히 설명하였다.

**70-21-6 事已**어든 **守使吏身行死傷家**하여

전쟁이 끝나면 太守는 관리로 하여금 죽거나 다친 자의 집에 몸소 가서

舊脫이러니 今據道藏本吳鈔本茅本增이라

舊本에 빠져 있는데 지금 道藏本, 吳鈔本, 茅本에 의거하여 보충하였다.

**70-21-7 臨戶而悲哀之**라

문에 들어가 哀悼하고 慰問하게 한다.

**70-21-8 寇去事已**어든 **塞**(새)**禱**라

적들이 물러가 전쟁이 끝나면 신이 기도를 들어준 것에 보답하는 제사를 올린다.

史記封禪書에 冬塞禱祠[118)]라한대 索隱에 云 塞與賽(새)同이라 賽는 今報神福也라하다 漢書郊祀志顔注에 云 塞는 謂報其所祈也라하다 管子禁藏篇에 云 塞久禱라하다 韓非子外儲說右上篇에 云 秦襄王病이어늘 百姓爲之禱러니 病愈에 殺牛塞禱라하다 畢云 塞卽賽正文이라하다

≪史記≫ 〈封禪書〉에 '冬塞禱祠(겨울에 신이 기도를 들어준 것에 보답하는 제사를 올린다.)'라 하였는데, 索隱에 "'塞'는 '賽'와 같다. '賽'는 지금 神이 내려준 福을 갚는 것이다."라고 하였다. ≪漢書≫ 〈郊祀志〉의 顔師古 注에 "'塞'는 그 기도를 들어준 것에 보답한다는 말이다."라고 하였다. ≪管子≫ 〈禁藏〉에 "無病하게 해 달라는 기도를 들어준 것에 보답하는 제사를 올린다.〔塞久禱〕"라고 하였다. ≪韓非子≫ 〈外儲說 右上〉에 "秦 襄王이 병이 들자 百姓들이 그를 위해 기도하였는데, 병이 낫자 소를 죽여 신이 기도를 들어준 것에 보답하는 제사를 올렸다.〔秦襄王病 百姓爲之禱病愈 殺牛塞禱〕"라고 하였다.

畢沅 : '塞'는 바로 '賽'의 正字이다.

**70-21-9 守以令益邑中豪傑力鬬諸有功者**하고

太守는 邑中의 豪傑과 힘써 싸워 공이 있는 자들에게 상을 더해 주게 하고

畢云 益字疑衍이라하다 蘇云 益字誤니 或當爲賞이라하다 案 畢蘇說非라 益은 猶言加賞也라 商子境內篇에 云 能得(爵)〔甲〕首一者[119)] 賞爵一級하고 益田一頃하고 益宅九畝라하다

118) 禱祠 : ≪周禮注疏≫ 〈春官 喪祝〉에서 賈公彦은 "禱祠는 나라에 일이 있을 때 신에게 빌어 청하는 것인데, 신에게 福을 비는 것을 '禱'라 하고 신에게 福을 받아 보답하는 제사를 올리는 것을 '祠'라 한다."라고 하였다.

119) 能得(爵)〔甲〕首一者 : 底本의 傍注에 "살펴보건대, '能得爵首一者'는 淸나라 嚴萬里의 校本 ≪商君書≫(바로 通行하고 있는 二十二子本이다.)에 이렇게 되어 있다. 明나라 范欽의 本(바로 四部叢刊本이다.) 등에는 '爵首'가 모두 '甲首'로 되어 있는데, 이것이 맞다. 또 '者'자는 本書에 원래 '首'로 잘못 인용되어 있는데 ≪商君書≫ 각 판본에 의거하여 고친다.〔按 能

畢沅 : '益'자는 아마도 잘못 들어간 듯하다.

蘇時學 : '益'자는 誤字이니 어쩌면 '賞'이 되어야 할 듯하다.

案 : 畢沅, 蘇時學의 說은 잘못 본 것이다. '益'은 상을 더해 준다〔加賞〕는 말과 같다. ≪商子≫ 〈境內〉에 "〈적의〉 甲士의 首級 하나를 얻은 자는 爵位 1級을 상으로 주고 田地 1頃을 상으로 더하고 집터 9畝를 상으로 더한다.〔能得甲首一者 賞爵一級 益田一頃 益宅九畝〕"라고 하였다.

**70-21-10 必身行死傷者家以弔哀之**하고 **身見死事之後**라 **城圍罷**어든 **主亟**(극)**發使者往勞**하고

반드시 죽거나 다친 자의 집에 몸소 가서 조문하고 國事를 위해 죽은 자의 유족을 몸소 만난다. 성의 포위가 풀리면 太守는 급히 사자를 보내 慰問하고

亟은 **舊本亦訛函**이러니 **今據茅本正**하니 **王校同**이라 **蘇云 勞讀去聲**하니 **謂慰問也**라하다

'亟'은 舊本에 역시 '函'으로 잘못되어 있는데, 지금 茅本에 의거하여 바로잡으니 王念孫의 校勘도 같다.

蘇時學 : '勞'는 去聲으로 읽으니 위문한다는 말이다.

**70-21-11 擧有功及死傷者數**하여 **使爵祿**하고

공이 있는 자 및 죽거나 다친 자의 수를 보고하여 爵祿을 수여하게 하고

**使下疑脫一字**라

'使' 뒤에 아마도 한 글자가 빠진 듯하다.

**70-21-12 守身尊寵**하고 **明白貴之**하여 **令其怨結於敵**이라

太守는 몸소 〈그들을〉 영광스럽게 해 주고 분명히 알 정도로 귀하게 대하여 그들로 하여금 적에 대해 원한이 맺히게 한다.

---

得爵首一者 淸嚴萬里校本商君書(卽通行二十二子本)如此 明范欽本(卽四部叢刊本)等爵首均作甲首是 又者字本書原引誤首 據商君書各本改〕"라고 하였다.

**70-22-1 城上卒若吏各(保)〔葆〕其左右하니**

성 위의 병졸과 관리는 각각 자기 左右에 있는 이를 保證하니

保는 上下文皆作葆하니 此當同이라

'保'는 위아래 글(70-13-3, 70-22-4)에서 모두 '葆'로 되어 있으니, 이 대목도 같아야 한다.

**70-22-2 若欲以城爲外謀者어든 父母妻子同産皆斷이라 左右知不捕告어든 皆與同罪라**

만약 성 안의 사람이 밖의 적을 위해 共謀할 경우 그의 父母, 妻子, 형제를 모두 참수한다. 左右에 있는 자가 이러한 사실을 알면서도 잡아 보고하지 않으면 모두 같은 죄를 준다.

蘇移此二十六字하여 著(착)城下里中家人皆相葆若城上之數二句下러니 今案不必移니 蘇校非是라

蘇時學은 이 대목의 26字를 옮겨 '城下里中家人皆相葆 若城上之數' 2句의 뒤에 붙였는데 지금 살펴보건대 굳이 옮길 것이 없으니 蘇時學의 교감은 맞지 않다.

**70-22-3 城下里中**

성 아래 마을 안에 사는

畢云 里舊作理러니 以意改라하다

畢沅 : '里'는 舊本에 '理'로 되어 있는데, 글 뜻으로 판단하여 고쳤다.

**70-22-4 家人皆相葆하되 若城上之數라 有能捕告之者어든 封之以千家之邑이라 若非其左右及他伍捕告者면**

平民들 모두 서로 保證하되 〈상벌은〉 성 위에서의 수와 똑같이 한다. 〈같은 伍의 죄인을〉 잡아 보고하는 자가 있으면 1천 戶의 邑을 봉해 준다. 만약 자기 左右에 있는 자가 아닌 경우 및 다른 伍의 죄인을 잡아 보고하면

及은 道藏本吳鈔本茅本竝作乃하니 亦通이라

'及'은 道藏本, 吳鈔本, 茅本에 모두 '乃'로 되어 있는데 역시 뜻이 통한다.

## 70-22-5 封之二千家之邑라

2천 호의 읍을 봉해 준다.

## 70-23-1 城禁이라 (使卒民不欲寇微職和旌者)〔吏卒民下效寇徽識(휘지)和旌者〕[120]는 斷이라

守城을 위한 禁令은 〈다음과 같다.〉 관리와 병졸, 백성 중에 성에서 내려와 적의 휘장과 軍門의 깃발을 본뜨는 자는 참수한다.

使는 當爲吏니 吏卒上文常見이라 不當爲下니 言吏卒民在城上者는 不得擅下也라 欲은 疑效之誤라 微職은 卽徽識(휘지)之借字니 詳後라 和旌은 謂軍門之旌이라 周禮大司馬職에 云 以旌爲左右和之門이라한대 鄭注에 云 軍門曰和니 今謂之壘(루)門이니 立兩旌以爲之라하다 孫子軍爭篇에 云 交和而舍라한대 曹注에 云 軍門曰和門이라하다

'使'는 '吏'가 되어야 하니 '吏卒'은 위 글에 늘상 보인다. '不'은 '下'가 되어야 하니, 城 위에 있는 관리와 병졸, 백성은 마음대로 내려오지 못한다는 말이다. '欲'은 아마도 '效'의 誤字인 듯하다. '微職'은 바로 '徽識'의 假借字이니 뒤(70-30-9)에 자세히 설명하였다. '和旌'은 軍門의 旌(깃발)을 말한다. ≪周禮≫ 〈夏官 大司馬職〉에 "旌을 軍門의 左右에 세워 표시한다.〔以旌爲左右和之門〕"라고 하였는데, 鄭玄의 注에 "軍門을 和라고 하니 지금은 壘門이라고 하는데, 두 旌을 세워 만든다."라고 하였다. ≪孫子≫ 〈軍爭〉에 "和門을 마주하여 대치한다.〔交和而舍〕"라고 하였는데, 曹操의 注에 "軍門을 和門이라 한다."라고 하였다.

## 70-23-2 不從令者는 斷이라 (非擅)〔擅非〕出令者[121]는 斷이라

명령을 따르지 않는 자는 참수한다. 내릴 명령이 아닌 것을 독단으로 내리는 자

120) (使卒民不欲寇微職和旌者)〔吏卒民下效寇徽識(휘지)和旌者〕: ≪墨子今注今譯≫에서는 孫詒讓의 교감을 따르되 岑仲勉의 교감에 의거하여 '微'는 '徽'로 보고, '不'을 衍字로 보고서, "관리와 병졸, 백성 중에 적의 徽號의 標志와 旌旗를 쓰려고 하는 자"라고 하였다.

121) (非擅)〔擅非〕出令者 : ≪墨子今注今譯≫에서는 岑仲勉의 교감에 의거하여 '非'를 衍字로 보고서, "독단으로 명령을 내리는 자"라고 하였다.

는 참수한다.

蘇云 非擅當作擅非라하다

蘇時學 : '非擅'은 '擅非'가 되어야 한다.

70-23-3 失令者는 斷이라 倚戟縣下城이어나

명령을 어기는 자는 참수한다. 창을 짚고 몸을 매달아 성을 내려오거나

下는 舊本訛作不이라 蘇云 不은 疑當作下라하다 案 蘇校是也니 今據正이라 倚戟縣下城은 言下城不由階陛요 倚戟縣身以下也라

'下'는 舊本에 '不'로 잘못되어 있다.

蘇時學 : '不'은 아마도 '下'가 되어야 할 듯하다.

案 : 蘇時學의 校勘이 맞으니, 지금 이에 의거하여 바로잡는다. '倚戟縣下城'은 城을 내려올 때 계단을 통하지 않고 창을 짚고 몸을 매달아 내려온다는 말이다.

70-23-4 上下不與衆等者는 斷이라 無應而妄讙呼者는 斷이라

오르내릴 때 무리와 행동을 같이 하지 않는 자는 참수한다. 응답할 일이 없는데 함부로 떠들고 외치는 자는 참수한다.

而는 茅本作爲라

'而'는 茅本에 '爲'로 되어 있다.

70-23-5 (總)〔縱〕失者[122]는 斷이라

〈사사로이〉 죄인을 풀어주는 자는 참수한다.

總은 疑當爲縱이라 縱失은 謂私縱罪人也라

'總'은 아마도 '縱'이 되어야 할 듯하다. '縱失'은 사사로이 罪人을 풀어 준다는 말이다.

122) (總)〔縱〕失者 : ≪墨子今注今譯≫에서는 '縱'과 '失'을 구분하여, "죄인을 풀어주거나 公物을 遺失한 자"라고 하였다.

**70-23-6 譽客內毁者**는 **斷**이라

적을 칭찬하고 아군을 비방하는 자는 참수한다.

**畢云 言稱敵而自毁**는 **以其惑衆**이라하다

畢沅 : 敵을 칭찬하고 자기편을 비방함은 무리를 미혹시키기 때문이라는 말이다.

**70-23-7 離署而聚語者**는 **斷**이라 **聞城鼓聲而伍後上署者**는 **斷**이라 **人自大書版**하여 **著**(착)**之其署隔**이어든

部署(초소)를 이탈하여 모여서 이야기하는 자는 참수한다. 성의 북소리를 듣고도 북을 다섯 번 친 뒤에야 부서로 가는 자는 참수한다. 사람들이 저마다 나무판에 자기 이름을 크게 써서 署隔(부서의 구역 칸막이)에 부착해 두면

**畢云 舊作鬲**(려)러니 **以意改**라하다 **詒讓案 說文阜部**에 **云 隔**은 **障也**라하다 **署隔**은 **蓋以分別署之界限者**[123)]라

畢沅 : 〈'隔'은〉 舊本에 '鬲'로 되어 있는데, 글 뜻으로 판단하여 고쳤다.

詒讓案 : ≪說文解字≫ 阜部에 "'隔'은 가로막음〔障〕이다."라고 하였다. '署隔'은 대체로 部署의 경계를 구별한 것인 듯하다.

**70-23-8 守必自**(謀)〔**課**〕**其先後**하되

太守는 반드시 직접 그들이 들어오는 先後를 검사하되

**謀字誤**라 **雜守篇**에 **又云 令掘外宅林**이라 **謀多少**[124)]라하니 **謀疑皆爲課之誤**라

'謀'자는 誤字이다. 〈雜守〉에 또 "성 밖 집의 材木을 파내어 쓰게 한다. 재목의 다소를 검사한다.〔令掘外宅林 謀多少〕"라고 하였으니 '謀'는 아마도 모두 '課'의 誤字인 듯하다.

**70-23-9 非其署而妄入之者**는 **斷**이라 **離署左右**하여 **共入他署**와 **左右不捕**와 **挾私**

123) 署隔 蓋以分別署之界限者 : 70-1-13에 '隔部'가 나오는데, 그 註에서도 孫詒讓이 '署隔'을 설명하였다.

124) 雜守篇……謀多少 : 71-19-8~9에 보인다.

**書**와 **行請謁及爲行書者**와 **釋守事而治私家事**와 **卒民相盜家室嬰兒**는 **皆斷無赦**라 **人擧而藉**(적)**之**라

자기 부서가 아닌데 함부로 들어오는 자는 참수한다. 左右에 있는 자와 부서를 이탈하여 함께 다른 부서에 들어가는 경우, 左右에 있는 자가 〈그들을〉 잡지 않는 경우, 사적인 書信을 가지고 있는 경우, 사적인 청탁을 하는 경우 및 청탁을 위해 서신을 보내는 경우, 수비하는 일을 방기하고 자기 집 일을 돌보는 경우, 병졸과 백성이 남의 부인과 아이를 훔치는 경우는 모두 참수하고 사면하지 않는다. 사람들이 보고하면 〈문서에〉 기록해 둔다.

**藉與籍通**이라

'藉'은 '籍'과 통용한다.

**70-23-10 無符節而橫行軍中者**는 **斷**이라 **客在城下**에 **因數**(삭)**易其署而無易其養**이라

符節 없이 軍中을 제멋대로 돌아다니는 자는 참수한다. 적이 성 아래에 있을 때에는 〈적의 상황에〉 따라 部署(초소)를 자주 바꾸더라도 廝養은 바꾸지 않는다.

**謂廝**(시)**養**이니 **詳備城門篇**[125]이라

廝養(군중에서 나무를 해오거나 밥을 짓는 천한 일을 하는 사람)을 말하니 〈備城門〉에 자세히 설명하였다.

**70-23-11 譽敵**하여 **少以爲衆**이어나 **亂以爲治**어나 **敵攻拙以爲巧者**는 **斷**이라 **客主人無得相與言及相藉**(자)요

적을 칭송하여 적군이 적은데도 많다고 하거나 적군이 어지러운데도 질서가 있다고 하거나 적군의 공격이 엉성한데도 교묘하다고 하는 자는 참수한다. 적군과 아군은 더불어 말을 하거나 〈물건을〉 빌려서는 안 되고

**蘇云 藉**는 **猶借也**라하다

蘇時學 : '藉'는 借(빌리다)와 같다.

---

125) 謂廝養 詳備城門篇 : 본서 5책 52-22-38에 보인다. 앞의 70-1-12에도 보인다.

**70-23-12 客射以書**어든 **無得(譽)〔擧〕**요

적이 화살에 묶어 書信을 쏘아 보내면 주워서는 안 되고

無는 吳鈔本作毋라 兪云 譽는 當作擧니 字之誤也라 下文曰 禁無得擧矢書라하다 案 兪校是也라 蘇云 譽卽譽敵也라한대 非라

'無'는 吳鈔本에 '毋'로 되어 있다.

兪樾 : '譽'는 '擧'가 되어야 하니 글자의 誤記이다. 아래 글에 '禁無得擧矢書'라고 하였다.

案 : 兪樾의 校勘이 맞다. 蘇時學은 "'譽'는 바로 敵을 칭송함이다."라고 하였는데, 잘못 본 것이다.

**70-23-13 外示內以善**이라도 **無得應**이니 **不從令者**는 **皆斷**이라 **禁無得擧矢書若以書射寇**니 **犯令者父母妻子皆斷**하고 **身梟城上**이라

적이 성 밖에서 성 안에 親善을 표하더라도 호응해서는 안 되니 명령을 따르지 않는 자는 모두 참수한다. 적이 화살에 묶어 쏘아 보낸 書信을 줍거나 화살에 서신을 매달아 적에게 쏘아서는 안 된다고 금령을 내렸는데, 금령을 범한 자는 그 부모와 처자까지 모두 참수하고 屍身을 성 위에 梟示한다.

畢云 說文에 云 𥄉(교)는 到首(수)也라 賈侍中[126]說에 此斷首到縣𥄉字라하니 今多用梟者라 說文에 云 梟(효)는 從鳥頭在木上이라하니 義亦通이라하다

畢沅 : ≪說文解字≫에 "'𥄉'는 首(머리)를 베어 거꾸로 매다는 것〔到首〕이다. 賈侍中의 說에 이는 머리를 잘라 거꾸로 매단다는 뜻에서 '𥄉'자가 되었다."라고 하였는데, 지금은 梟를 쓰는 경우가 많다. ≪說文解字≫에 "'梟'는 새의 머리가 나무 위에 있는 모습을 따른 글자이다."라고 하였는데 뜻이 역시 통한다.

**70-23-14 有能捕告之者**어든 **賞之黃金二十斤**이라 **非時而行者**는 **唯守及摻太守之**

126) 賈侍中 : 後漢 和帝 때 侍中을 지낸 賈逵(30~101)이다. 經學者로 자는 景伯이고 陝西省 平陵 사람이다. 歐陽生, 大小夏侯의 ≪古文尙書≫의 異同과 齊·魯·韓 三詩와 ≪毛詩≫의 異同을 밝혔다. 許愼, 崔瑗 등 여러 제자를 배출하고, 훗날 馬融, 鄭玄 등이 古文經書의 학문을 대성할 수 있는 길을 닦아 놓았다. 저서로 ≪左氏傳解詁≫, ≪國語解詁≫, ≪經傳義詁≫, ≪論難≫ 등이 있다.

節而使者라

이런 자를 잡아서 보고하는 자가 있으면 황금 20근을 상으로 준다. 〈통행이〉 금지된 시간인데 통행할 수 있는 자는 오직 太守 및 태수의 부절을 지닌 使者뿐이다.

漢書百官公卿表에 郡守는 秦官이니 景帝中二年更名太守라하다 國策趙策說韓靳黈(근주)趙馮亭에 竝云太守라 吳師道[127]謂當時已有此稱하니 以此書證之하면 信然이라 畢云 史記趙世家에 云 孝成王令趙勝告馮亭曰 敝國君使勝[128]致命하여 以萬戶都三封太守하고 千戶都三封縣令이라한대 正義에 云 爾時未合言太守니 至漢景帝始加太守라 此言太는 衍字라하다 沅案 此書亦云太守하니 則先秦時已有此官이라 張守節言衍字는 非也라 摻은 卽操異文이니 廣雅에 云 摻은 操也라한대 以爲二字는 非라 言行不以時는 唯守者及操節人可요 餘皆禁之라하다

≪漢書≫ 〈百官公卿表〉에 "郡守는 秦나라 官職이니 漢 景帝 中元 2년(166)에 그 이름을 太守로 바꾸었다.〔郡守 秦官 景帝中二年更名太守〕"라고 하였다. ≪戰國策≫ 〈趙策〉에 韓靳黈과 趙馮亭을 설명할 때 모두 '太守'라고 하였다. 吳師道는 당시에 이미 이 명칭이 있었다고 하였는데 이 책을 가지고 증명해 보면 참으로 그러하다.

畢沅 : ≪史記≫ 〈趙世家〉에 "孝成王이 趙勝으로 하여금 馮亭에게 고하게 하여 '저희 國君께서 저로 하여금 명을 전하여 萬戶의 城邑 셋으로 太守에 봉하고 千戶의 城邑 셋으로 縣令에 봉하게 하셨습니다.'라고 하였다.〔孝成王令趙勝告馮亭曰 敝國君使勝致命 以萬戶都三封太守 千戶都三封縣令〕"라고 하였는데, ≪史記正義≫에 "이때 아직 太守라고 말해서는 안 되니, 漢 景帝에 이르러서야 비로소 太守를 더하였다. 여기서 '太'라고 말한 것은 衍字이다."라고 하였다. 내가 살펴보건대, 이 책에도 '太守'라고 하였으니 先秦 때 이미 이 관직이 있었던 것이다. 張守節이 ≪사기정의≫에서 '衍字'라고 말한 것은 잘못 본 것이다. '摻'은 바로 '操'의 異體字이니, ≪廣雅≫에 "'摻'은 操(잡음)이다."라고 하였는데, 이를 두 글자로 여기는 것은 잘못 본 것이다. 정해진 때가 아닌데 통행하는 것은 오직 太守인 자 및 부절을 지닌 사람만 허가하고 나머지는 모두 금지한다는 말이다.

---

127) 吳師道 : 1283~1344. 字는 正傳이고, 元나라 婺州 蘭溪(지금의 浙江省 金華 蘭溪) 사람이다. 주자학자로 ≪易詩書雜說≫, ≪春秋胡傳附辨≫, ≪戰國策校注≫, ≪敬鄕錄≫과 文集 20권의 저서가 있다.

128) 勝 : 底本의 傍注에 "'勝'자는 畢沅의 인용문에 원래 빠져 있는데, ≪史記≫ 〈趙世家〉에 의거하여 보충하였다.〔勝字畢引原脫 據史記趙世家補〕"라고 하였다.

**70-24-1 守入臨城**하여

太守가 성 안으로 들어가 성의 〈官府에〉 임하여서는

入은 舊本作人이러니 今據茅本正이라 下文云 守入城하여 先以候爲始라하다

'入'은 舊本에 '人'으로 되어 있는데 지금 茅本에 의거하여 바로잡는다. 아래 글(70-29-1)에 '守入城 先以候爲始(太守가 성에 들어가서는 먼저 偵探을 뽑는 일부터 시작한다.)'라고 하였다.

**70-24-2 必謹問父老吏大夫**하여 (請)〔諸〕**有怨仇讎不相解者**면

반드시 노인들과 관리들에게 주의 깊게 물어보아 서로 풀리지 않는 怨恨과 怨讐가 있는 자들이 있으면

請은 當爲諸라

'請'은 '諸'가 되어야 한다.

**70-24-3 召其人**하여 **明白爲之解之**라

그 사람들을 불러 분명하게 〈설득하여〉 그들을 위해 〈서로 간에〉 원한을 풀게 한다.

周禮地官調人鄭衆注에 云 今二千石이 以令解仇怨이요 後復相報어든 移徙之라하니 是漢以前有吏以令爲民解怨之法이라

≪周禮≫ 〈地官 調人〉의 鄭衆 注에 "지금 2천 石의 관리가 명령을 내려 怨讐를 풀게 하고 뒤에 다시 서로 보복하면 이주시킨다."라고 하였으니, 이는 漢나라 이전에 관리가 명령을 내려 백성을 위해 원한을 풀게 하는 법이 있던 것이다.

**70-24-4 守必自異其人而藉**(적)**之**하고

태수는 반드시 그 사람들을 구별하여 〈문서에 姓名을〉 기록해 두고

藉亦與籍通하니 卽雜守篇所云札書藏之也라 蘇云 藉은 謂記其姓名也라하다

'藉'은 역시 '籍'과 통용하니 바로 〈雜守〉에서 말한 '札書藏之(기록하여 보관한다.)'라는 것이다.

蘇時學 : '藉'은 그 姓名을 기록한다는 말이다.

### 70-24-5 孤之라

〈무리와〉 분리시킨다.

畢云 孤는 舊作狐러니 以意改라하다 詒讓案 謂不得與其曹伍相聚而處니 皆防其爲亂이라

畢沅 : '孤'는 舊本에 '狐'로 되어 있는데 글 뜻으로 판단하여 고쳤다.

詒讓案 : 그 曹伍(임무를 함께 수행하는 단위)와 더불어 모여 지내지 못하게 한다는 말이니 모두 그들이 난을 일으킴을 막는 것이다.

### 70-24-6 有以私怨害城若吏事者어든 父母妻子皆斷이라 其以城爲外謀者는 三族이라

사적인 원한으로 城의 수비와 관리의 사무에 해를 끼치는 자가 있으면 父母와 妻子를 모두 참수한다. 성 안에서 성 밖의 적을 위해 共謀하는 자는 三族을 멸한다.

畢云 史記에 云 秦文公二十年에 法初有三族之罪라하다 然家語[129]에 云 宰予與田常之亂이라가 夷三族이라하고 楚世家에 云 鋗人曰 新王下[130]法에 有敢饟王從王者어든 罪及三族[131]이라하고 酷吏列傳에 云 光祿徐自爲曰 古有三族이라하니 則知三族是古軍法이요 非始於秦이라하다

畢沅 : ≪史記≫ 〈秦本紀〉에 "秦 文公 20년에 法에 처음으로 三族을 멸하는 罪를 만들었다.〔秦文公二十年 法初有三族之罪〕"라고 하였다. 그렇지만 ≪孔子家語≫에 "宰予가 田常의 亂에 참여하였다가 三族이 주멸당하였다.〔宰予與田常之亂 夷三族〕"라고 하고, ≪史記≫ 〈楚世家〉에 "鋗人이 '새 임금이 공포한 법에 감히 王에게 음식을 주거나 王을 따르는 자가 있으면 罪가 三族을 멸하는 데 미칩니다.'〔鋗人曰 新王下法 有敢饟王從王者 罪及三族〕라고 하였다."라고 하고, ≪사기≫ 〈酷吏列傳〉에 "光祿勳 徐自爲가 '옛날에 三族을 멸하는

---

129) 家語 : ≪孔子家語≫를 일컫는 것으로, 孔子의 사상과 생애를 기술한 책이다. 戰國 말기에서 漢나라 초기에 걸쳐 편찬되었고, 뒤에 王肅이 27권으로 정리했는데 현재 10권이 남아 있다.

130) 下 : 底本의 傍注에 "'下'자는 畢沅의 인용문에 원래 빠져 있는데, ≪史記≫ 〈楚世家〉에 의거하여 보충하였다.〔下字畢引原脫 據史記楚世家補〕"라고 하였다.

131) 楚世家……罪及三族 : 新王은 반란을 일으켜 靈王을 몰아내고 즉위한 公子 比이고, 王은 公子 比에게 축출되어 산속을 방황하며 굶주리다 자살한 靈王이다.

법이 있었다.'라고 하였다.〔光祿徐自爲曰古有三族〕"라고 하였으니, 三族을 멸하는 것은 옛 軍法이지 秦나라 때 시작된 것이 아님을 알 수 있다.

**70-24-7 有能得若捕告者**어든 **以其所守邑小大封之**하고 **守還授其印**하고 **尊寵官之**하여 **令吏大夫及卒民皆明知之**라 **豪傑之外多交諸侯者**를 **常請之**하여

그들을 적발하거나 잡아서 보고하는 자가 있으면 그들이 지키던 邑의 大小에 따라 봉해 주고, 太守는 또 그에게 印信을 수여하고 관직을 주어 영광스럽게 해 줘서 관리들 및 병졸과 백성으로 하여금 모두 분명히 알 수 있게 한다. 밖으로 제후와 교분이 많은 豪傑들을 늘 초청하여

**說文言部**에 **云 請**은 **謁也**라하다

≪說文解字≫ 言部에 "'請'은 알현함〔謁〕이다."라고 하였다.

**70-24-8 令上通知之**하고 **善屬**(촉)**之**하고 **所居之吏上數**(삭)**選具之**하여

위의 관리로 하여금 두루 알고 잘 살펴 돌보게 하며, 그들이 살고 있는 곳의 관리가 자주 음식을 마련해 잔치를 베풀고서

**選**은 **讀爲饌**이라 **廣雅釋詁**에 **云 饌**은 **具也**요 **食也**라하다 **蘇云 具**는 **謂供具**라하다

'選'은 '饌'으로 읽는다. ≪廣雅≫ 〈釋詁〉에 "饌은 그릇〔具〕이고 음식〔食〕이다."라고 하였다.
蘇時學 : '具'는 음식을 담는 그릇을 말한다.

**70-24-9 令無得擅出入**하고 **連質之**라

〈호걸들이〉 마음대로 출입하지 못하게 하고 그들의 親屬을 인질로 삼는다.

**謂質其親屬也**라

그 親屬을 인질로 삼는다는 말이다.

**70-24-10 術鄕長者父老豪傑之親戚(父母)妻子**는

고을의 장로, 노인, 호걸의 親戚과 妻子는

王引之云 父母二字는 皆後人所加也라 古者謂父母爲親戚이라 故言親戚則不言父母이어늘 後人不達이라 故又加父母二字耳라 篇內言父母妻子者多矣로되 皆不言親戚이라 下文有親戚妻子어늘 則但言親戚하고 而不言父母하니 是親戚卽父母也라하다 案 王說是也라

王引之 : '父母' 2자는 모두 後人이 덧붙인 것이다. 옛날에는 부모를 일러 親戚이라 하였다. 그래서 친척을 말하면 부모를 말하지 않았는데, 後人이 이해하지 못하였기 때문에 또 '부모' 2자를 덧붙인 것일 뿐이다. 이 篇에서 '父母妻子'를 말한 곳이 많지만 모두 친척을 말하지 않았고, 아래 글(70-29-8)에 '親戚妻子'가 있는데, 단지 친척만 말하고 부모를 말하지 않았으니 이는 친척이 바로 부모인 것이다.

案 : 王引之의 說이 맞다.

**70-24-11 必尊寵之라 若貧人(食)**

반드시 영광스럽게 해 준다. 가난한 사람으로

此字衍이어나 或當爲貧之食이니 亦通이라

이 글자(食)는 잘못 들어간 것이거나 혹은 '貧之食'이 되어야 하니 역시 뜻이 통한다.

**70-24-12 不能自給食者는 上食(사)之라 及勇士(父母)親戚妻子는**

음식을 자급하지 못하는 자의 경우에는 위의 관리가 음식을 준다. 勇士의 親戚과 妻子에게는

王亦以父母二字爲後人所加하니 是也라

王引之는 〈이 대목〉 역시 '父母' 2자를 後人이 덧붙인 것이라고 하였는데, 맞다.

**70-24-13 皆時〔賜〕酒肉하여**

모두 때때로 술과 고기를 주면서

王云 酒肉上當有賜字어늘 而今本脫之하니 則文義不明이라 下文曰 父母妻子皆同其宮 賜衣食酒肉이라하니 是其證이라하다

王念孫 : '酒肉' 앞에 '賜'자가 있어야 하는데 今本에 빠져 있으니, 글 뜻이 분명하지 않다. 아래 글(70-29-3)에 '父母妻子皆同其宮 賜衣食酒肉(父母, 妻子는 모두 같은 집에서 살게 하고 옷과 음식, 술과 고기를 준다.)'이라 하였으니, 바로 그 증거이다.

**70-24-14 必敬之요 舍之必近太守라 守樓臨質宮而善周하되**

반드시 그들을 정중히 대하고 반드시 太守와 가까운 곳에서 지내게 한다. 太守의 누각은 인질이 사는 집을 환히 내려다보는 곳에 세워 주위를 잘 방비하되

質宮은 卽下葆宮이라 畢云 質宮은 言質人妻子之處라 守樓臨之는 所以見遠이니 必周防之也라 古者貴賤皆謂之宮이라

質宮은 바로 아래(70-25-2)에 나오는 葆宮이다.

畢沅 : 質宮은 남의 妻子를 인질로 삼아 붙잡아 둔 곳을 말한다. 태수의 누각이 質宮을 내려다보는 곳에 있는 것은 멀리까지 보기 위해서이니 반드시 주위를 방비한다. 옛날에는 존귀하거나 비천한 자들이 〈사는 곳을〉 모두 宮이라고 하였다.

**70-24-15 必密塗樓하고 令下無見上하고 上見下하여 下無知上有人無人이라**

반드시 누각에 진흙을 세밀하게 바르고, 아래에서는 위를 보지 못하는 반면 위에서는 아래를 볼 수 있게 하여, 아래에서는 위에 사람이 있는지 없는지 알지 못하게 한다.

**70-25-1 守之所親은 擧吏貞廉忠信無害可任事者하니**

太守는 주변의 관리 가운데 올곧고 청렴하며 충성스럽고 믿음직스러우며 공평하여 일을 맡길 수 있는 자와 함께하니

擧는 當讀爲與라 史記蕭相國世家에 以文無害爲沛主(史)〔吏〕[132]掾[133]이라한대 集解漢

132) (史)〔吏〕 : 저본에는 '史'로 되어 있으나, ≪史記≫ 권53 〈蕭相國世家〉에 의거하여 '吏'로 바로잡았다.

133) 主(史)〔吏〕掾 : ≪史記≫ 권53 〈蕭相國世家〉의 注에 ≪漢書≫를 인용하여 '主吏'를 功曹로 보고, 蕭何가 沛의 掾이 되었다는 것은 功曹의 掾이 되었다는 말이라고 하였다.

書音義[134]에 云 文無害는 有文無所枉害也라하다 律有無害都吏하니 如今言公平吏라 一曰無害者는 如言無比니 陳留閒語也라하다 索隱에 應劭云 雖爲文吏[135]나 而不刻害也라하고 韋昭云 爲有文理無傷害也라하다 漢書蕭何傳作文毋害한대 顔注에 服虔云 爲人解通無嫉害也라하고 蘇林云 無害는 若言無比也라 (二)〔一〕[136]曰害는 勝也니 無能勝害之者라 師古云 害는 傷也니 無人能傷害之者라하다 案 無害又見史記漢書酷吏趙禹張湯減宣杜周諸傳及續漢書[137]郡國志하니 衆說外異로되 通校諸文하면 當以漢書音義公平吏之義爲是라 續漢書劉[138]注說亦同이라

'擧'는 '與'로 읽어야 한다. ≪史記≫ 〈蕭相國世家〉에 "문서를 작성할 때 별다른 하자가 없어 沛縣의 功曹의 아전이 되었다.〔以文無害 爲沛主吏掾〕"라고 하였는데, ≪史記集解≫에 "≪漢書音義≫에 '文無害는 문서에 왜곡하고 잘못된 바가 없는 것이다.'라고 하였다. 律에 無害都吏가 있으니 지금 公平吏라 말하는 것과 같다. 어떤 이는 '無害라는 것은 그와 견줄 사람이 없다는 말과 같으니 陳留 지방의 말이다.'라고 하였다."라고 하였다. ≪史記索隱≫에 "應劭가 이르기를, '비록 文吏가 되었으나 남을 각박하게 해치지 않은 것이다.'라고 하고, 韋昭가 이르기를, '文理가 있고 해침이 없기 때문이라는 것이다.'라고 하였다."라고 하였다. ≪漢書≫ 〈蕭何傳〉에는 '文毋害'로 되어 있는데, 顔師古 注에 "服虔이 이르기를, '사람됨이 화통하여 미워하고 해침이 없는 것이다.'라고 하고, 蘇林이 이르기를, '無害는 그와 견줄 사람이 없다는 말과 같다. 어떤 이는 害는 勝(이김)이니 그보다 뛰어난 자가 없는 것이라고 하였다.'라고 하였다. 顔師古가 이르기를, '害는 傷(상함)이니 그를 傷害할 수 있는 사람이 없는 것이다.'라고 하였다."라고 하였다.

案 : '無害'는 또 ≪사기≫, ≪한서≫ 〈酷吏傳〉, 〈趙禹傳〉, 〈張湯傳〉, 〈減宣傳〉, 〈杜周傳〉

134) 漢書音義 : 韋昭(204~273)의 저작이다.
135) 文吏 : 文法, 즉 法律을 다루는 일을 맡은 관리를 말한다.
136) (二)〔一〕: 저본에는 '二'로 되어 있으나, ≪漢書≫ 권39 〈蕭何曹參傳〉에 의거하여 '一'로 바로잡았다.
137) 續漢書 : 晉나라 司馬彪가 지은 것으로 모두 18편이었으나 전해지지 않는다. 현존 ≪後漢書≫의 8志는 이를 취해서 보충한 것이라 한다. 참고로 8지는 〈律曆志〉, 〈禮儀志〉, 〈祭祀志〉, 〈天文志〉, 〈五行志〉, 〈郡國志〉, 〈百官志〉, 〈輿服志〉이다. 司馬彪(?~306?)는 西晉 河內 사람으로 자는 紹統이고, 서진의 宗室인 司馬睦의 아들이다. 젊어서부터 학문에 매진하여 많은 책을 널리 읽었다. ≪莊子≫에 주를 달았고, 후한 말기 군벌들의 혼전 양상을 기술한 ≪九州春秋≫를 지었다.
138) 劉 : 南朝 梁의 劉昭(?~?)로, 字가 宣卿이며 平原 高唐 사람이다. 范曄이 지은 ≪後漢書≫의 전해오는 板本들의 同異를 모아 주를 달았다.

및 ≪續漢書≫ 〈郡國志〉에 보이니 여러 설이 어긋나고 다르지만 여러 글들을 통틀어 비교해 보면 응당 ≪漢書音義≫에서 公平吏라고 본 것이 뜻이 맞다. ≪속한서≫ 劉昭의 注에 나오는 說 역시 같다.

**70-25-2 其飮食酒肉勿禁**하고 **錢金布帛財物各自守之**하여 **愼勿相盜**라 **葆宮之牆必三重**하되 **牆之垣**에 **守者皆累瓦釜牆上**이라

그들이 먹는 음식과 술과 고기는 금하지 않고 금전, 布帛, 재물은 각자 보관하여 서로 훔치지 말도록 주의한다. 葆宮(인질이 사는 집)의 담장은 반드시 세 겹으로 하되 담장에서 지키는 자는 모두 담장 위에 기왓장이나 질그릇 파편들을 쌓아 둔다.

茅本釜作爲塗라 蘇云 此防其踰越이니 使有聲聞於人이라하다

茅本에는 '釜'가 '塗'로 되어 있다.

蘇時學 : 이는 그들이 〈담장을〉 뛰어넘는 것을 막기 위해서이니, 〈파편이 떨어지면〉 사람들에게 소리가 들리게 하는 것이다.

**70-25-3 門有吏**하여 **主者門里筦(관)閉**하되

성문에는 관리를 두어 성문과 마을 문의 開閉를 주관하게 하되

者는 諸通이라 蘇云 門里當作里門이라 筦關古通用이라 書中管叔作關叔[139]이라하다

'者'는 '諸'와 통용한다.

蘇時學 : '門里'는 '里門'이 되어야 한다. '筦'과 '關'은 옛날에 통용하였다. 이 책(≪墨子≫)에서 '管叔'은 '關叔'으로 되어 있다.

**70-25-4 必須太守之節**이라 **葆衛必取戍卒有重厚者**[140]하고

반드시 태수의 부절이 필요하다. 보궁의 衛卒은 반드시 戍卒 가운데 重厚한 자를 취하고

---

139) 書中管叔作關叔 : 본서 5책 46-13-6, 48-4-5에 보인다.

140) 葆衛必取戍卒有重厚者 : ≪墨子今注今譯≫에서는 70-25-3 앞으로 옮겼다.

葆衛는 謂葆宮之衛卒也라

'葆衛'는 葆宮의 衛卒을 말한다.

70-25-5 (請)〔謹〕擇吏之忠信(者)

관리 가운데 충성스럽고 믿음직스러우며

請은 疑謹之誤라 以上文校之하면 者字當衍이라

'請'은 아마도 '謹'의 誤字인 듯하다. 위 글을 가지고 교감하면 '者'자는 의당 잘못 들어간 것이다.

70-25-6 無害可任事者라

공평하여 일을 맡길 수 있는 자를 신중히 선택한다.

70-26-1 令將衛自築十尺之垣하되 周還牆하고

장수로 하여금 자신을 호위하게 할 때 10척 높이의 담을 쌓되 주위에 담장을 두르고

疑有脫誤라

아마도 빠지거나 잘못된 것이 있는 듯하다.

70-26-2 門閨者가 (非)〔幷〕令衛司馬門이라

〈葆宮의〉 大門과 閨門을 지키는 자가 司馬門도 아울러 지키게 한다.

吳鈔本無門字라 門閨者는 謂守大門及閨門之人이라 備城門篇에 云 大城丈五爲閨門하되 廣四尺[141]이라하다 公羊宣六年傳에 云 入其大門하니 則無人門焉者요 入其閨하니 則無人閨焉者라하다 孫子用閒篇亦有門者하니 詳前이라 非는 疑當爲幷이니 言吏卒衛葆宮之門閨者가 幷令衛司馬門이라 猶上文云 門將幷守他門也라 漢書元帝紀顔注에

141) 備城門篇……廣四尺 : 본서 5책 52-11-1~2에 보인다.

云 司馬門者는 宮之外門也라하고 漢官儀에 云 公車司馬는 掌殿司馬門이라하고 三輔黃圖[142]에 云 宮之外門爲司馬門이라하고 史記索隱에 云 天子門有兵欄[143]하니 曰司馬門也라하고 列女傳[144]辯通篇에 鍾離春詣齊宣王하여 頓首司馬門外라하고 國策(趙)〔秦〕[145]策에 云 武安君過司馬門하여 趨甚疾[146]이라하니 則戰國時國君之門已有司馬門之稱이라 此司馬門은 則似是守令官府之門이니 又非公門이라 賈子等齊篇에 云 天子宮門曰司馬門이요 諸侯宮門曰司馬門이라하다 是漢初諸侯王宮門이 亦有是稱하니 蓋沿戰國制라

吳鈔本에는 '門'자가 없다. '門閨者'는 大門 및 閨門을 지키는 사람을 말한다. 〈備城門〉에 "큰 성에는 1장 5척 높이로 閨門을 만들되 너비는 4척이다.〔大城丈五爲閨門 廣四尺〕"이라 하였다. ≪春秋公羊傳≫ 宣公 6년에 "그 大門에 들어가니 문을 지키는 사람이 없었고, 그 閨門에 들어가니 閨門을 지키는 자도 없었다.〔入其大門 則無人門焉者 入其閨 則無人閨焉者〕"라고 하였다. ≪孫子≫ 〈用間〉에도 '門者'가 있으니, 앞(70-9-9)에 자세히 설명하였다. '非'는 아마도 '幷'이 되어야 할 듯하니, 吏卒 가운데 葆宮의 門閨를 지키는 자가 아울러 司馬門도 지키게 한다는 말이

閨

142) 三輔黃圖 : 唐代에 편찬된 것으로 추정되는 저자 미상의 地理書인데, 모두 6권이다. 三輔에 위치한 宮殿과 園囿의 제도 및 관계된 逸話를 상세하게 수록한 책이다. 삼보는 顔師古의 설에 의하면 長安 以東인 京兆, 長安 以北인 左馮翊, 渭城 以西인 右扶風을 지칭하는 말이다.

143) 兵欄 : 兵器를 놓아두는 시렁을 말한다.

144) 列女傳 : 前漢의 劉向이 지었다고 알려진 책으로, 고대부터 한나라 때까지 유명한 賢母, 良妻, 烈女 및 妬婦들의 略傳, 頌, 圖說 등을 엮은 것이다. 모두 8편 15권으로, 나중에 宋의 方回가 7권으로 간추렸다.

145) (趙)〔秦〕 : 저본에는 '趙'로 되어 있으나, ≪戰國策≫ 〈秦策〉에 의거하여 '秦'으로 바로잡았다.

146) 武安君過司馬門 趨甚疾 : ≪戰國策≫ 〈秦策〉에는 '遇司空馬門 趣甚疾'로 되어 있다.

다. 위 글(70-3-4)에 '門將幷守他門(성문을 지키는 장수가 다른 小門을 아울러 지킬 경우)'이라 한 것과 같다. ≪漢書≫ 〈元帝紀〉의 顔師古 注에 "司馬門이라는 것은 宮의 外門이다.〔司馬門者 宮之外門也〕"라고 하고, ≪漢官儀≫에 "公車司馬는 殿의 司馬門을 관장한다.〔公車司馬 掌殿司馬門〕"라고 하고, ≪三輔黃圖≫에 "宮의 外門이 司馬門이다.〔宮之外門爲司馬門〕"라고 하고, ≪史記索隱≫에 "天子의 門에 兵欄이 있으니 司馬門이라 한다.〔天子門有兵欄 曰司馬門也〕"라고 하고, ≪列女傳≫ 〈辯通〉에 "鍾離春이 齊宣王에게 나아가 司馬門 밖에서 머리를 조아렸다.〔鍾離春詣齊宣王 頓首司馬門外〕"라고 하고, ≪戰國策≫ 〈秦策〉에 "武安君은 司馬門을 지나서 매우 빨리 종종걸음으로 갔다.〔武安君過司馬門 趨甚疾〕"라고 하였으니, 戰國시대에 國君의 門에 이미 司馬門이라는 칭호가 있었다. 이 대목의 司馬門은 守令 官府의 門인 듯하니 公門도 아니다. ≪賈子新書≫ 〈等齊〉에 "天子의 宮門을 司馬門이라 한다.〔天子宮門曰司馬門〕" 하고 "諸侯의 宮門을 司馬門이라 한다.〔諸侯宮門曰司馬門〕"라고 하였다. 이는 漢나라 초기에 諸侯王의 宮門에도 이 칭호가 있었던 것이니 대체로 戰國시대 제도를 沿襲한 듯하다.

**70-27-1 望氣者舍必近太守**하고 **巫舍必近公社**하여 **必敬神之**라 **巫祝史與望氣者**로

氣를 관찰하는 자의 집은 반드시 太守와 가깝게 하고 무당이 지내는 집은 반드시 公社(왕이 제사 지내는 곳)와 가깝게 하여 반드시 神을 공경하게 한다. 무당, 大祝, 大史는 氣를 관찰하는 자와 함께

**史**는 **舊本作吏**러니 **今據吳鈔本茅本改**라 **迎敵祠篇有祝史**[147)]라

'史'는 舊本에 '吏'로 되어 있는데, 지금 吳鈔本, 茅本에 의거하여 고친다. 〈迎敵祠〉에 '祝史'가 나온다.

**70-27-2 必以善言告民**하고 **以請**(정)**上報守**어든

반드시 좋은 말로 백성에게 알리는 한편, 〈관찰한〉 情報를 위로 太守에게 보고하면

**舊本作報守上**이러니 **今據王蘇校乙**하고 **請**은 **讀爲情**하니 **竝詳迎敵祠篇**[148)]이라

147) 迎敵祠篇有祝史 : 68-4-1에 보인다.
148) 竝詳迎敵祠篇 : 68-2-6~7에 보인다.

〈'上報守'는〉 舊本에 '報守上'으로 되어 있는데, 지금 王念孫, 蘇時學의 校勘에 의거하여 글자의 순서를 바꿨고, '請'은 '情'으로 읽으니 모두 〈迎敵祠〉에 자세히 설명하였다.

### 70-27-3 守獨知其請而已라

太守는 혼자 그 정보를 알고 있어야 한다.

畢云 言望氣縱有不善이라도 而必以善告民하고 但私以實告守耳라하다 蘇云 言以情上報守라 故獨守知之也라하다

畢沅 : 氣를 관찰했을 때 설령 좋지 않은 기운이 있더라도 반드시 좋은 말로 백성에게 알리는 한편, 다만 비공개적으로 實情을 태수에게 고할 뿐이라는 말이다.

蘇時學 : 정보를 위로 太守에게 보고하므로 오직 太守만 안다는 말이다.

### 70-27-4 (無)〔巫〕與望氣〔者〕妄爲不善言

무당과 氣를 관찰하는 자가 함부로 좋지 않은 말을 하여

王引之云 無는 卽上文巫字因聲同而誤라하다 蘇云 望氣下當有者字라하다

王引之 : '無'는 바로 위 글의 '巫'자가 소리가 같은 연유로 잘못된 것이다.

蘇時學 : '望氣' 뒤에 '者'자가 있어야 한다.

### 70-27-5 驚恐民하면 斷勿[149]赦라

백성을 놀라고 두렵게 하면 참수하고 사면하지 않는다.

### 70-28-1 度(탁)食不足이어든

양식을 계산하여 부족하면

句라

여기에서 句를 뗀다.

---

149) 勿 : 底本의 傍注에 "'勿'은 원래 '弗'로 되어 있는데 畢沅의 刻本에 의거하여 고친다. 살펴보건대 ≪墨子≫의 舊本에는 모두 '勿'로 되어 있는데, 이는 孫詒讓 刻本의 오류이다.〔勿原作弗 據畢沅刻本改 按墨子舊本均作勿 此孫刻之誤〕"라고 하였다.

70-28-2 (食)〔令〕民各自占家五種石升數하여

백성들로 하여금 각기 집마다 五穀의 섬과 되의 수량을 스스로 헤아려 보고하게 하고서

倭本校云 下食恐令訛라하다 案 所校是也라 升은 王校作斗라 王云 史記平準書에 各以其物自占이라한대 索隱引郭璞하여 云 占은 自隱度(탁)也니 謂各自隱度其財物多少하여 爲文簿送之於官也라하다 蘇云 五種은 謂五穀이라 詒讓案 周禮職方氏鄭注에 云 五種은 黍稷菽麥稻라하다

倭本의 校勘에 "뒤의 '食'은 '令'의 誤字인 듯하다."라고 하였다.

案 : 倭本의 校勘이 맞다. '升'은 王念孫의 校勘에 '斗'로 되어 있다.

王念孫 : ≪史記≫ 〈平準書〉에 "각각 그 재물을 스스로 헤아려 보고한다.〔各以其物自占〕"라고 하였는데, ≪史記索隱≫에 郭璞을 인용하여 "'占'은 스스로 헤아린다는 뜻이니, 각자 그 財物의 多少를 헤아려 帳簿를 만들어 官에 보내는 것을 말한다."라고 하였다.

蘇時學 : 五種은 五穀을 말한다.

詒讓案 : ≪周禮≫ 〈夏官 職方氏〉의 鄭玄 注에 "五種은 黍(찰기장), 稷(메기장), 菽(콩), 麥(보리), 稻(벼)이다."라고 하였다.

70-28-3 爲期하고 其在(蓴害)〔薄者〕는 吏與雜訾(자)라

期日을 정하고 장부에 기재되어 있는 것은 관리가 〈그에 상응하는 양의〉 잡다한 물자를 준다.

茅本期其二字互易이라 蓴害는 疑當作薄者라 薄은 古簿字라 淮南子原道訓高注에 云 貲는 量也라하다 蘇云 訾는 謂罰也라한대 誤라

茅本에는 '期', '其' 2자가 서로 바뀌어 있다. '蓴害'는 아마도 '薄者'가 되어야 할 듯하다. '薄'은 '簿'의 古字이다. ≪淮南子≫ 〈原道訓〉의 高誘 注에 "'貲'는 量이다."라고 하였다. 蘇時學은 "'訾'는 罰을 말한다."라고 하였는데, 잘못 본 것이다.

70-28-4 期盡匿不占이어나 占不悉이어든 令吏卒散(미)得하여

기일이 다 되었는데 숨기고 헤아려 보고하지 않거나 헤아려 보고한 내용이 정

확하지 않으면 관리와 병졸로 하여금 엿보게 하여 찾아내게 되면

舊本占不悉作占悉하고 散作款이라 王引之云 占悉은 當作占不悉이요 令吏卒款得은 當作令吏卒散得이라 散與覹同이라 說文에 覹는 司也라하다 覹字亦作微라 上文云 守必謹微察이라하다 迎敵祠篇曰 謹微察之[150]라하다 言使民各自占其家穀하고 而爲之期니 若期盡而匿不占이어나 或占之不盡하여 令吏卒伺察而得者는 皆斬也라 史記平準書에 曰 各以其物自占한대 匿不自占이어나 占不悉이어든 戍邊一歲하고 沒入緡錢이라하니 卽用墨子法也라 今本脫不字하고 散字又訛作款하니 則義不可通이라 案 王說是也니 今據補正이라

舊本에 '占不悉'은 '占悉'로 되어 있고 '散'는 '款'으로 되어 있다.

王引之 : '占悉'은 '占不悉'이 되어야 하고 '令吏卒款得'은 '令吏卒散得'이 되어야 한다. '散'는 '覹'와 같다. ≪說文解字≫에 "'覹'는 엿봄〔司〕이다."라고 하였다. '覹'자는 '微'로도 쓴다. 위 글(70-9-9)에 '守必謹微察(太守는 반드시 주의 깊게 엿보아 살펴야 한다.)'이라 하고, 〈迎敵祠〉에 "주의 깊게 엿보아 살핀다.〔謹微察之〕"라고 하였다. 백성들로 하여금 각기 자기 집에 있는 곡식을 스스로 헤아려 보고하게 하고 期日을 정하였는데 만약 기일이 다했는데도 숨기고 헤아려 보고하지 않거나 혹은 보고한 내용이 전부가 아니라서 관리와 병졸로 하여금 엿보아 살펴 찾아내게 된 경우는 모두 참수한다는 말이다. ≪史記≫ 〈平準書〉에 "각각 그 재물을 스스로 헤아려 보고하는데, 숨기고 스스로 헤아려 보고하지 않거나 헤아려 보고한 내용이 정확하지 않으면 1년간 변방에 수자리 서게 하고 緡錢을 몰수한다.〔各以其物自占 匿不自占 占不悉 戍邊一歲 沒入緡錢〕"라고 하였으니, 바로 墨子의 法을 쓴 것이다. 今本에 '不'자가 빠지고 '散'자도 '款'으로 잘못되어 있으니 뜻이 통하지 않는다.

案 : 王引之의 說이 맞으니, 지금 이에 의거하여 보충하여 바로잡는다.

**70-28-5** 皆斷이라 有能捕告어든 賜什三이라

모두 참수한다. 잡아서 보고하는 자가 있으면 10분의 3을 상으로 준다.

賜는 吳鈔本作賞이라 案 下文亦作賞이라

'賜'는 吳鈔本에 '賞'으로 되어 있다.

案 : 아래 글(70-28-9)에도 '賞'으로 되어 있다.

150) 迎敵祠篇曰 謹微察之 : 68-2-8에 보인다.

## 70-28-6 收粟米布帛錢金과

거둬들인 곡식, 布帛, 金錢과

舊本收誤牧이요 又脫帛字라 王云 牧字義不可通이라 牧當爲收니 字之誤也라 收粟米卽承上文令民自占五種數而言이요 布帛錢金은 則連類而及之耳라 備城門篇에 收諸盆甕[151)]이라하고 備高臨篇에 以磨鹿卷收라한대 今本收字竝訛作牧이라 月令에 農有不收藏積聚者라한대 正義에 收俗本作牧이라하다 案 王校是也라 布下에 王又增帛字하고 蘇校竝同하며 與雜守篇合하니 今竝據補正이라

舊本에 '收'는 '牧'으로 잘못되어 있고 또 '帛'자가 빠졌다.

王念孫 : '牧'자는 뜻이 통하지 않는다. '牧'은 '收'가 되어야 하니 글자의 誤記이다. '收粟米'는 바로 위 글(70-28-2)의 '令民自占五種數'를 이어 말한 것이고 '布帛錢金'은 같은 부류를 이어서 언급하였을 뿐이다. 〈備城門〉에 '收諸盆甕(동이와 항아리들을 거둔다.)'이라 하고, 〈備高臨〉에 '以磨鹿卷收(鹿盧로 화살을 거두어들인다.)'라고 하였는데, 今本에 '收'자가 모두 '牧'으로 잘못되어 있다. ≪禮記≫ 〈月令〉에 "농민 가운데 〈농작물을〉 거두어 보관해 쌓아 두지 않는 자가 있다.〔農有不收藏積聚者〕"라고 하였는데, ≪禮記正義≫에 "'收'는 俗本에 '牧'으로 되어 있다."라고 하였다.

案 : 王念孫의 校勘이 맞다. '布' 뒤에 王念孫은 또 '帛'자를 덧붙였고 蘇時學의 校勘도 같으며 〈雜守〉와 부합하니, 지금 모두 이에 의거하여 보충하여 바로잡는다.

## 70-28-7 出內(납)畜産은

출납한 畜産物은

蘇云 出內은 卽出納이라하다

蘇時學 : '出內'은 바로 '出納'이다.

## 70-28-8 皆爲平直(치)其賈하여 與主劵人書之라

모두 가격을 공평하게 매기고서 主劵하는 사람과 함께 그 값을 써 둔다.

151) 備城門篇 收諸盆甕 : 본서 5책 52-22-39에 보인다.

舊本券人二字到라 王引之云 主人券은 當作主券人이니 謂與主券之人으로 使書其價也라 雜守篇에 曰 民獻粟米布帛金錢牛馬畜產은 皆爲置平賈하여 與主券書之라하니 是其證이라 今本券人二字誤倒하니 則義不可通이라하다 案 王說是也니 今據乙이라

舊本에 '券人' 2자는 글자의 순서가 뒤바뀌어 있다.

王引之 : '主人券'은 '主券人'이 되어야 하니 主券하는 사람과 함께 그 값을 쓰게 한다는 말이다. 〈雜守〉에 "백성이 올린 곡식, 布帛, 金錢, 牛馬, 畜產은 모두 공평하게 가격을 매기고서 主券하는 사람과 함께 그 값을 써 둔다.〔民獻粟米布帛金錢牛馬畜產 皆爲置平賈 與主券書之〕"라고 하였으니, 바로 그 증거이다. 今本에 '券人' 2자는 순서가 잘못 뒤바뀌어 있는데 뜻이 통하지 않는다.

案 : 王引之의 說이 맞으니 지금 이에 의거하여 글자의 순서를 바꾼다.

**70-28-9 事已어든 皆各以其賈倍償之라**

전쟁이 끝나면 모두 각각 그 가격에 따라 주인에게 갑절로 償還한다.

畢云 古償只作賞하니 此俗寫라하다

畢沅 : '償'의 古字는 '賞'으로만 되어 있으니 여기서는 俗字로 쓴 것이다.

**70-28-10 又用其賈貴賤多少賜爵하되 欲爲吏者許之하고 其不欲爲吏而欲以受賜賞爵祿이어나 若贖出親戚所知罪人者는**

또 그 〈거둬들였던〉 가격의 높고 낮음과 물건의 많고 적음에 따라 爵位를 내리되, 관리가 되고자 하는 자는 허락하고, 관리가 되기를 바라지 않고 상과 爵祿을 받고자 하거나 親戚이나 知人 중의 罪人을 代贖하여 꺼내기를 바라는 자는

出은 舊本誤士라 王引之云 贖士二字는 義不可通이라 士當爲出이니 謂以財物贖出其親戚所知罪人也라 上文云 知識昆弟有罪而欲爲贖하여 若以粟米錢金布帛他財物免出者는 許之라하니 是其證이라 隸書出士二字相似라 故諸書中出字多訛作士라하다 案 王說是也니 今據正이라

'出'은 舊本에 '士'로 잘못되어 있다.

王引之 : '贖士' 2자는 뜻이 통하지 않는다. '士'는 '出'이 되어야 하니 財物을 써서 그 親

戚과 知人 중의 罪人을 대속하여 꺼낸다는 말이다. 위 글(70-15-3)에 '知識昆弟有罪 而欲爲贖 若以粟米錢金布帛他財物免出者 許之(知人이나 형제에게 죄가 있을 때 그들을 위해 贖罪하여 곡식, 金錢, 布帛 및 기타 재물을 써서 죄를 사면받아 꺼내고자 하는 경우에는 〈法令으로〉 허락한다.)'라고 하였으니 이것이 그 증거이다. 隷書에 '出'과 '士' 2자가 서로 비슷하므로 서책들에서 '出'자가 '士'로 잘못되어 있는 경우가 많다.

案 : 王引之의 說이 맞으니 지금 이에 의거하여 바로잡는다.

**70-28-11 以令許之**라 **其受構賞者**는 **令葆宮見**하여

法令으로 허락한다. 포상과 爵祿 등의 상을 받은 자들은 葆宮에 나와 뵙게 하여

宮은 舊本作官이라 蘇云 當作宮이라하니 是也라 今據正이라

'宮'은 舊本에 '官'으로 되어 있다. 蘇時學은 "'宮'이 되어야 한다."라고 하였는데 맞다. 지금 이에 의거하여 바로잡는다.

**70-28-12 以與其親**이라

〈윗사람이〉 그들과 친근함을 표시해 준다.

與는 吳鈔本作予라

'與'는 吳鈔本에 '予'로 되어 있다.

**70-28-13 欲以復佐上者**는 **皆倍其爵賞**이라 **某縣某里某子家食口二人**에 **積粟六百石**이요 **某里某子家食口十人**에 **積粟百石**이라

〈받은 상으로〉 다시 윗사람을 돕고자 하는 자에게는 모두 작록과 상을 갑절로 준다. 〈곡식의 수량을 스스로 헤아려 보고하는 형식은〉 '어떤 縣의 어떤 마을에 어떤 이의 집은 食口 2명에 쌓아둔 곡식 6백 石', '어떤 마을 어떤 이의 집은 식구 10명에 쌓아둔 곡식 1백 石'이다.

蘇云 此即自占其石升之數也라하다

蘇時學 : 이 대목은 바로 그 섬과 되의 수량을 스스로 헤아려 보고하는 〈형식이다.〉

**70-28-14 出粟米有期日**하니 **過期不出者**는 **王公有之**라 **有能得若告之**어든 **賞之什三**이라 **愼無令民知吾粟米多少**라

곡식을 내놓는 데 기일이 있으니, 기일이 지났는데도 내놓지 않는 경우에는 王公이 몰수한다. 적발하거나 보고하는 이가 있으면 10분의 3을 상으로 준다. 절대로 백성들로 하여금 아군이 양식을 얼마나 보관하고 있는지 알지 못하게 한다.

無는 吳鈔本作毋라 以上占收民食之法이라

'無'는 吳鈔本에 '毋'로 되어 있다. 이상은 백성의 식량을 헤아려 보고받아 거두는 法이다.

**70-29-1 守入城**하여 **先以候爲始**하니

太守가 성에 들어가서는 먼저 偵探을 뽑는 일부터 시작하는데

蘇云 候는 謂訪知敵情者라하다

蘇時學 : '候'는 敵情을 탐지하는 것을 말한다.

**70-29-2 得輒宮養之**하고 **勿令知吾守衛之備**라 **候者爲異宮**하되

〈偵探을〉 얻으면 바로 葆宮에서 지내도록 하고 아군의 방어 준비에 대해 알지 못하게 한다. 정탐은 서로 딴 집에 거처하게 하되

吳鈔本作官이라

〈'宮'은〉 吳鈔本에 '官'으로 되어 있다.

**70-29-3 父母妻子皆同其宮**하고 **賜衣食酒肉**하고 **信吏善待之**라 **候來若復**이어든 **就(閒)〔問〕**[152)]이라

父母와 妻子는 모두 같은 집에서 살게 하고, 옷과 음식, 술과 고기를 주고 믿을 만한 관리를 보내 그들을 잘 대해 준다. 정탐이 돌아와 보고하면 〈정보를〉 묻는다.

---

152) (閒)〔問〕 : 저본에는 '閒'으로 되어 있으나, ≪墨子今注今譯≫의 岑仲勉의 說에 의거하여 '問'으로 바로잡았다.

小爾雅廣詁에 云 間은 隙也라하다

≪小爾雅≫ 〈廣詁〉에 "'間'은 틈〔隙〕이다."라고 하였다.

### 70-29-4 守宮三(難)〔雜〕하되

守宮(太守의 집)은 〈담장을〉 세 겹으로 두르되

難當爲雜이라 雜守篇에 云 塹再雜[153)]이라하니 此三雜은 猶言三帀(잡)也라 上亦云 葆宮之牆必三重이라하다 雜은 訓帀이니 詳經上篇[154)]이라

'難'은 '雜'이 되어야 한다. 〈雜守〉에 "참호를 거듭 두른다.〔塹再雜〕"라고 하였으니, 이 대목의 '三雜'은 '三帀'이라는 말과 같다. 위(70-25-2)에서도 '葆宮之牆必三重(葆宮의 담장은 반드시 세 겹으로 두른다.)'이라 하였다. '雜'은 '帀(두르다)'의 뜻이니 〈經 上〉에 자세히 설명하였다.

### 70-29-5 外環隅爲之樓하고 內環爲樓하고 樓入葆宮丈五尺爲復(복)道라

바깥 둘레의 담장 모퉁이에도 누각을 짓고 안쪽 둘레의 담장에도 누각을 짓고, 누각에서 보궁으로 들어가는 1장 5척의 復道를 만든다.

蘇云 復은 與複通이라 上下有道라 故曰復이라

蘇時學 : '復'은 '複'과 通用한다. 위와 아래 이중으로 길이 있으므로 '復'이라고 하였다.

### 70-29-6 葆不得有室하고

葆宮에는 室을 두어서는 안 되고

備城門篇에 云 城門內不得有室이요 爲周宮[155)]이라하니 若然이면 葆宮亦無室이요 唯爲周宮也라

---

153) 雜守篇……塹再雜 : 71-7-5에 보인다.
154) 雜……詳經上篇 : 본서 3책 40-20-2에 보인다.
155) 備城門篇……爲周宮 : 본서 5책 52-22-42에 보이는데, 거기서 周宮은 도성 궁궐 안에 빙 둘러서 짓는 것으로 대개 官舍만 있고 室은 없는 것이라고 하였다.

〈備城門〉에 "城門 안에는 室을 두어서는 안 되고 周宮을 짓는다.〔城門內不得有室 爲周宮〕"라고 하였으니, 만약 그렇다면 葆宮에도 室은 없고 오직 周宮만 짓는 것이다.

**70-29-7 三日一發席蓐**(욕)하여 **略視之**하고 **布茅宮中**하니 **厚三尺**[156]**以上**이라

사흘에 한 번씩 깔개를 들어 올려 대략 살피고, 보궁 안에는 띠풀을 까는데 두께는 3척 이상이다.

未詳其用이라

그 용도는 알 수 없다.

**70-29-8 發候**에 **必使鄕邑忠信善重士**하고 **有親戚妻子**어든 **厚奉資之**라 **必重發候**에 **爲養其親若妻子**하고 **爲異舍**하여 **無與員同所**하고

偵探을 보낼 때는 반드시 鄕邑(고향 마을)의 충성스럽고 믿음직하며 유능하고 진중한 사람을 시키고, 親戚과 妻子가 있으면 물자를 넉넉하게 주어 살도록 한다. 반드시 거듭 정탐을 보낼 때는 그들의 친척과 처자를 잘 부양해 주고 딴 집에 거처하여 무리와 함께 있지 않도록 하고

廣雅釋詁에 云 員은 衆也라하다

≪廣雅≫ 〈釋詁〉에 "'員'은 무리〔衆〕이다."라고 하였다.

**70-29-9 給食之酒肉**이라 **遣他候**에 **奉資之如前候**요 **反**에 **相參審信**하면

술과 고기 등의 음식은 넉넉히 주도록 한다. 다른 정탐을 보낼 때에도 이전의 정탐처럼 〈친척과 처자에게〉 물자를 주어 살도록 한다. 〈정탐이〉 돌아왔을 때 〈이전 정탐의 정보와〉 상호 증험하여 진실하고 믿을 만하면

蘇云 參은 猶驗也라 信은 謂其言不妄이라하다

蘇時學 : '參'은 驗(증험)과 같다. '信'은 그 말이 虛妄하지 않다는 말이다.

---

156) 尺 : ≪墨子今注今譯≫에서는 岑仲勉의 교감에 의거하여 '尺'을 '三'으로 교감하였다.

70-29-10 厚賜之라 候三發三信이어든 重賜之라 不欲受賜而欲爲吏者는 許之二百石之吏하고

후하게 상을 내린다. 정탐을 세 차례 보내 세 차례 다 믿을 만하면 거듭 후하게 상을 내린다. 상을 받고자 하지 않고 관리가 되고자 하는 자는 2백 석의 관리에 임명하도록 허락하고

商子境內篇에 有千石八百石七百石六百石之令하고 此云二百石之吏하고 下又有三百石之吏하니 蓋秩視小吏라 韓非子外儲說右篇에 云 燕王收吏璽[157]하여 自三百石以上을 皆效之子之[158]라하다

≪商子≫ 〈境內〉에는 1천 석, 8백 석, 7백 석, 6백 석의 令이 있는데, 여기에서는 2백 석의 관리를 말하였고, 아래(70-29-14)에 또 3백 석의 관리가 있으니, 대체로 祿秩이 小吏에 준하는 듯하다. ≪韓非子≫ 〈外儲說右〉에 "연나라 왕(子噲)이 관리의 官印을 거두어 3백 석 이상의 官印을 모두 子之에게 주어 처리하게 하였다.〔燕王收吏璽 自三百石以上皆效之子之〕"라고 하였다.

70-29-11 守珮授之印

太守가 官印을 주어 차게 한다.

畢云 佩字는 俗寫從玉이라하다

畢沅 : '佩'자는 俗字로 부수가 '玉'이다.

70-29-12 其不欲爲吏而欲受構賞〔爵〕祿이어든 皆如前이라

관리가 되고자 하지 않고 상과 爵祿을 받고자 하면 모두 앞서와 같이 한다.

祿上에 疑當有爵字니 上文云 其不欲爲吏而欲以受賜賞爵祿은 以令許之라하고 下又

157) 燕王收吏璽 : ≪韓非子≫ 권14 〈外儲說右下〉에는 '王' 뒤에 '因'자가 있다.

158) 韓非子外儲說右篇……皆效之子之 : 春秋時代 燕 易王이 죽고 아들 子噲가 임금이 되었는데, 鹿毛壽가 건의하여 나라를 재상 子之에게 讓位하면 堯임금과 같은 명성을 얻을 수 있다고 설득하자, 자쾌가 이를 믿고 재상 자지에게 권력을 넘기고 자신은 신하의 자리에 섰다. 이에 연나라가 크게 혼란스러워져 제나라의 공격을 받아 자쾌는 죽임을 당하고 자지는 도망하였다.(≪史記≫ 권34 〈燕昭公世家〉)

云 其構賞爵祿罪人倍之라하니 皆可證이라

'祿' 앞에 아마도 '爵'자가 있어야 할 듯하니, 위 글(70-28-10)에서 '其不欲爲吏而欲以受賜賞爵祿 以令許之'라 하고, 아래(70-29-17)에서도 '其構賞爵祿罪人倍之'라 하였으니, 모두 증거로 삼을 수 있다.

## 70-29-13 有能入深至主國者하여

깊이 침투해 〈적의〉 國都까지 가서 〈정탐한〉 자가 있어

主國은 國都라

主國은 國都이다.

## 70-29-14 問之審信이어든 賞之倍他候라 其不欲受賞而欲爲吏者는 許之三百石之吏라

물어보아 진실하고 믿을 만하면 다른 偵探보다 갑절로 상을 준다. 상을 받고자 하지 않고 관리가 되고자 하는 자는 3백 석의 관리가 되도록 허락한다.

爲吏는 舊本作爲利라 三百石之吏는 舊本作三百之侯하고 道藏本茅本侯又作候라 王云 利當爲吏니 上文云 不欲受賜而欲爲吏者라하니 即其證이라 吏利俗讀相亂이라 故吏訛作利라하다 王引之云 三石之侯當作三百石之吏라 上文候三發三信이어든 許之二百石之吏라한대 此文能深入至主國者는 賞之倍他候라 故許之三百石之吏라 上文云 有能捕告之者어든 封之以千家之邑이라 若非其左右及他伍捕告者면 封之二千家之邑이라하니 是其例也라 今本石上脫百字하고 吏字又訛作侯하니 則義不可通이라 案 王校是也요 蘇說同이라 茅本利正作吏하니 今竝據補正이라

'爲吏'는 舊本에 '爲利'로 되어 있다. '三百石之吏'는 舊本에 '三百之侯'로 되어 있고, 道藏本, 茅本에는 '侯'가 또 '候'로 되어 있다.

王念孫 : '利'는 '吏'가 되어야 하니, 위 글(70-29-10)에 '不欲受賜而欲爲吏者'라 하였으니, 바로 그 증거이다. '吏'와 '利'는 俗音으로 읽을 때 혼동되기 때문에 '吏'가 '利'로 잘못된 것이다.

王引之 : '三石之侯'는 '三百石之吏'가 되어야 한다. 위 글(70-29-10)에 '候三發三信 許之

二百石之吏'라 하였는데 이 글에서는 깊이 침투해 적의 國都에 이르러 〈정탐한〉 자는 다른 정탐보다 갑절로 상을 주므로 3백 석의 관리를 허락하는 것이다. 위 글(70-22-4)에 '有能捕告之者 封之以千家之邑 若非其左右及他伍捕告者 封之二千家之邑(〈같은 伍의 죄인을〉 잡아 보고하는 자가 있으면 1천 家의 邑을 봉해 준다. 만약 자기 左右에 있는 이가 아닌 경우 및 다른 伍의 죄인을 잡아 보고하는 자라면 2천 가의 읍을 봉해 준다.)'라 하였으니, 이것이 그 例이다. 今本에는 '石' 앞에 '百'자가 빠졌고, '吏'자는 또 '侯'로 잘못되어 있으니, 뜻이 통하지 않는다.

案 : 王引之의 校勘이 맞고, 蘇時學의 說도 같다. 茅本에는 '利'가 바로 '吏'로 되어 있으니, 지금 모두 이에 의거하여 보충하고 바로잡는다.

### 70-29-15 扞(한)士受賞賜者는

〈성을〉 지킨 士로서 상을 받는 경우

**左傳桓二年杜注**에 **云 扞**은 **衛也**라하고 **國策西周策高注**에 **云 扞**은 **衛也**라하다 **蘇云 扞士**는 **能却敵者**라하다

≪春秋左氏傳≫ 桓公 2년 杜預의 注에 "'扞'은 지킴〔衛〕이다."라고 하고, ≪戰國策≫ 〈西周策〉의 高誘 注에 "'扞'은 지킴〔衛〕이다."라고 하였다.

蘇時學 : '扞士'는 능히 敵을 물리친 자이다.

### 70-29-16 守必身自致之(其親之)其親之所하여 (見)〔令〕其見守之任[159]이라

太守는 반드시 몸소 그의 어버이가 있는 곳에 가서 그들로 하여금 태수가 책임지고 있음을 보게 한다.

**蘇云 其親之三字誤重**이요 **上見字疑當作令**이라 **卽上所謂守身尊寵**하고 **明白貴之者也**라하다 **詒讓案 上文云 城外令任 城內守任**이라 **故云 守之任**이라 **但義仍難通**이라하다

蘇時學 : '其親之' 3자는 잘못 중복된 것이고, 앞의 '見'자는 아마도 '令'이 되어야 할 듯

159) (見)〔令〕其見守之任 : 孫詒讓은 이 대목의 뜻이 통하지 않는다고 보았는데 蘇時學의 설을 따라 일단 앞의 '見'을 '令'으로 보아 번역하였다. ≪墨子今注今譯≫에서는 蘇時學의 설을 따르되 '任'은 '신임'으로 보고서, "그들로 하여금 태수가 신임하고 있음을 보게 한다."라고 하였다.

하다. 바로 위(70-21-12)에서 이른바 '守身尊寵 明白貴之(太守는 몸소 〈그들을〉 영광스럽게 해주고 분명히 알 정도로 귀하게 대한다.)'라는 것이다.

詒讓案 : 위 글(70-14-1)에서 '城外令任 城內守任(성 밖은 縣令이 책임을 지고 성 안은 太守가 책임을 진다.)'이라 하였으므로 '守之任'이라 한 것이다. 다만 뜻은 여전히 통하지 않는다.

### 70-29-17 其欲復以佐上者는 其構賞爵祿〔贖出〕罪人倍之[160]라

〈받은 상으로〉 다시 윗사람을 돕고자 하는 자에게는 그 賞과 爵祿, 代贖하여 꺼낼 수 있는 죄인의 수를 갑절로 한다.

王引之云 罪人二字與上下文不相屬하니 蓋衍文이라하다 案 罪人上當有贖出二字니 王以爲衍文은 非라

王引之 : '罪人' 2자는 위아래 글과 서로 이어지지 않으니, 아마도 잘못 들어간 글인 듯하다.

案 : '罪人' 앞에 '贖出' 2자가 있어야 하니, 王引之가 잘못 들어간 글이라 한 것은 잘못 본 것이다.

### 70-30-1 出候無過十里하고

정찰병을 내보낼 때 〈범위는 성곽에서〉 10리를 넘지 않고

出은 舊本訛士라 王引之云 士亦當爲出[161]이니 謂出候敵人無過十里也라 下文曰 候者日暮出之라하니 是其證이라하다 蘇云 此候謂斥候라하다 詒讓案 說文人部에 云 候는 伺望也라하다 斥與候不同하니 詳後及雜守篇[162]이라

'出'은 舊本에 '士'로 잘못되어 있다.

王引之 : 〈이 대목의〉 '士' 역시 '出'이 되어야 하니, 적을 정찰하기 위해 정찰병을 내보

160) 其欲復以佐上者 其構賞爵祿〔贖出〕罪人倍之 : 이 대목은 70-28-13과 내용이 비슷하다.

161) 士亦當爲出 : 70-28-10에서 王引之가 '贖士'의 '士'를 '出'로 교감하였다.

162) 斥與候不同 詳後及雜守篇 : 70-30-13과 71-8-5에 보인다. 孫詒讓은 候는 성곽에서 10리 밖까지 돌아다니며 정찰하는 것이고, 斥은 성곽을 巡邏하며 정찰하는 것으로 '遮'와 같다고 하였다. 이를 따라 候는 정찰병으로, 斥은 경계병으로 번역하였다.

낼 때 성곽에서 10리를 넘어가지 않는다는 말이다. 아래 글(70-30-7~8)에 '候者日暮出之'라 하였으니 바로 그 증거이다.

蘇時學 : 이 대목의 '候'는 斥候를 말한다.

詒讓案 : ≪說文解字≫ 人部에 "'候'는 伺望(엿보고 망봄)이다."라고 하였다. '斥'과 '候'는 같지 않으니, 뒷글 및 〈雜守〉에 자세히 설명하였다.

## 70-30-2 居高便所樹表하고 表三人守之하되 比至城者(三)〔五〕表하고

높은 곳에 있는 편리한 자리에 表(標識)를 세우고 表마다 세 사람이 지키되 〈성 밖에서〉 성에 이르기까지 表 다섯 개를 세우고

**舊本比訛北**이라 **王云 北字義不可通**하니 **北當爲比**라하다 **比**는 **及也**라 **顧蘇說同**이라 **案 茅本正作比**하여 **不誤**라 **今據正**이라 **王引之云 三表當爲五表**니 **說見後**라

舊本에는 '比'가 '北'으로 잘못되어 있다.

王念孫 : '北'자는 뜻이 통하지 않으니 '北'은 '比'가 되어야 한다. '比'는 미침〔及〕이다.

顧廣圻, 蘇時學의 說은 같다.

案 : 茅本에는 바로 '比'로 되어 있어 잘못되지 않았다. 지금 이에 의거하여 바로잡는다.

王引之 : '三表'는 '五表'가 되어야 하니 설명이 뒤(70-30-23)에 보인다.

## 70-30-3 與城上烽燧相望하여

성 위의 봉수대와 서로 바라보도록 하고서

**畢云 說文**에 **云 烽**은 **燧**[163]니 (表候)〔**候表**〕[164]**也**라 **邊有警則擧火**라하고 **饚**(수)는 **塞**(새)**上亭守㷭火者**라 **㸂**(수)는 **篆文省**(생)이라하다 **漢書注**에 **云 孟康曰 㷭**은 **如覆米䉛**(욱)이니 **縣著契**[165]**皐頭**라가 **有寇則擧之**요 **燧**는 **積薪**이라가 **有寇卽燔然之也**라하다 **此二字省**(생)

163) 烽 燧 : 본래 '烽'은 낮에 불을 내 연기를 피워 올려 경보를 전하는 것이고, '燧'는 밤에 횃불을 밝혀 경보를 전하는 것인데, 여기서는 비슷한 글자들끼리 서로 해석하는 互訓의 방식으로 풀이한 것이다.

164) (表候)〔候表〕 : 저본에는 '表候'로 되어 있으나, ≪說文解字≫에 의거하여 '候表'로 바로잡았다. 候表는 정찰병이 적정을 살피다가 보고할 일이 있으면 봉화를 올려 알리는 것을 이른다.

165) 契 : ≪史記≫ 권117 〈司馬相如列傳〉에는 '桔'로 되어 있다.

文이라하다

畢沅：≪說文解字≫에 "'熢'은 燧(봉화)이니 候表이다. 邊境에 警報가 있으면 불을 올린다."라고 하고, "'䕼'는 邊塞의 亭에서 烽火를 지키는 자이다. '燧'는 篆文의 略字이다."라고 하였다. ≪漢書≫의 注에 "孟康이 말하기를, 「㷭」은 覆米簍(쌀을 이는 조리)과 비슷하니 桔槔(도르래)의 머리에 매어 두었다가 적이 나타나면 피우는 것이요, 「燧」는 땔나무를 쌓아놓았다가 적군이 나타나면 바로 불사르는 것이다.'라고 하였다."라고 하였다. 이 2자(熢燧)는 略字이다.

**70-30-4 晝則擧烽**하고 **夜則擧火**라 **聞寇所從來**하고 **審知寇形必攻**하고 **論小城不自守通者**[166)]어든

낮에는 烽煙을 올리고 밤에는 횃불을 올린다. 적이 어디로 쳐들어올지 듣고 적의 형세가 반드시 공격할 것을 탐지하고서 성이 작아 스스로 지키지 못하고 〈大城과〉 연결되지 못한다고 판단되면

言城小不能自守요 又不能自通於大城也라

城이 작아 능히 스스로 지키지 못하고 大城과 스스로 연결되지 못한다는 말이다.

**70-30-5 盡葆其老弱粟米畜產**이라 **遣卒候者無過五十人**이요 **客至堞**이어든 **去之**하되

〈적들에게서〉 그 노인과 아이, 곡식, 축산을 힘을 다해 보호한다. 내보내는 정찰병은 50명을 초과하지 않고 적이 성에 달라붙어 기어오르면 그들을 철수시키되

至堞은 謂傅城也라 傅城則諜無所用하여 欲去之라

'至堞'은 성에 달라붙어 기어오른다는 말이다. 성에 달라붙어 기어오르면 정찰병을 쓸 데가 없어 그들을 철수시키려는 것이다.

**70-30-6 愼無厭(建)〔逮〕**라

절대로 지체하지 않도록 한다.

---

166) 論小城不自守通者：岑仲勉은 '守通'을 그 교통하는 길을 지키는 것이라고 하였다. 이를 따라 번역하면 "성이 작아서 스스로 교통하는 길을 지키지 못한다고 판단되면"이다.

建讀爲券이니 聲近字通이라 考工記輈人에 左不楗이라한대 杜子春[167)]云 書楗或作券이라하고 鄭康成云 券은 今倦字也[168)]라하다 又雜守篇作唯弇逮[169)]하니 則疑建卽逮之形誤라 逮與怠音近古通하니 非儒篇에 立命而怠事[170)]라한대 晏子春秋外篇怠作建이라 二義竝通하니 未知孰是로다

'建'은 '券'으로 읽으니 聲音이 비슷하고 글자가 통한다. ≪周禮≫ 〈考工記 輈人〉에 "수레 왼쪽에 있는 尊者가 피곤해하지 않는다.〔左不楗〕"라고 하였는데, 杜子春은 "책에 '楗'은 더러 '券'으로 되어 있다.〔書楗或作券〕"라고 하고, 鄭康成은 "'券'은 지금의 '倦'자이다."라고 하였다. 또 〈雜守〉에 '唯弇逮(지체해서는 안 된다.)'라고 하였으니, 아마도 '建'은 바로 '逮'의 字形이 잘못된 것인 듯하다. '逮'와 '怠'는 聲音이 비슷하여 옛날에는 통용하였으니, 〈非儒下〉에 "운명을 따르고 국사를 게을리한다.〔立命而怠事〕"라고 하였는데, ≪晏子春秋≫ 〈外篇〉에는 '怠'가 '建'으로 되어 있다. 두 뜻이 모두 통하니 어느 것이 옳은지 모르겠다.

### 70-30-7 候者曹無過三百人이요

정찰병 인원은 3백 명을 초과하지 않고

此人數與上不同하니 未詳其說이라

이 대목의 사람 수는 위(70-30-5)의 내용과 같지 않으니 그 說을 알 수 없다.

### 70-30-8 日暮出之엔

날이 저물어 성을 나갈 때는

畢云 据上文컨대 暮當爲莫(모)라하다

畢沅 : 위 글에 근거하면 '暮'는 '莫'가 되어야 한다.

---

167) 杜子春 : B.C. 30~58. 前漢 末에 경학자 劉歆, 鄭衆, 賈逵 등에게 배웠으며 周禮學의 기초를 닦았다. 이후 그의 ≪周禮≫ 주석은 鄭玄의 ≪三禮注解≫에 채용되었다.

168) 杜子春云……今倦字也 : 두자춘은 "'楗'은 '蹇'으로 읽는다. 왼쪽 사람이 불편하게 몰면 말이 힘들어 절뚝이고 輈人이 잘 몰면 말이 절뚝이지 않는다.〔楗讀爲蹇 左面不便馬苦蹇 輈調善則馬不蹇也〕"라고 하였고, 鄭玄은 '楗'을 '券(倦)'으로 읽었는데, 여기서 '左不楗'은 鄭玄의 설을 따라 번역하였다. 참고로, 두자춘의 설을 따라 '楗'을 '蹇'으로 보고 '左不楗'을 번역하면 "왼쪽의 御者가 잘 몰아 말이 절뚝이지 않는다."이다.

169) 又雜守篇作唯弇逮 : 71-8-1에 보인다.

170) 非儒篇 立命而怠事 : 본서 3책 39-9-5에 보인다.

**70-30-9 爲(微職)〔徽識(휘지)〕라**

휘장을 표시하고 다닌다.

畢云 卽徽織이니 微當爲徽라 說文에 云 徽는 幟也니 以絳帛箸(착)於背라 從巾微省(생)聲이라 春秋傳에 曰 揚徽者公徒[171)]라하다 東京賦에 云 戎士介而揚揮라한대 薛綜注에 云 揮爲肩上絳幟 如燕尾라하니 亦卽徽也라 說文又無幟字일새 當借織爲之라하다 詒讓案 正字當作徽識니 周禮司常鄭注作徽識라 以微徽爲徽하고 職爲識는 皆同聲假借字라 詳前旗幟篇[172)]이라

畢沅 : 바로 '徽織'이니 '微'는 '徽'가 되어야 한다. ≪說文解字≫에 "'徽'는 幟(표지)이니 붉은 비단으로 만들어 등에 붙이는 것이다. '巾'이 의미를 나타내는 부분이고 '微'의 생략된 부분이 소리를 나타내는 부분으로 이루어진 형성자이다. ≪春秋左氏傳≫에 '깃발을 휘날리는 자는 公의 무리이다.〔揚徽者公徒〕'라고 하였다."라고 하였다. 〈東京賦〉에 "戎士가 갑옷을 입고 깃발을 휘날린다.〔戎士介而揚揮〕"라고 하였는데, 薛綜의 注에 "'揮'는 어깨 위의 絳幟(진홍 깃발)로 제비 꼬리 같다.〔揮爲肩上絳幟如燕尾〕"라고 하였으니, 역시 바로 '徽'이다. ≪說文解字≫에는 또 '幟'자가 없기에 '織'을 빌려 쓴 것이다.

詒讓案 : 正字는 '徽識'가 되어야 하니 ≪周禮≫ 〈春官 司常〉의 鄭玄 注에 '徽識'로 되어 있다. '微', '徽'로 '徽'를 표시하고 '職'으로 '識'를 표시한 것은 모두 聲音이 같은 假借字이다. 앞의 〈旗幟〉에 자세히 설명하였다.

**70-30-10 空隊要塞(새)之人所往來者에**

사람들이 왕래하는 으슥한 길과 험고한 곳에

蘇云 隊當作隧라 要塞는 謂險隘之處也라 之人二字誤倒라하다 詒讓案 隊隧字通이라

蘇時學 : '隊'는 '隧'가 되어야 한다. 要塞는 險隘한 곳을 말한다. '之人' 2자는 잘못 순서가 뒤바뀌었다.

詒讓案 : '隊'자와 '隧'자는 통용한다.

171) 春秋傳……揚徽者公徒 : ≪春秋左氏傳≫ 昭公 21년에 보인다.
172) 詳前旗幟篇 : 69-5-1, 69-7-1에 보인다.

### 70-30-11 令可(□)〔以跡〕이니 跡者無下里三人이요 平〔明〕而跡이라

추적할 수 있게 하니, 추적하는 자는 里마다 3인 이하로 내려가지 않고 동이 트면 추적한다.

王引之云 此當作人所往來者令可以跡跡者無下里三人平明而跡이라 言人所往來之道는 必令可以跡이니 其跡者之數는 無下里三人이요 至平明時而跡之也라 雜守篇에 云 距阜山林은 皆令可以跡이요 平明而跡[173]라하니 是其證이라 今本可下脫以跡二字하고 平下又脫明字하니 則義不可通이라 周官跡人注에 跡之言跡知禽獸處라하다 雜守篇에 曰 可以跡知往來者少多[174]라하다

王引之 : 이 대목은 응당 '人所往來者 令可以跡 跡者無下里三人 平明而跡'이 되어야 한다. 사람이 왕래하는 길은 반드시 追跡할 수 있게 하는데 추적하는 자의 숫자는 里마다 3인 이하로 내려가지 않고 동이 틀 때에 이르러 추적한다는 말이다. 〈雜守〉에 "큰 언덕과 산림은 모두 추적하게 할 수 있으니 동이 트면 추적한다.〔距阜山林 皆令可以跡 平明而跡〕"이라 하였으니, 바로 그 증거이다. 今本에 '可' 뒤에 '以跡' 2자가 빠지고 '平' 뒤에 또 '明'자가 빠져 있으니, 뜻이 통하지 않는다. ≪周官≫ 〈地官 跡人〉의 注에 "'跡'이라는 말은 금수가 있는 곳을 자취로 알아내는 것이다.〔跡之言 跡知禽獸處〕"라고 하였다. 〈雜守〉에 "왕래하는 자의 숫자를 자취로 알아낼 수 있다.〔可以跡知往來者少多〕"라고 하였다.

### 70-30-12 各立其表어든 城上應之라 候出越陳表나

〈추적하는 자가〉 각각 表(표지)를 세워 알리면 성 위에서 이에 호응한다. 정찰병은 〈성곽 밖〉 田表(田野에 설치한 표지)를 넘어가지만

陳表는 雜守篇作田表[175]라 田陳古音相近하니 字通이라 田表는 謂郭外之表也라

'陳表'는 〈雜守〉에 '田表'로 되어 있다. '田'과 '陳'은 古音이 서로 비슷하고 글자도 통용한다. '田表'는 城郭 밖의 表를 말한다.

### 70-30-13 遮坐郭門之外內하여

173) 雜守篇……平明而跡 : 71-8-2에 보인다.
174) 雜守篇……可以跡知往來者少多 : 71-4-8에 보인다.
175) 陳表 雜守篇作田表 : 71-8-4에 보인다.

경계병은 外城 문의 안팎에 앉아서

國語晉語에 候遮扞衛[176]不行이라한대 韋注에 云 遮는 遮罔也라 晝則候遮하고 夜則扞衛라하다 說文辵(착)部에 云 遮는 遏也라하다 案 遮는 雜守篇謂之斥이라 此候與遮二者不同하니 候出郭十里하여 跡知敵往來多少어니와 遮則守郭門不遠出이라 候遮各有表與城上相應이라 蓋郭外候者置表하고 郭內遮者置表與인저

≪國語≫ 〈晉語〉에 "候遮나 扞衛를 두지 않았다.〔候遮扞衛不行〕"라고 하였는데, 韋昭의 注에 "'遮'는 遮罔(정찰하며 순라함)이다. 낮에는 候遮하고 밤에는 扞衛한다."라고 하였다. ≪說文解字≫ 辵部에 "'遮'는 遏(막음)이다."라고 하였다.

案 : '遮'는 〈雜守〉에 '斥'이라 하였다. 이 대목의 '候'와 '遮' 두 가지는 같지 않으니 정찰병〔候〕은 성곽에서 10리를 나가 적이 왕래한 숫자를 자취로 알아내지만, 경계병〔遮〕은 성곽 문을 지키면서 멀리 나가지 않는다. 정찰병〔候〕과 경계병〔遮〕은 각각 表를 세워 城 위와 서로 호응한다. 아마도 성곽 밖에는 정찰하는〔候〕 자가 表를 설치하고 성곽 안에는 경계하는〔遮〕 자가 表를 설치하는 것일 듯하다.

70-30-14 立其表하여 令卒之半居門內하여 令其少多無可知也라

表를 세우고서 〈병졸의 절반은 문 밖에 있게 하고〉 병졸의 절반은 문 안에 있게 하여 〈적으로 하여금〉 우리 병졸의 규모를 알 수 없게 한다.

舊本半作少하고 無可知也作無知可也라 王引之云 此當作令卒之半居門內令其少多無可知也니 言令其卒半在門外하고 半在門內하여 不令人知我卒之多少也라 雜守篇에 云 卒半在內하여 令多少無可知[177]라하니 是其證이라 上文云 愼無令民知吾粟米多少라하니 意與此同이라 今本半作少者는 涉下句少多而誤요 可知又誤作知可하니 則義不可通이라 案 王校是也요 蘇說同이라 茅本正作無可知也하여 不誤라 今據正이라

舊本에는 '半'이 '少'로 되어 있고 '無可知也'가 '無知可也'로 되어 있다.

176) 候遮扞衛 : 候遮는 낮에 세우는 경계 근무이고 扞衛는 밤에 세우는 경계 근무이다. 候는 성곽에서 10리 밖까지 돌아다니며 偵察하는 것이고, 遮는 성곽을 巡邏하며 정찰하는 것이다. 扞衛는 羅闌과 狗附를 이르는 바, 羅闌은 營壘로부터 50步 밖에서 화살을 메운 쇠뇌를 팽팽하게 당기고서 誰何하는 군사이고, 狗附는 20명씩 짝을 지어 營壘로부터 3백步 밖에서 개를 데리고 전후좌우를 살피는 밤에 세우는 보초들이다.

177) 雜守篇……令多少無可知 : 71-8-6에 보인다.

王引之 : 이 대목은 '令卒之半居門內 令其少多無可知也'가 되어야 하니, 그 병졸의 절반은 문 밖에 있게 하고 절반은 문 안에 있게 하여 적으로 하여금 우리 병졸의 규모를 알지 못하게 한다는 말이다. 〈雜守〉에 "병졸의 절반은 안에 두어 〈적으로 하여금〉 우리 병졸의 규모를 알 수 없게 한다.〔卒半在內 令多少無可知〕"라고 하였으니, 바로 그 증거이다. 위 글(70-28-14)에 '愼無令民知吾粟米多少(절대로 백성들로 하여금 아군이 곡식을 얼마나 보관하고 있는지 알지 못하게 한다.)'라 하였으니, 뜻이 이 대목과 같다. 今本에 '半'이 '少'로 되어 있는 것은 아래 句의 '少多'와 연관되어 잘못된 것이고, '可知'는 또 '知可'로 잘못되어 있으니, 뜻이 통하지 않는다.

案 : 王引之의 校勘이 맞고 蘇時學의 說은 같다. 茅本에는 '無可知也'로 바르게 되어 있어 잘못되지 않았다. 지금 이에 의거하여 바로잡는다.

### 70-30-15 卽有驚하여

危急한 警戒 상황이 생겨

畢云 卽은 舊作節이러니 以意改라하다 蘇云 驚同警이라하다

畢沅 : '卽'은 舊本에 '節'로 되어 있는데, 글 뜻으로 판단하여 고쳤다.

蘇時學 : '驚'은 '警'과 같다.

### 70-30-16 見寇越陳表[178]어든

적이 〈성곽 밖의〉 田表를 넘어오는 것을 보면

畢云 說文에 云 越은 度也라하니 言踰越而來라하다 詒讓案 陳表는 卽候所置表[179]라

畢沅 : ≪說文解字≫에 "'越'은 度(건넘)이다."라고 하였으니 넘어서 온다는 말이다.

詒讓案 : '陳表'는 바로 정찰병〔候〕이 설치하는 表이다.

### 70-30-17 城上以麾指之하고

성 위에서는 깃발로 지휘하고

178) 表 : 底本의 傍注에 "'表'자는 원래 '去'로 잘못되어 있는데, 畢沅의 刻本에 의거하여 고친다.〔表 原誤去 據畢沅刻本改〕"라고 하였다.

179) 陳表 卽候所置表 : 70-30-12에 보인다.

畢云 麾卽摩字異文이요 摩卽麾(휘)字省(생)文이라 說文에 云 麾는 旌旗니 所以指(摩)〔麾〕[180)]也라 從手靡聲이라하다 玉篇에 云 麾는 呼爲切이라하다

畢沅 : '麾'는 바로 '摩'자의 異體字이고 '摩'는 바로 '麾'자의 略字이다. ≪說文解字≫에 "'麾'는 旌旗(깃발)이니 지휘하는 수단이다. '手'는 의미를 나타내는 부분이고 '靡'는 소리를 나타내는 부분이다."라고 하였다. ≪玉篇≫에 "'麾'는 '呼'와 '爲'의 反切이다."라고 하였다.

麾

70-30-18 (跡)〔遮〕坐擊〔鼓〕缶期하고 以戰備從麾所指[181)]라

경계병은 앉아서 북을 치고 깃발을 세우며 兵器를 갖추고 〈성 위에서〉 깃발로 지휘하는 바를 따른다.

畢云 雜守篇에 云 斥步鼓整旗旗以備戰[182)]이라한대 此作坐擊正期하니 卽擊鼓正期也라하다 蘇云 跡坐는 當從上文作遮坐요 擊下脫鼓字니 謂坐而擊鼓也라 缶期以戰備는 當從雜守篇作整旗以備戰이라하다 案 蘇校上句近是하니 跡當作遮라 與上跡者爲候不同이라 擊缶은 茅本作繫垂하니 疑誤라 下文五垂는 乃城上所置表니 非遮者所用也라 以戰備從麾所指는 謂遮者旣見寇하면 則具戰備하고 從城上旌麾所指하여 進退而迎敵이라 此遮者從戰이로되 而候則敵至去之하여 不從戰하니 亦其異也라 舊讀以戰備屬上句한대 非라 蘇校從雜守篇改戰備爲備戰하니 尤誤라 說互詳雜守篇[183)]이라

畢沅 : 〈雜守〉에 "경계병은 앉아서 북을 치고 깃발을 세우며 깃발로 전투에 대비한다.

180) (摩)〔麾〕: 저본에는 '摩'로 되어 있으나, ≪說文解字≫에 의거하여 '麾'로 바로잡았다.

181) (跡)〔遮〕坐擊〔鼓〕缶期 以戰備從麾所指 : ≪墨子今注今譯≫에서는 蘇時學의 校勘에 의거하여 '以戰備'를 앞 구에 붙이고 '戰備'를 '備戰'으로 보고서, "경계병은 앉아 북을 치고 깃발을 세워 전투에 대비하고 깃발이 지휘하는 바를 따른다."라고 하였다.

182) 雜守篇……斥步鼓整旗旗以備戰 : 71-8-9에 보인다.

183) 蘇校從雜守篇改戰備爲備戰……說互詳雜守篇 : 71-8-10에 보인다.

〔斥步鼓整旗 旗以備戰〕"라고 하였는데, 이 대목에서는 '坐擊正期'로 되어 있으니, 바로 북을 치고 깃발을 세우는〔擊鼓正期〕 것이다.

蘇時學 : '跡坐'는 위 글(70-30-13)을 따라 '遮坐'가 되어야 하고 '擊' 뒤에 '鼓'자가 빠졌으니, 앉아서 북을 친다는 말이다. '缶期以戰備'는 〈雜守〉를 따라 '整旗以備戰'이 되어야 한다.

案 : 蘇時學이 上句를 校勘한 것이 옳은 듯하니 '跡'은 '遮'가 되어야 한다. 위(70-30-11)의 跡者(추적하는 자)가 정찰하는 것과는 같지 않다. '擊缶'은 茅本에 '繫垂'로 되어 있는데 오자인 듯하다. 아래 글(70-30-23)의 '五垂'는 바로 城 위에 설치하는 表니, 경계병〔遮者〕이 쓰는 것이 아니다. '以戰備從麾所指'는 경계병이 이미 적군을 보았다면 戰備(병기)를 갖추고 城 위에서 旌麾(깃발)로 지휘하는 바를 따라 進退하며 적군을 맞이한다는 말이다. 이 대목의 경계병은 전투에 참여하지만 정찰병〔候〕은 적이 이르면 철수하여 전투에 참여하지 않으니, 역시 그 둘의 차이점이다. 舊本에 '戰備'를 上句에 붙여 읽었는데, 잘못 본 것이다. 蘇時學의 校勘에 〈雜守〉를 따라 '戰備'를 '備戰'으로 고쳤는데, 더욱 잘못된 것이다. 〈雜守〉에 상호 자세히 설명하였다.

### 70-30-19 望見寇하면

망보다가 멀리서 적을 발견하면

**舊本脫見寇二字라 王云 雜守篇에 望見寇하면 擧一烽하고 入竟하면 擧二烽[184)]이라하니 今據補라하다**

舊本에는 '見寇' 2자가 빠져 있다.

王念孫 : 〈雜守〉에 "망보다가 멀리서 적을 발견하면 봉화 하나를 올리고, 국경으로 들어오면 봉화 둘을 올린다.〔望見寇 擧一烽 入竟 擧二烽〕"라고 하였으니, 지금 이에 의거하여 보충한다.

### 70-30-20 擧一垂하고 入竟하면

표지를 한 개 올리고, 국경으로 들어오면

**蘇云 竟同境이라하다**

蘇時學 : '竟'은 '境'과 같다.

---

184) 雜守篇……擧二烽 : 71-7-14～15에 보인다.

### 70-30-21 擧二垂하고 狎郭하면

표지를 두 개 올리며, 外城에 가까이 다가오면

畢云 狎은 近이라하다 兪云 狎郭狎城에 兩狎字竝當作甲이어늘 後人不達而加犬旁也라 甲者會也라 詩大明篇에 會朝淸明이라한대 毛傳에 曰 會는 甲也라하니 是甲與會聲近而義通이라 甲郭者는 會于郭外也라 甲城者는 會于城外也라 此言甲郭甲城하고 雜守篇言郭會城會하니 文異而義同이라하다 案 兪說是也로되 但甲狎字通이라 詩衛風芄蘭에 能不我甲[185)]이라한대 毛傳에 云 甲은 狎也라하다 釋文引韓詩甲作狎하니 則舊本作狎은 於義得通이라 不必定改作甲也라

畢沅 : '狎'은 가까이하다〔近〕는 뜻이다.

兪樾 : '狎郭'과 '狎城'의 두 '狎'자는 모두 '甲'이 되어야 하는데, 後人이 이해하지 못하고 犬旁을 덧붙인 것이다. '甲'이라는 것은 會(모임)이니 ≪詩經≫ 〈大雅 大明〉에 "會戰하는 날 아침 날씨가 청명하였도다.〔會朝淸明〕"라고 하였는데, 毛傳에 "'會'는 甲이다."라고 하였으니, 이는 '甲'이 '會'와 聲音이 비슷하고 뜻이 통하는 것이다. '甲郭'은 성곽 밖에 모이는 것이고, '甲城'은 城 밖에 모이는 것이다. 이 대목에서는 '甲郭', '甲城'이라고 말하고 〈雜守〉에서는 '郭會', '城會'라고 말하였으니 글은 다르지만 뜻은 같다.

案 : 兪樾의 說이 맞다. 다만 '甲'자와 '狎'자는 통용한다. ≪詩經≫ 〈衛風 芄蘭〉에 "재능이 나의 친근한 신하들만 못하도다.〔能不我甲〕"라고 하였는데, 毛傳에 "'甲'은 狎이다."라고 하였다. ≪經典釋文≫에 ≪韓詩≫를 인용하면서 '甲'이 '狎'으로 되어 있으니 舊本에 '狎'으로 되어 있는 것은 뜻에 있어 통용할 수 있으므로 굳이 '甲'으로 고쳐 정할 것이 없다.

### 70-30-22 擧三垂하고 入郭하면

표지를 세 개 올리고, 외성 안에 들어오면

舊本脫郭字러니 王據上文補라

舊本에 '郭'자가 빠졌는데 王念孫이 위 글에 의거하여 보충하였다.

185) 詩衛風芄蘭 能不我甲 : 朱子는 '甲'을 '長'의 뜻으로 보고 재능이 나보다 뛰어나지 못하다는 말로 보았다.

**70-30-23 擧四垂**하고 **狎城**하면 **擧五垂**라

표지를 네 개 올리고, 성에 가까이 다가오면 표지를 다섯 개 올린다.

王引之云 垂字義不可通하니 垂當爲表라 上文言候者各立其表하면 則此所擧者皆表也라 又此文曰 望見寇하면 擧一垂하고 入竟하면 擧二垂하고 狎郭하면 擧三垂하고 入郭하면 擧四垂하고 狎城하면 擧五垂라하니 卽上文所謂比至城者五表也니 則垂字明是表字之訛라 隷書表字作(表)〔⿱毛衣〕[186]하고 𠂹(수)字或作[illegible]하니 見漢魯相韓敕造孔廟禮器碑한대 二形略相似라 故表訛作垂라 通典兵五에 曰 城上立四表하여 以爲候視요 若敵去城五六十步하면 卽擧一表하고 橦梯逼城하면 擧二表하고 敵若登梯하면 擧三表하고 欲攀女牆하면 擧四表라 夜卽擧火如表라하니 此擧表二字之明證也라 又案雜守篇에 守表者三人이니 更立捶表而望이라한대 當作更立表而望이라 蓋一本誤作垂하고 一本正作表어늘 而校書者誤合之하니 淺人不知垂爲表之誤하고 又妄加手旁耳라하다 兪云 王非也라 垂者郵之壞字니 郵卽表也라 禮記郊特牲篇有郵表畷한대 鄭君說此未明[187]이라 郵表畷은 蓋一物也라 古者於疆界之地立木爲表하고 綴物於上하여 若旌旗之旒(류)를 謂之郵表畷이라 郵與旒通하고 畷與綴通이라 鄭君引詩爲下國畷郵한대 今長發篇作綴旒[188]하니 是知郵畷卽綴旒也라 以其用而言하면 所以表識(지)也요 以其制而言하면 若綴旒然하니 此郵表畷所以名也라 墨子書多古言하니 雜守篇捶表는 卽郵表也어늘 郵誤爲垂하고 後人妄加手旁耳라 重言之曰郵表요 單言之則或曰表어나 或曰郵니 皆古人之常語也라 王氏竟改爲表하니 雖於義未失이나 而古語亡矣라하다 案 兪說是也라

王引之 : '垂'자는 뜻이 통하지 않으니 '垂'는 '表'가 되어야 한다. 위 글(70-30-12)에

---

186) (表)〔⿱毛衣〕 : 저본에는 '表'로 되어 있으나, ≪墨子閒詁≫(中華書局, 2011)에 의거하여 '⿱毛衣'로 바로잡았다.

187) 禮記郊特牲篇有郵表畷 鄭君說此未明 : ≪禮記≫ 〈郊特牲〉에 "農官 田畯 및 郵表畷, 禽獸의 神을 祭享하는 것은 지극한 仁이고, 극진한 義이다.〔饗農及郵表畷禽獸 仁之至 義之盡也〕"라고 하였는데, 鄭玄의 註에 "郵表畷은 田畯이 백성을 井田 사이에서 독려하던 곳이다."라고 하고, 陳澔는 ≪禮記集說≫에서 "郵라는 것은 郵亭에 지은 집이니, 밭두둑이 서로 연결되어 있는 곳에 표지를 세우고 郵舍를 만들어 田畯이 거기에서 지내면서 농사를 독려하였다. 그러므로 이를 郵表畷이라고 한다.〔郵者郵亭之舍也 標表田畔相連畷處 造爲郵舍 田畯居之以督耕者 故謂之郵表畷〕"라고 하였다. 田畯은 옛날에 勸農하던 관원이다.

188) 鄭君引詩爲下國畷郵 今長發篇作綴旒 : ≪詩經≫ 〈商頌 長發〉에 "작은 옥과 큰 옥을 받으사, 하국에 귀감이 되었네.〔受小球大球 爲下國綴旒〕"라고 하였다.

"추적하는 자가 각각 表(표지)를 세워 알린다.〔候者各立其表〕"라고 하였으니, 이 대목에서 올리는 것은 모두 表이다. 또 이 글에 '望見寇 擧一垂 入竟 擧二垂 狎郭 擧三垂 入郭 擧四垂 狎城 擧五垂'라고 한 것은 바로 위 글(70-30-2)에 이른바 '比至城者五表也(〈성 밖에서〉 성에 이르기까지 다섯 개의 表를 세운다.)'라는 것이니, '垂'자는 분명히 '表'자의 誤字이다. 隷書에 '表'자가 '𧘝'로 되어 있고, '烝'자는 더러 '𤋮'로 되어 있으니 〈漢魯相韓敕組孔廟禮器碑〉에 보이는데, 두 글자의 字形이 대략 서로 비슷하므로 '表'가 '垂'로 잘못된 것이다. 《通典》 〈兵5 守拒法附〉에 "城 위에 네 개의 表를 세워 候視로 삼고 만약 적이 성에서 5, 6십보 거리까지 오면 바로 表 한 개를 들고, 橦梯가 성에 바짝 붙으면 表 두 개를 들고, 적이 만약 橦梯를 기어오르면 表 세 개를 들고, 女牆을 붙잡고 오르려하면 表 네 개를 든다. 밤이 되면 바로 表를 드는 방식대로 횃불을 올린다.〔城上立四表 以爲候視 若敵去城五六十步 卽擧一表 橦梯逼城 擧二表 敵若登梯 擧三表 欲攀女牆 擧四表 夜卽擧火如表〕"라고 하였으니, 이 대목의 '擧表' 2자의 명확한 증거이다. 또 살펴보건대, 〈雜守〉에 "表(표지)를 지키는 자는 세 명인데 교대로 〈烽火臺에서〉 郵表를 세우고서 망본다.〔守表者三人 更立捶表而望〕"라고 하였는데 〈'更立捶表而望'은〉 '更立表而望'이 되어야 한다. 대체로 어떤 本에는 '垂'로 잘못되어 있고, 어떤 本에는 바로 '表'로 되어 있는데, 책을 교감하는 자가 〈垂와 表를〉 잘못 합쳐버린 것이니, 지식이 얕은 이가 '垂'가 '表'의 誤字인 줄 모르고 다시 함부로 手旁을 덧붙인 것일 뿐인 듯하다.

兪樾 : 王引之는 잘못 본 것이다. '垂'라는 것은 '郵'의 자획이 탈락된 글자이니, '郵'가 바로 '表'이다. 《禮記》 〈郊特牲〉에 '郵表畷'이 나오는데, 鄭玄이 이를 분명하게 설명하지 못하였다. '郵表畷'은 아마도 하나의 물건인 듯하다. 옛날 국경선이 되는 곳에 나무를 세워 表로 삼고 위에 물건을 꿰매어 마치 旌旗(깃발)의 旒(술)처럼 한 것을 '郵表畷'이라 하였다. '郵'는 '旒'와 통용하고 '畷'은 '綴'과 통용한다. 鄭玄이 《詩經》의 '爲下國畷郵'를 인용하였는데 지금 〈長發〉에는 '綴旒'로 되어 있으니 이는 '郵畷'이 바로 '綴旒'임을 알 수 있다. 그 용도로 말하자면 表識하기 위한 것이고, 그 제작 방식으로 말하자면 마치 술을 꿰매듯이 하니, 이것이 '郵表畷'이라고 명명하게 된 유래이다. 《墨子》에는 古字가 많으니 〈雜守〉에 나오는 '捶表'는 바로 '郵表'인데 '郵'가 잘못되어 '垂'가 되고 後人이 함부로 手旁을 붙인 것일 뿐이다. 글자를 중첩해서 말하면 '郵表'라 하고 한 글자로 말하면 '表'라 하기도 하고 '郵'라 하기도 하니 모두 옛사람들이 늘상 쓰던 말이다. 그런데 王引之는 끝내 고쳐 '表'로 하였으니 비록 뜻에 있어서 잘못되지는 않았지만 古語는 사라진 것이다.

案 : 兪樾의 說이 맞다.

**70-30-24 夜以火**하되 **皆如此**라

밤에는 횃불로 올리되 모두 이와 같은 횟수로 한다.

王云 亦如五表之數라하다

王念孫 : 역시 五表의 數와 같다.

**70-30-25 去郭百步**에 **牆垣樹木小大盡伐除之**라 **外(空)〔宅〕井盡窒(질)之**하여

외성에서 1백 步 사이에 있는 담장과 樹木은 크고 작은 것을 모조리 베고 제거한다. 성 밖 人家의 우물은 모조리 메워서

王引之云 外空井은 當作外宅井이니 謂城外人家之井也라 恐寇取之라 故塞(색)之라 故下文云 無令可得汲也라하다 雜守篇에 云 外宅溝井可窴(전)塞[189]이라하니 是其證이라 若空井이면 則無庸塞矣라 外宅二字는 雜守篇屢見이라하다

王引之 : '外空井'은 '外宅井'이 되어야 하니 城 밖 人家의 우물을 말한다. 적이 가져다 쓸까 염려하기 때문에 메우는 것이다. 그래서 아래 글에 '無令可得汲也'라 하였다. 〈雜守〉에 "성 밖 人家의 도랑과 우물은 메워야 한다.〔外宅溝井可窴塞〕"라고 하였으니, 바로 그 증거이다. 만약 빈 우물이라면 막을 까닭이 없다. '外宅' 2자는 〈雜守〉에 누차 보인다.

**70-30-26 無令可得汲也**라

〈적으로 하여금〉 물을 길을 수 없게 한다.

舊本脫令字라 王云 案下文曰 無令客得而用之라하고 雜守篇에 曰 無令寇得用之[190]라하니 今據補라

舊本에는 '令'자가 빠졌다.

王念孫 : 살펴보건대, 아래 글(70-30-32)에 '無令客得而用之(적으로 하여금 쓸 수 없게 한다.)'라 하고, 〈雜守〉에 "적으로 하여금 쓸 수 없게 한다.〔無令寇得用之〕"라고 하였으니, 지금 이에 의거하여 보충한다.

---

189) 雜守篇……外宅溝井可窴(전)塞 : 71-17-6~7에 보인다.
190) 雜守篇……無令寇得用之 : 71-10-10에 보인다.

**70-30-27 外(空)〔宅〕窒盡發之하고**

성 밖의 人家도 모조리 허물고

空窒은 茅本作室屋이라 王引之云 外空窒은 當作外宅室이니 謂城外人家之室也라 發室伐木은 皆恐寇得其材而用之也라 故下文云 無令客得而用之라하고 雜守篇에 云 寇薄이어든 發屋伐木[191]이라하니 是其證이라 今本外宅作外空하니 誤與上文同이라 室之作窒은 則又涉上文盡窒之而誤라하다 案 王校是也라 蘇校同이라 但室窒은 聲類同하니 古多通用이라 備城門篇에 云 室以樵[192]라한대 彼以室爲窒하여 與此可互證하니 非誤字也라 漢韓敕修孔廟碑室字亦作窒이라

'空窒'은 茅本에 '室屋'으로 되어 있다.

王引之 : '外空窒'은 '外宅室'이 되어야 하니, 城 밖 人家의 室을 말한다. 집을 허물고 나무를 베는 것은 모두 적이 그 집의 材木을 얻어 사용할까 염려해서이다. 그래서 아래 글(70-30-32)에 '無令客得而用之'라고 하고, 〈雜守〉에 "적이 육박해오면 집을 허물고 나무를 벤다.〔寇薄 發屋伐木〕"라고 하였으니, 바로 그 증거이다. 今本에 '外宅'이 '外空'으로 되어 있으니 오류가 위 글과 같다. '室'이 '窒'로 되어 있는 것은 또 위 글(70-30-25)의 '盡窒之(모조리 메우다)'와 연관되어 잘못된 것이다.

案 : 王引之의 校勘이 맞다. 蘇時學의 교감도 같다. 다만 '室'과 '窒'은 聲類가 같으니 옛날에는 대부분 通用하였다. 〈備城門〉에 "여기에 땔나무를 채운다.〔室以樵〕"라고 하였는데, 거기서 '室'을 '窒'로 간주하여 이 대목과 상호 증거가 될 만하니, 誤字가 아니다. 〈漢魯相韓敕造孔廟禮器碑〉의 '室'자도 '窒'로 되어 있다.

**70-30-28 木盡伐之라 諸可以攻城者盡內(납)城中하고**

나무도 모조리 벤다. 성을 공격할 수 있는 모든 것은 城 안으로 들이고

蘇云 內讀如納이라하다

蘇時學 : '內'은 '納'과 같이 읽는다.

191) 雜守篇……發屋伐木 : 71-10-5에 보인다.
192) 備城門篇……室以樵 : 본서 5책 52-11-12에 보인다.

**70-30-29 令其人各有以記之**라 **事(以)〔已〕**어든

그 주인으로 하여금 각자 기록해 두게 한다. 전쟁이 끝나면

**蘇云 當作事已**라하다 **案 蘇說是也**라 **以與已同**하니 **言守事畢也**라

蘇時學 : 〈'事以'는〉 '事已'가 되어야 한다.

案 : 蘇時學의 說이 맞다. '以'와 '已'는 같으니 〈성을〉 지키는 일이 끝났다는 말이다.

**70-30-30 各以其記取之**라 **(事)〔吏〕爲之券**하여

각자 기록한 내용을 근거로 가져가도록 한다. 관리는 증서를 만들어

**舊本各下脫以字**라 **畢云 各當爲名**이라하다 **蘇云 各下脫以字**라 **事爲之券**은 **當作吏爲之券**이라 **叓**(사)는 **古事字**니 **與吏近也**라 **案 蘇校是也**니 **今據補**라

舊本에는 '各' 뒤에 '以'자가 빠졌다.

畢沅 : '各'은 '名'이 되어야 한다.

蘇時學 : '各' 뒤에 '以'자가 빠졌다. '事爲之券'은 '吏爲之券'이 되어야 한다. '叓'는 '事'의 古字이니 '吏'와 〈형태가〉 비슷하다.

案 : 蘇時學의 校勘이 맞으니, 지금 이에 의거하여 보충한다.

**70-30-31 書其枚數**라 **當遂材木不能盡內**(납)이어든 **卽燒之**하여

그 枚數를 기록한다. 적이 공격해 오는 길에 있는 材木을 다 들일 수 없으면 바로 불살라서

**畢云 遂同術**이라하다 **王云 遂與隧**(수)**同**하니 **道也**라 **內與納同**이라 **舊本材誤枚**요 **卽誤既**라하다 **王引之云 枚木文不成義**하니 **枚當爲材**요 **既燒之**는 **當爲卽燒之**라 **言當道之材木不能盡納城中者**는 **卽燒之**하여 **無令寇得而用之也**라 **雜守篇**에 **云 材木不能盡入者**는 **燔**[193]**之**하여 **無令寇得用之**[194]라하니 **是其證**이라 **今本材作枚**하니 **涉上文枚數而誤**라 **卽字又誤作既**하니 **則義不可通**이라 **案 王校是也**라 **蘇說亦同**하니 **今據正**이라

193) 燔 : 底本의 傍注에 "'燔'은 원래 '燒'로 잘못되어 있는데, 〈雜守〉에 의거하여 고쳤다.〔燔 原誤燒 據雜守篇改〕"라고 하였다.

194) 雜守篇……無令寇得用之 : 71-10-10에 보인다.

當遂는 卽備城門篇之當隊(수)[195]니 畢說非라

畢沅 : '遂'는 '術'과 같다.

王念孫 : '遂'는 '隧'와 같으니 길〔道〕이다. '內'은 '納'과 같다. 舊本에 '材'가 '校'로 잘못되어 있고, '卽'은 '旣'로 잘못되어 있다.

王引之 : '校木'은 글의 뜻이 성립되지 않으니 '校'는 '材'가 되어야 하고, '旣燒之'는 '卽燒之'가 되어야 한다. 길에 있는 材木 가운데 城 안에 다 들일 수 없는 것은 바로 불살라서 적으로 하여금 쓸 수 없게 한다는 말이다. 〈雜守〉에 "材木 가운데 다 들이지 못하는 것들은 불태워 적으로 하여금 쓸 수 없게 한다.〔材木不能盡入者 燔之 無令寇得用之〕"라고 하였으니, 바로 그 증거이다. 今本에 '材'가 '校'로 되어 있는데, 위 글의 '校數'와 연관되어 잘못된 것이다. '卽'자는 또 '旣'로 잘못되어 있으니, 뜻이 통하지 않는다.

案 : 王引之의 校勘이 맞다. 蘇時學의 說도 같으니 지금 이에 의거하여 바로잡는다. '當遂'는 바로 〈備城門〉의 '當隊'이니, 畢沅의 說은 잘못 본 것이다.

70-30-32 無令客得而用之라

적으로 하여금 쓸 수 없게 한다.

70-31-1 人自大書版하여 著(착)之其署(忠)〔中〕이라 有司出其所治하니

사람들은 저마다 나무판에 자기 이름을 크게 써서 部署 안에 부착해 둔다. 관리는 징벌하는 條例를 公布하니

忠은 疑當爲中之誤라

'忠'은 아마도 '中'의 誤字인 듯하다.

70-31-2 則從淫之法은 其罪(射)〔聅(철)〕이라

放縱하고 淫亂한 데 대한 법은 그 죄가 화살로 귀를 뚫는 刑에 해당한다.

畢云 謂貫耳라하다 兪云 古不名貫耳爲射하니 射疑刵字之誤라 案 說文耳部에 云 聅은 軍法以矢貫耳也라하다 射正字作䠶하니 與聅形近이라 畢隱據許書하니 義亦通이라 韓非子難

195) 備城門篇之當隊(수) : 본서 5책 52-12-36에 보인다.

言篇에 云 田明辜射라한대 舊注에 云 射而殺之라하다 案 射殺不當云辜니 彼注未塙이라

畢沅 : 貫耳를 말한다.

兪樾 : 古代에 貫耳를 射라고 命名하지 않았으니, '射'는 아마도 '刖'자의 誤字인 듯하다.

案 : ≪說文解字≫ 耳部에 "'聅'은 軍法에 화살로 귀를 뚫는〔以矢貫耳〕 것이다."라고 하였다. '射'는 正字로 '䠶'가 되니 '聅'과 字形이 비슷하다. 畢沅은 은연중에 許愼의 책(≪說文解字≫)에 의거하였으니 뜻이 또한 통한다. ≪韓非子≫ 〈難言〉에 "田明은 몸뚱이를 찢어 죽이는 형벌을 받았다.〔田明辜射〕"라고 하였는데, 舊注에 "〈'辜射'는〉 화살을 쏘아 죽인다〔射而殺之〕는 말이다."라고 하였다.

案 : 射殺하는 것을 '辜'라고 해서는 안 되니, 저 舊注는 확실하지 않다.

### 70-31-3 (務)〔矜〕色謾疋이어나

교만한 낯빛으로 바른 사람을 기만하거나

蘇云 此句有誤하니 疑當作矜色謾言이라하다 案 疋即正字요 茅本作正하니 謂欺謾正人이라 不必改爲言이라

蘇時學 : 이 句는 오류가 있으니 〈'務色謾疋'은〉 아마도 '矜色謾言'이 되어야 할 듯하다.

案 : '疋'은 바로 '正'자이고 茅本에 '正'으로 되어 있으니 바른 사람을 欺謾한다는 말이므로 굳이 '言'으로 바꿀 필요가 없다.

### 70-31-4 淫囂(효)不靜이어나 當路尼衆이어나

소란을 피워 조용하지 않거나 길을 막고 서서 사람들의 통행을 방해하거나

畢云 尼는 止라하다

畢沅 : '尼'는 止(그침)이다.

### 70-31-5 舍事

급히 할 일을 버려두고

畢云 言舍其事라하다

畢沅 : 그 일을 버려둔다는 말이다.

**70-31-6 後就**어나

늦게 나오거나

舊本有路字러니 道藏本茅本無하니 今據刪이라 言事急而後至라 畢云 言緩이라하다

舊本에 '路'자가 있는데 道藏本, 茅本에는 없으니, 지금 이에 의거하여 刪削한다. 일이 급한데 늦게 이른다는 말이다.

畢沅 : 느긋하다는 말이다.

**70-31-7 踰時不寧**하면

규정된 시간을 넘었는데도 휴가를 청하지 않으면

謂不謁告也라 漢書高帝紀注에 李斐云 休謁之名이니 吉(日)〔曰〕[196]告 凶曰寧이라하다

告(휴가)를 청하지 않는다는 말이다. ≪漢書≫ 〈高帝紀〉의 注에 李斐가 이르기를, "〈'告'는〉 休謁(휴가)의 명칭이니, 吉事에는 告라 하고 凶事에는 寧이라 한다.〔休謁之名 吉曰告 凶曰寧〕"라고 하였다.

**70-31-8 其罪(射)〔耿〕**이라 **讙囂駴(해)衆**하면

그 죄는 화살로 귀를 뚫는 刑에 해당한다. 시끄럽게 떠들어 사람들을 놀라게 하면

畢云 駴는 駭字異文이라 周禮에 云 鼓皆駴라한대 陸德明音義에 云 本亦作駭하니 胡楷反이라 李一音亥[197]라하고 又大僕戒鼓라한대 鄭君注에 云 故書[198]戒爲駭라하니 則駴本

196) (日)〔曰〕: 저본에는 '日'로 되어 있으나, ≪漢書≫ 〈高帝紀〉에 의거하여 '曰'로 바로잡았다.

197) 陸德明音義……李一音亥 : ≪經典釋文≫ 권9 〈周禮音義上 夏官 司馬〉에 수록된 '駴'에 대한 주석이다. ≪經典釋文≫ 권1 〈序錄 注解傳述人〉에 따르면 李軌는 ≪周禮音≫, ≪儀禮音≫ 각 1권, ≪禮記音≫ 2권을 지었다고 한다.

198) 故書 : 漢나라 때 河間獻王이 조정에 바친 ≪周禮≫를 말한다. ≪周禮≫는 처음 산속 집의 벽에서 나왔는데 河間獻王이 이를 얻어 조정에 바쳐 漢나라 祕府에서 소장하게 되었는 바, 劉歆이 처음 周公의 책이라는 것을 알고 읽었고 그의 제자 杜子春이 대략 그 글자를 읽었다. 이후 大中大夫 鄭興, 大司農 鄭衆이 주를 내었는데, 이들은 ≪周禮解詁≫로 알려졌고 大司農 鄭玄이 비로소 諸儒의 설들을 집대성하여 ≪周禮注≫를 지었다고 한다. 그래서 鄭玄이 '故書'라고 한 것은 처음 祕府에 바쳐 소장하고 있던 本을 말하고, 민간에서 필사하는 과정에서 글자의 출입이 있는 本들은 '今書'라고 하였다.(≪周禮註疏≫ 〈周禮註疏校勘記序〉)

戒之俗加也라하다

畢沅 : '駴'는 '駭'자의 異體字이다. ≪周禮≫ 〈夏官 大司馬〉에 "북소리는 모두 〈우레처럼〉 깜짝 놀랄 정도이다.〔鼓皆駴〕"라고 하였는데, 陸德明의 ≪音義≫에 "어떤 본에는 또한 '駭'로 되어 있으니, '胡'와 '楷'의 反切이다. 李軌는 한 音이 '亥'라고 하였다."라고 하고, 또 ≪周禮≫ 〈夏官 大僕〉에 '戒鼓(북을 쳐 사람들을 警戒한다.)'라고 한 데 대해 鄭玄의 注에 "故書에는 '戒'가 '駭'로 되어 있다.〔故書戒爲駭〕"라고 하였으니 '駴'는 본래 '戒'에 馬 부수를 붙인 俗字이다.

**70-31-9 其罪殺이라 非上不諫이어나 (次)〔刺〕主凶言[199)]하면**

그 죄는 사형에 해당한다. 윗사람을 비방하면서 간언하지 않거나 주인을 비판하면서 흉악한 말을 하면

蘇云 次字有誤라하다 詒讓案 疑當爲刺라

蘇時學 : '次'자는 오류가 있다.

詒讓案 : 아마도 '刺'가 되어야 할 듯하다.

**70-31-10 其罪殺이라 無敢有樂器(獘騏)〔奕棊〕軍中[200)]이니**

그 죄는 사형에 해당한다. 감히 軍中에서 악기나 바둑을 가지고 있어서는 안 되니

獘騏는 疑奕棊之誤라 說文収部에 云 奕은 圍棊也라하다

'獘騏'는 아마도 '奕棊'의 誤字인 듯하다. ≪說文解字≫ 収部에 "'奕'은 圍棊(바둑)이다."라고 하였다.

**70-31-11 有則其罪(射)〔聅〕이라 非有司之令이면 無敢有車馳人趨이니 有則其罪(射)〔聅〕이라 無敢散牛馬軍中이니 有則其罪(射)〔聅〕이라 飮食不時어든 其罪(射)〔聅〕이라**

199) (次)〔刺〕主凶言 : ≪墨子今注今譯≫에서는 岑仲勉의 校勘에 의거하여 '次主'를 '恣出'로 고치고, "흉악한 말을 마음대로 뱉으면"이라고 하였다.

200) 無敢有樂器(獘騏)〔奕棊〕軍中 : ≪墨子今注今譯≫에서는 岑仲勉의 校勘에 의거하여 '獘騏'를 '下棊'로 고치고, "감히 군중에서 악기를 보관하거나 바둑을 두어서는 안 되니"라고 하였다.

**無敢歌哭於軍中**이니 **有則其罪(射)〔聅〕**이라 **令各執罰盡殺**하되 **有司見有罪而不誅**어든 **同罰**이요 **若或逃之**어든 **亦殺**이라 **凡將率鬬其衆失法**하면 **殺**라 **凡有司不使(去)〔士〕卒吏民聞誓令**하면

그런 경우가 있으면 그 죄는 화살로 귀를 뚫는 刑에 해당한다. 감독하는 윗사람의 명령이 아니면 감히 수레를 급히 몰거나 뛰어다녀서는 안 되니 그런 경우가 있으면 그 죄는 화살로 귀를 뚫는 刑에 해당한다. 감히 군중에 牛馬를 풀어놓아서는 안 되니 그런 경우가 있으면 그 죄는 화살로 귀를 뚫는 刑에 해당한다. 때에 맞지 않게 음식을 먹으면 그 죄는 화살로 귀를 뚫는 刑에 해당한다. 감히 군중에서 노래나 곡을 해서는 안 되니 그런 경우가 있으면 그 죄는 화살로 귀를 뚫는 刑에 해당한다. 각각의 감독하는 윗사람으로 하여금 형벌을 집행하여 〈죄 지은 자를〉 다 죽이게 하되, 〈어떤 이가〉 죄가 있음을 보고도 관리가 처벌하지 않으면 같은 벌에 처하고, 만약 혹시라도 〈죄인을〉 달아나게 해 주면 역시 사형에 처한다. 무릇 장수가 병사들을 이끌고 전투하면서 규정을 어기면 사형에 처한다. 무릇 감독하는 윗사람이 士卒과 吏民에게 禁令을 알려주지 않았는데 〈그들이 죄를 저지르면〉

兪云 去는 乃士字之誤라하다

兪樾 : '去'는 바로 '士'자의 誤字이다.

### 70-31-12 代之服罪라

〈윗사람이〉 그들을 대신해 죄를 받는다.

代는 舊本誤伐이라 王引之云 伐字義不可通하니 伐當爲代라 卒吏民不聽誓令者는 其罪斬이라 若有司不使之聞誓令하면 則當代之服罪矣라하다 案 王說是也라 蘇說同하니 今據正이라

'代'는 舊本에 '伐'로 잘못되어 있다.

王引之 : '伐'자는 뜻이 통하지 않으니 '伐'은 '代'가 되어야 한다. 卒, 吏, 民 가운데 禁令을 따르지 않는 자는 그 罪가 斬首刑에 해당한다. 만약 감독하는 윗사람이 그들에게 禁令을 알려주지 않으면 그들을 대신해 죄를 받아야 한다.

案 : 王引之의 說이 맞다. 蘇時學의 說도 같으니, 지금 이에 의거하여 바로잡는다.

**70-31-13 凡戮人於市**하고 **死(上目行)〔三日徇(순)〕**이라

무릇 저자에서 사람을 처형하고 시체를 사흘 동안 조리돌린다.

此句有誤하니 疑當作死三日徇이라 徇徇古今字요 死與尸聲近義通이라 謂陳尸於市三日하여 以徇衆也라 周禮鄕士에 云 肆之三日이라하다 左襄二十二年傳에 楚殺觀起[201]하고 三日에 棄疾請尸라하니 是戮於市者는 皆陳尸三日也라 上云 離守者三日而一徇이라하니 亦足互證이라 三與古文上作二相似요 日目徇行은 形竝相近하니 傳寫訛舛(천)하여 遂不可通이라

이 句는 誤謬가 있으니 아마도 〈'死上目行'은〉 '死三日徇'이 되어야 할 듯하다. '徇'과 '徇'은 古字와 今字이고, '死'와 '尸'는 聲音이 비슷하고 뜻이 통한다. 저자에 사흘 동안 시체를 벌여 놓아 대중에게 조리돌린다는 말이다. ≪周禮≫ 〈秋官 鄕士〉에 "사흘 동안 〈시체를〉 벌여 놓는다.〔肆之三日〕"라고 하였다. ≪春秋左氏傳≫ 襄公 22년에 "楚나라가 觀起를 죽였는데 〈시신을 벌여 놓은 지〉 사흘이 지난 뒤에 棄疾이 시체를 수습하기를 청하였다.〔楚殺觀起 三日 棄疾請尸〕"라고 하였으니 이는 저자에서 처형당한 자는 모두 사흘 동안 시체를 저자에 벌여 놓는 것이다. 위(70-5-3)의 '離守者三日而一徇(지키는 곳을 이탈하는 자는 사흘 동안 시체를 조리돌린다.)'이라 한 것 역시 상호 증거가 될 만하다. '三'은 古文의 '上'이 '二'로 되어 있는 것과 서로 비슷하고, '日'과 '目', '徇'과 '行'은 字形이 모두 서로 비슷하니, 베껴 쓰는 과정에서 잘못되어 마침내 뜻이 통하지 않게 되었다.

**70-32-1 謁者侍令門外**[202]하니 **爲二曹**하여 **夾門坐**하고 **(鋪)〔餔〕食更(경)**하여 **無空**이라

謁者는 太守의 대문 밖에서 侍衛하는데 두 조로 나뉘어 문 양편에 앉고 식사는 교대로 하여 자리를 비우지 않는다.

鋪는 當爲餔라 下竝同하니 詳前이라 蘇云 更은 代也라 言餔食則遣其曹更代하고 勿令空

201) 楚殺觀起 : 底本의 傍注에 "살펴보건대, 이 인용문은 바로 문장을 줄인 것이다. 또 ≪春秋左氏傳≫의 글에 의거하면, 楚나라가 子南, 觀起 두 사람을 죽였는데 棄疾은 子南의 아들이니 그가 청한 것은 바로 그 아비인 子南의 시신이다. 孫詒讓의 인용은 우연히 잘못된 것이다.〔按 此引乃節文 又據傳文 楚殺子南觀起二人 棄疾爲子南之子 所請乃其父子南之尸 孫引偶誤〕"라고 하였다.

202) 謁者侍令門外 : ≪墨子今注今譯≫에서는 謁者를 태수의 문 밖에서 지키는 衛兵으로 보았는데, 70-9-9에서 孫詒讓은 太守를 모시며 명령을 전달하고 사람의 출입을 알리는 자로 보았다.

也라하다

'鋪'는 '餔'가 되어야 한다. 아래도 모두 같으니 앞(70-9-7)에서 자세히 설명하였다.

蘇時學 : '更'은 교대함〔代〕이다. 식사를 하면 그 조를 보내 교대하고 자리를 비우지 않는다는 말이다.

**70-32-2 門下謁者一長〔者〕하고**

문 아래 謁者 가운데 한 명의 우두머리를 두고

王引之云 長下當有者字어늘 而今本脫之라 下文曰 中涓一長者라하니 是其證이라

王引之 : '長' 뒤에 '者'자가 있어야 하는데, 今本에 빠져 있다. 아래 글(70-32-10)에 '中涓一長者'라고 하였으니, 바로 그 증거이다.

**70-32-3 守數(삭)令入中하여 視其亡者하여 以督門尉**

太守는 자주 그로 하여금 안에 들어와 〈보고하게 하여〉 도망자 명단을 살펴서 門尉(守門하는 관리)와

文選藉田賦李注引字書하여 云 督은 察也라하다

≪文選≫ 〈藉田賦〉의 李善의 注에 字書를 인용하여 "'督'은 察(살핌)이다."라고 하였다.

**70-32-4 與其官長하고 及亡者入中報라 四人夾令門內坐하고 二人夾散門外坐라**

官長을 督察하고 도망자가 발생하면 안에 들어와 보고하도록 한다. 謁者 4인은 太守의 대문인 令門 안의 양편에 앉고, 2인은 곁문인 散門 밖의 양편에 앉는다.

四人二人亦謂謁者라

四人, 二人 또한 謁者를 말한다.

**70-32-5 客見이어든 持兵立前하고 (鋪)〔餔〕食更(경)하고 上侍者名이라**

손님이 찾아와 〈태수가 接見하면〉 무기를 들고 앞에 서며 식사는 교대로 하고 시위하는 자의 명단을 올린다.

舊本訛民이러니 今依道藏本茅本正이라 上文云 上逋者名이라하다

〈'名'은〉 舊本에 '民'으로 잘못되어 있는데, 지금 道藏本, 茅本에 의거하여 바로잡는다. 위 글(70-9-6)에 '上逋者名(이탈한 자의 명단을 올리게 한다.)'이라 하였다.

**70-32-6 守(室)〔堂〕下〔爲〕高樓하고**

守宮(태수의 집)의 堂 아래에 높은 누각을 세우고

室下不得爲樓니 室當爲堂之誤라 高上엔 疑當有爲字라 備城門篇에 云 守堂下爲大樓하되 高臨城이라하니 卽此라

室 아래에 누각을 지을 수 없으니 '室'은 '堂'의 誤字이다. '高' 앞에는 아마도 '爲'자가 있어야 할 듯하다. 〈備城門〉에 "守宮의 堂 아래에 큰 누각을 만들되 높이는 성을 굽어볼 정도이다.〔守堂下爲大樓 高臨城〕"라고 한 것이 바로 이것이다.

**70-32-7 候者望見乘車若騎卒道外來者와**

망보는 병졸이 먼 바깥에서 오는 수레나 말을 탄 자

道亦從也니 詳前이라

'道'는 역시 從이니, 앞(70-1-1)에서 자세히 설명하였다.

**70-32-8 及城中非常者하면 輒言之守라 守以須城上候城門及邑吏來告其事者以驗之라**

및 성 안의 이상한 정황을 발견하면 곧바로 태수에게 보고한다. 태수는 이를 가지고 성 위의 성문에서 망본 것 및 읍리가 와서 정황을 보고한 것을 기다려 확인한다.

舊本須誤順이라 蘇云 順爲須之訛라 須는 待也니 雜守篇에 云 以[203]須告之至以參驗之[204]라하다 案 蘇校是也니 今據正이라

203) 以 : 底本의 傍注에 "'以'자는 원래 빠져 있는데, 〈雜守〉에 의거하여 보충한다.〔以字原脫 據雜守篇補〕"라고 하였다.

舊本에 '須'는 '順'으로 잘못되어 있다.

蘇時學 : '順'은 '須'의 誤字이다. '須'는 待(기다림)이니 〈雜守〉에 "보고하는 자가 오기를 기다려 參驗한다.〔以須告之至以參驗之〕"라고 하였다.

案 : 蘇時學의 校勘이 맞으니, 지금 이에 의거하여 바로잡는다.

**70-32-9 樓下人受候者言**하여 **以報守**라

누각 아래 있는 사람은 망본 병졸이 전하는 말을 받아 태수에게 보고한다.

**畢云 言**은 **傳其言**이라하다

畢沅 : '言'은 그 말을 전함이다.

**70-32-10 中涓二人**이 **夾散門內坐**하되 **門常閉**하고 (**鋪**)〔**餔**〕**食更**이라 **中涓一長者**라 **環守宮之術衢**에

中涓 2인이 散門 안의 양편에 앉되 문은 항상 닫아 두고 식사는 교대로 한다. 中涓 가운데 한 명의 우두머리를 둔다. 守宮(太守의 집)을 둘러싼 거리에는

**說文行部**에 **云 四達謂之衢**라하다

≪說文解字≫ 行部에 "四方으로 뻗은 길을 '衢'라고 한다."라고 하였다.

**70-32-11 置屯道**하여 **各垣其兩旁**하되 **高丈**이요 **爲埤**(**院**)〔**倪**〕[205]라

屯道(좁은 길)를 설치해 그 양쪽에 각각 담장을 쌓되 높이는 1장이고 〈담장에〉 성가퀴(성 위에서 저격할 수 있도록 凹凸 모양으로 뚫린 구멍)를 만든다.

**畢云 院當爲倪**라하다

畢沅 : '院'는 '倪'가 되어야 한다.

---

204) 雜守篇……以須告之至以參驗之 : 71-20-6에 보인다.

205) 埤(院)〔倪〕 : 69-3-7에서 孫詒讓이 '女垣'을 설명할 때 ≪說文解字≫에 나오는 '陴'를 들어 女牆, 俾倪(성 위 낮은 담장)라고 하였는 바, 성가퀴를 말한다.

**70-32-12 立(初)〔勿〕鷄足置**라

〈물건을〉 세울 때 닭발의 모양처럼 두지 않는다.

此上下文有脫誤라 初는 疑勿之誤라 公孟篇에 搢忽은 忽作𥿐[206)]하니 與此相類라 鷄足置는 謂立物如鷄足之形이라 後雜守篇에 云 入柴勿積魚鱗簪(잠)[207)]이라하고 又前備蛾傳篇에 云 相覆勿令魚鱗三[208)]이라하니 此文例與彼正同이라

이 대목 위아래 글에 빠지거나 잘못된 부분이 있다. '初'는 아마도 '勿'의 誤字인 듯하다. 〈公孟〉에 '搢忽(홀을 꽂다)'이라 하였는데, '忽'이 '𥿐'로 되어 있으니 이 대목과 서로 비슷하다. '鷄足置'는 물건을 세워둔 것이 닭발의 형상과 같다는 말이다. 뒤의 〈雜守〉에서 "땔감을 들일 때 물고기 비늘처럼 차곡차곡 쌓지 않는다.〔入柴 勿積魚鱗簪〕"라고 하고, 또 앞의 〈備蛾傳〉에서 "겹치게 하고 물고기 비늘처럼 차곡차곡 쌓지 않는다.〔相覆 勿令魚鱗三〕"라고 하였으니, 이 대목의 文例가 그곳들과 바로 같다.

**70-32-13 (夾挾視葆食)〔卒夾視葆舍〕**라

병졸이 葆宮을 양편에서 감시한다.

此有脫誤하니 疑當作卒夾視葆舍라 葆舍는 猶葆宮也라

이 대목에는 빠지고 잘못된 부분이 있으니, 〈'夾挾視葆食'은〉 아마도 '卒夾視葆舍'가 되어야 할 듯하다. '葆舍'는 葆宮과 같다.

**70-32-14 而札書得**이어든 **必謹案視參(食)〔驗〕者**하여

문서를 얻으면 반드시 주의 깊게 살펴보고 參驗하여

王云 參食은 當爲參驗이라 雜守篇에 曰 吏所解를 皆札書藏之하여 以須告之至以參驗之[209)]라하니 是其證이라 此驗訛爲僉하고 又訛爲食耳라

王念孫 : '參食'은 '參驗'이 되어야 한다. 〈雜守〉에 "관리가 해결해 준 바를 모두 기록해

---

206) 公孟篇……忽作𥿐 : 본서 5책 48-3-2에 보인다.
207) 後雜守篇……入柴勿積魚鱗簪(잠) : 71-10-7~8에 보인다.
208) 備蛾傳篇……相覆勿令魚鱗三 : 63-4-9에 보인다.
209) 雜守篇……以須告之至以參驗之 : 71-20-4~6에 보인다.

서 보관하여 보고하는 자가 오기를 기다려 參驗한다.〔吏所解 皆札書藏之 以須告之至 以參驗之〕"라고 하였으니, 바로 그 증거이다. 이 대목에서 '驗'이 '僉'으로 잘못되고 다시 '食'으로 잘못된 것일 뿐이다.

**70-32-15 (節)〔即〕不法**이어든

법에 맞지 않으면

**節當爲即**이라

'節'은 '即'이 되어야 한다.

**70-32-16 (正請)〔止詰〕之**라

보류해 두고 조사한다.

**正請**은 **亦當爲止詰**이라

'正請' 역시 '止詰'이 되어야 한다.

**70-32-17 屯陳垣外術衢街皆〔爲〕樓**하여

屯道(좁은 길)와 담장 밖의 거리와 길에 모두 누각을 세워

**茅本無街字**라 **屯陳**은 **即上文之屯道**라 **樓上疑脫爲字**라

茅本에는 '街'자가 없다. '屯陳'은 바로 위 글(70-32-11)의 屯道이다. '樓' 앞에 아마도 '爲'자가 빠진 듯하다.

**70-32-18 高臨里中**하고 **樓一鼓聾竈**라

높은 곳에서 마을 안을 내려다보도록 하고 누각에 북 하나와 화덕 하나를 둔다.

**聾**은 **鼙之假字**니 **詳備城門篇**[210]이라 **樓有一竈者**는 **夜以擧火**라

'聾'은 '鼙'의 假借字이니 〈備城門〉에 자세히 설명하였다. 누각에 화덕 하나를 두는 것은 밤에 이것으로 불을 올리기 위해서이다.

---

210) 聾……詳備城門篇 : 본서 5책 52-12-37에 보인다.

**70-32-19 卽有物故**어든

만일 事故가 생기면

句라

여기에서 句를 뗀다.

**70-32-20 鼓**니

북을 치는데

物故는 猶言事故니 言有事故則擊鼓也라

'物故'는 事故라는 말과 같으니 事故가 있으면 북을 친다는 말이다.

**70-32-21 吏至而止**라

관리가 도착하면 그친다.

止는 舊本訛正이러니 今據茅本正이라 言擊鼓以報吏하고 吏至鼓乃止也라

'止'는 舊本에 '正'으로 잘못되어 있는데, 지금 茅本에 의거하여 바로잡는다. 북을 쳐서 관리에게 보고하고, 관리가 도착하면 치던 북을 그제야 그친다는 말이다.

**70-32-22 夜以火指鼓所**[211)]라 **城下五十步一廁**이요 **廁與上同圂**이라

밤에는 불로 북이 있는 곳을 가리킨다. 성 아래에 50보마다 측간을 하나씩 두며, 측간은 성 위의 측간과 똥구덩이를 같이 쓴다.

備城門篇에 云 城上五十步一廁이요 與下同圂[212)]이라하니 與此略同이라

〈備城門〉에 "성 위에 50보마다 측간을 하나씩 두며 성 아래의 측간과 똥구덩이를 같이 쓴다.〔城上五十步一廁 與下同圂〕"라고 하였으니, 이 대목과 대략 같다.

---

211) 夜以火指鼓所 : ≪墨子今注今譯≫에서는 '夜以火指'에서 句를 떼고, '鼓所'에 70-32-12의 '立(初)〔勿〕鷄足置'를 옮겨다 붙이고, "밤에는 불로 지시한다. 북을 세워 둘 때 닭의 다리 모양처럼 세워 두지 않는다."라고 하였다.

212) 備城門篇……與下同圂 : 본서 5책 52-21-13~14에 보인다.

**70-32-23** (請)〔諸〕有罪過而可無斷者로

罪過가 있지만 斬首하지 않을 만한 모든 자들에게

請은 亦當爲諸之誤라

'請'은 역시 '諸'의 誤字가 되어야 한다.

**70-32-24** 令(杼)〔抒(서)〕廁利之라

측간을 청소하게 한다.

畢云 似言罰之守廁이라하다 蘇云 利는 似謂除去不潔하여 使之通利라하다 詒讓案 杼當爲抒니 左傳文六年杜注에 云 抒는 除也라하다 開元占經甘氏外官占引甘氏讚하여 云 天溷伏作이어든 抒廁糞土라하니 利疑訛라

畢沅 : 廁間을 관리하는 형벌을 내린다는 말인 듯하다.

蘇時學 : '利'는 不潔한 것을 除去하여 뻥 뚫리게 한다는 말인 듯하다.

詒讓案 : '杼'는 '抒'가 되어야 하니 ≪春秋左氏傳≫ 文公 6년의 杜預 注에 "'抒'는 除(제거함)이다."라고 하였다. ≪開元占經≫ 〈甘氏外官〉의 天溷星占에 甘氏(甘德)의 讚을 인용하여 "天溷(별 이름)이 숨었다 나타나면 측간의 糞土를 청소한다.〔天溷伏作 抒廁糞土〕"라고 하였으니, '利'는 아마도 誤字인 듯하다.

# 附錄

## 1. ≪墨子閒詁≫에 인용된 ≪墨子≫ 판본의 略稱과 槪要

- **道藏本** : 明朝 正統 10년(1445)에 張宇初(1359~1410)가 교정한 판본이다. ≪道藏≫은 ≪道敎一切經≫, ≪道藏經≫, ≪道一切經≫이라고도 하며, 道敎 관련 문헌들을 망라한 道敎叢書이다. 明나라 正統 연간(1436~1449)에 칙명에 의해 張宇初가 편찬하여 大道觀에 반포한 ≪正統道藏≫을 가리킨다. 이후 萬曆 연간(1573~1619)에 ≪續藏≫을 추가하였다. 현전하는 ≪墨子≫ 판본들은 이 ≪正統道藏≫에 들어 있는 '道藏本'으로부터 시작된 것이다. 明나라의 많은 ≪墨子≫ 刊本들이 이를 토대로 삼았고, 畢沅 등 많은 淸나라 학자들이 이 판본을 대본으로 교감하였다.
- **吳鈔本** : 明朝 弘治 연간(1488~1505)에 吳寬(1435~1504)이 鈔한 寫本이다.
- **正德本** : 明朝 正德 원년(1506)에 兪弁(1488~1547)이 鈔한 寫本이다. 正德兪鈔三卷本이라고도 한다.
- **陸本** : 明朝 嘉靖 31년(1552)에 陸穩(?~?)이 교정한 活字本이다. 嘉靖壬子陸校銅板活字本이라고도 한다.
- **唐堯臣刻本** : 明朝 嘉靖 32년(1553)에 刊刻한 판본이다. 唐堯臣據陸穩壬子活字本刊刻이라고도 한다. 四部叢刊 수록본이다.
- **沈本** : 明朝 隆慶 원년(1567)에 沈津(?~?)이 刊刻한 판본이다. 隆慶丁卯沈刻百家類纂本이라고도 한다.
- **茅本** : 明朝 萬曆 연간(1573~1620)에 茅坤(1512~1601)이 교정하고 童思泉(?~?)이 刊刻한 판본이다. 萬曆辛巳茅校書坊刻本, 茅坤本이라고도 한다.
- **緜眇閣本** : 明朝 萬曆 연간(1573~1620)에 馮夢禎(1548~1606)이 緜眇閣에서 刊刻한 판본이다.
- **堂策檻本** : 明朝 天啓 연간(1621~1627)에 郎兆玉(?~?)이 堂策檻에서 刊刻한 판본이다.

- **寶曆本** : 日本 寶曆 7년(1757)에 秋山儀(秋山玉山, 1702~1764)가 교정한 校刻本이다. 日本寶曆七年秋山儀校刻本이라고도 한다. 明나라 茅坤本을 倣刻한 것으로 모두 6권이다.
- **畢本** : 清朝 乾隆 48년(1783년)에 畢沅(1730~1797)이 교정한 판본이다. 畢沅校刻本이라고도 한다. 전 16권이다. 畢沅은 明나라 때 간행된 道藏本을 저본으로 삼았으며, 兩江總督採進本 및 萬曆 연간의 潛庵子本, 郎氏堂策檻刊本을 참고하였다. 여기에 盧文弨(1717~1795)와 孫星衍(1753~1818), 翁方綱(1733~1818) 등의 校勘 내용을 참고하여 校注를 완성하였다.
- **四庫全書本** : 清朝 乾隆 연간(1736~1795)에 刊刻한 판본이다.
- **顧本** : 清朝에 顧千里(1766~1835)가 道藏本을 교정한 것이다. 顧校道藏本이라고도 한다.

## 2. ≪墨子閒詁≫에 인용된 주요 註釋家

• 盧文弨(1717~1795) : 淸 浙江 仁和 사람으로 자는 紹弓, 호는 磯漁 또는 號檠齋·抱經이며, 晩號는 弓父이다. 戴震·段玉裁 등과 교유하였으며, 校勘學者이자 藏書家·敎育家로서 당대 크게 이름을 떨쳤다. 교감한 고적으로는 ≪逸周書≫, ≪孟子音義≫, ≪荀子≫, ≪呂氏春秋≫, ≪韓詩外傳≫, ≪春秋繁露≫, ≪方言≫, ≪白虎通≫ 등이 있다. 저서로 ≪抱經堂文集≫, ≪儀禮注疏詳校≫, ≪鍾山箚記≫, ≪龍城箚記≫, ≪廣雅釋天以下注≫, ≪廣雅注≫ 등이 있다.

• 畢沅(1730~1797) : 淸 江蘇 鎭洋 사람으로 자는 纕蘅 또는 秋帆, 호는 靈巖山人이다. 乾隆 25년(1760)에 進士가 되고, 陝西巡撫와 湖廣總督 등을 역임하였다. 沈德潛과 惠棟에게 수학하였고, 경학으로는 漢儒, 문자학으로는 許愼을 종주로 했다. 經史, 書畫, 小學, 金石, 詩文, 地理 영역에 두루 통달하였다. 저서로 ≪經典文字辨正書≫, ≪音同義異辨≫, ≪說文解字舊音≫, ≪關中金石記≫, ≪中州金石記≫, ≪傳經表≫, ≪晏子春秋音義≫, ≪呂氏春秋校正≫, ≪靈巖山人詩文集≫, ≪墨子注≫ 등이 있으며, 대부분 經訓堂叢書에 수록되어 있다.

• 汪中(1744~1794) : 淸 江蘇 江都 사람으로 자는 容甫이다. 經學과 史學에 정통하였으며, 특히 先秦圖書와 古代 學制興廢를 깊이 연구하였다. 王念孫·劉台拱과 교유하였으며, 阮元·焦循 등과 더불어 '揚州學派'로 일컬어진다. 저서로 ≪述學≫, ≪容甫先生遺詩≫, ≪春秋述義≫, ≪廣陵通典≫, ≪秦蠶食六國表≫, ≪知新記≫, ≪金陵地圖考≫ 등이 있다.

• 王念孫(1744~1832) : 淸 江蘇 高郵 사람으로 자는 懷祖, 호는 石臞이다. 乾隆 40년에 進士가 되고, 翰林院 庶吉士와 工部 主事 등을 역임하였다. 戴震에게 수학하였으며, 音韻學, 文字學, 訓詁學, 校勘學에 조예가 깊었다. 당대 錢大昕, 盧文弨, 邵晉涵, 劉台拱 등과 '五君子'로 일컬어졌다. 저서로 ≪讀書雜志≫, ≪釋大≫, ≪王石臞先生遺文≫, ≪廣雅疏證≫, ≪古韻譜≫, ≪道河議≫, ≪河源紀略≫ 등이 있다. ≪讀書雜志≫에 ≪墨子雜志≫ 6권이 있다.

• **張惠言**(1761~1802) : 清 江蘇 武進 사람으로 자는 皐聞 또는 皐文, 호는 茗柯이다. 嘉慶 4년(1799)에 進士가 되고, 翰林院 庶吉士와 編修 등을 역임하였다. 詞에 능하여 常州詞派를 창시했다. 후에 古文에 전념하여 韓愈와 歐陽脩를 종주로 삼았으며, 經學과 음운학에도 정통하였는데, 특히 ≪周易≫과 ≪儀禮≫ 연구로 이름이 높아 '陽湖派古文'으로 일컬어졌다. 저서로 ≪虞氏易禮≫, ≪虞氏易事≫, ≪虞氏易言≫, ≪周易鄭氏義≫, ≪讀儀禮記≫, ≪茗柯文編≫, ≪詞選≫, ≪七十家賦鈔≫, ≪說文諧聲譜≫, ≪墨子經說解≫ 등이 있다.

• **洪頤煊**(1765~1837) : 清 浙江 臨海 사람으로 자는 旌賢, 호는 筠軒, 晩號는 倦舫老人이다. 孫星衍의 門人으로 경전의 訓詁에 밝았고 天文, 地理, 文學, 碑版, 鄕邦文獻 방면에 조예가 깊었다. 저서로 ≪尙書洪範五行傳論輯本≫, ≪校正竹書紀年≫, ≪讀書叢錄≫, ≪台州劄記≫, ≪諸史考異≫, ≪管子義證≫, ≪尙書古文敍錄≫, ≪筠軒詩文抄≫ 등이 있다.

• **王引之**(1766~1834) : 清 江蘇 高郵 사람으로 자는 伯申, 호는 曼卿이다. 王念孫의 아들이다. 翰林院 編修, 戶部尙書, 吏部尙書, 禮部尙書, 工部尙書 등을 역임하였다. 聲韻學, 文字學, 訓詁學 등에 정통하였다. 왕염손의 학통을 이어 ≪爾雅≫, ≪說文解字≫, ≪音學≫ 등의 책을 정밀히 연구하였다. 저서로 ≪經義述聞≫ 32권, ≪經傳釋詞≫ 10권이 있다.

• **顧廣圻**(1766~1835) : 清 江蘇 元和 사람으로 자는 千里, 호는 澗薲 또는 思適居士이다. 당대의 저명한 校勘學者이자 藏書家·目錄學家이다. 四部圖書를 博覽하였으며, 經史, 訓詁, 曆算, 輿地, 諸子經學에 두루 통하였다. 阮元·胡克家·孫星衍의 초빙을 받아 고서 및 ≪說文解字≫, ≪禮記≫, ≪儀禮≫, ≪國語≫, ≪戰國策≫, ≪文選≫ 등의 제서를 교감하였으며, 특히 校讎學·目錄學에 정통하여 孫星衍·黃丕烈 등과 더불어 당대 校勘學의 거장으로 일컬어졌다. 저서로 ≪思適齋集≫ 등이 있다.

• **蘇時學**(1814~1874) : 清 藤縣 藤城鎭 사람으로 字는 斅元, 號는 琴舫 또는 爻山이다. 晩年에는 猛陵山人으로 불렸다. 평생 벼슬에 뜻을 두지 않았으며, 清 同治 연간에 한번 內閣中書 요직에 나아갔으나, 이때에도 內府의 經典을 열독하는 데 潛心求學하였다. 청년 시절 廣州, 香港, 杭州, 上海 등지에서 유학하였으며, 생전에 著述이 매우 많아 '藤州才子'로 일컬어졌다. 저서로 ≪寶墨樓詩冊≫, ≪寶墨樓楹聯≫, ≪遊

瑤日記≫, ≪羊城遊記≫, ≪爻山筆話≫, ≪鐔津考古錄≫, ≪墨子刊誤≫ 등이 있다.

• **俞樾**(1821~1906) : 淸 浙江 德淸 사람으로 자는 蔭甫, 호는 曲園이다. 道光 30년(1850) 進士에 급제하여 翰林院 編修, 河南學政 등을 역임하였다. 經學, 諸子學, 史學, 訓詁學, 戲曲, 詩詞, 小說, 書法 등에 두루 능통하였다. 관직을 그만둔 뒤 蘇州 紫陽書院, 上海 求志書院, 杭州 詁經精舍 등에서 후학을 양성하였다. 王念孫 부자의 학문 경향을 추종하였으며, 당대의 큰 스승으로 추앙받았다. 저서로 ≪群經平議≫, ≪諸子平議≫, ≪古書疑義擧例≫, ≪春在堂隨筆≫, ≪茶香室叢鈔≫, ≪詁經精舍自課文≫, ≪賓萌集≫, ≪古書疑義擧例≫, ≪春在堂詩編≫, ≪小浮梅閑話≫, ≪右臺仙館筆記≫ 등이 있다. 그의 ≪諸子平議≫에 ≪墨子平議≫ 15권이 들어 있다.

• **戴望**(1837~1873) : 淸 浙江 德淸 사람으로 자는 子高이다. 同治 연간에 江寧書局 校勘이 되었다. 淸 咸豐 7년(1857)에 陳奐에게 수업하여 聲韻과 訓沽의 經師家法을 익혔으며, 宋翔鳳에게 ≪春秋公羊傳≫을 수업받고 西漢儒說을 연구하였고, 후에 孫治讓과 함께 金文을 考訂하였다. 저서로 ≪論語注≫, ≪管子校正≫, ≪顔氏學記≫, ≪謫麐堂遺集≫, ≪墨子校記≫ 등이 있다.

# 3. ≪墨子閒詁 6≫ 參考書目

## 1. 저본


• ≪墨子閒詁≫, 孫詒讓, 中華書局, 2001.


## 2. 주요 참고본


• ≪墨子閒詁≫, 孫詒讓, 掃葉山房, 光緒33(1907) 刊〔고려대학교 도서관 소장본, 육당C7-B3-1-8〕

• ≪墨子閒詁≫, 孫詒讓, 宣統2(1910) 重刊本〔續修四庫全書 수록본〕

• ≪墨子閒詁≫, 孫詒讓, 漢文大系 卷14, 富山房, 1913.

• ≪墨子≫(道藏本), 上海 涵芬樓 影印本, 1925.


## 3. 교감주해서 및 번역서, 연구논저

〔中國〕


• ≪墨子注≫, 畢沅, 經訓堂本, 1835.

• ≪郡經平議・墨子評議≫, 兪樾, 世界書局, 1881.

• ≪墨子經說解≫, 張惠言, 國粹學報館, 1909.

• ≪墨子閒詁箋≫, 張純一, 世界書局, 1922.

• ≪墨經校釋≫, 梁啓超, 商務印書館, 1922.

• ≪定本墨子閒詁校補≫, 李笠, 商務印書館, 1925.

• ≪墨學講義≫, 欒調甫, 齊魯大學, 1925.

• ≪墨子刊誤≫, 蘇時學, 中華書局, 1928.

• ≪墨子集解≫, 張純一, 文史哲出版社, 1932.

• ≪墨子大義述≫, 倍非百, 國民印務局, 1933.

• ≪墨辯疏證≫, 范耕研, 商務印書館, 1935.

- ≪墨辯新注≫, 魯大東, 中華書局, 1936.
- ≪墨子拾補≫, 劉師培, 藝文印書館, 1936.
- ≪墨子新證≫, 于省吾, 藝文印書館, 1938.
- ≪墨子新論≫, 王寒生, 中華文化出版社業委員會, 1956.
- ≪續墨子閒詁≫, 劉載賓, 藝文印書館, 1957.
- ≪墨經校詮≫, 高亨, 世界書局, 1958.
- ≪墨子斠證≫, 王叔岷, 中央硏究員 歷史語言硏究所, 1959.
- ≪墨子新箋≫, 高亨, 山東人民出版社, 1961.
- ≪墨子閒編≫, 嚴靈峯, 商務印書館, 1968.
- ≪經義述聞≫, 王引之, 中華書局, 1970.
- ≪墨子新釋≫(無求備齋墨子集成, 이하 墨子集成), 尹桐陽, 成文出版社, 1975.
- ≪墨子通解≫(墨子集成), 張其鍠, 成文出版社, 1975.
- ≪墨子箋≫(墨子集成), 曹耀湘, 成文出版社, 1975.
- ≪墨子刊誤≫(墨子集成), 蘇時學, 成文出版社, 1975.
- ≪墨子雜志≫(墨子集成), 王念孫, 成文出版社, 1975.
- ≪墨子辯經講疏≫(墨子集成), 顧實, 成文出版社, 1975.
- ≪墨子今註今譯≫, 李漁叔, 商務印書館, 1980.
- ≪墨經分類譯註≫, 譚戒甫, 中華書局, 1981.
- ≪墨子校詮≫, 高亨, 世界書局, 1981.
- ≪墨辯解故≫, 伍非百, 中國古代名家者言整理本, 1983.
- ≪墨經中的數學和物理學≫, 方孝博, 中國社會科學出版社, 1983.
- ≪墨子今註今譯≫, 李漁叔, 台灣商務印書館, 1984.
- ≪墨子注≫, 畢沅, 中華書局, 1985.
- ≪墨學源流≫, 方授楚, 中華書局, 1989.
- ≪墨子選譯≫, 譚家健, 鄭君華 選譯, 上海古籍出版社, 1992.
- ≪墨子大全≫, 任繼愈, 李廣星 主編, 北京圖書館出版社, 2004.
- ≪墨子校注≫, 吳毓江, 中華書局, 2006.
- ≪墨子大詞典≫, 王裕安・孫卓彩・郭震旦 編著, 山東大學出版社, 2006.
- ≪墨子今注今譯≫, 孫中原・譚家健, 商務印書館, 2012.

〔韓國〕


• ≪묵자≫, 송정희 역, 명지대학출판부, 1972.
• ≪墨子≫, 李元燮 譯註, 玄岩社, 1974.
• ≪新墨子≫, 李元燮 譯, 良友堂, 1985.
• ≪墨子≫, 권오석 譯解, 홍신문화사, 1994.
• ≪墨子 : 천하에 남이란 없다. 上・下≫, 기세춘 역저, 초당, 1995.
• ≪묵자≫, 朴文鉉・李俊寧 共解譯, 자유문고, 1995.
• ≪묵자≫, 박문현 외 역, 자유문고, 1995.
• ≪묵자≫, 박재범 역, 홍익출판사, 1999.
• ≪(新完譯) 墨子 : 新選明文東洋古典大系≫, 金學主 譯著, 明文堂, 2003.
• ≪(묵점 기세춘 선생과 함께하는) 묵자≫, 기세춘 역저, 바이북스, 2009.
• ≪묵자≫, 김득순 역, 연변인민출판사, 2010.
• ≪묵자≫, 박문현 옮김, 지만지, 2012.
• ≪묵경≫, 염정삼 주해, 한길사, 2012.
• ≪묵자≫, 이운구 옮김, 길, 2012.
• ≪묵자≫, 김학주 譯著, 明文堂, 2014.
• ≪묵자 : 겸애와 비공을 통해 이상사회를 추구한 사상가≫, 신동준 옮김, 인간사랑, 2014.
• ≪묵자≫, 윤무학 옮김, 길, 2015.


〔日本〕


• ≪墨子≫(中國の思想), 和田武司 譯, 德間書店, 1964.
• ≪墨子≫(中國古典文學大系), 藪內淸 譯, 平凡社, 1968.
• ≪墨子≫(講談社學術文庫), 淺野裕一, 講談社, 1998.
• ≪墨子≫(ちくま學芸文庫), 森三樹三郎 譯. 筑摩書房, 2012.
• ≪墨子≫, 金谷治 譯, 中央公論新社, 2018.
• ≪墨子よみがえる≫, 半藤一利, 平凡社, 2011.
• ≪和譯墨子・和譯列子≫, 田岡嶺雲 譯註, 玄黃社, 1911.

〔英美〕

- *Mozi : A Study and Translation of the Ethical and Political Writings*, John Knoblock & Jeffrey Riegel, University of California, Berkeley, 2013.
- *Mozi : Basic Writings*, Burton Watson, Columbia University Press, 2003.
- *Mozi : Collection of Critical Biographies of Chinese Thinkers*, Zheng Jiewen, Nanjing University Press, 2010.
- *The Book of Master Mo*, Ian Johnston, Penguin Classics, 2014.
- *The Essential Mòzǐ: Ethical, Political, and Dialectical Writings*, Chris Fraser, Oxford University Press, 2020.
- *The Mozi: A Complete Translation* (Translations from the Asian Classics), Ian Johnston, The Chinese University Press, 2010.
- *The Mozi as an Evolving Text: Different Voices in Early Chinese Thought*, Carine Defoort & Nicolas Standaert, Brill, 2013.
- *The Philosophy of the Mòzǐ: The First Consequentialists*, Chris Fraser, Columbia University Press, 2016.

## 4. 원전자료

〔經部〕

- ≪經傳釋詞≫, 王引之 撰, 黃侃・楊樹達 批本, 岳麓書社, 1982.
- ≪經典釋文≫, 陸德明 撰, 文淵閣四庫全書, 臺灣商務印書館, 1986.
- ≪廣雅≫, 張揖 撰, 文淵閣四庫全書, 臺灣商務印書館, 1986.
- ≪群經音辨≫, 賈昌朝 撰, 文淵閣四庫全書, 臺灣商務印書館, 1986.
- ≪論語注疏≫, 何晏 注, 邢昺 疏, 北京大學出版社, 1999.
- ≪論語集註大全≫, 朱熹 集註, 胡廣 等 編, 朝鮮 內閣本, 影印本, 學民文化社.
- ≪唐韻正≫, 顧炎武 撰, 文淵閣四庫全書, 臺灣商務印書館, 1986.
- ≪大戴禮記詳解≫, 王聘珍 撰, 中華書局, 1989.
- ≪大學章句大全≫, 朱熹 集註, 胡廣 等 編, 朝鮮 內閣本, 影印本, 學民文化社.
- ≪孟子注疏≫, 趙岐 注, 孫奭 疏, 北京大學出版社, 1999.

- ≪孟子集註大全≫, 朱熹 集註, 胡廣 等 編, 朝鮮 內閣本, 影印本, 學民文化社.
- ≪毛詩正義≫, 毛公 傳, 鄭玄 箋, 孔穎達 正義, 北京大學出版社, 1999.
- ≪方言≫, 楊雄 撰, 文淵閣四庫全書, 臺灣商務印書館, 1986.
- ≪尙書正義≫, 孔安國 傳, 孔穎達 正義, 北京大學出版社, 1999.
- ≪說文解字≫, 許愼 撰, 文淵閣四庫全書, 臺灣商務印書館, 1986.
- ≪書傳大全≫, 蔡沈 集傳, 胡廣 等 編, 朝鮮 內閣本, 影印本, 學民文化社.
- ≪說文解字注≫, 段玉裁 撰, 文淵閣四庫全書, 臺灣商務印書館, 1986.
- ≪詩三家義集疏≫, 王先謙 撰, 中華書局, 1987.
- ≪呂氏家塾讀詩記≫, 呂祖謙 撰, 文淵閣四庫全書, 臺灣商務印書館, 1986.
- ≪禮記正義≫, 鄭玄 注, 孔穎達 正義, 北京大學出版社, 1999.
- ≪禮記集說大全≫, 陳澔 集說, 胡廣 等 編, 朝鮮 內閣本, 影印本, 學民文化社.
- ≪龍龕手鑑≫, 釋行均 撰, 潘重規 編, 中華書局, 1988.
- ≪六書正譌≫, 周伯琦 撰, 文淵閣四庫全書, 臺灣商務印書館, 1986.
- ≪玉篇≫, 顧野王 撰, 文淵閣四庫全書, 臺灣商務印書館, 1986.
- ≪韻補≫, 吳棫 撰, 文淵閣四庫全書, 臺灣商務印書館, 1986.
- ≪儀禮注疏≫, 鄭玄 注, 賈公彦 疏, 北京大學出版社, 1999.
- ≪爾雅注疏≫, 郭璞 注, 邢昺 疏, 北京大學出版社, 1999.
- ≪一切經音義≫, 釋元應 撰, 文淵閣四庫全書, 臺灣商務印書館, 1986.
- ≪周禮注疏≫, 鄭玄 注, 賈公彦 疏, 北京大學出版社, 1999.
- ≪周易正義≫, 王弼・韓康伯 注, 孔穎達 正義, 北京大學出版社, 1999.
- ≪周易傳義大全≫, 程頤 傳, 朱熹 本義, 胡廣 等 編, 朝鮮 內閣本, 影印本, 學民文化社.
- ≪中庸章句大全≫, 朱熹 集註, 胡廣 等 編, 朝鮮 內閣本, 影印本, 學民文化社.
- ≪集韻≫, 丁度 等 編, 上海古籍出版社, 1985.
- ≪春秋穀梁傳注疏≫, 范寧 註, 楊士勛 疏, 北京大學出版社, 2000.
- ≪春秋公羊傳注疏≫, 何休 註, 徐彦 疏, 北京大學出版社, 2000.
- ≪春秋左氏傳注疏≫, 杜預 註, 孔穎達 疏, 北京大學出版社, 2000.
- ≪韓詩外傳≫, 韓嬰 撰, 文淵閣四庫全書, 臺灣商務印書館, 1986.
- ≪孝經注疏≫, 唐 玄宗 注, 邢昺 疏, 北京大學出版社, 1999.

〔史部〕

• ≪舊唐書≫, 劉昫 撰, 中華書局, 1975.
• ≪國史經籍志≫, 焦竑 撰, 廣文書局, 1975.
• ≪隋書經籍志≫, 長孫無忌 撰, 藝文印書館, 1965.
• ≪國語≫, 韋昭 注, 文淵閣四庫全書, 臺灣商務印書館, 1986.
• ≪東觀漢記≫, 劉珍等 撰, 文淵閣四庫全書, 臺灣商務印書館, 1986.
• ≪史記≫, 司馬遷 撰, 中華書局, 1999.
• ≪史記索隱≫, 司馬貞 編, 文淵閣四庫全書, 臺灣商務印書館, 1986.
• ≪史記正義≫, 張守節 撰, 文淵閣四庫全書, 臺灣商務印書館, 1986.
• ≪史記集解≫, 裴駰 撰, 文淵閣四庫全書, 臺灣商務印書館, 1986.
• ≪水經注≫, 酈道元 撰, 文淵閣四庫全書, 臺灣商務印書館, 1986.
• ≪新唐書≫, 歐陽脩・宋祁 撰, 中華書局, 1975.
• ≪晏子春秋≫, 晏嬰 撰, 文淵閣四庫全書, 臺灣商務印書館, 1986.
• ≪隸釋≫, 洪适 撰, 文淵閣四庫全書, 臺灣商務印書館, 1986.
• ≪戰國策≫, 高誘 注, 文淵閣四庫全書, 臺灣商務印書館, 1986.
• ≪漢書≫, 班固 撰, 中華書局, 1962.
• ≪後漢書≫, 司馬彪 撰, 中華書局, 1965.

〔子部〕

• ≪賈子新書≫, 賈誼 撰, 文淵閣四庫全書, 臺灣商務印書館, 1986.
• ≪鶡冠子≫, 無名氏 撰, 文淵閣四庫全書, 臺灣商務印書館, 1986.
• ≪古今譚概≫, 馮夢龍 撰, 文淵閣四庫全書, 臺灣商務印書館, 1986.
• ≪古今事文類聚≫, 祝穆 撰, 文淵閣四庫全書, 臺灣商務印書館, 1986.
• ≪孔子家語≫, 王肅 注, 文淵閣四庫全書, 臺灣商務印書館, 1986.
• ≪公孫龍子≫, 公孫龍 撰, 文淵閣四庫全書, 臺灣商務印書館, 1986.
• ≪管子≫, 管仲 撰, 文淵閣四庫全書, 臺灣商務印書館, 1986.
• ≪括地志輯校≫, 李泰 撰, 中華書局, 2005.
• ≪群書拾補≫, 盧文弨 撰, 中華書局, 1985.
• ≪群書治要譯注≫, 魏徵 等 撰, 中國書店出版社, 2012.

- ≪老子≫, 王弼 注, 文淵閣四庫全書, 臺灣商務印書館, 1986.
- ≪論衡≫, 王充 撰, 文淵閣四庫全書, 臺灣商務印書館, 1986.
- ≪讀書雜志≫, 王念孫 著, 江蘇古籍出版社, 2000.
- ≪墨子≫, 墨翟 撰, 文淵閣四庫全書, 臺灣商務印書館, 1986.
- ≪白虎通義≫, 班固 撰, 文淵閣四庫全書, 臺灣商務印書館, 1986.
- ≪法言≫, 揚雄 撰, 李軌・柳宗元 注, 文淵閣四庫全書, 臺灣商務印書館, 1986.
- ≪山海經≫, 郭璞 注, 文淵閣四庫全書, 臺灣商務印書館, 1986.
- ≪說苑≫, 劉向 撰, 文淵閣四庫全書, 臺灣商務印書館, 1986.
- ≪世說新語≫, 劉義慶 撰, 文淵閣四庫全書, 臺灣商務印書館, 1986.
- ≪荀子集解≫, 王先謙 集解, 中華書局, 1988.
- ≪荀子箋釋≫, 盧文弨 校, 謝墉 輯校, 上海古籍出版社, 1986.
- ≪尸子≫, 尸佼 撰, 文淵閣四庫全書, 臺灣商務印書館, 1986.
- ≪尸子≫, 尸佼 撰, 李守奎 譯注, 黑龍江人民出版社, 2003.
- ≪新書≫, 賈誼 撰, 文淵閣四庫全書, 臺灣商務印書館, 1986.
- ≪新序≫, 劉向 撰, 文淵閣四庫全書, 臺灣商務印書館, 1986.
- ≪愼子≫, 愼到 撰, 文淵閣四庫全書, 臺灣商務印書館, 1986.
- ≪申子≫, 申不害 撰, 文淵閣四庫全書, 臺灣商務印書館, 1986.
- ≪揚子法言≫, 揚雄 撰, 李軌・柳宗元 注, 文淵閣四庫全書, 臺灣商務印書館, 1986.
- ≪呂氏春秋≫, 呂不韋 編, 高誘 注, 文淵閣四庫全書, 臺灣商務印書館, 1986.
- ≪列子≫, 張湛 注, 文淵閣四庫全書, 臺灣商務印書館, 1986.
- ≪藝文類聚≫, 歐陽詢 撰, 文淵閣四庫全書, 臺灣商務印書館, 1986.
- ≪日知錄≫, 顧炎武 撰, 文淵閣四庫全書, 臺灣商務印書館, 1986.
- ≪莊子集釋≫, 莊周 撰, 郭象 注, 陸德明 釋文, 成玄英 疏, 郭慶藩 輯, 中華書局, 1961.
- ≪諸子平議≫, 兪樾 著, 中華書局, 1954.
- ≪太平御覽≫, 李昉 等 撰, 文淵閣四庫全書, 臺灣商務印書館, 1986.
- ≪太玄經≫, 揚雄 撰, 文淵閣四庫全書, 臺灣商務印書館, 1986.
- ≪通雅≫, 方以智 撰, 文淵閣四庫全書, 臺灣商務印書館, 1986.
- ≪韓非子≫, 韓非 撰, 文淵閣四庫全書, 臺灣商務印書館, 1986.
- ≪淮南子≫, 劉安 撰, 高誘 注, 文淵閣四庫全書, 臺灣商務印書館, 1986.

〔集部〕

- ≪經義述聞≫, 王引之 撰, 世界書局, 1975.
- ≪經傳釋詞≫, 王引之 撰, 黃侃 楊樹達 批本, 岳麓書社, 1982.
- ≪群書治要譯注≫, 魏徵 等 撰, 中國書店出版社, 2012.
- ≪讀書雜志≫, 王念孫 著, 江蘇古籍出版社, 2000.
- ≪文選≫, 蕭統 撰, 文淵閣四庫全書, 臺灣商務印書館, 1986.
- ≪文選注≫, 蕭統 撰, 李善 注, 世界書局, 1962.
- ≪諸子平議≫, 俞樾 著, 中華書局, 1954.
- ≪集韻≫, 丁度等 編, 上海古籍出版社, 1985.
- ≪楚詞補註≫, 洪興祖 撰, 文淵閣四庫全書, 臺灣商務印書館, 1986.
- ≪韓詩外傳≫, 韓嬰 撰, 文淵閣四庫全書, 臺灣商務印書館, 1986.

## 5. 전자자료

- 電子版 文淵閣四庫全書, 迪志文化出版社, 北京, 1999.
- 尙友千古(http://www.s-sangwoo.kr)
- 韓國古典綜合DB(http://db.itkc.or.kr)
- 東洋古典綜合DB(http://db.cyberseodang.or.kr)
- Chinese Text Project(http://ctext.org)

## 4. ≪墨子閒詁 6≫ 參考圖版 目錄

# 5. 戰國七雄圖

※ QR코드를 스캔하면 더 선명한 지도를 볼 수 있습니다.

(≪中國歷史地圖≫ 上冊 (程光裕·徐聖謨 主編, 中國文化大學出版部, 1980)에서 轉載)

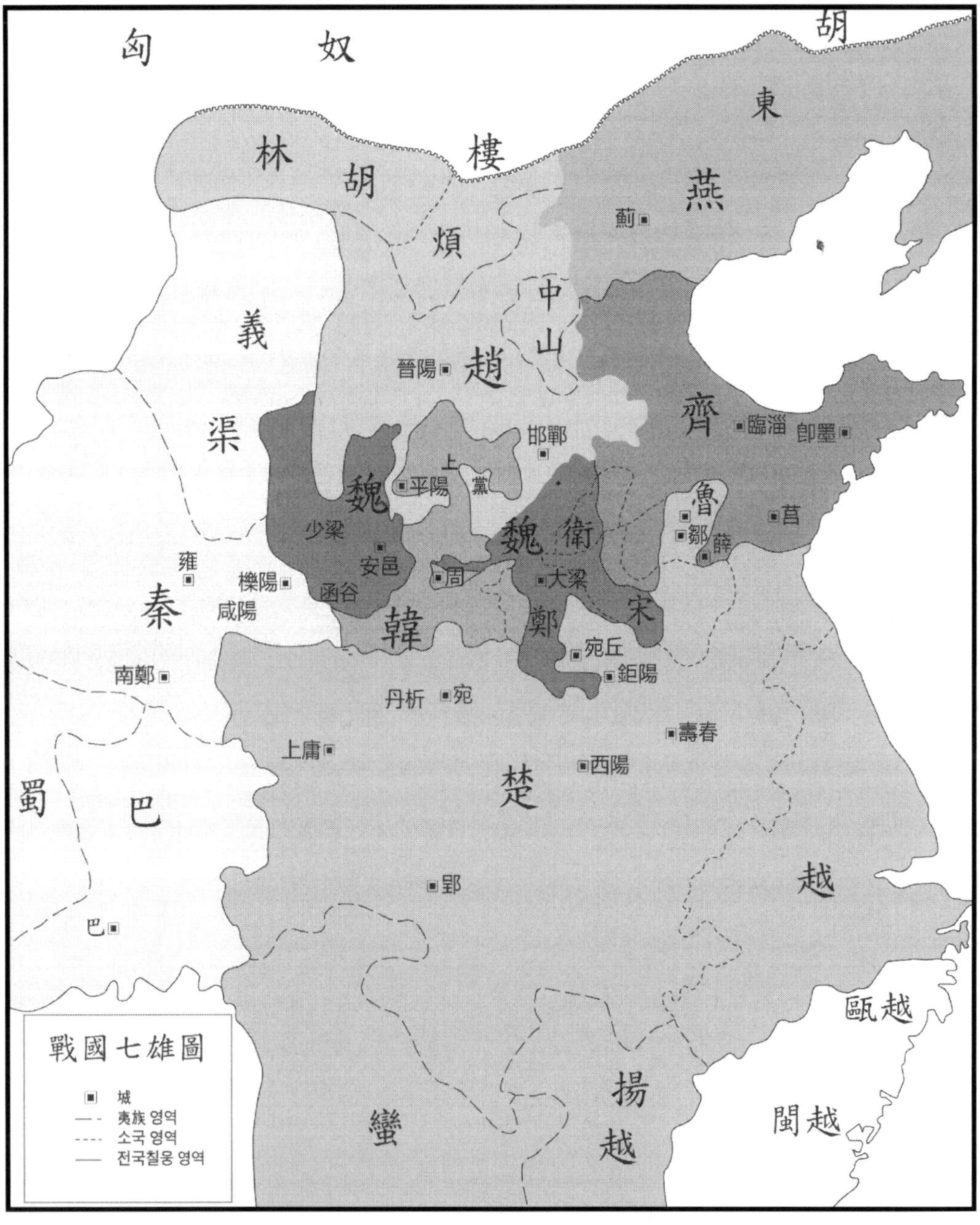

匈 奴
胡
東
林 胡
樓
燕
薊
煩
中山
義
趙
晉陽
渠
齊
臨淄
即墨
邯鄲
上黨
魏
平陽
魯
莒
少梁
魏
衛
鄒
薛
雍
安邑
櫟陽
函谷
周
大梁
秦
咸陽
韓
鄭
宋
宛丘
南鄭
鉅陽
丹析
宛
壽春
上庸
西陽
蜀
巴
楚
郢
越
巴
甌越
戰國七雄圖
揚
越
閩越
蠻

■ 城
—- 夷族 영역
---- 소국 영역
—— 전국칠웅 영역

## 6. ≪墨子閒詁≫ 總目次

總目次

※ QR코드를 스캔하면 ≪墨子閒詁≫의 총목차를 볼 수 있습니다.

## 7. ≪墨子閒詁≫ 解題

解題

※ QR코드를 스캔하면 ≪墨子閒詁≫의 해제를 볼 수 있습니다.

## 8. ≪墨子≫ 관련 硏究論著

硏究論著

※ QR코드를 스캔하면 ≪墨子≫ 관련 硏究論著의 목록을 볼 수 있습니다.

責任飜譯

李相夏

啓明大學校 中語中文學科 졸업
高麗大學校 大學院 國語國文學科 文學博士
民族文化推進會 부설 常任硏究員 졸업
朝鮮大學校 漢文學科 敎授
韓國古典飜譯院 부설 古典飜譯敎育院 敎授(現)

論文 및 譯書

〈漢文古典 文集飜譯의 특성과 문제점〉, 〈≪朱子書節要≫가 조선조에 끼친 영향〉,
〈退溪・南冥의 시와 대조적인 학문성향〉 등
≪寒洲 李震相의 主理論 硏究≫, ≪冷淡家計≫, ≪儒學的 思惟와 韓國文化≫(共著) 등
≪挹翠軒遺稿≫, ≪容齋集≫, ≪石洲集≫, ≪月沙集≫(共譯), ≪鵝溪遺稿≫(共譯),
≪譯註 唐宋八大家文抄 歐陽脩≫(共譯), ≪譯註 明淸八大家文鈔≫(共譯),
≪古文眞寶 後集≫(共譯) 등

共同飜譯

邊球鎰

高麗大學校 國語國文學科 졸업
高麗大學校 大學院 國語國文學科 文學碩士
民族文化推進會 부설 硏修部 졸업
韓國古典飜譯院 부설 專門課程 졸업
韓國古典飜譯院 硏究員(現)

論著 및 譯書

〈谿谷 張維 散文 硏究〉
≪東川遺稿≫, ≪滄溪集1≫, ≪譯註 唐宋八大家文鈔 歐陽脩≫(이상 共譯) 등

東洋古典譯註叢書 107

譯註 墨子閒詁 6 35,000원

2022년 12월 30일 초판 발행
2023년 01월 31일 초판 2쇄

企劃編輯 東洋古典飜譯編輯委員會
飜譯硏究管理 南賢熙
校 注 孫詒讓
責任飜譯 李相夏
共同飜譯 邊球鎰
潤 文 朴勝珠
校 訂 李承俊 李孝宰
出 版 白俊哲
裝 幀 김진디자인

發 行 人 朴洪植

發 行 處 社團法人 傳統文化硏究會
서울시 종로구 삼일대로 428 낙원빌딩 411호
전화 : (02)762-8401 전송 : (02)747-0083
전자우편 : juntong@juntong.or.kr
홈페이지 : juntong.or.kr
사이버書堂 : cyberseodang.or.kr
온라인서점 : book.cyberseodang.or.kr
등록 : 1989. 7. 3. 제1-936호

인쇄처 : 한국법령정보주식회사(02-462-3860)
총 판 : 한국출판협동조합(070-7119-1750)

ISBN 979-11-5794-551-1 94150
978-89-85395-71-7(세트)

※ 이 책은 2022년도 교육부 고전문헌 국역지원사업 지원비에 의해 초판(비매품) 간행.

# 전통문화연구회 도서목록

### 新編 基礎漢文教材

新編 四字小學·推句 고전교육연구실 編譯 11,000원
新編 啓蒙篇·童蒙先習 고전교육연구실 編譯 11,000원
新編 明心寶鑑 李祉坤·元周用 譯註 15,000원
新編 擊蒙要訣 咸賢贊 譯註 12,000원
新編 註解千字文 李忠九 譯註 13,000원
新編 原文으로 읽는 故事成語 元周用 編譯 15,000원
新編 唐音註解選 權卿相 譯註 22,000원

### 漢文讀解捷徑시리즈

漢文독해 기본패턴 고전교육연구실 著 15,000원
四書독해첩경 고전교육연구실 著 20,000원
한문독해첩경 文學篇 朴相水 李和春 李祉坤 元周用 著 15,000원
한문독해첩경 史學篇 朴相水 李和春 李祉坤 元周用 著 15,000원
한문독해첩경 哲學篇 朴相水 李和春 李祉坤 元周用 著 15,000원

### 東洋古典國譯叢書

大學·中庸集註 - 개정증보판 成百曉 譯註 10,000원
論語集註 - 개정증보판 成百曉 譯註 27,000원
孟子集註 - 개정증보판 成百曉 譯註 30,000원
詩經集傳 上·下 成百曉 譯註 各 35,000원
書經集傳 上·下 成百曉 譯註 各 35,000원
周易傳義 上·下 成百曉 譯註 各 40,000원
小學集註 成百曉 譯註 30,000원
古文眞寶 後集 成百曉 譯註 32,000원

### 五書五經讀本

論語集註 上·下 鄭太鉉 譯註 各 25,000원
孟子集註 上·下 田炳秀·金東柱 譯註 各 30,000원
大學·中庸集註 李光虎·田炳秀 譯註 15,000원
小學集註 上·下 李忠九 外 譯註 各 25,000원
詩經集傳 上·中·下 朴小東 譯註 各 30,000원
書經集傳 上·中·下 金東柱 譯註 各 30,000원
周易傳義 元·亨·利·貞 崔英辰 外 譯註 各 30,000원
詳說古文眞寶大全後集 上·下 李相夏 外 譯註 各 32,000원
春秋左氏傳 上·中·下 許鎬九 外 譯註 各 36,000원~38,000원
禮記 上·中·下 成百曉 外 譯註 各 30,000원

### 東洋古典譯註叢書

〈經部〉

十三經注疏
周易正義 1~4 成百曉·申相厚 譯註 各 30,000원~40,000원
尙書正義 1~7 金東柱 譯註 各 25,000원~36,000원
毛詩正義 1~7 朴小東 外 譯註 各 32,000원~37,000원
禮記正義 1~2, 中庸·大學 李光虎 外 譯註 各 20,000원~30,000원
論語注疏 1~3 鄭太鉉·李聖敏 譯註 各 25,000원~40,000원
孟子注疏 1~3 崔彩基·梁基正 譯註 各 30,000원
孝經注疏 鄭太鉉·姜珉廷 譯註 35,000원
周禮注疏 1~3 金容天·朴禮慶 譯註 各 29,000원~34,000원
春秋左傳正義 1 許鎬九 外 譯註 27,000원
春秋左氏傳 1~8 鄭太鉉 譯註 各 18,000원~35,000원
禮記集說大全 1~4 辛承云 外 譯註 各 25,000원~40,000원
東萊博議 1~5 鄭太鉉·金炳愛 譯註 各 25,000원~35,000원
韓詩外傳 1~2 許敬震 外 譯註 各 29,000원~33,000원
說文解字注 1~3 李忠九 外 譯註 各 32,000원~38,000원

〈史部〉

思政殿訓義 資治通鑑綱目 1~22 辛承云 外 譯註 各 18,000원~35,000원
通鑑節要 1~9 成百曉 譯註 各 18,000원~40,000원
唐陸宣公奏議 1~2 沈慶昊·金愚政 譯註 各 35,000원~45,000원
貞觀政要集論 1~4 李忠九 外 譯註 各 25,000원~32,000원
列女傳補注 1~2 崔秉準·孔勤植 譯註 各 30,000원~38,000원
歷代君鑑 1~4 洪起殷·全百燦 譯註 各 32,000원~35,000원

〈子部〉

孔子家語 1~2 許敬震 外 譯註 各 35,000원/36,000원
管子 1~3 李錫明·金帝蘭 譯註 各 30,000원~32,000원
近思錄集解 1~3 成百曉 譯註 各 25,000원/35,000원
老子道德經注 金是天 譯註 30,000원
大學衍義 1~5 辛承云 外 譯註 各 26,000원~30,000원
墨子閒詁 1~6 李相夏 外 譯註 各 32,000원~38,000원
說苑 1~2 許鎬九 譯註 各 25,000원
世說新語補 1~5 金鎭玉 外 譯註 各 29,000원~40,000원
荀子集解 1~7 宋基采 譯註 各 25,000원~38,000원
心經附註 成百曉 譯註 35,000원
顔氏家訓 1~2 鄭在書·盧暻熙 譯註 各 22,000원/25,000원
揚子法言 1 朴勝珠 譯註 24,000원
列子鬳齋口義 崔秉準·孔勤植·權憲俊 共譯 34,000원
二程全書 1~5 崔錫起·姜導顯 譯註 各 30,000원~38,000원
莊子 1~4 安炳周·田好根 共譯 各 25,000원~30,000원
政經·牧民心鑑 洪起殷·全百燦 譯註 27,000원
韓非子集解 1~5 許鎬九 外 譯註 各 32,000원~38,000원
武經七書直解
孫武子直解·吳子直解 成百曉·李蘭洙 譯註 35,000원
六韜直解·三略直解 成百曉·李鍾德 譯註 26,000원
尉繚子直解·李衛公問對直解 成百曉·李蘭洙 譯註 26,000원
司馬法直解 成百曉·李蘭洙 譯註 26,000원

〈集部〉

古文眞寶 前集 成百曉 譯註 30,000원
唐詩三百首 1~3 宋載卲 外 譯註 各 25,000원~36,000원
唐宋八大家文抄 韓愈 1~3 鄭太鉉 譯註 各 22,000원/28,000원
〃 歐陽脩 1~7 李相夏 譯註 各 25,000원~35,000원
〃 王安石 1~2 申用浩·許鎬九 共譯 各 20,000원/25,000원
〃 蘇洵 李章佑 外 譯註 25,000원
〃 蘇軾 1~5 成百曉 譯註 各 22,000원
〃 蘇轍 1~3 金東柱 譯註 各 20,000원~22,000원
〃 曾鞏 宋基采 譯註 25,000원
〃 柳宗元 1~2 宋基采 譯註 各 22,000원
明淸八大家文鈔 1 歸有光·方苞 李相夏 外 譯註 35,000원
〃 2 劉大櫆·姚鼐 李相夏 外 譯註 35,000원
〃 3 梅曾亮·曾國藩 李相夏 外 譯註 38,000원

### 東洋古典新譯

당시선 송재소·최경렬·김영죽 편역 22,000원
손자병법 성백효 역주 14,000원
장자 안병주·전호근·김형석 역주 13,000원
고문진보 후집 신용호 번역 28,000원
노자도덕경 김시천 역주 15,000원
고문진보 전집 上·下 신용호 번역 각 22,000원
신식 비문척독 박상수 번역 25,000원

### 동양문화총서

동양사상 해설과 원전 정규훈 外 저 22,000원
화합의 길 《중용》 읽기 금장태 저 20,000원
호설과 시장 신용호 저 20,000원

### 문화문고

경전으로 본 세계종교 그리스도교 이정배 편저 10,000원
〃 도교 이강수 편역 10,000원
〃 천도교 윤석산·홍성엽 편저 10,000원
〃 힌두교 길희성 편역 10,000원
〃 유교 이기동 편저 10,000원
〃 불교 김용표 편저 10,000원
〃 이슬람 김영경 편역 10,000원
논어·대학·중용 / 맹자 조수익·박승주 공역 각 10,000원
소학 박승주·조수익 공역 10,000원
십구사략 1~2 정광호 저 각 12,000원
무경칠서 손자병법·오자병법 성백효 역 10,000원
〃 육도·삼략 성백효 역 10,000원
〃 사마법·울료자·이위공문대 성백효 역 10,000원
당시선 송재소·최경렬·김영죽 편역 10,000원
한문문법 이상진 저 10,000원
한자한문전통교재 조수익·이성민 공역 10,000원
士小節 선비 집안의 작은 예절 이동희 편역 12,000원
儒學이란 무엇인가 이동희 저 10,000원
동아시아의 유교와 전통문화 이동희 저 13,000원
현대인, 동양고전에서 길을 찾다 이동희 저 10,000원
100자에 담긴 한자문화 이야기 김경수 저 12,000원
우리 설화 1~2 김동주 편역 각 10,000원
대한민국 국무총리 이재원 저 10,000원
백운거사 이규보의 문학인생 신용호 저 14,000원